本丛书由澳门基金会策划并资助出版

澳门特别行政区法律丛书

澳门特别行政区法律丛书

澳门特别刑法概论

An Introduction to
the Special Criminal Law
of Macau

方　泉/著

社会科学文献出版社
SOCIAL SCIENCES ACADEMIC PRESS (CHINA)

澳門基金會
FUNDAÇÃO MACAU

总　序

　　自 1995 年澳门基金会开始编辑出版第一套《澳门法律丛书》至今，整整 17 年过去了。在历史的长河中，17 年或许只是昙花一现，但对澳门来说，这 17 年却具有非同凡响的时代意义；它不仅跨越了两个世纪，更重要的是，它开创了"一国两制"的新纪元，首创性地成功实践了"澳人治澳、高度自治"的政治理念。如果说，17 年前我们编辑出版《澳门法律丛书》还仅仅是澳门历史上首次用中文对澳门法律作初步研究的尝试，以配合过渡期澳门法律本地化政策的开展，那么，17 年后我们再组织编写这套更为详细、更有深度的《澳门特别行政区法律丛书》，便是完全受回归后当家做主的使命感所驱使，旨在让广大澳门居民更全面、更准确、更深刻地认识和了解澳门法律，以适应澳门法律改革的需要。

　　目前，在澳门实行的法律包括三个部分，即《澳门基本法》、被保留下来的澳门原有法律和澳门特别行政区立法机关新制定的法律；其中，《澳门基本法》在整个澳门本地法律体系中具有宪制性法律的地位，而被保留下来的以《刑法典》、《民法典》、《刑事诉讼法典》、《民事诉讼法典》和《商法典》为核心的澳门原有法律，则继续作为澳门现行法律中最主要的组成部分。正因为如此，澳门回归后虽然在政治和经济领域发生了巨大的变化，但法律领域相对来说变化不大。这种法制现状一方面表明澳门法律就其特征而言，仍然保留了回归前受葡萄牙法律影响而形成的大陆法系成文法特色，另一方面也表明澳门法律就其内容而言，"老化"程度比较明显，不少原有法律已经跟不上澳门社会发展的步伐。近几年来，澳门居民要求切实加强法律改革措施的呼声之所以越来越强烈，其道理就在于此。从这一意义上说，组织编写《澳门特别行政区法律丛书》，既是为了向澳门地区内外的广大中文读者介绍澳门特别行政区的法律，同时也是为了对澳门法律作更系统、更深入的研究，并通过对澳门法律的全面梳理，激浊扬清，承前启后，以此来推动澳门法律改革的深化与发展。

与回归前出版的《澳门法律丛书》相比，《澳门特别行政区法律丛书》除了具有特殊的政治意义之外，其本身还折射出很多亮点，尤其是在作者阵容、选题范围与内容涵盖方面，更具特色。

在作者阵容方面，《澳门特别行政区法律丛书》最显著的特点就是所有的作者都是本地的法律专家、学者及法律实务工作者，其中尤以本地的中青年法律人才为主。众所周知，由于历史的原因，澳门本地法律人才的培养起步很晚，可以说，在1992年之前，澳门基本上还没有本地华人法律人才。今天，这一状况得到了极大的改善，由澳门居民组成的本地法律人才队伍已经初步形成并不断扩大，其中多数本地法律人才为澳门本地大学法学院自己培养的毕业生；他们年轻，却充满朝气，求知欲旺盛；他们羽翼未丰，却敢于思索，敢于挑起时代的重任。正是有了这样一支本地法律人才队伍，《澳门特别行政区法律丛书》的编辑出版才会今非昔比。特别应当指出的是，参与撰写本套法律丛书的作者分别来自不同的工作部门，他们有的是大学教师，有的是法官或检察官，有的是政府法律顾问，有的是律师；但无论是来自哪一个工作部门，这些作者都对其负责介绍和研究的法律领域具有全面、深刻的认识；通过长期的法律教学或法律实务工作经验的积累，通过自身孜孜不倦地钻研和探索，他们在相应部门法领域中的专业水平得到了公认。毋庸置疑，作者阵容的本地化和专业性，不仅充分展示了十多年来澳门本地法律人才的崛起与成熟，而且也使本套法律丛书的权威性得到了切实的保证。

在选题范围方面，《澳门特别行政区法律丛书》最显著的特点就是范围广、分工细。如上所述，澳门法律具有典型的大陆法系成文法特色，各种社会管理活动都必须以法律为依据；然而，由于澳门是一个享有高度自治权的特别行政区，除少数涉及国家主权且列于《澳门基本法》附件三的全国性法律之外，其他的全国性法律并不在澳门生效和实施；因此，在法律领域，用"麻雀虽小，五脏俱全"来形容澳门法律是再合适不过了。正是考虑到澳门法律的全面性和多样性,我们在组织编写《澳门特别行政区法律丛书》时,采用了比较规范的法律分类法,将所有的法律分为两大类:第一类为重要的部门法领域,包括基本法、刑法、民法、商法、行政法、各种诉讼法、国际公法与私法、法制史等理论界一致公认的部门法;第二类为特定的法律制度,包括与选举、教育、税务、金融、博彩、劳资关系、居留权、个人身份资料保护、环境保护等社会管理制度直接相关的各种专项法律。按此分类,本套法律丛书共计 34 本(且不排除增加的可能性),将分批出版,其规模之大、选题之全、分类之细、论述之新,实为澳门开埠以来之首创。由此可见,本套法律丛书的出版,必将为世人认识和研究澳门法律,提供一个最权威、最丰富、最完整的资料平台。

在内容涵盖方面,《澳门特别行政区法律丛书》最显著的特点就是既有具体法律条款的解释与介绍,又有作者从理论研究的角度出发所作之评析与批判。在大陆法系国家或地区,法律本身与法学理论是息息相关、不可分割的,法学理论不仅催生了各种法律,而且也是推动法律不断完善、不断发展的源泉。澳门法律同样如此,它所赖以生存的理论基础正是来自大陆法系的各种学说和理念,一言以蔽之,要真正懂得并了解澳门法律,就必须全面掌握大陆法系的法学理论。遗憾的是,受制于种种原因,法学理论研究长期以来在澳门受到了不应有的"冷落";法学理论研究的匮乏,客观上成为澳门法律改革步履维艰、进展缓慢的重要原因之一。基于此,为了营造一个百家争鸣、百花齐放的法学理论研究氛围,进一步深化对澳门法律的认识和研究,提升本套法律丛书的学术价值,我们鼓励每一位作者在介绍、解释现行法律条款的同时,加强理论探索,大胆提出质疑,将大陆法系的法学理论融入对法律条款的解释之中。可以预见,在本套法律丛书的带动下,澳门的法学理论研究一定会逐步得到重视,而由此取得的各种理论研究成果,一定会生生不息,成为推动澳门法律改革发展的强大动力。

编辑出版《澳门特别行政区法律丛书》无疑也是时代赋予我们的重任。在《澳门基本法》所确立的"一国两制"框架下,澳门法律虽是中国法律的一个组成部分,但又具有相对的独立性,从而在中国境内形成了一个独特的大陆法系法域。我们希望通过本套法律丛书在中国大陆的出版,可以让所有的中国大陆居民都能更深刻、更全面地了解澳门、熟悉澳门,因为澳门也是祖国大家庭的一个成员；我们也希望通过本套法律丛书在中国大陆的出版，为澳门和中国大陆法律界之间的交流架起一道更宽阔、更紧密的桥梁，因为只有沟通，才能在法律领域真正做到相互尊重，相互理解，相互支持。

编辑出版《澳门特别行政区法律丛书》显然还是一项浩瀚的文字工程。值此丛书出版之际，我们谨对社会科学文献出版社为此付出的艰辛努力和劳动，表示最诚挚的谢意。

《澳门特别行政区法律丛书》

编委会

2012 年 3 月

目 录

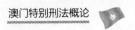

导　言

一　澳门刑法（特别刑法）发展的简单回顾

近代以来澳门刑法的历史发展与澳门近代史密不可分。自秦朝开始，澳门即为中国的领土。直至 16 世纪 50 年代，葡萄牙商人首次踏上澳门土地，特别自 16 世纪中叶开始，葡萄牙人在澳门建立起自治区域，发生在葡萄牙人之间的罪案开始适用葡萄牙刑法。鸦片战争爆发后，葡萄牙人先后于 1851 年和 1864 年占领氹仔和路环。1887 年 12 月 1 日，清政府和葡萄牙政府签订了《中葡和好通商条约》，清政府承认葡萄牙对澳门的永久占领及管治权。自此，澳门正式适用 1886 年《葡萄牙刑法典》。1955 年，葡萄牙的《海外省法》将澳门确定为葡萄牙的一个海外省，明确澳门没有本地立法权的政治地位。这时期，在澳门适用的法律全部来自葡萄牙本土，包括适用于葡萄牙本土的法律以及由葡萄牙立法机关制定的特别适用于澳门的法律，刑事法律亦如此。

1974 年，葡萄牙爆发康乃馨革命推翻独裁政府。新的葡萄牙政府宣布放弃所有海外殖民领地，承认澳门是中国领土。1976 年，葡萄牙立法机关制定《澳门组织章程》，其中第 2 条明确规定，澳门地区作为公法人，在不抵触《葡萄牙宪法》及该章程所定之原则，以及尊重《葡萄牙宪法》和该章程所定之权利、自由与保障的情况下，享有行政、经济、财政、立法及司法自治权。自此，澳门开始拥有本地立法权，进入双轨立法时期。澳门总督行使立法权制定的法律文件为"法令"，澳门立法会行使立法权制定的法律文件为"法律"。立法会和总督均有权就犯罪和刑罚的内容进行立法，而涉及相对不定期刑和保安处分的内容则专属立法会。此外，葡萄牙本土法律必须经刊登于《澳门政府公报》后方得适用于澳门。

1987 年 4 月 13 日由中葡两国政府签署的《中葡联合声明》以及 1993 年由全国人民代表大会制定的《澳门基本法》，为澳门确定了"一国两制"原则。临近回归前，澳门政府开始着手进行澳门法律的本地化工作。由于澳门本地立法机关一直未制定刑法典，直至 1996 年之前，澳门仍适用 1886 年《葡萄牙刑法典》[①]。1995 年 11 月 8 日，立法会制定了《澳门刑法典》，于 1996 年 1 月 1 日起生效[②]，这是澳门刑法史的里程碑[③]。

在 1976 年澳门拥有本地立法权之后，尽管一时未制定刑法典，但制定了一些单行刑法和附属刑法，回归时废止了一批回归前制定的特别刑法。回归以后，根据《澳门基本法》及第 13/2009 号法律《关于订定内部规范的法律制度》的规定，仅立法会有权就订定犯罪、轻微违反、刑罚、保安处分和有关前提以及刑事诉讼制度制定法律。至今，在未修订《澳门刑法典》的情况下，澳门立法会已制定 23 部（现行有效的）单行刑法及若干附属刑法。相比《澳门刑法典》中的 180 多个罪名，单行刑法和附属刑法共设有超过 200 个罪名[④]。

二 特别刑法的内涵

本书既名为"澳门特别刑法概论"，首先需表明对特别刑法的立场。作为刑法学中的常见术语，学界对特别刑法的内涵和范围却并非没有争议。

---

① 尽管该部法典在葡萄牙于 1982 年进行过修订，但考虑到当时澳门已经被授予本地立法权，因此，1982 年《葡萄牙刑法典》并未在澳门适用。

② 1886 年《葡萄牙刑法典》中有关危害国家安全的条款一直适用至 1999 年 12 月 19 日。

③ 从法典的内容上看，与其说"制定"新的法律，不如说是"过户"既有法律，《澳门刑法典》的主要内容与 1886 年《葡萄牙刑法典》大体一致。

④ 澳门本身法律繁杂，在既有法律未能得到很好的官方清理的情况下，很难得出附属刑法的精确数量，加之确认罪名的方式无法定标准，还有特别刑法与刑法典、单行刑法与附属刑法之间的法条竞合关系，以致很难确定精确的罪名数目。

有从狭义上认为，特别刑法即单行刑法①，是对刑法分则进行补充而制定的刑事法律；亦有认为广义上的特别刑法包括单行刑法与附属刑法②，附属刑法又称作行政刑法，即在非刑事法律中，或行政领域的法律中，规定刑事责任的条文，二者都属于刑法分则的法律渊源③。在 1997 年修订中国刑法典前后，关于特别刑法及其与刑法典的关系问题一度成为内地刑法学界研究的理论热点。多数观点认为，从内容上看，特别刑法是仅适用于特别人、特别时、特别地或特别事项（犯罪）的刑法；从范围上看，特别刑法是指修改或者补充刑法典的一切刑法规范的总和，包括单行刑法和附属刑法④。

关于特别刑法的内涵与范围，结合前述理论观点及撰写的技术要求，本书认为，澳门特别刑法是相对于作为普通刑法的《澳门刑法典》的称谓，即指《澳门刑法典》以外的刑事法规范。刑法的渊源包括刑法典、单行刑事法律和附属刑法，其中单行刑事法律是指单独就特别的刑事事项而制定的刑法；附属刑法则包括非刑事法律中的刑事责任条款。单行刑法和附属刑法皆属本书所谓特别刑法的范围。关于特别刑法是否仅为实体法的问题，有观点认为特别刑法仅为规定犯罪及其刑罚的刑事实体法⑤，亦有观点认为广义的刑法本就包括刑事实体法、刑事程序法和刑罚执行法⑥。结合澳门特别刑法的立法特点，也为全面反映澳门特别刑法的规范内容，本书认为，特别刑法既包括实体法，亦包括规定于单行刑法和附属刑法中的程序法及行刑法。

关于澳门特别刑法的功能，如学者所见，在以刑法典为主要刑事法律渊源的国家和地区，澳门特别刑法的存在是不可避免的⑦，特别刑法原本就是为刑法典中的未尽事宜做出补充，以避免刑法出现法律空白，同时亦不必在立法上大动干戈。

关于特别刑法与《澳门刑法典》的关系，本书认为，首先，特别刑法

---

① 参见林山田《刑法各罪论》（上），北京大学出版社，2012，第 1 页。
② 参见赵国强《澳门刑法各论》（上），澳门基金会、社会科学文献出版社，2013，第 8 页。
③ 〔日〕大谷实：《刑法各论》，黎宏译，法律出版社，2003，第 1 页。
④ 可参阅赫兴旺《我国单行刑法的若干基本理论问题研析》，《法学家》1994 年第 4 期；张明楷《刑法学》，法律出版社，2007，第 22 页。
⑤ 宜炳昭：《试论特别刑法的概念及其界定》，《甘肃政法学院学报》1994 年第 1 期。
⑥ 参见〔德〕耶塞克、魏根特《德国刑法教科书》，许久生译，中国法制出版社，2001，第 21 页。
⑦ 赵秉志、赫兴旺：《论特别刑法与刑法典的修改》，《中国法学》1996 年第 4 期。

中关于犯罪及其刑罚的规定与《澳门刑法典》分则的内容同属各罪的法律渊源，在规范内容上理应受到《澳门刑法典》中总则性规定的统辖。正如台湾学者林山田所说，"刑法总则乃是规定适用刑法以制裁与处遇犯罪的共通原则，不但是刑法分则编所规定的各种罪名，而且也是附属刑法所规定的各种罪名在定罪科刑上必须遵守的原理与规则，刑事单行法所规定的各种罪名，亦必须适用刑法总则的原理与规则"①。其次，特别刑法中规定的犯罪及其刑罚规定虽与《澳门刑法典》分则同属各罪的法律渊源，但从功能上看，特别刑法所规定的罪名必然与《澳门刑法典》分则所规定的罪名之间存在法条竞合关系。《澳门刑法典》分则为一般法，而特别刑法为特殊法，往往是重法。

三　简析澳门特别刑法

前已述及，澳门现时特别刑法数量繁多，内容庞杂，其设立的罪名数量甚至已经超过《澳门刑法典》所设置的罪名。其中包括一些常见多发罪名，既是对《澳门刑法典》的必要补充，亦是澳门刑法不可或缺的组成部分。不过，在犯罪和刑罚的规范内容上，澳门特别刑法亦多有与《澳门刑法典》不一致之处。这既归因于回归前夕，起草刑法典的立法者们没有足够的时间和途径清理和消化当时在澳门适用的全部刑法规范，亦因为回归后，立法者在制定单行刑法及附属刑法时，未能充分注意刑法典的总则性地位，导致现行特别刑法中存在大量突破《澳门刑法典》总则性规定的内容。

在总则制度方面，不一致之处表现在若干方面。关于法人犯罪，《澳门刑法典》的所有犯罪主体均为自然人，而在特别刑法中则大量规定了法人犯罪②。关于主刑的配置，在《打击电脑犯罪法》《文化遗产保护法》中，罚金最高可至 600 日，但在《澳门刑法典》中，罚金最高 360 日，仅在犯罪竞合而数罪并罚的情况下，最高 600 日。关于附加刑的种类，《澳门刑法

---

① 林山田：《刑法通论》（上），北京大学出版社，2012，第 107 页。

② 在英美法系中广泛承认法人的犯罪能力，而在大陆法系国家，传统上否定法人的犯罪能力。但随着法人活动范围的扩大，以刑法来限制法人活动之必要性日趋明显，设置法人的刑事责任的规定有增加的趋势。参阅〔日〕川端博《刑法总论二十五讲》，余振华译，中国政法大学出版社，2003，第 4 页。

典》中的附加刑仅禁止执行公共职务和中止执行公共职务两种，但在某些特别刑法中附加刑达 10 余种。关于累犯制度，《澳门刑法典》所规定的间隔要件为 5 年，而在《有组织犯罪法》中，则超出 5 年再犯亦构成累犯（类似内地刑法中的特别累犯制度）。关于缓刑、假释制度，《澳门刑法典》规定缓刑适用于不超过 3 年徒刑的情形，假释则必须服刑满 2/3 且不少于 6 个月，但在《有组织犯罪法》中则有在符合《澳门刑法典》条件下一律不得缓刑或假释的规定。

在各罪方面，如前所述，既然特别刑法是特别为某类事项做出的规定，技术上说，它所规定的罪名与《澳门刑法典》分则所设定的罪名之间往往存在法条竞合的关系。澳门特别刑法中的部分罪名与《澳门刑法典》分则中的已有罪名之间就是如此。如《军事设施的保护》中规定的损毁军事设施罪与《澳门刑法典》中的毁损罪、加重毁损罪、暴力毁损罪之间存在特别罪名与一般罪名的关系。但法条竞合的存在绝不单是将特殊罪状再在单行刑法中描述一番。为体现法律重复规定的必要性，更重要的是在法定刑的设置上，特别罪名引起立法者的特别注意，通常是为施以更重的刑罚处罚。但在澳门的单行刑法中往往并未体现这一点，从而使得特别立法成为一种立法资源上的浪费。有鉴于此，有学者认为，目前《澳门刑法典》分则与特别刑法之间的问题主要就是法条竞合关系不协调的问题①。本书认为，法条竞合关系的不协调不仅仅存在于《澳门刑法典》分则与特别刑法之间，也存在于特别刑法与特别刑法之间。例如，《打击电脑犯罪法》第 8 条规定有干扰计算机系统罪，一般处 1~5 年，加重罪状下，可处最高 10 年徒刑，而在《居民身份证制度的基本原则》中，则对干扰身份证认证系统的行为处 1~5 年徒刑，并未体现特殊之处。

除上述内容的不一致之处，在形式上亦存在应予检讨之处。如某些附属刑法描述新的罪状，却不给出罪名，如《居民身份证制度的基本原则》；某些则不给出法定刑，如《广播视听法》和《出版法》。

澳门特别刑法一方面规定了众多罪名，是澳门刑法必不可少的组成部分，另一方面又存在诸多问题，对澳门今后的刑事立法、司法工作均带来影响，必须厘清其内部与《澳门刑法典》的关系。特别刑法的制定需要遵循《澳门刑法典》的总则性规定，否则其相对于《澳门刑法典》的灵活性，

---

① 赵国强：《澳门刑法各论》（上），澳门基金会、社会科学文献出版社，2013，第 8 页。

就会变成随意性，反而对《澳门刑法典》形成冲击。正如有些学者说的，特别刑法规范应予以编纂而不应简单汇集，应当坚持原则性，讲究技术性，明文规定刑法典与特别刑法的关系，以刑法的统一化和法典化达到刑法内部的系统化和科学化①。

实际上，澳门立法者已经注意到这个问题，在回归前核准《澳门刑法典》的第58/95/M 号法令中，已对特别刑法与《澳门刑法典》的关系做出澄清。其中，第 3 条规定，特别性质之法例所载之刑事规范优于《澳门刑法典》之规范，即使《澳门刑法典》之规范属后法亦然，但立法者另有明确意图者除外。第 4 条规定，单行刑法所规定之徒刑，如其最低限度或最高限度分别低于或高于《澳门刑法典》所规定之最低限度或最高限度者，均改为《澳门刑法典》所规定者。单行刑法所规定之属刑事性质之罚金，如其期间或金额之最低限度或最高限度分别低于或高于《澳门刑法典》所规定之最低限度或最高限度者，均改为《澳门刑法典》所规定者。这些规定及其包含的原则亟须得到立法者的尊重。

四 撰写范围与体例

基于前述立场，本书纳入澳门的单行刑法和附属刑法，同时，对于单行刑法及附属刑法中的内容，无论是实体法还是程序法，皆悉数纳入。此外，按照本套丛书编委会事先确定的撰写计划，有关澳门刑法的著作由总论、各论及特别刑法论组成。各论中有关犯罪及刑罚的内容仅及于《澳门刑法典》中的规定，相应地，本书亦不及于《澳门刑法典》规定的罪名。不过，考虑到其作为单行刑法的形式予以颁布，本书仍将为刑法典加入犯罪与刑罚规定的单行刑法纳入，如第 6/2008 号法律《打击贩卖人口犯罪》及第 6/2001 号法律《因利用不可归责者犯罪情节的刑罚加重》。

本书亦纳入轻微违反的内容。根据《澳门刑法典》总则第七编诸条对"轻微违反"的规定，所谓轻微违反，是指单纯违反或不遵守法律或规章之预防性规定的不法行为。对于轻微违反，过失亦须受处罚。不得对轻微违反规定超逾 6 个月之徒刑，如有关事实可处以最高限度超逾 6 个月之徒刑，

---

① 赵秉志：《我国内地特别刑法立法之演变及其对澳门特区的启示》，《政法论丛》2014 年第 2 期。

则视为犯罪。如一事实同时构成犯罪及轻微违反，则以犯罪处罚行为人，但不影响施以对轻微违反所规定之附加制裁。就轻微违反，罚金一般不可转换为监禁，且刑法典关于累犯及延长刑罚之规定，不适用于轻微违反。一方面，从处罚方式和程序规定上看，《澳门刑法典》对轻微违反施以徒刑处罚，且《澳门刑事诉讼法典》亦规定有轻微违反诉讼程序；但另一方面，从法律用语上看，澳门法律往往使用"犯罪及轻微违反"的表述，以区分二者。此种立法情形虽不会引致法律适用上的障碍，但的确造成了对二者性质及相互关系的认识分歧。在澳门，一种观点认为轻微违反属于行政违法行为而非属犯罪；另一些学者则认为轻微违反显然属于犯罪的范畴，且属于违反行政管理法规的行政犯①。本书持后一种观点，在单行刑法和附属刑法部分，均会纳入有关轻微违反的规定内容。需要说明的是，持此种观点主要基于澳门的立法现状，而非支持将轻微违反保留在刑法中或犯罪的范畴内，实际上，现行《葡萄牙刑法典》已经取消了轻微违反。

本书分上下两编，上编为单行刑法，下编为非刑事法律中的附属刑法。由于特别刑法数量繁多，在单行刑法部分，将设置罪名较多的单行刑法列为单章（第一至第八章按法律初次颁布时间的先后顺序排列），将罪名较少的按节组章（第九章各节按法律初次颁布时间的先后顺序排列）。对于不设立罪名及其刑罚的单行刑法按节组章（第十章各节按法律初次颁布时间的先后顺序排列）。下编的附属刑法按法益领域大致分章，因包含附属刑法的非刑事法律数量很多，某些领域不甚明确或篇幅过于细小的法律按节组成最后一章。章内各节按初次颁布时间的先后顺序排列②。

针对犯罪及其刑罚，本书按罪状、处罚、认定构架对各罪加以论述。其中，罪状按照客观要件、主观要件、主体要件及不法性展开③。在认定方面，考虑到特别刑法与刑法典所规定的犯罪之间存在的特别法与一般法的关系，主要但不限于论述罪与罪之间的法条竞合关系。

---

① 赵国强主编《澳门特别刑法概论》，澳门大学法学院，2004，第311页。
② 在撰写过程中，笔者时时感到澳门法律清理工作的必要性和紧迫性，尤其是附属刑法部分，若有遗漏，实属难免。
③ Manuel Leal-Henriques：《澳门刑法培训教程》（第二版），卢映霞译，澳门法律及司法培训中心，2011，第67页。

上编 **单行刑事法律**

第一章

第 6/96/M 号法律《妨害公共卫生及经济之违法行为之法律制度》

在 1996 年之前，澳门适用的有关公共卫生和经济犯罪的法律是由 1961 年 4 月 5 日第 18381 号训令延伸至澳门的 1957 年 7 月 24 日第 41204 号法令及对其进行修改的法律文件，对该法的最后修改发生在 1973 年，之后的 20 多年一直未对该法进行修订。进入 20 世纪 90 年代，澳门经济开始起步，妨害公共安全及经济秩序的不法行为日渐增多，原有法律渐渐不能适应澳门社会现实的发展。为保护消费者权益、维护交易活动的秩序，澳门立法会于 1996 年制定并颁布了 7 月 15 日第 6/96/M 号法律《妨害公共卫生及经济之违法行为之法律制度》，目的在于维护公共卫生及经济领域的市场秩序。其所规范的对象是妨害公共卫生及经济之违法行为①。此后，本法经第 26/96/M 号法律、第 2/2002 号法律及第 7/2005 号法律历次修改。至 2013 年，法律中有关食品安全管制及对不法行为的惩治内容被第 5/2013 号法律《食品安全法》废止。

本法对妨害公共卫生及经济法益的违法犯罪行为做出了较为全面的规定，既包括犯罪与刑罚制度，亦包括对多种行政违法行为，如不当之票证、

---

① 其所保护的法益，正如当时委员会的有关意见书所述，是"公共卫生、市场关系的正当性（及消费者对该正当性的相应信任），以及经济活动中的集体需要"。参见当届立法会第三常设委员会第 1/II/2002 号意见，http://www.al.gov.mo。

与调查或财货清单有关的违法行为、未遵守法定手续而从事之活动、违反从事经济活动之规范性规定等行政违法行为的规定及处罚。而对行政违法行为的规定并不妨碍法律规定的更加严重处罚的实施，包括刑事责任的承担。本书对行政违法行为的内容不做纳入。

第一节　犯罪

一　秘密屠宰动物及交易罪

本法第 19 条规定，违反有关法律规定，秘密屠宰、进口或交易动物供公众食用的行为，构成秘密屠宰动物及交易罪。

所谓秘密屠宰是指，在未接受法律或规章规定之有关卫生检查的情况下，屠宰动物供公众食用；或者在获有权限当局发出准照之屠场以外的地方或在由有权限当局为此目的而指定之地方以外屠宰动物供公众食用；或者屠宰属禁止屠宰之种类的动物供公众食用。所谓交易，是指为供公众食用而进口秘密屠宰之动物之肉或进口以该等肉类制成之产品，或以之作为交易之对象。关于供公众食用的动物的屠宰，法律已经明确规定其实施场所、安全检查、可屠宰种类等，违反该等规定而秘密屠宰动物供公众食用，或以该等动物作为交易对象的行为，显然危害到公众健康和屠宰领域的经济法益。秘密屠宰动物或交易秘密屠宰的动物肉类的行为既危及食品安全和消费者的身体健康，亦扰乱了市场秩序，行为当属不法。

本罪的主观要件既可以是故意，亦可以是过失。故意构成本罪的，处最高 3 年徒刑或科不少于 120 日罚金；如属过失，则处最高 1 年徒刑或科不少于 60 日罚金。犯罪未遂者亦得处罚。

二　不法价格罪

本法第 23 条规定，以高于法定价格或核定价格出售财货或提供服务的行为，构成不法价格罪。

所谓法定价格，即相关法定制度所容许的价格；所谓核定价格，是指出售或提供服务之实体所制作的标签、商标纸、商标牌或价目表上载明的价格。行为人以高于上述价格的价格出售财货或提供服务的行为，既损害了消费者的权益，又扰乱了价格秩序。本罪的主观要件可以是故意，亦可以是过失。

构成本罪的，处6个月至3年徒刑或科不少于120日罚金。属过失之情况，处最高1年徒刑或科不少于60日罚金。犯罪未遂者亦得处罚。

三　囤积罪

本法第24条规定，在必需财货明显稀缺或在市场之正常补给受影响之情况下非法囤积财货的行为，构成囤积罪。

根据本法规定，所谓必需财货，是指关系民生而为大部分消费者必需的首要财货，以及由行政长官订定的原料。本罪的客观前提为必需财货明显稀缺或市场正常补给已受影响的情形。非法囤积行为具体表现为以下情形。

一是隐瞒存货或将存货贮存于未向监察当局指明之地点。

二是拒绝按照有关行业之习惯将之出售，或以购买者购得本人或第三人之其他财货作为其出售条件。

三是在他人订货并承诺做有关之供应后，拒绝或延迟交货的行为。不过，为满足特定领域的正常需要，法律规定，若为满足补给生产者或商人家用之正常需要；为满足农业、商业或工业经营之正常需求而在补充存货之必需期间内；或为履行已做出并经适当证明之承诺而拒绝出售的行为，均被视为合理行为。此外，法律还规定，若出售之数量可影响客户间之合理分配；出售之数量与取得正常消费需要或与出售者正常交货量明显不相称；或者根据财货之特点，取得者缺乏确保在令人满意之技术条件下将之再出售之能力，或缺乏确保维持适当之售货辅助性服务之能力；或者属赊售之情况，出售者有理由对取得人按时付款缺乏信心，则拒绝出售的行为并非不法。

四是为免出售财货或原料而将场所或用以从事业务之地点关闭。

五是向其运发之必需财货已卸上岸或已置于卸货、贮存或贮藏地点，尤其是海关设施，如该等必需财货属受配给或限制分销约束者，在10日之

13

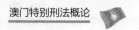

内不提取；如属其他财货者，在有权限之实体依法订定之期限内不提取的行为。

本罪的主观要件既可以是故意，亦可以是过失。故意构成本罪的，处 6 个月至 3 年徒刑或科不少于 120 日罚金。法院得命令物或权利的丧失。属过失之情况，处最高 1 年徒刑或科不少于 60 日罚金。犯罪未遂者亦得处罚。

四　取得人之囤积罪

本法第 25 条规定，取得必需财货的数量较正常数量明显不相称的行为，构成取得人之囤积罪。

本罪的行为对象为"必需财货"，前文已述及，必需财货包括关系民生而为大部分消费者必需的首要财货，以及由行政长官订定的原料。在必需财货明显稀缺或其在市场之正常补给受影响之情况下，取得必需财货之数量与所需之补给量或与作正常补充储备所需之数量明显不相称的行为会直接扰乱必需财货的交易秩序，损害其他商家及消费者的合法权益，甚至危及社会稳定，行为当属不法。本罪的主观要件为故意。

构成本罪的，处最高 6 个月徒刑或科最高 60 日罚金。法院可命令丧失超出补给需求量或超出做正常补充储备需求量之物或权利。犯罪未遂者亦得处罚。

本罪与囤积罪的行为对象皆为必需财货，且客观前提要件皆为必需财货处于稀缺或正常补给已受影响的情形。但本罪的要件行为属持有，而囤积罪的要件行为为不作为，如不交货等。本罪的法定刑较囤积罪轻具有合理性。

五　毁灭及不法出口罪

本法第 26 条规定，在明显稀缺或在市场之正常补给受影响之情况下，毁灭或将必需财货非法出口的行为，构成毁灭及不法出口罪。

本罪的行为对象为必需财货。本罪客观要件的前提是在必需财货明显稀缺或在市场之正常补给受影响的情况下实施有关行为。其行为方式，一是毁灭必需财货，即通过任何方式使得必需财货灭失或完全失去原有功用价值；二是不具法定准照而将必需财货不法出口。此等行为必将扰乱市场秩序，影响基本民生，当属不法。

本罪的主观要件既可以是故意，亦可以是过失。故意构成犯罪的，处最高 2 年徒刑或科不少于 120 日罚金。属过失之情况，处最高 6 个月徒刑或科不少于 60 日罚金。犯罪未遂者亦得处罚。

六 财货之征用罪

本法第 27 条规定，不遵从法定征用的行为，构成财货之征用罪。

法律规定，在不妨碍 9 月 28 日第 72/92/M 号法令的规定下，在明显缺乏或严重影响市场正常供应的情况下，行政长官可透过支付合理损害赔偿，以批示命令征用必需财货。需要注意的是，行政长官征用命令中所征用的物件是特定的，即必需财货。不遵从该等征用命令的行为，将危及市场正常供应的经济秩序，当属不法。

本罪的主观要件既可以是故意，亦可以是过失。故意构成本罪的，处 6 个月至 3 年徒刑或科不少于 120 日罚金，征用之财货宣告归本地区所有。属过失之情况，处最高 1 年徒刑或科不少于 60 日罚金。犯罪未遂者亦得处罚。

本罪与违令罪存在交叉竞合关系。违令罪所称"当局"包括行政长官，命令包括征用命令，但本罪在主观方面包括故意和过失，故意犯罪的最高刑较高，发生竞合时，应适用本罪。

七 货物欺诈罪

本法第 28 条规定，意图欺骗消费者，在出售或展示中实施欺诈行为的，构成货物欺诈罪。本罪先后经第 2/2002 号法律及第 7/2005 号法律修改。

（一） 罪状与处罚

本罪的客观前提为在出售或为出售而展示的过程中实施欺诈。其欺诈行为包括：将假造、伪造或价值已降低之货物作为真实、未经变更或完好之货物；与所声称之货物具有或外显之性质、质量及数量相比，性质不同、质量较次或数量较少之货物；或以可使消费者产生混淆的方式表示价格或计量单位之货物。本条所保护的法益为市场/消费者的信任关系的正常性，实施欺诈行为显然危害到此种信任关系，扰乱了市场秩序和交易安全，行

15

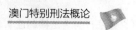

为当属不法。本罪的主观要件既可以是故意，亦可以是过失。

故意构成本罪，处最高 5 年徒刑或科最高 600 日罚金；属过失之情况，处最高 1 年徒刑或最高 60 日罚金。犯罪未遂者亦得处罚。

实施本罪所指事实而未引致重大损害之前，因己意排除其造成之危险及主动弥补所引致之损害，可特别减轻或免除刑罚。

（二）认定

本罪与《澳门刑法典》中的诈骗罪存在交叉竞合的关系。《澳门刑法典》第 211 条规定，意图为自己或第三人不正当得利，以诡计使人在某些事实方面产生错误或受欺骗，而令该人做出造成其本人或另一人之财产有所损失之行为的，构成诈骗罪，处最高 3 年徒刑或科罚金，加重情节下处最高 10 年徒刑。本罪在展示或出售过程中就货物的状态对消费者进行欺骗，而使自己得利，消费者受损。不过诈骗罪主观方面只能是故意，而本罪既可以是故意，亦可以是过失。可见二罪之间为交叉竞合关系，在主观方面为故意的情况下，本罪为特殊罪。

八　层压式传销罪

本法第 28 - A 条规定，发起、组织或招揽他人加入层压式传销的，构成层压式传销罪。本条由第 3/2008 号法律附加于本法。

所谓层压式传销，据本法第 45 - A 条之规定，是指以连锁网络或类似形式促成或进行财货或服务交易的活动，而参加者能否取得利益，主要是取决于参加者招揽加入这些活动的新参加者人数，而非取决于参加者或新参加者实际销售的财货或服务的数量，又或参加者于加入这些活动之时或之后，须以明显高于市场正常价格或在没有公平的退货保障下购买指定数量的财货或服务。此处所指利益包括报酬、退款、佣金、在购买财货或服务时获得减价，以及其他付款、服务或好处。本罪的行为方式为发起、组织或招揽他人参加层压式传销。单纯参加的行为不构成本罪。

本罪的犯罪主体为发起者、组织者、招揽者，加入者并不能构成本罪。本罪的主观要件包括故意和过失两种情形。发起或组织的行为只能出于故意。招揽他人的行为既可以出于故意，亦可出于过失，通常应为无认识的过失。

以发起或组织行为构成本罪的，处最高 3 年徒刑或科不少于 120 日罚金。如造成的总财产损失属巨额者，行为人处最高 5 年徒刑或科最高 600 日罚金；属相当巨额者，行为人处 2 ~ 10 年徒刑；如属法人类实体，科 100 日至 800 日罚金，且不影响其他可科处的刑罚。

招揽他人加入层压式传销而构成本罪的，处最高 6 个月徒刑或科最高 60 日罚金。如属过失之情况，行为人科最高 60 日罚金。

本罪的犯罪未遂者亦得处罚。

九　加重违令罪

本法第 18 条第 4 款规定，不遵守法院发出的强制命令的行为，可构成《澳门刑法典》第 312 条加重违令罪。处最高 2 年徒刑或 240 日罚金。

根据本法规定，本罪所指违反的强制命令，是指为终止不符合规范之状况或潜在危险之状况，及恢复合法性，法院可命令违法者立即或在为其指定期间内终止不法活动；如不法活动由不作为而引致，则可命令采取法律要求之措施或在裁判内规定之措施。

十　违反判决所定之禁止罪

违反本法所设之附加刑的，按《澳门刑法典》第 317 条之规定，构成违反判决所定之禁止罪，处最高 2 年徒刑，或科最高 240 日罚金。

第二节　相关刑事制度

一　刑事责任

（一）法人的责任

本法第 3 条规定，如法人或公司，即使为不当设立者，及纯为无法律人格之社团之成员、代表或其机关据位人以该等实体名义及为集体利益做出本法律所规定之违法行为，有关实体应对该等违法行为承担责任。如行为

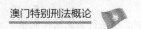

人违反有权者之明确命令或指示而做出行为，则排除上款所指实体之责任。不过，法人的责任不排除有关行为人之个人责任。

本法规定，可对法人科处的主刑为：

（1）罚金。日罚金额为澳门币250元至1.5万元。如对无法律人格之实体科以罚金，应以该实体之共同财产缴纳；无共同财产或共同财产不足时，应以连带制度由每一股东或社员之财产顶替。

（2）法院命令解散。违反实体之股东、社员、成员或机关据位人之唯一或主要意图，系利用有关实体实施本法律所规定之违法行为，或不法行为之反复实施显示出有关实体之成员或担任行政或管理职务者利用有关实体实施不法行为，方得处以解散之处罚。服务关系之终止如系因处以法院命令解散之处罚而引致者，为一切效力，均视为无合理理由之解除。

（二）量刑

本法规定，在确定量刑时，尤应考虑下列情节。

（1）在用以补给市场之财货或服务出现短缺或不足之情况下，包括在实行配给制度时，实施以该等财货或服务为对象之违法行为；

（2）违法行为使市场价格出现不正常之变动；

（3）违法者在市场中对作为违法行为对象之财货或服务拥有支配地位；

（4）违法者利用取得人、消费者或出售者处于急需之状况；

（5）实施能获得暴利之违法行为，或意图获得暴利而实施违法行为；

（6）违法者利用消费者的非本地居民身份，尤其透过旅游从业员的合作为之。

徒刑按一般规定得以罚金代替，但在出现任一上述情节时，法院可决定徒刑不得代替。对于累犯，徒刑亦不得替代。

（三）附加刑

因实施本法律所规定之犯罪，得处以下列附加刑。附加刑得一并实施。

1. 良好行为之担保

良好行为之担保系指违法者必须存入澳门币5000元至100万元之数额交由法院支配；存放期间系根据裁判订定，为6个月至3年。如违法者于所订之期间内再实施本法律所规定犯罪且被判罪，应宣告担保归本地区所有；否则应将担保返还予违法者。

2. 暂时剥夺参加直接磋商、有限查询或公开竞投之权利

本法规定，对曾实施具体被判处 6 个月以上徒刑；或实施犯罪之情节显示出其不应获得为参加上述活动所需之一般信任者，可剥夺其参加直接磋商、有限查询或公开竞投之权利，剥夺权利的期限为 1~3 年。

3. 暂时剥夺参加交易会及展销会之权利

如犯罪实质上可判处 6 个月以上徒刑，且由具有法定资格以出售者身份参加交易会及展销会的违法者所实施，得处以禁止其本人或透过他人参加交易会及展销会之处罚，禁止期间最多为 1 年。

4. 从事某些职业或业务之暂时禁止

从事某些职业或业务之暂时禁止，适用于在下列情况下触犯本法律所规定罪行之违法者。

（1）明显滥用职权；

（2）在从事一项须取得公共资格或公共当局之许可或认可之业务；

（3）因以前已触犯本法律所规定罪行而被判处附加刑。禁止期间最少为 2 个月，最多为 3 年。

5. 场所之暂时封闭

如违法者被判处 6 个月以上徒刑，则可命令暂时封闭其场所，期间为 1 个月至 1 年。即使在提起诉讼程序或实施犯罪后，进行与职业或业务有关之任何性质权利之移转或让予者，亦不影响处以本附加刑，但受移转人或受让人为善意者，则不在此限。场所之暂时封闭不构成解除劳动合同之合理理由，亦不构成中止有关报酬或将有关报酬降低之依据。

6. 场所之永久封闭

在下列情况下，可命令永久封闭违法者之场所。

（1）违法者曾因实施本法律所规定之犯罪而被判处徒刑，且其情节显示以往之判刑不足以警戒犯罪者；

（2）违法者曾被判处将其有关场所或其他场所暂时封闭之处罚；

（3）违法者曾因实施本法律所规定之犯罪而被判处徒刑，且该犯罪导致相当巨额之损害，或使众多人士受损害者。

二 刑事程序制度

本法第四章规定了有关的刑事诉讼制度。

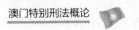

（一） 义务检举

本法律所规定的犯罪属《澳门刑事诉讼法典》一般规定中所指的义务检举罪行，即使不属警察当局的公共当局或执法人员亦有义务检举。

（二） 实况笔录

本法规定，在不妨碍《澳门刑事诉讼法典》之规定的情况下，每当监察实体或人员目睹本法律所规定之犯罪实施时，均应进行或着令进行实况笔录，并在5日内将之送交检察院。若该等实况笔录是由经济司以外的人员或实体做出，则应在以上所定期限内将笔录副本送交经济司。

（三） 辅助人

本法第38条规定，在不妨碍《澳门刑事诉讼法典》之规定下，受事实损害之自然人或法人、消费者委员会及消费者团体，得成为辅助人。

（四） 鉴定证据

在因本法所规定的货物欺诈罪而提起的诉讼程序中，必须提出鉴定证据。鉴定在项目调查程序中进行，嫌疑犯、检察院、辅助人及民事当事人得指派一名获彼信赖之技术顾问，以观看及协助鉴定之进行。充当证人之技术顾问，其证言具有鉴定证据之效力。不遵守规定将构成程序之无效，分别须于审判听证讨论结束前或项目调查结束批示通知后5日内提出争议。

（五） 财货之扣押及出售

1. 财货的扣押

本法第40条规定，在不妨碍《澳门刑事诉讼法典》之规定下，在因实施本法律所规定犯罪而提起之诉讼程序中，仅得因正确引导项目调查或预审或终止不法行为之需要，而将财货扣押。

2. 财货的出售

如被扣押之财货在项目调查或预审上不再需要且出现变坏之风险、宜立即用于补给市场或有关所有人或正当持有人申请将之出售等情况时，有权限之司法当局可命令立即将之出售，并须根据《澳门民事诉讼法典》有关执行程序之强制出售之规定为之。

在被扣押之财货出售时，有权限之司法当局应采取适当措施，以避免该等财货之出售或处置再引发本法律所规定之新违法行为。出售所得应存入储金局，交由命令出售之司法当局支配，以便透过在卷宗中做简单书录且无任何负担之情况下，将出售之所得交付有权收取之人，或当出售之所得在所发出的有罪判决中宣告归本地区所有时，存入本地区库房。如被扣押之财货不能在不违反本法律规定之情况下利用，应使之不能使用。

第二章

第 8/96/M 号法律《不法赌博法》

博彩业在澳门有着长期的历史，尤其自回归以来，澳门博彩业一业独大，成为澳门飞速发展的主要支撑①，但不容忽视的是，与博彩业相关的犯罪率也在逐年提高。由于博彩业对澳门社会发展各个领域的重要作用和深刻影响，澳门对博彩业的法律规制已建立起较为完整的体系，无论对博彩政策、博彩方式等均有法例规范。在刑事犯罪领域，早在回归前澳葡政府即制定第 9/77/M 号法律用以惩治不法赌博行为。随着澳门博彩业的不断发展变化，同时考虑到其他法律的衔接，1996 年澳门立法会制定并颁布了第 8/96/M 号法律《不法赌博法》，与被废止的第 9/77/M 号法律相比较，本法在罪名设置和刑罚制度上都有所调整，如将定额罚金制修改为日额罚金制，以与《澳门刑法典》的规定保持一致（但针对行政违法行为仍保留定额罚款制），同时将徒刑和罚款的并处调整为徒刑和罚金的并处。

现今澳门的博彩形式包括四类，即获特许专营合同批准的赌场博彩、②

---

① 2012 年的赌博收入创历史新高，达澳门币 3041.39 亿元，较 2011 年增长 13.5%。引自澳门统计暨普查局数字。

② 澳门准许在赌场中开设的中西式幸运投注方式共 28 项，包括百家乐、二十一点、十三张扑克等。

赛狗、赛马博彩①、彩票博彩②，以及足球、篮球博彩③。本法所指不法赌博，是指未经法律许可而进行的赌博或与赌博有关的营利活动。本法针对不法赌博行为确立了有关罪名及刑罚制度，亦设定对行政违法行为的处罚（本书未纳入）。随着互联网技术的应用，以网络为不法赌博平台的案件越来越多，需要立法者在相关法律特别是刑事诉讼制度方面做出及时的立法反应④。

第一节 犯罪

本法将不法赌博行为分为三类：第一类是与赌场幸运博彩有关的不法行为，包括在许可地方内或许可地方外实施的不法行为；第二类是与彩票或互相赌博有关的不法行为；第三类是其他相关的不法行为。

一 与幸运博彩有关的犯罪

（一）在许可地方以外的赌博不法行为

1. 不法经营赌博罪

本法第1条规定，在法律许可地方以外以任何方式经营博彩活动的，即构成不法经营赌博罪。

本罪的行为包括经营博彩活动，或者负责主持博彩活动，其犯罪地点须在法律许可的地方以外实施该等行为。所谓"许可地方"，即指获政府批准从事博彩业务的场所。在许可地方以外的不法经营行为即使并非经常性活动，亦构成犯罪。

---

① 澳门的赛马和赛狗分别始于19世纪40年代和20世纪30年代。
② 最古老的彩票是"白鸽票"，始于20世纪50年代，后自80年代开始出现即发彩票、即发六合彩。
③ 澳门彩票有限公司于1998年获批经营足球博彩，为当时亚洲唯一合法经营足球博彩的公司，至2000年再推出篮球博彩。
④ 2014年巴西世界杯足球赛进行期间，澳门破获了有史以来最大宗的非法外围赌球案，初步案情显示，犯罪集团透过互联网接受外围投注。2014年6月20日，澳门司法警察局宣布破获2个非法赌博集团案。其中一个犯罪集团一周内波缆（即总投注额）逾50亿元港币。参见《司警捣50亿元外围波》，《市民日报》（澳门）2014年6月21日，澳闻版。

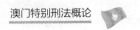

构成本罪的经营者或负责主持者，处最高 3 年徒刑或科罚金。参与有关活动的，处最高 1 年徒刑或科罚金。

此外，法律规定，若能提供有关供词而有助于揭发犯罪行为或确定主犯的身份资料，则可得宣告暂缓执行刑罚。

2. 赌博的不法作出罪

本法第 2 条规定，在法律许可以外的地方进行博彩活动的，构成赌博的不法作出罪，与前罪主要针对经营者不同，本罪主要针对博彩活动的投注者。

构成本罪的，科最高 180 日罚金。

若能提供有关供词而有助于揭发犯罪行为或确定主犯的身份资料，则可得宣告暂缓执行刑罚。

3. 在不法赌博的现场罪

本法第 3 条规定，为了不法赌博而在法律许可以外开展博彩活动的地方出现，即使未进行投注等博彩活动，亦构成犯罪，科最高 90 日罚金。

本罪可视为前罪的预备行为。同样，行为人若能提供有关供词而有助于揭发犯罪行为或确定主犯的身份资料，则可得宣告暂缓执行刑罚。

4. 胁迫作出赌博罪

本法第 5 条规定，凡以暴力、重大伤害作威胁或为此目的令他人无能力抵抗后，强迫他人赌博的，或给予赌博的资源的行为，构成胁迫作出赌博罪。

本罪的行为方式包括暴力方式，即外在物理力量作用于他人身体而对他人形成身体强制，或者以重大伤害为威胁对他人形成精神强制，或者以其他方法令他人失去抵抗能力，而迫使他人赌博，或给予赌博资源，如赌台、筹码等。其行为当属不法。构成本罪的，处 2～8 年徒刑。

《澳门刑法典》第 148、149 条规定，以暴力，或以重大恶害相威胁等手段，强迫他人作为或不作为，或强迫他人容忍某种活动者，分别构成胁迫罪和严重胁迫罪，处最高 3 年徒刑或科罚金，严重胁迫的，处 1～5 年徒刑。可见本罪与该两罪存在法条竞合关系，本罪为特殊法及重法，竞合时适用本罪的规定。

5. 欺诈性赌博罪

本法第 6 条规定，欺诈地经营或进行赌博，或透过错误、欺骗或使用任何设施以确保幸运的行为，构成欺诈性赌博罪。

本罪的客观行为表现为在经营博彩活动或进行博彩投注的过程中，以欺诈的方式确保赢得博彩。该等行为俗称"出老千",方式层出不穷,如使用有记号的扑克牌或配有特别装置的赌博工具,或者与其他参与者串通,皆使得其他参与赌博者或经营者陷入错误认识,造成虚假的博彩结果,使得他人受到财产损失。此外,涂改或伪造博彩所用的筹码的行为亦构成本罪。对于此种行为方式,法条中并未出现"以确保幸运"的文字,单是实施该等行为即构成犯罪。例如,以伪造的筹码在赌场投注并不能确保其幸运,但仍构成犯罪。

构成本罪的,处1~5年徒刑或科罚金。

《澳门刑法典》第211条规定,意图为自己或第三人不正当得利,以诡计使人在某些事实方面产生错误或受欺骗,而令该人做出造成其本人或另一人之财产有所损失之行为的,构成诈骗罪,处最高3年徒刑或科罚金。本罪与其存在法条竞合关系,本罪为特殊法,且最高刑罚更高,发生竞合时适用本罪。

(二) 在许可地方内赌博的不法行为

1. 在许可地方内不法经营赌博罪

本法第7条规定,在法律许可的地方内违反赌博章程的规定经营赌博的行为,构成在许可地方内不法经营赌博罪。

本罪的行为发生在法律许可博彩的地方内,俗称"收外围",是指行为人在赌场内违反赌博章程的规定,私自接受赌客的博彩或任何形式的投注行为。尽管该等行为一般均按通行的赌博规定决定博彩结果,但其私下接受投注的行为违反了有关博彩章程的规定,侵害了博彩合同承批人的合法权益,其行为当属不法。

构成本罪的,处最高3年徒刑或科罚金。

2. 在许可地方内不法进行赌博罪

本法第8条规定,在法律许可地方内未经许可进行前罪所指的赌博或投注,即构成在许可地方内不法进行赌博罪。

本罪亦发生在法律许可的地方内,俗称"买外围",是指赌客不在赌场的赌台上进行博彩投注,而是向前罪所指外围庄家私下投注的行为。此行为侵害了博彩合同承批人的合法权益,当属不法。

构成本罪的,处最高6个月徒刑或科罚金。行为人若能提供有关供词而有助于揭发犯罪行为或确定主犯的身份资料,则可得宣告暂缓执行刑罚。

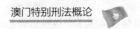

本罪与前罪相比，立法者配置的法定刑显然较轻。这是因为相比前罪所指"收外围"而言，"买外围"的危害性相对较轻，通常是一些不明就里的游客被犯罪人利诱而参与投注。暂缓执行刑罚的规定显然也是为着更好地打击"收外围"的不法行为而有针对性设立的激励制度。

二　与彩票及互相赌博有关的犯罪

博彩方式一般分为幸运博彩和相互博彩，彩票、抽奖、赛狗、赛马等属于互相博彩，以区别于在赌场内或以赌场通常设置项目进行赌博的幸运博彩。本法对彩票及互相博彩的犯罪行为规定有 3 个罪名，包括不法组织彩票或互相赌博罪、不法出售彩票罪和伪造及涂改彩票罪。而有关赛马和赛狗博彩中的不法投注行为则被规定在第 9/96/M 号法律《与动物竞跑有关的刑事不法行为》中，包括不法投注罪、接受不法投注罪等（参见第九章第四节）。

1. 不法组织彩票或互相赌博罪

本法第 9 条规定，未经许可，组织任何形式的彩票或互相赌博，构成不法组织彩票或互相赌博罪，处最高 3 年徒刑或科罚金。

2. 不法出售彩票罪

本法第 10 条规定，未经适当许可而出售彩票、奖券或其他同类性质的抽奖券，构成不法出售彩票罪，处最高 2 年徒刑或科罚金。

3. 伪造及涂改彩票罪

本法第 11 条规定，以任何方式伪造或涂改彩票、奖券或同类性质的抽奖券，或将之出售或使用的，构成伪造或涂改彩票罪，处最高 3 年徒刑或科罚金。

《澳门刑法典》第四编"妨害社会生活罪"第二章"伪造罪"中各罪的行为对象包括文件、技术注记、身份证明文件、票证、货币等，但不包括本罪所指彩票、奖券或抽奖券。两罪应予以区分。

三　其他不法赌博罪名

（一）麻将的经营罪

本法第 12 条规定，在商业场所、住所或其他场所以牟利为目的经营麻将赌博的，构成麻将的经营罪。

本罪的客观要件表现为在商业场所、个人住宅或其他场所经营麻将赌博。所谓经营，通常指以提供场地或器具而获得金钱利益，或通过他人打麻将的输赢提成（"抽水"）以获利。据此，亲朋好友聚会打麻将的行为，即使以金钱输赢为乐，只要无人以此提成或获取之外的金钱利益，均不会构成本罪。本罪的主观要件显然是故意。

构成本罪的，处最高1年徒刑或科罚金。此外，本法第21条规定对参与麻将赌博的人科以行政处罚。

（二）为赌博的高利贷罪

本法第13条规定，意图牟利而向他人提供用于赌博的款项或其他资源的，构成为赌博的高利贷罪。

1. 罪状与处罚

本罪的行为对象为用于赌博的款项。在如何认定行为人向他人提供的款项属用于赌博的款项的问题上，本法明确规定，凡在赌场做出的高利贷或消费借贷，皆推定为博彩提供。而赌场的范围亦不限于设立赌台的场所，而是将所有特别用于经营博彩的附属设施及其他从事艺术、文化、康乐、商业或与旅游业相关的活动的邻近设施均视为赌场。因此，凡在该等地方向他人提供高利贷或消费借贷的行为，均属本条所指为赌博的高利贷行为。

本法规定，构成本罪的，处以高利贷罪的刑罚。另据《澳门刑法典》第219条规定，高利贷罪（亦称暴利罪）是指意图牟利而利用债务人的弱势，使之承诺或有义务给付与对价明显不对等的金钱利益的行为。构成该罪的，处最高3年徒刑。若行为人以犯暴利罪为生活方式，或者借要求汇票或借做成虚伪合同，隐藏不正当之金钱利益，或者存在使受损失的人陷入经济困境的情形时，处1~5年徒刑。易言之，构成本罪的，处最高3年徒刑，遇加重情节则处1~5年徒刑，此外，还可处以禁止进入赌博场地的附加刑，为期2~10年。犯罪未遂者，亦可以既遂犯的刑罚处罚之。

2. 认定

需要注意的是，根据第5/2004号法律《娱乐场博彩或投注信贷法律制度》第3条之规定，博彩业承批公司及获转批给人具有从事博彩信贷业务的资格，幸运博彩中介人（以下简称"博彩中介人"）亦获赋予资格，通过与某一承批公司或获转批给人订立的合同从事信贷业务。合法的信贷关系

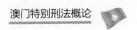

可发生于作为信贷实体的某一承批公司或获转批给人与作为借贷人的某一博彩者或投注者之间；作为信贷实体的某一博彩中介人与作为借贷人的某一博彩者或投注者之间；或作为信贷实体的某一承批公司或获转批给人与作为借贷人的某一博彩中介人之间。该法第 16 条规定，上述获赋予资格的实体，在从事信贷业务时做出的事实，不视为本罪所指向他人提供用于赌博的高利贷行为，该条规定的效果亦不适用于该等事实。

（三）文件的索取或接受罪

本法第 14 条规定，倘向有关债务人索取或接受《澳门刑法典》第 243 条 c 项所规定的身份证明文件（包括居民身份证或其他用作证明身份之公文书、护照或其他旅行证件及有关签证、进入澳门或在澳门逗留所需之任何文件或证明获许可居留之文件，以及由法律赋予证明人之状况或职业状况之效力之任何文件）作为保证，以实施为赌博的高利贷行为，则构成文件的索取或接受罪。

构成本罪的，处 2 ~ 8 年徒刑。倘犯罪未遂，以既遂犯的刑罚处罚之。

第二节　相关刑事制度

一　赌博物品的扣押

本法规定，构成犯罪的，其赌博的物品及用具予以扣押，且透过法院命令，由扣押实体将之销毁并做出有关销毁笔录。

二　金钱或有价值物品的扣押

本法第 18 条规定，当做出本法律所规定的犯罪，所有用于或来自赌博的金钱及有价值物品，均被扣押并由法院宣告拨归本地区。构成为赌博的高利贷罪、文件的索取或接受罪的，其所借得金钱或有价值物品，以及自愿议定的利息，概归本地区所有。

第三章

第 6/97/M 号法律《有组织犯罪法律制度》

第一节　概述

一　立法沿革

　　有组织犯罪或犯罪集团是共同犯罪的极端形式。随着有组织犯罪造成的危害日益严重，各国亦愈加重视对有组织犯罪的惩处，同时，由于有组织犯罪的跨国性趋势明显，2003 年 9 月 29 日，联合国制定的《联合国打击跨国有组织犯罪公约》生效。作为世界上第一部针对跨国有组织犯罪的全球性法律文件，公约确立了通过促进国际合作，更加有效地预防和打击跨国有组织犯罪的宗旨，为各国开展打击跨国有组织犯罪的合作提供了法律基础。公约要求缔约国应采取必要的立法及其他措施，将参加有组织犯罪集团、洗钱、腐败和妨碍司法等行为定为刑事犯罪。

　　回归前，澳葡政府于 1978 年制定并颁布了第 1/78/M 号法律《核准管制黑社会的刑事制度》。随着回归临近，澳门黑社会犯罪抬头，对澳门治安及平稳过渡造成较严重的威胁。为此，澳门立法会于 1997 年制定并通过了第 6/97/M 号法律《有组织犯罪法律制度》（以下简称《有组织犯罪法》），作为打击有组织犯罪，尤其是黑社会犯罪的法律依据，以维护公共安全，保护个人人身及财产法益。此后，为配合《联合国打击跨国有组织犯罪公约》的要求，本法有关清洗黑钱、贩卖人口的条款先后分别由第 2/2006 号法律《预防及遏止清洗黑钱犯罪》（参见第九章第七节）及第 6/2008 号法律《打击贩卖人口犯罪》（参见第九章第八节）加以补充修改。

二 "黑社会"的界定

《联合国打击跨国有组织犯罪公约》第 2 条规定，"有组织犯罪集团"系指由三人或多人所组成的，在一定时期内存在的，为了实施一项或多项严重犯罪或根据本公约确立的犯罪以直接或间接获得金钱或其他物质利益而一致行动的有组织结构的集团。实际上，除法律名称外，本法并未采用"有组织犯罪集团"一词及就"有组织犯罪"给出定义，而仅给出"黑社会"的法律定义。虽然如此，除黑社会罪、以保护为名的勒索罪、自称黑社会罪直接涉及黑社会或以黑社会的名义实施外，本法其他罪名并不要求犯罪主体为黑社会或黑社会成员，而是按其行为带有通常所见的黑社会特点而设立的罪名。

本法对黑社会的定义以列举犯罪组织实施行为的方式做出。所谓黑社会，是指为取得不法利益或好处所成立的所有组织，而其存在是以协议、协定或其他途径表现出来，特别是从事下列一项或多项罪行者，概视为黑社会。

（1）杀人及侵犯他人身体完整性；

（2）剥夺他人行动自由、绑架及国际性贩卖人口；

（3）威胁、胁迫及以保护为名而勒索；

（4）操纵卖淫、淫媒及做未成年人之淫媒；

（5）犯罪性暴利；

（6）盗窃、抢掠及损毁财物；

（7）引诱及协助非法移民；

（8）不法经营博彩、彩票或互相博彩及联群的不法赌博；

（9）与动物竞跑有关的不法行为；

（10）供给博彩而取得暴利的行为；

（11）入口、出口、购买、出售、制造、使用、携带及藏有违禁武器及弹药、爆炸性或燃烧性物质，或适合从事《澳门刑法典》第 264 条"造成火警、爆炸及其他特别危险行为"及第 265 条"释放核能"所指罪行的任何装置或制品的行为；

（12）选举及选民登记的不法行为；

（13）炒卖运输凭证；

（14）伪造货币、债权证券、信用卡、身份及旅行证件；

（15）行贿；

（16）勒索文件；

（17）不当扣留身份证件及旅行证件；

（18）滥用担保卡或信用卡；

（19）在许可地点以外从事外贸活动；

（20）清洗黑钱；

（21）非法拥有能收听或干扰警务或保安部队及机构通信内容的技术工具。

以上所指黑社会的存在，不需有会址或固定地点开会；成员无须互相认识和定期开会；不需要具号令、领导或级别组织以产生完整性和推动力，亦不需要有书面协议规范其组成或活动或负担或利润的分配。

第二节　犯罪

一　黑社会罪

本法第 2 条规定，发起、创立、参加或支持黑社会的行为，构成黑社会罪。

（一）罪状与处罚

本罪处罚的主体为黑社会组织的发起者、创立者、参加者或支持者，其行为方式分别为：一是发起或创立黑社会的行为；二是参加或支持黑社会的行为。当中尤其包括提供武器、弹药、犯罪工具、保管及集会地点；筹款、要求或给予金钱或帮助招募新成员，特别是引诱或做出宣传者；保管黑社会册籍、册籍或账册的节录部分、会员名单或黑社会仪式专用的服饰；参加黑社会所举行的会议或仪式者；或使用黑社会特有的暗语或任何性质的暗号者。

本罪的主观要件为故意。构成本罪的，处 5 ~ 12 年徒刑。对于执行黑社会任何级别的领导或指挥职务，尤其是使用此等职务的暗语、暗号或代号者，处 8 ~ 15 年徒刑。招募、引诱、宣传或索款行为的对象为 18 岁以下的未成年人，则刑罚上下限加重 1/3，即处 6 年 8 个月至 16 年徒刑。倘以上各类罪行由公务员做出，有关刑罚上下限加重 1/3。

（二）本罪与犯罪集团罪的区分

《澳门刑法典》第 288 条规定，发起或创立以实施犯罪为目的，或活动是为实施犯罪之团体、组织或集团者，处 3 ~ 10 年徒刑。参加该等团体、组织或集团者，或对其给予支持，尤其是提供武器、弹药、犯罪工具、保卫或集会地方者，又或对招募新成员提供任何帮助者，处相同刑罚。领导或指挥犯罪团体、组织或集团者，处 5 ~ 12 年徒刑。

由上可知，《澳门刑法典》中的犯罪集团是指以实施犯罪为目的，或活动是为实施犯罪的团体、组织或集团。可见，本法所规定的黑社会组织为犯罪集团中的一种特定类型。其实施的犯罪活动仅限于上述本法第 1 条所列举之犯罪。从法定刑上看，本罪的法定刑整体上比犯罪集团罪更重，因此，本罪为特殊法及重法。发生竞合时，应适用本法。

以澳门终审法院第 29/2011 号刑事诉讼程序上诉案为例①。嫌犯甲等在澳门形成一团伙，表面经营娱乐场贵宾厅的博彩业务，同时秘密进行犯罪行为，如高利贷、以暴力追讨债务、杀人及非法入境等。甲为该团伙的主要头目，本身亦是香港某黑社会成员。该组织包括第一线成员若干人及第二线成员若干人。某日在一火锅店，因琐事，在甲的指令下，其成员以利器将被害人杀死后肢解并抛尸。法院裁定当中数名正犯构成本法所规定之黑社会罪、《澳门刑法典》第 129 条第 1 款和第 2 款 c 项规定之加重杀人罪、《澳门刑法典》第 283 条第 1 款 a 项和 b 项规定之侵犯已死之人应受之尊重罪，以及《澳门刑法典》第 262 条第 3 款规定之不当持有利器罪，数罪并罚。当中有被告人上诉不构成黑社会罪，而应改处犯罪集团罪（处刑较

---

① 澳门终审法院第 29/2011 号刑事诉讼程序上诉案裁判书，http：//www.court.gov.mo。

轻）。终审法院认为，根据第 6/97/M 号法律第 1 条的规定，所有为取得不法利益或好处而成立的组织，且其存在是通过协议或协定，特别是通过实施杀人、伤害身体完整性、供赌博的高利贷等罪行而表现出来的，均视为黑社会。黑社会的存在并不需要有会址或固定地点聚会，或成员之间互相认识。与此相对，犯罪集团罪所处罚的是以实施其他罪行为目的或活动的组织或团体的创立人或成员。终审法院维持了原审判决。

二　以保护为名的勒索罪

本法第 3 条规定，为取得财产或其他利益，凡以黑社会名义或借用黑社会名称，透过对人身或财产进行报复的威胁而进行勒索的行为，构成以保护为名的勒索罪。

（一）罪状与处罚

本罪即通常所称"收保护费"的行为。其客观前提为以黑社会名义，或借用黑社会名称实施。易言之，无论行为人是否确为黑社会成员，或是否为黑社会组织，在此前提下实施的勒索行为，即构成本罪。勒索行为包括两类：一是为取得财产或其他利益，以黑社会名义或借用黑社会名称，向他人提出保护其人身或财产的行为；二是以黑社会名义或借用黑社会名称，透过对人身或财产进行报复的威胁，为就业、开张或从事营利业务而索取回报的行为。本罪的主观要件为故意，其目的在于取得财产或其他利益。勒索行为以威胁形成精神强制，使得他人非属意志自由的情形下处分财产，使行为人不法受益，侵犯了他人人身及财产法益，而以黑社会名义做出更危及公共安全，行为当属不法。

构成本罪的，处 2～10 年徒刑。

（二）认定

1. 行为的确认

行为人在实施包含报复的威胁、报酬的索取或借用属黑社会名称等行为时，即使并非以明示的方式进行，但足以使受害人领会的，亦构成本罪。司法实践中，一些行为人在实施勒索行为时，并未以明确的语言宣示，而是以类似"潜规则"或"老规矩"示意，如露出带有特定黑社会标志的文身或服饰等，亦符合借用黑社会名称的客观要件。至于是否足以使他人产生恐惧心理而对他人形成精神强制，则需要视具体情况，按照大陆法系关于勒索行为的一般通说而言，应斟酌行为人与被害人的身份背景、性格、体格、时机、场所、方法等要素进行综合判断。而威胁与取得不法利益之间须具备因果联系①，即被害人支付利益是在行为人威胁所形成的精神强制下对自己财产做出的处分，行为人获益恰与此形成对等关系②。

2. 既遂形态

通常来讲，敲诈勒索犯罪包括勒索以形成胁迫，以及获得交付。行为人不单只实施勒索行为，还需被害人因恐惧而交付财产等利益，方为勒索得手。若被害人并未交付利益，或已交付利益而行为人未能取得占有，均应视为未遂③。因此，本罪为结果犯。

3. 勒索与报复行为所构成犯罪的并罚

本法规定，若将做出威胁时提到的报复行为确实施行时，倘未能对行为人处以较重刑罚时，则处 2～10 年徒刑，与本罪所设刑罚并罚之。例如，行为人以伤害被害人为威胁，而在勒索不成或勒索到手的财物不能满意时，对被害人实施了伤害行为，则行为人既构成伤害罪，亦构成本罪。此时，对伤害行为的处罚，在无更重处罚的法例时，处 2～10 年徒刑，然后再与本罪之 2～10 年徒刑并罚，则最高刑可至 20 年徒刑。

4. 本罪与勒索罪及敲诈勒索非法入境者、非法逗留者罪的关系

本罪与勒索罪为法条竞合关系。《澳门刑法典》第 215 条规定，意图为自己或第三人不正当得利，而以暴力或以重大恶害相威胁等手段，强迫他人做出使该人或别人有所损失之财产处分的行为构成勒索罪，处 2～8 年徒刑。其威胁手段如符合加重盗窃罪或抢劫罪的部分情节所指之要件，处 3～15 年徒刑；如以抢劫为威胁而引致他人死亡，行为人处 10～20 年徒刑。可见，本罪的客观前提为以黑社会名义或借用黑社会名称实施勒索行为，而勒索罪无此客观要件的要求。需要注意的是，本罪的法定刑虽较勒索罪为低，但因对报复行为的并罚规定，如前所述，根据《澳门刑法典》第 71 条对犯罪竞合并罚的限制加重原则，本罪与若实施的报复行为的并罚时，在无更重处罚时，其

---

① 参见曾淑瑜编《图解知识六法——刑法分则编》（第二版），新学林出版股份有限公司，2011，第 655 页。

② 林山田：《刑法各罪论》（上），北京大学出版社，2012，第 356 页。

③ 参见〔日〕大谷实《日本刑法各论》，黎宏译，法律出版社，2003，第 207 页。

刑罚下限为 2 年徒刑，上限为 20 年徒刑。可见，处罚并不比勒索罪——即使是其加重刑罚——为轻。因此，发生竞合时，应适用本条①。

本罪与敲诈勒索非法入境者、非法逗留者罪不存在包容关系。第 6/2004 号法律《非法入境、非法逗留及驱逐出境的法律》（参见第四章）第 17 条规定，以揭发他人处于非法入境或非法逗留情况相威胁，直接或透过居中人为本人或第三人取得财产利益或物质利益的行为，构成敲诈勒索非法入境者、非法逗留者罪，可处 2 ~ 8 年徒刑。该罪威胁的内容是他人身处非法入境或非法逗留的状态，本罪则是以黑社会收保护费的形式为客观前提，以他人人身或财产为威胁。两罪虽均以威胁对他人形成精神强制而不法获利，但因为威胁的内容及客观前提要件不同，并不存在法条竞合关系。由于黑社会的特定危害性，本罪的法定刑上限高于敲诈勒索非法入境者、非法逗留者罪，具有合理性。

三　自称黑社会罪

本法第 4 条规定，自称属黑社会或与黑社会或其成员有关系的，构成自称黑社会罪。

（一）　罪状与处罚

本罪的客观行为为自称属黑社会成员，或者自称与黑社会、黑社会成员有关系。所谓自称，即自行宣布，无论是在公开或私下场合，无论明示或暗示，无论是否以语言表达。当然，要构成本罪的"自称"，并非随口一说或信口玩笑，而须达到法律规定的效果，方可被认定为本罪所称"自称"，即行为人的"自称"有理由使他人相信行为人确属黑社会或与黑社会有关系，令他人产生恐惧或不安或影响他人的自决自由，特别是使他人被迫作为、不作为或容忍某种活动。实践中常见的情形如展示黑社会组织的标志、展示与黑社会的密切关系等。

构成本罪的，处 1 ~ 3 年徒刑。犯罪未遂者亦得处罚。

---

① 有学者认为，若行为人以黑社会收保护费名义勒索得巨额财产或有其他严重情节，却并无加重法定刑与之对应，会造成重罪轻判的情况。参见赵国强《澳门刑法各论》（上），澳门基金会、社会科学文献出版社，2013，第 476 页。若此处非指报复行为并罚的情况，则的确应予考虑。

（二）认定

1. 行为犯

本罪虽然仅为"自称"，但以损及他人意志自由及造成他人恐惧不安，亦存在实施其他犯罪的隐患，从对法益的保护及对黑社会犯罪预防上看，本罪的设立是必要的。本罪作为行为犯，只要符合上述对自称的要求，不需要实施其他犯罪行为或实现其他犯罪结果，即可构成本罪。

2. 本罪与严重胁迫罪的关系

本条第 2 款规定，若在自称黑社会过程中有胁迫行为，且胁迫行为符合《澳门刑法典》第 149 条严重胁迫罪中"以实施可处以最高限度超过 3 年徒刑之犯罪相威胁"的要件，则对行为人处 3～5 年徒刑。实际上，在本条第 1 款的基本罪状描述中，并未出现"胁迫"一词，但有对胁迫作用及实质效果的描述，即"令他人产生恐惧或不安或影响他人的自决自由，特别是使他人被迫作为或不作为或容忍某种活动"。第 2 款指向的造成此种恐惧不安的原因行为，若在"自称"中包含威胁，且以实施最高刑超过 3 年犯罪相威胁，则加重处罚为 3～5 年徒刑。

3. 本罪与以保护为名的勒索罪的关系区分

由于本条第 2 款提到"胁迫"，而以保护为名的勒索罪中亦包含威胁。但本罪的要件行为是"自称"，而后者的要件行为是"勒索"。本罪在自称过程中往往包含胁迫，但并不以获得不法利益回报为目的，而是使他人被迫作为或不作为或容忍某种活动；而后者则必定包含威胁，且以索取不法利益回报为目的。二者法定刑亦有差别，本罪的刑罚显然较轻。

四　不当扣留证件罪

本法第 6 条规定，意图取得不法利益或造成损害或强迫他人，而扣留他人的身份证件或旅行证件的，构成不当扣留证件罪。

本罪的客观要件为扣留他人身份证件或旅行证件而不交出的行为。本罪的主观要件为故意，并以为自己或他人取得不法利益、对他人造成损害，或强迫他人作为、不作为或容忍某种活动。在涉及黑社会的犯罪中，往往会出现扣留他人，尤其是非澳门居民身份证件或旅行证件的行为，尤其是操纵卖淫者常常扣留卖淫者的身份证件以实现对其卖淫活动的控制。本罪

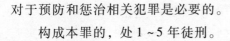

对于预防和惩治相关犯罪是必要的。

构成本罪的，处 1～5 年徒刑。

五　操纵卖淫罪

本法第 8 条规定，诱使、引诱、诱导、操纵、助长或方便他人卖淫的，构成操纵卖淫罪。

（一）罪状与处罚

本罪的行为方式包括三类：一是诱使、引诱或诱导他人卖淫，即使行为人与卖淫者之间有协议；即行为人怂恿、欺骗本无意卖淫的人产生卖淫的意图。二是操纵他人卖淫，即使经卖淫者本人同意；即对他人——即使属同意者——的卖淫行为做时间、地点、对象等方面的安排。三是为卖淫者招揽顾客，或以任何方式助长或方便卖淫者，无论行为人是否为招揽或方便行为获得报酬。本罪的主观要件为故意。从本罪的罪状描述来看，并不要求行为人以黑社会的名义或组成黑社会犯罪集团实施操纵卖淫的行为。但反过来，操纵卖淫行为是界定黑社会组织的行为特征之一。

以诱使或操纵卖淫构成本罪的，处 1～3 年徒刑。以招揽顾客或方便卖淫者构成本罪的，处最高 3 年徒刑。本罪的犯罪未遂者亦得处罚。

（二）本罪与淫媒罪等相关罪名的关系

在本罪出现之前，《澳门刑法典》已有关于淫媒行为的罪名。第 163、164 条规定，乘他人被遗弃或陷于困厄之状况，促成、帮助或便利他人从事卖淫或为重要性欲行为，并以此为生活方式或意图营利的，构成淫媒罪，处 1～5 年徒刑；如行为人使用暴力、严重威胁、奸计或欺诈计策，又或利用被害人精神上之无能力，实施淫媒行为，则处 2～8 年徒刑。第 170 条规定，促成、帮助或便利未成年人从事卖淫或为重要性欲行为的，构成做未成年人之淫媒罪，处 1～5 年徒刑。如使用暴力、严重威胁、奸计或欺诈计策，或行为人以此为生活方式或意图营利而为之，或利用被害人精神上之无能力，又或被害人未满 14 岁，则处 2～10 年徒刑。上述淫媒罪均要求行为人乘人之危，卖淫者多因被迫或无奈而卖淫，本罪则不以卖淫者的被迫为要件。这是两罪最大的区别。

现实案件中，一些涉案女子参与卖淫活动的确出于自愿，包括一些合法逗留澳门的境外女性自愿从事或参与卖淫活动，将在这类个案中实施"淫媒"行为的人认定为上述淫媒罪是不适当的，而本罪正可以相对较低的刑罚追究这类卖淫活动中实施淫媒行为的人的刑事责任。另外，尽管本罪并不要求犯罪主体为黑社会成员或声称为黑社会成员，但操纵卖淫却属本法第2条列明的黑社会组织实施的犯罪，因此，若以成立犯罪集团的方式操纵卖淫者，应同时构成操纵卖淫罪和黑社会罪。在并罚的刑罚效果下，以黑社会形式操控卖淫的行为并不会比一般社会人员实施的淫媒行为处罚更轻，也可实现处罪均衡。

但问题是，在司法实践中，法院往往未能清楚地处理上述各罪名间的关系，尤其是针对行为人以黑社会的形式实施淫媒行为的认定。如澳门终审法院2013年11月20日审理的第61/2013号案件中[①]，10余名嫌犯组成集团，以带领内地女子前往珠海及澳门游玩或介绍其在澳门工作为借口，将被害女子诱骗至澳门，并以暴力及威胁对其家人不利等手段，强迫其在澳门的桑拿和夜总会等场所向客人提供性服务，并提取该等女子卖淫所得的金钱，从中赚取不法利益。初级法院判决被告人构成多项由操纵卖淫罪及多项由第6/2008号法律《打击贩卖人口犯罪》所规定之贩卖人口罪。终审法院维持了初审法院的判决。但在经各级法院认定的案件事实中，行为人在操控他人卖淫的过程中多次使用暴力及威胁手段，这恰恰符合淫媒罪对有关犯罪手段的要求，却被认定为处刑较轻的操纵卖淫罪。此外，本案行为人以犯罪集团的形式操纵卖淫，且该集团的成立就是为迫使该等受害女子卖淫，则无论该等行为被认定为操纵卖淫罪或淫媒罪，还应另外构成犯罪集团罪（前提是本罪被认定为淫媒罪）或本法第2条d项规定之黑社会罪（即按法院的现有判决），法院的审理亦忽略这部分行为的认定。需要注意的是，除操纵卖淫外，本法亦将淫媒列为其犯罪行为之一。简言之，上述案件中的行为人以暴力及威胁手段强迫其诱骗来澳门的女子卖淫，根据本法本条、第2条d项、《澳门刑法典》第163、164条，以及《打击贩卖人口犯罪》第2条（即《澳门刑法典》第153-A条）的规定，其行为应当认定为淫媒罪、黑社会罪及贩卖人口罪，三罪并罚。

---

① 参见澳门终审法院第61/2013号刑事诉讼程序上诉案件裁判书，http://www.court.gov.mo.

六 在公共场合做出可处罚行为罪

本法第9条规定,在公共地方或公众可进入的地方,即使是专用的地方,做出可处罚行为的,构成在公共场合做出可处罚行为罪。

本罪的行为方式包括:缠扰或侵扰他人;展露足以令某人产生安全受威胁的恐惧或不安的态度;或在无合理解释下,不论是否以隐藏方式、扣留、索求或强迫交出金钱或其他有价物。即通常所说的寻衅滋扰、强拿硬要、惹是生非之类的行为。构成本罪要求在公共场合或公共可进入的地方做出上述行为。在私人地方,如他人住宅内实施上述行为不构成本罪,但可能构成其他罪名,如《澳门刑法典》中的侵犯住所罪、勒索罪等。本罪的主观要件为故意。

构成本罪的,处最高1年徒刑。

七 联群的不法赌博罪

本法第11条规定,联手操纵幸运博彩的行为,构成联群的不法赌博罪。

(一) 罪状与处罚

本罪的行为要件在于以控制、引导或其他方式操纵幸运博彩,包括操纵其结果或奖金、彩金或等同物的派发,或从中诈骗财物利益。且本罪须联手实施,易言之,本罪的犯罪主体有多人,属于必要共犯。本罪的主观要件为故意。

构成本罪,处1~5年徒刑。

(二) 与其他罪名的区分

本罪与本书第二章《不法赌博法》中的有关罪名需予以区分。本罪与不法经营赌博罪、在许可地方内不法经营赌博罪的区别在于,该两罪是指在许可或不许可的地方不法经营赌场的行为,本罪的要件行为则在于多人联手操控。若在不法经营赌场的过程中与多人联手操控赌博结果或奖金的派发,则应两罪并罚。本罪与胁迫做出赌博罪的区别在于,后者的要件行为为胁迫,即以恶害为威胁,迫使他人投注,而本罪在于以控制或引导的

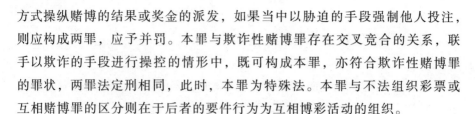

方式操纵赌博的结果或奖金的派发，如果当中以胁迫的手段强制他人投注，则应构成两罪，应予并罚。本罪与欺诈性赌博罪存在交叉竞合的关系，联手以欺诈的手段进行操控的情形中，既可构成本罪，亦符合欺诈性赌博罪的罪状，两罪法定刑相同，此时，本罪为特殊法。本罪与不法组织彩票或互相赌博罪的区分则在于后者的要件行为为互相博彩活动的组织。

此外，本罪与《澳门刑法典》中的诈骗罪亦有法条竞合关系，发生竞合时，应适用本罪的规定。

八 易燃或腐蚀性物质或物料罪

本法第 12 条规定，若实施与黑社会犯罪有关的行为时涉及易燃或腐蚀性物质或物料，则构成《澳门刑法典》中的禁用武器及爆炸性物质罪，造成火警、爆炸及其他特别危险罪的犯罪预备，或释放核能罪的犯罪预备。

《澳门刑法典》第 262 条规定，不符合法定条件，或违反有权限当局之规定，输入、制造、藏有、购买、出售、以任何方式让与或取得、运输、分发、持有、使用或随身携带禁用武器、爆炸装置或爆炸性物质、足以产生核爆之装置或物质、放射性装置或物质，又或适合用作制造有毒或令人窒息之气体之装置或物质的，构成禁用武器及爆炸性质物质罪，处 2~8 年徒刑；如牵涉可用作喷射有毒、令人窒息或腐蚀性之物质之装置，行为人处最高 3 年徒刑。

《澳门刑法典》第 266 条规定，为造成火警、爆炸及其他特别危险或凭借释放核能造成危险而实施的预备行为，包括制造、隐藏、为自己或他人取得、交付、持有或输入爆炸性物质、足以产生核爆之物质、放射性物质、适合用作制造有毒或令人窒息之气体之物质，或实行该等犯罪所必需之器械等，即构成造成火警、爆炸及其他特别危险罪的犯罪预备，或释放核能罪的犯罪预备，处 2~8 年徒刑。

若行为人实施上述有关黑社会的犯罪时，涉及易燃或腐蚀性的物质或物料，则适用《澳门刑法典》第 262、266 条的规定。此处，本法对于"涉及"的方式并无确切描述，但按《澳门刑法典》第 262、266 条的规定，应指输入、制造、藏有、购买、出售、让与、取得、运输、分发、持有、使用或随身携带等方式。

九　违反司法保密罪

本法第 13 条规定，不正当让人知悉有关黑社会犯罪的实施和行为，或有关刑事诉讼程序的全部或部分内容的行为，构成违反司法保密罪。

（一）罪状与处罚

本罪所针对的应予保密的内容包括两类：一是本法律所规定及处罚的罪行的刑事诉讼程序的事实或行为而受司法保密的全部或部分内容；二是不容许旁听诉讼过程的刑事诉讼程序的事实或行为的全部或部分内容。本罪的主观要件为故意。

构成本罪的，处 1~5 年徒刑。

本法特别规定对于一些诉讼参与人的身份应予以保密，尤其是第 26 条第 2 款及第 28 条第 4 款所指诉讼参与人的身份。其中，第 26 条第 2 款所指诉讼参与人包括有理由相信其害怕受到报复或以任何方式表示不能在审判中作供的被害人、证人、辅助人、民事当事人或鉴定人。第 28 条第 4 款所指诉讼参与人是指参与或辅助特殊侦查行为的公务员或第三者。若因泄露或发布该等人士的身份而构成本罪，行为人处 2~8 年徒刑。此外，对这两类受保护的诉讼参与人的身份，即使经最后裁判确定，包括归档，亦应维持为期 10 年的司法保密。

倘泄露或发布是由包括在职业保密范围内的人士做出，则法院着令作供免除其保密义务。

（二）与《澳门刑法典》中的违反司法保密罪的关系

《澳门刑法典》第 335 条规定，不正当让人知悉因司法保密而不应泄露之刑事诉讼行为之全部或部分内容者，或不正当让人知悉不容许一般公众旁听诉讼过程之刑事诉讼行为之全部或部分内容者，如规范该诉讼之法律不对该情况规定另一刑罚，则处最高 2 年徒刑，或科最高 240 日罚金。

可见，本罪与《澳门刑法典》中的违反司法保密罪为法条竞合关系，本罪为特殊法，且为重法，发生竞合时，当适用本罪的规定。

十　与卖淫有关的违令罪

（一）　罪状与处罚

卖淫行为在澳门并非犯罪。本法第 35 条规定，为取得金钱报酬或其他经济利益而在公共地方或公众可进入的地方，引诱或建议他人进行性行为的，科澳门币 5000 元罚款。行为人为非本地居民，治安警察厅厅长有权下令将其驱逐出本地区。

被驱逐出境的非本地居民在 2 年期限内再次入境的，构成《澳门刑法典》第 312 条规定的违令罪，处最高 1 年徒刑或科 120 日罚金。

（二）　本罪与非法再入境罪的关系

第 6/2004 号法律《非法入境、非法逗留及驱逐出境的法律》（参见本书第四章）第 12 条规定，被命令驱逐出境的人士，在被驱逐出境后，禁止于驱逐令中所定的期间内进入澳门特别行政区。该法第 21 条规定，违反禁止入境命令而入境的行为，即构成非法再入境罪，处最高 1 年徒刑。

本罪与非法再入境罪的要件行为均为违反有权限机关做出的禁止入境的命令。但本罪要求行为人因实施卖淫行为而被下令驱逐出境，非法再入境罪则无此要件要求。按照违令罪的规定，本罪的法定刑为 1 年徒刑或科 120 日罚金，即可选科罚金。而非法再入境罪的刑罚仅有徒刑，无法易科，相比之下，本罪略轻，形成竞合时，应适用本条规定。

十一　与扣押有关的违令罪、作虚假之当事人陈述或声明罪

《有组织犯罪法》第 31 条规定，倘属本法律规定及处罚的罪行，嫌犯必须据实回答司法当局向其提出有关其经济及财政状况、来自职业活动的收益及本身资产的问题，否则可构成《澳门刑法典》第 312 条规定的违令罪或第 323 条规定的作虚假之当事人陈述或声明罪。

违令罪是指不服从由有权限之当局或公务员依规则通知及发出之应当服从之正当命令或命令状的行为。实施黑社会犯罪的嫌犯若拒绝回答司法当局的问题，或者拒绝执行司法当局据此发出的有关命令，则构成违令罪，

处最高 1 年徒刑，或科最高 120 日罚金。

作虚假之当事人陈述或声明罪是指，在作当事人陈述时，在宣誓后且已被警告如作虚假陈述将面对之刑事后果后，就应陈述之事实作虚假声明的行为。实施黑社会犯罪的嫌犯若在回答司法当局向其提出的问题时，就其经济状况、职业活动的收益及自身资产做出虚假陈述或声明，则构成作虚假之当事人陈述或声明罪，处最高 3 年徒刑或科罚金。

第三节　相关刑事制度

一　刑事责任

（一）减轻处罚或豁免处罚

《有组织犯罪法》第 5 条规定了犯罪中止的内容。实施黑社会罪、以保护为名的勒索罪、自称黑社会罪所指之行为，如行为人为阻止该等黑社会存续或对此认真做出努力，又或为避免犯罪的实施而通知当局该等黑社会的存在，尤其指出黑社会其他成员或支持者的身份，并揭露该等黑社会的宗旨、计划或活动的，对其科处之刑罚得特别减轻或以非剥夺自由的刑罚代替，甚至豁免刑罚。

（二）不受处罚的行为

鉴于黑社会犯罪的特点，《有组织犯罪法》规定，有关特别侦查行为或辅助行为不受处罚。具体而言，刑事调查人员或第三人，为预防或遏止罪行的目的，将身份或身份资料隐藏，在刑事警察当局监督下从事活动，渗透黑社会内，取得黑社会成员的身份，并在从事黑社会犯罪活动的人的要求下，接受、持有、藏有、运输或交出武器、弹药或犯罪工具，庇护其黑社会成员，筹款或提供集会地点等行为，不受处罚。该等行为取决于有权限司法当局的预先核准，该核准须于 5 日内发出，且批准期限是确定的。但在涉及证据取得的紧急情况下，前述行为可得于取得有权限司法当局核准前进行，但须于随后第一个工作日获有关司法当局赋予效力，否则无效。此外，刑事警察当局应于行动结束后最多 48 小时内，向有权限司法当局报告有关公务员或第三人的行动。

（三）假释与暂缓执行

《澳门刑法典》第56条规定，当服刑已达2/3且至少已满6个月时，如经考虑案件之情节、行为人以往之生活及其人格，以及于执行徒刑期间在人格方面之演变情况，期待被判刑者一旦获释，将能以对社会负责之方式生活而不再犯罪属有依据者；及释放被判刑者显示不影响维护法律秩序及社会安宁，法院须给予被判徒刑者假释。

本法规定，屡犯黑社会罪、以保护为名的勒索罪的，不得给予假释。对构成黑社会罪、以保护为名的勒索罪的犯罪人，不得暂缓执行科处的徒刑，但若其为阻止该等黑社会存续或对此认真做出努力，又或为避免犯罪的实施而通知当局该等黑社会的存在，尤其指出黑社会其他成员或支持者的身份，并揭露该等黑社会的宗旨、计划或活动则除外。

（四）附加刑

对于构成黑社会罪、以保护为名的勒索罪以及在公共场合可处罚的行为罪而被判刑者，《有组织犯罪法》规定，应考虑事实的严重性以及针对行为人的公民品德，科处以下附加刑。

（1）中止政治权利，为期2~10年；

（2）若犯罪人为公务员，则可科处禁止从事公共职务，为期10~20年；

（3）禁止从事须具公共凭证或获公共当局许可或批准方得从事的职业或活动，为期2~10年；

（4）禁止在公法人、在纯为公共资本或大多数为公共资本的企业，或在公共服务或财货的承批企业担任管理、监察或其他性质的职务，为期2~10年；

（5）禁止在专营公司执行任何职务，为期2~10年；

（6）禁止与某些人士接触，为期2~5年；

（7）禁止进入某些场合或地点，为期2~10年；

（8）停止行使亲权、监护权、保佐权及财产管理权，为期2~10年；

（9）停止驾驶机动车辆、飞行器或船只的权利，为期2~5年；

（10）禁止离开本地区，或未经许可下离境，为期2~5年；

（11）如非本地居民，驱逐出境及禁止进入本地区，为期5~10年。

附加刑得一并执行。行为人按法院裁判被剥夺自由的时间，不计入中止政治权利所指期限内。依法成立的社团或公司，在法院裁判中将其有关成员判罪时即行解散。

（五）累犯

《澳门刑法典》第69条规定，因故意犯罪而被确定判决判处超过6个月之实际徒刑后，如单独或以共同犯罪之任一方式，实施另一应处以超过6个月实际徒刑之故意犯罪，且按照案件之情节，基于以往一次或数次之判刑并不足以警诫行为人，使其不再犯罪，故应对其加以谴责者，以累犯处罚之。但行为人被判刑之前罪被剥夺自由之刑罚执行完毕后距后罪之实施已逾5年，则该前罪不算入累犯。对于累犯，须将对犯罪可科处之刑罚之最低限度提高1/3。

但本法规定，构成黑社会罪，以保护为名的勒索罪以及违反司法保密罪的，即使超逾5年后再犯，亦不妨碍视为累犯。

（六）刑罚延长

为确保对犯罪人的矫正效果，《有组织犯罪法》规定，在以下情形中，犯黑社会罪的实际徒刑，最高以3年为1期连续延长2期，包括在澳门以外实施相关罪行而被实际判刑者。

（1）行为人以往曾犯相同条文或第1条第1款所列明的罪行，而被判处实际徒刑者；

（2）当刑满或首次延长期届满时，经考虑案件的情节、行为人以往的生活及其人格，以及于执行处分期间在人格方面的演变情况，而有迹象显示行为人仍与黑社会有联系或关系，使人有理由相信被判刑者一旦获释仍不能以对社会负责的方式生活而不再犯罪者。

（七）未成年者的收容

《有组织犯罪法》规定，实施黑社会罪、以保护为名的勒索罪所指不法事实的不可归责的未成年者，应受适合其年龄及危险性的收容制度的管制，具体可参见本书第十章第六节关于第2/2007号法律《违法青少年教育监管制度》的内容。

二 刑事程序规定

《有组织犯罪法》对有关黑社会犯罪的刑事程序亦做出详尽规定。

(一) 公罪

《有组织犯罪法》规定其所规定犯罪的刑事程序无须告诉乃论,当中包括机动车辆的盗窃及破坏;超过澳门币1万元价值对象的盗窃及破坏;导致疾病或没有可能工作超过10日的普通伤害身体完整性;公务员违反保密;对具有公共当局权力的行为人或公务员进行普通伤害身体完整性和侮辱等犯罪事实。

(二) 诉讼程序的公开性

在黑社会罪行的诉讼程序中,某些诉讼行为得排除公开进行。

(三) 可接纳的证据方法

法庭的接纳被害人、辅助人、证人、鉴定人或民事当事人所做出的声明,即使已向刑事警察机关做出,如与听证中所做声明存有明显矛盾或分歧时,也得在听证中宣读。此外,法庭可接纳在公众可进入的地方,即使是在保留专用的地方所取得的信息、录像或磁带录音的记录作为证据。

(四) 对渗透人员的保护

由于黑社会犯罪的特殊性质,在刑事侦查过程中往往需要实施或辅助特别侦查行为的公务员或第三者的参与。为此,司法当局必须确保涉及黑社会犯罪特别侦查行为或辅助行为的公务员或第三者的身份保密。但在有关证据不可或缺的情况下,法官可以决定渗透的公务员或第三者须出庭做证。此外,法官应当为防止泄露有关公务员或第三者身份采取适当措施,有关身份受司法保密的保障。

(五) 羁押

对实施黑社会罪、以保护为名的勒索罪以及在公共场合可处罚的行为罪所指行为的嫌犯,法官应对其实施羁押措施。

（六） 物及权的扣押

如司法当局基于有依据的理由，相信以嫌犯名义或第三人名义，存于银行或其他信用机构甚至在个人保险箱内的证券、有价物、款项及任何其他对象、不动产或动产、权利等，系与本法律所规定及处罚的罪行有关，且用作黑社会犯罪活动，构成该活动的产物或利润或本法律所规定及处罚的犯罪的酬劳，或属该等不法活动的产物、利润或酬劳转变而成，须将之扣押。

金融或同等机构、社团、合伙或商业公司、登记或税务部门以及其他公共或私人实体，不得拒绝法官就上款所指资产、存放物或任何有价物提供资料或提交文件的要求。

倘属本法律规定及处罚的罪行，嫌犯必须据实回答司法当局向其提出有关其经济及财政状况、来自职业活动的收益及本身资产的问题，否则可构成《澳门刑法典》第 312 条规定之违令罪或第 323 条规定之作虚假之当事人陈述或声明罪。

（七） 禁止进入

为预防黑社会犯罪，本法第 33 条规定，在具备以下资料时，禁止有关非本地区居民进入澳门地区。

（1） 犯黑社会罪或同类性质的罪行而被判刑者，即使是由澳门以外的法院做出判决；

（2） 存在强烈迹象显示属犯罪集团或与犯罪集团有联系，特别是黑社会类别者，即使没有在本地开展任何活动；

（3） 存在有意从事严重罪行的强烈迹象；

（4） 存在对本地区的公共秩序或治安构成威胁的强烈迹象；

（5） 禁止进入本地区的生效期间。

此外，本法第 34 条规定，做出在公共场合可处罚的行为罪所指任何行为的人，得被博彩监察暨协调司禁止进入博彩厅，为期 2～5 年。

（八） 再审

1. 判决的特殊再审

《澳门刑事诉讼法典》第 431 条规定，在裁判的决定性依据为虚假，或者法官在做出判决的诉讼程序中实施有关的职务犯罪，或者判决所依据的事实与其他判决中依据的事实不符而令人非常怀疑裁判的公正性，或者因新发现的证据或实施令人非常怀疑裁判的公正性等情况下，可以对确定生效的判决进行再审。

与此相应，《有组织犯罪法》规定，在不妨碍上述规定的前提下，对于因触犯任何罪行而确定判处徒刑的有罪判决，当被判罪者明显地采取第 5 条所指的任何行为，即实施黑社会罪、以保护为名的勒索罪、自称黑社会罪所指之行为，如行为人为阻止该等黑社会存续或对此认真做出努力，又或为避免犯罪的实施而通知当局该等黑社会的存在，尤其指出黑社会其他成员或支持者的身份，并揭露该等黑社会的宗旨、计划或活动时，其有罪判决可接受再审。

2. **再审的程序**

《澳门刑事诉讼法典》中有关再审程序的规定，经适当配合后，适用于前述的特殊再审。

被判罪者或其辩护人向驻高等法院的检察院代表提交要求再审的申请，并指明被判罪者欲采取或已采取的行为。检察院经分析要求后，倘认为存在为施行第 5 条规定的任何措施的前提时，须将欲建议的措施通知申请人，以便其在 5 天期限内对此表达意见。倘被判罪者接受所建议的措施，检察院将有适当的依据和资料包括被判罪者以书面或任何复制方式所做的全部声明的卷宗送交法院。倘被判罪者不接受第 2 款所指检察院的建议，以及倘按第 5 条规定被判罪者后来的行为而不修改所建议的措施，卷宗将归档，并受司法保密规定的保障。高等法院有权决定检察院所建议的再审。

第四章

第 6/2004 号法律《非法入境、非法逗留及驱逐出境的法律》

非法移民一般指人口的非法跨国、跨境流动。这一现象在世界范围内普遍存在，其产生具有错综复杂的政治、经济、社会及历史原因。非法移民不仅违反了有关国家的出入境法律制度，危及人口安全、就业安全，且往往与各类跨国有组织犯罪交织在一起，成为当代影响公共安全和国际关系的重要因素。各国多以遣返制度及将非法出入境行为入罪等法律途径进行预防和惩治，以期减少非法移民现象、缓解非法移民带来的危害。

第一节　概述

一　立法沿革

目前，专门针对非法移民问题的国际性法律文件应为 1991 年 8 月 18 日生效的《有关偷渡者的国际公约》①。由于非法移民往往与有组织犯罪、贩

---

① 不过，该公约并未直接采用"非法移民"（illegal migrant）一词，而是"偷渡者"（stowaway）这一用语，且仅指从海上偷渡的人员。

卖人口犯罪有关，联合国预防犯罪和刑事司法委员会决定将跨国偷运移民的犯罪活动纳入《打击跨国有组织犯罪公约》的框架。2000 年 12 月，包括中国在内的 100 多个国家签署了《打击跨国有组织犯罪公约》及所附的《关于打击陆、海、空偷运移民的补充议定书》（简称《偷运移民议定书》）及《关于预防、禁止和惩治贩运人口特别是妇女和儿童行为的补充议定书》（简称《贩运人口议定书》）两项议定书（又称为《巴勒莫议定书》），这些法律文件为各国、各地区预防和惩治非法移民犯罪提出了立法和司法要求。

回归前，澳门于 1990 年制定并颁布了第 2/90/M 号法律《关于订定秘密移民措施》，此后经第 8/97/M 号法律、第 39/92/M 号法令及第 11/96/M 号法令历次修改。回归后，随着澳门经济迅猛发展，各行各业人力资源紧张，非法入境、逗留的情况日趋严重，尤其与非法劳工问题相连，与非法移民相关的犯罪案件数量亦逐年上升①。为此，澳门立法会于 2004 年制定并颁布了第 6/2004 号法律《非法入境、非法逗留及驱逐出境的法律》（以下简称《非法移民法》）。本法律订定对非本地居民的拘留、驱逐出境的法律制度，以及相关的刑事制度及刑事诉讼制度，以预防、打击非法入境及非法逗留行为。其后，立法会制定并颁布了第 21/2009 号法律《聘用外地雇员法》，该法对《非法移民法》中有关非法雇用的条文做出修改，以适应澳门社会发展。

二 非法入境与非法逗留

本法所称非法入境，是指任何人未获在澳门特别行政区逗留或居留许可而不经出入境事务站入境；或者以虚假身份，或持伪造的身份证明文件或旅行证件入境；又或在被禁止入境期间内进入澳门特别行政区的行为。本法所称之非法逗留，是指超过许可逗留期限而在澳门特别行政区逗留，或者被废止逗留许可后未在指定期限内离开澳门特别行政区的行为。

非法入境或非法逗留本身并不直接构成犯罪。处于该等状态的人士应由治安警察局予以拘留并进入驱逐程序，由行政长官或其授权的人做出驱逐令。但驱逐令的执行并不妨碍非法入境或非法逗留人士因相关行为而需承担的刑事责任。

---

① 根据澳门特区检察院 2012 年度刑事案件起诉罪名分类统计数据，非法移民及相关罪名在全年起诉的 2877 宗案件中达 1102 项，超过其他各类罪名列第一。http：//www.mp.gov.mo/statistics.htm/stat2012l.pdf

第二节 犯罪

一 引诱非法入境或非法逗留罪

本法第 13 条规定，引诱或教唆他人进入或逗留在澳门特别行政区而致使其处于非法入境或非法逗留状态者，构成引诱非法入境或非法逗留罪。

本罪的行为主体并非非法逗留者或非法入境者本人，而是引诱或教唆他人非法入境或非法逗留的人，其行为为引诱或教唆，即威逼或利诱他人非法入境或非法逗留，或者唆使本无意非法入境或非法逗留的他人实施非法入境或非法逗留的行为。本罪在学理上即将教唆行为实行行为化。本罪的主观要件只能是故意。构成本罪的，处最高 2 年徒刑。

由于非法入境或非法逗留本身不属犯罪，因此，本罪与《澳门刑法典》中的公然教唆他人犯罪罪并无法条竞合关系。

二 协助非法入境罪

本法第 14 条规定，协助他人在无入境许可的情况下进入澳门特别行政区的行为，构成协助非法入境罪。

本罪的行为主体亦非非法入境或非法逗留者本人，而是为其提供协助的人，具体的协助方式包括运载或安排运载、提供物质支持或任何其他方式。从学理上说，是将帮助行为实行行为化的罪名。本罪的主观要件为故意。构成本罪的，处 2 ~ 8 年徒刑。

本条第 2 款规定，直接或透过居中人为本人或第三人取得财产利益或物质利益，作为实施上述协助行为的酬劳或报酬的行为，处 5 ~ 8 年徒刑。

认定本罪时需要注意，第 2 款的罪状描述可能产生歧义，一种理解是其包括第 1 款的行为，若行为人收取报酬而运送他人非法入境，则按第 2 款处罚；另一种理解是其单独指向收取报酬的行为，若行为人收取报酬而运送他人非法入境，则按两罪并罚。前者从两款法定刑上看，第 2 款的最低刑更高，因而相对更重，作为包含前款规定的行为，并无不妥；而后者从语义分析上看，似亦合理。但考虑到两款列于同一罪名下，且第 2 款法定刑的确重些，本书采用前种理解。而参考下条收留罪的立法模式，亦符合前种理解。

三 收留非法入境者、非法逗留者罪

本法规定，收留非法入境或非法逗留者的，构成收留非法入境者、非法逗留者罪。

本罪的主体为收留者，所谓收留，包括收留、庇护、收容、安置等，且无论收留属长期性或临时性，均属不法。本罪的主观要件为故意。构成本罪的，处最高 2 年徒刑。

此外，本条第 2 款规定，行为人直接或透过居中人为本人或第三人取得财产利益或物质利益，作为实施收留行为的酬劳或报酬的，处 2～8 年徒刑。与协助罪同理，此处第 2 款的行为包含收留行为，易言之，单纯收留，则处最高 2 年徒刑，收留且收取报酬处 2～8 年徒刑。

四 非法雇用罪

（一） 罪状

本法规定，与不具备法律要求的人建立劳动关系的，构成非法雇用罪。

本罪的犯罪主体是雇用不具备合法工作资格人士的雇主[①]。其行为表现为与不具备法律要求雇员必须持有的文件的任何人建立劳务关系。根据第 21/2009 号法律《聘用外地雇员法》的规定，外地雇员是指在澳门特别行政区没有居留权，但获许可与特定雇主签订劳动合同，而在澳门特区临时从事职业活动的人。只有持有澳门居民身份证（包括永久性与非永久性）或非本地劳工身份卡等人士才可在澳门合法工作。任何雇主聘用不具备法定证件的人士（俗称"黑工"），不论聘用合同的性质及形式、报酬或回报的类别为何，均构成犯罪。按照澳门相关法律规定，确定雇佣关系存在两个要件，即一方提供劳务，另一方给予相应报酬。在司法实践中，往往很难

---

① 有观点认为，仅将雇主作为犯罪主体不利于打击雇用黑工及非法入境等罪行，应将非法工作者亦施以刑事处罚，订定非法工作罪。参见胡晓《澳门打击非法移民立法浅析》，《人民检察》2009 年第 4 期。

同时确定两者，尤其在建筑行业更是如此。为加强打击及遏止在建筑行业中违法聘用黑工的行为，立法者又以第2款明确规定，凡在建筑工地上发现实际从事建筑工作的人，可推定其与相关雇主存在劳务关系。

除自然人外，本罪的犯罪主体还包括法人及无法律人格的社团及特别委员会。若其机关或代表人以该等实体的名义及为其利益而实施本罪；或听命于上述所指机关或代表人的人，以该等实体的名义及为其利益而实施本罪，只要该犯罪是由于有关机关或代表人故意违反本身所负的监管或控制义务而得以实施，上述实体即须承担刑责。不过，若行为人违反有权者的明示命令或指示而做出行为，则排除法人的责任。法人承担刑事责任不排除有关行为人的个人责任。

（二）认定

需要区分本罪与前述收留罪。若行为人雇用非法入境者或非法逗留者，甚至为其提供住宿，则其既构成非法雇用罪，亦构成收留非法入境者、非法逗留者罪，但收留或安置是否包含雇用，影响到此行为是一罪还是数罪的问题。本书认为，非法雇用是非法收留或安置的一种形式，若雇主不仅雇用，还为其提供住宿，亦可以作事后不可罚行为之理解，即本罪作为主行为之罪吸收收留罪，而仅构成本罪。

（三）处罚

自然人构成本罪的，处最高2年徒刑；如属累犯，处2~8年徒刑。法人构成犯罪的，科最高360日的罚金，还可科处以下附加刑。

（1）全部或部分废止聘用外地雇员的许可并同时剥夺申请新聘用许可的权利，为期6个月至2年；

（2）剥夺参与公共工程承揽或公共服务批给的公共竞投的权利，为期6个月至2年；

（3）剥夺获公共实体发给津贴或优惠的权利，为期6个月至2年。

附加刑可单独或合并科处。

五　敲诈勒索非法入境者、非法逗留者罪

本法第17条规定，以揭发他人处于非法入境或非法逗留情况相威胁，

直接或透过居中人为本人或第三人取得财产利益或物质利益的行为，构成敲诈勒索非法入境者、非法逗留者罪，可处 2~8 年徒刑。

《澳门刑法典》第 215 条规定的勒索罪，是指意图为自己或第三人不正当得利，而以暴力或以重大恶害相威胁等手段，强迫他人做出使该人或别人有所损失之财产处分的行为。构成勒索罪的，处 2~8 年徒刑。可见本罪与勒索罪之间存在特殊法和一般法的法条竞合关系，发生竞合时，成立本罪。

此外，《有组织犯罪法》中规定的以保护为名的勒索罪是指为取得财产或其他利益，以黑社会名义或借用黑社会名称，透过对人身或财产进行报复的威胁而进行勒索的行为。虽然两罪都有威胁和勒索，但客观前提要件不同，威胁和勒索的要件和内容亦不同，因此不存在法条竞合关系（参见本书第三章）。

六　伪造出入境文件罪

本法第 18 条规定，为非法出入境而伪造出入境所需的法定文件的行为，构成伪造出入境文件罪。

（一）罪状与处罚

本罪的行为对象为出入境所需的法定文件，包括两类：一类是身份证件。其具体包括身份证或其他证明身份的公文书，伪造护照、其他旅行证件及有关签证，或任何其他进入或逗留在澳门特别行政区所需的法定文件，又或许可在澳门特别行政区居留的证明文件。另一类是公文书、经认证的文书或私文书，又或关于行为人本人或第三人身份资料的虚假声明。本罪的行为方式亦包括两种：一是伪造（包括作虚假声明）出入境；二是使用伪造的出入境文件，即伪造者和使用者均须承担刑责。本罪的主观要件为故意，即意图妨碍本法律的效力，或意图取得任何进入澳门特别行政区、在澳门特别行政区逗留或许可居留所需的法定文件，而有意实施上述行为。

实施伪造行为而构成本罪者，处 2~8 年徒刑。使用或占有本条所指伪造文件者，处最高 3 年徒刑。

（二）认定

前文述及，法律有非法雇用罪，却无非法受雇罪或非法工作罪，而在司法实践中，被警方查获的"黑工"往往藏有伪造的身份证件，雇主亦往往声称无法辨别证件真伪，给适用非法雇用罪带来证明困难。不过，依据本罪的规定，即可对伪造或使用伪造的出入境文件的行为者施以刑罚处罚。

七 关于身份的虚假声明罪

本法规定，向公共当局或公务员做关于身份的虚假声明的行为，构成关于身份的虚假声明罪。

（一）罪状与处罚

本罪所指身份资料主要包括姓名、婚姻状况以及可发生法律效力的各种资格。行为方式包括向公共当局或执行职务的公务员做出关于身份、婚姻状况或法律赋予其本人或他人法律效力的其他资格的虚假声明或虚假证明；或者误导公共当局或执行职务的公务员，使其赋予本人或第三人虚假的姓名、婚姻状况或法律承认具有法律效力的资格。易言之，无论是行为人以作虚假声明的方式获得不符合真实情况的身份资料，还是以误导的方式令公共当局或公务员赋予不符合真实情况的身份资料，均构成本罪，可处最高3年徒刑。

（二）认定

本罪与伪造出入境文件罪都涉及关于身份的虚假声明，但本罪特别指出虚假声明为向公共当局或公务员做出，因此法定刑更重亦属合理。

此外，《澳门刑法典》第250条规定，使用虚假之证明或证明书，目的为欺骗公共当局、损害他人利益，或为自己或他人获得不正当利益者，构成使用虚假证明罪，处最高1年徒刑，或科最高120日罚金。该罪所指虚假证明应包含本罪所指身份资料。因此，本罪与该罪之间存在法条竞合关系，本罪为特殊法及重法，竞合时应适用本条规定。

八　使用或占用他人文件罪

本法第 20 条规定，意图违反本法规定而冒用他人的身份证明文件或出入境证明文件的行为，构成使用或占用他人文件罪。

（一）罪状与处罚

本罪所指文件包括他人的身份证或其他证明身份的公文书、护照或其他旅行证件，以及任何进入或逗留在澳门特别行政区所需法定文件，又或许可在澳门特别行政区居留的证明文件。其行为方式包括本人使用或占用，或者交由第三人使用或占用的行为。澳门司法实践中，常见以假结婚形式骗取居留权。组织假结婚的集团或中介人以金钱利诱一些居民借出身份证，再找人使用借来的证件与非本地居民注册结婚，为其骗取澳门居留权。借出证件的居民明知他人会做不法使用，而仍将身份证借给别人使用这一行为亦构成犯罪。

构成本罪的，处最高 3 年徒刑。

（二）本罪与使用他人之身份证明文件罪的区分

《澳门刑法典》第 251 条规定，意图造成他人或本地区有所损失，或意图为自己或他人获得不正当利益，而使用发给予他人之身份证明文件，或是将身份证明文件交予并非获发该文件之人的行为，构成使用他人之身份证明文件罪，处最高 3 年徒刑或科罚金。该罪包含两种行为，即冒用他人的身份证明文件，以及将自己的身份证明文件交予他人使用。可见，本罪与该罪的行为要件相同，而本罪的行为对象强调为与出入境有关的身份文件，且目的在于非法出入境或非法逗留，可视本罪为特殊罪。两罪法定刑幅度相同，发生竞合时，适用本条规定。

九　非法再入境罪

本法第 21 条规定，违反禁止入境命令而入境的行为，即构成非法再入境罪。

关于禁止入境，本法第 12 条规定，被命令驱逐出境的人士，在被驱逐出境后，禁止于驱逐令中所定的期间内进入澳门特别行政区。此外，对于依据第 4/2003 号法律第 4 条第 1 款第 1~3 项的规定，即非本地居民中曾被依法驱逐出境的；根据适用于澳门的国际法文书的规定而被禁止在澳门入境、逗留或过境的；以及依法被禁止进入澳门特别行政区的人士，均可做出预防性或连续性的禁止入境。而以第 4/2003 号法律第 4 条第 2 款第 2、3 项所载理由，即非本地居民中曾在澳门特别行政区或在外地被判处剥夺自由的刑罚的人士；或者存有强烈迹象，显示其曾实施或预备实施任何犯罪的情形所做出的禁止入境的决定，须以对澳门特别行政区的公共安全或公共秩序确实构成危险为依据。违反上述禁止入境的命令而进入澳门特别行政区的行为，当属不法。

本罪的行为人即上述被本地区做出禁止入境命令的人士，本罪罪名虽为"再入境"，但从上述有关禁止入境的规定来看，部分行为人亦有可能仅为首次入境。本罪的主观方面当属故意。

构成本罪的，处最高 1 年徒刑。相比《澳门刑法典》第 312 条之普通违令罪，徒刑幅度相同，但未设置选科罚金刑。

《有组织犯罪法》中规定有与卖淫有关的违令罪，即因卖淫被驱逐出境者违反命令非法进入澳门的行为。从构成要件上看，该罪为特殊法，即行为人被驱逐出境的原因是特定的。该罪设有选科罚金（参见本书第三章）。

第三节　相关刑事制度

一　刑罚制度

（一）加重处罚

（1）作为一般法例的加重情节。在对普通法例所定犯罪进行量刑时，行为人处于非法入境或非法逗留的事实将构成加重情节。

（2）特殊主体的加重处罚。澳门保安部队成员或其他公共行政工作人员实施本法律所指犯罪时，则法定刑罚的最高及最低限度，均加重两者的差额的1/2。

（二）例外情况

本法第 27 条规定，根据适用于澳门特别行政区的国际法的强制性规定，或在合理的例外情况下，行政长官得以批示免除、宽免、减轻或减少非刑事性质的任何处罚或本法律所规定的任何措施。

二 刑事程序制度

（一）简易诉讼程序

本法第 24 条规定，如被拘留人所实施的行为属下列情况，且符合《澳门刑事诉讼法典》第 362 条规定的其他要件时，以简易诉讼程序审判：

（1）本法律所定可处最高不超过 3 年徒刑的罪的竞合；

（2）其他可处最高不超过 3 年徒刑的罪与上项所指任一罪的竞合。

即使犯罪竞合导致所适用的最高刑罚超过 3 年徒刑，仍采用简易诉讼程序。

《澳门刑事诉讼法典》第 362 规定，对因实施可处以最高不超过 3 年徒刑的犯罪即使并科罚金的犯罪，又或仅可科处罚金，而在现行犯情况下被拘留的人，除非嫌犯做出事实时未满 18 周岁，以简易诉讼程序审判。

（二）独任庭

上述被拘留的人如因不符合《澳门刑事诉讼法典》第 362 条规定的其他要件，或者根据《澳门刑事诉讼法典》第 371 条第 1 款 b 项之规定，即为发现事实真相或为查明嫌犯身份资料或年龄，有需要采取措施，而预料该等措施不可能在拘留后最长 30 日期间内实施的，必须移送卷宗以普通诉讼程序审判的独任庭审判。

（三）羁押的适用

本法规定，如属《澳门刑事诉讼法典》第 368 条所指听证不能在拘留嫌犯及将之送交检察院后随即进行的情况，法官则可根据该法典第 186 条第 1 款 b 项之规定命令将嫌犯羁押。

三 其他相关规定

（一） 通知

本法第 3 条规定，澳门保安部队成员及其他公共行政工作人员有义务将其在履行职务时获悉的非法入境及非法逗留的情况通知有权限实体，否则将被提起纪律程序。

（二） 拘留

1. 拘留的条件

本法规定，被发现处于非法入境及非法逗留状态者，由治安警察局拘留，或由其他执法人员拘留并交由治安警察局进行驱逐程序。拘留期限以执行驱逐出境所需时间为限，但不得超过 60 天。超过 48 小时的拘留，须由法院宣告，且仅得以确保驱逐出境措施的执行为由或以保安理由做出宣告。

拘留仅作驱逐程序之用，并不产生任何其他有损被拘留人的法律效力。

2. 司法监督

治安警察局需制定维持拘留的建议书，并将被拘留人交予检察院以便于拘留后 48 小时内将其送交法官。法官须就是否维持拘留做出决定，如决定维持拘留，任何时候均可依职权或应申请对拘留进行评估，并可维持拘留或废止拘留及命令立即释放被拘留人。

被拘留人享有《澳门刑事诉讼法典》所规定的赋予嫌犯的权利。

3. 拘留中心

本法规定的，超过 48 小时的拘留，须在为此目的以行政命令而设立的拘留中心内执行。拘留中心须具备应有的居住条件，且须遵守适用于拘留的法律规定及国际法文书的规定。本法规定的超过 48 小时之拘留，仅于拘留中心设立后方可适用。

（三） 驱逐出境

本法规定，处于非法入境及非法逗留状态的人士须被驱逐出澳门特别行政区，但不妨碍其应负的刑事责任及接受法律规定的其他处罚。命令驱逐出境的权限属行政长官，该权限可授予他人。驱逐出境的卷宗由治安警察局负责组成，而在驱逐出境建议书内须说明理由，且须于 48 小时内送交行政长官决定。

驱逐令须载明采取措施的理由、被驱逐出境人士所前往的目的地及其被禁止进入澳门特别行政区期间。执行驱逐令属治安警察局的职权。

（四）逗留许可的废止

本法规定，透过行政长官批示可废止非本地居民在澳门特别行政区的逗留许可，但不妨碍其应负的刑事责任及接受法律规定的其他处罚。

被废止逗留许可的情形包括：未获许可而在澳门特别行政区工作；因重复进行违反法律或规章的活动，尤其做出有损居民健康或福祉的活动，而明显与许可在澳门特别行政区逗留的目的不符者；有关人士对公共安全或公共秩序构成危险，尤其在澳门特别行政区实施犯罪或预备实施犯罪者。

第五章

第 3/2006 号法律《预防及遏止恐怖主义犯罪》

恐怖主义犯罪由来已久，从广义上说，恐怖主义即以制造公众恐怖心理达到不法目的。近代以来，恐怖主义在法国大革命时期发展为政治性恐怖主义。20 世纪 70 年代，恐怖主义在民族独立解放运动中由民族解放恐怖主义演变成当代恐怖主义。自 90 年代起，恐怖活动发生的数量、规模以及造成的危害都越来越大。恐怖分子的目标更较过往基于民族主义或政治意识形态更为广泛。

第一节　概述

一　立法沿革

世界各国及国际组织也逐步认识到，恐怖犯罪不是一国、一地区的内部事务，需要更广泛的国际合作，包括立法协调和司法互助，方可更好地预防和惩治恐怖主义犯罪。1934 年，国际联盟曾制定《遏止恐怖主义公约》，由于种种历史原因，该公约未能得以实施。自 1963 年起，联合国大会及辖下各组织，如国际民用航空组织、国际海事组织、国际原子能机构，

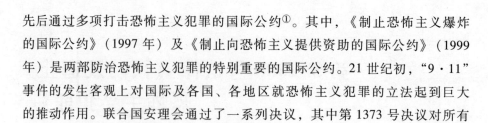

先后通过多项打击恐怖主义犯罪的国际公约①。其中,《制止恐怖主义爆炸的国际公约》(1997 年)及《制止向恐怖主义提供资助的国际公约》(1999年)是两部防治恐怖主义犯罪的特别重要的国际公约。21 世纪初,"9·11"事件的发生客观上对国际及各国、各地区就恐怖主义犯罪的立法起到巨大的推动作用。联合国安理会通过了一系列决议,其中第 1373 号决议对所有成员国(而非仅参加签署国)制定了共同义务。

澳门立法机关认为,尽管《澳门刑法典》已就恐怖组织和恐怖犯罪做出规定,但"为使澳门的法律配合国际文书,借此保护内部的公共安宁及国际的公共安宁,并透过保护所有人及国家或国际组织免受在澳门特别行政区内或澳门特别行政区外实施的恐怖袭击,以预防及遏止'国际恐怖主义'"②。为此,澳门立法会于 2006 年制定并颁布了第 3/2006 号法律《预防及遏止恐怖主义犯罪》(以下简称《恐怖犯罪法》),与本法同时通过的还有第九章第七节将论及的第 2/2006 号法律《预防及遏止清洗黑线犯罪》。较之刑法典中的原有规定,本法将地区内部的恐怖主义、恐怖组织与国际恐怖主义、恐怖组织做等同处理,并规定所有与恐怖主义和恐怖组织有关的不法行为;将公然煽动他人做出恐怖主义行为及组成恐怖团体、组织或集团的行为定为犯罪;并规定了附加刑及法人的刑事责任。

二 恐怖组织的界定

本法将恐怖组织分列为恐怖团体、组织或集团,以及其他恐怖组织。

(一) 恐怖团体、组织或集团

依照本法规定,所谓恐怖团体、组织或集团,是指二人或二人以上的集合,其在协同下行动,目的系借着做出下列任一事实,以暴力阻止、变

---

① 包括《关于在航空器内犯罪和犯有某些其他行为的公约》(1963 年)、《关于制止非法劫持航空器的公约》(1970 年)、《关于制止危害民用航空安全的非法行为的公约》(1971 年)、《关于防止和惩处侵害应受国际保护人员包括外交代表的罪行的公约》(1973 年)、《反对劫持人质国际公约》(1979 年)、《核材料实物保护公约》(1980 年)、《关于制止危害航海安全的非法行为的公约》(1988 年)、《关于在可塑炸药中添加识别剂以便侦测的公约》(1991 年)等。

② 参见澳门立法会第三常设委员会第 1/III/2006 号意见书(事由:《预防及遏止恐怖主义犯罪》法案),http://www.al.gov.mo。

更或颠覆已在澳门特别行政区确立的政治、经济或社会制度的运作，或迫使公共当局做出一行为、放弃做出一行为或容忍他人做出一行为，又或威吓某些人、某人群或一般居民，只要按有关事实的性质或做出时的背景，该等事实可严重损害澳门特别行政区或所威吓的居民。

首先，从组织特征上看，恐怖组织是二人或二人以上的集合。

其次，其行为特征在于，恐怖组织的成员在协同下行动，并实施侵害人身权利、妨害交通运输、通信安全或造成公共危险等犯罪行为[1]。其具体包括：侵犯生命、身体完整性或人身自由的犯罪；妨害运输安全及通信安全的犯罪，该等通信尤其包括资讯、电报、电话、电台或电视；借着造成火警、爆炸、释放放射性物质、有毒或令人窒息的气体，造成水淹或雪崩，使建筑物崩塌，污染供人食用的食物及水，又或散布疾病、蔓延性祸患、有害的植物或动物等而故意产生公共危险的犯罪；将交通或通信工具或交通通道、公共事业的设施，又或供应或满足居民根本需要的设施，确定性或暂时全部或部分破坏，又或使之确定性或暂时全部或部分不能运作或偏离正常用途的行为；研究或发展核子武器、生物武器或化学武器；有使用核能、火器、生物武器、化学武器、爆炸性物质、爆炸装置、任何性质的燃烧工具，又或内有特别危害性装置或物质的包裹或信件而做出的犯罪等恐怖主义行为。

从目的特征来看，恐怖组织的目的在于以暴力阻止、变更或颠覆已在澳门特别行政区确立的政治、经济或社会制度的运作，或迫使公共当局做出一行为、放弃做出一行为或容忍他人做出一行为。

（二）其他恐怖组织

二人或二人以上的集合，如其在协同下行动，目的系借着做出前述第4条第1款所述的事实，侵犯一国家的完整性或独立，或以暴力阻止、变更或颠覆一国家、地区或国际组织的机构的运作，或迫使有关当局做出一行为、放弃做出一行为或容忍他人做出一行为，又或威吓某些人、某人群或一般居民，只要按有关事实的性质或做出时的背景，该等事实可严重损害该国、地区、国际组织或所威吓的居民，则等同视其为恐怖组织。

---

[1] 以实施的犯罪行为类型界定恐怖组织的立法方式比较常见，且多将针对个人人身权利及危害公共安全的犯罪列为恐怖组织实施的犯罪行为。如《德国刑法典》第129条规定，恐怖团体的目的或活动宗旨在于实施谋杀、侵犯个人自由或造成公共危险的犯罪行为。参见《德国刑法典》，冯军译，中国政法大学出版社，2000，第92页。

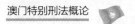

本法对于"其他恐怖组织"的规定实际上是将国际恐怖组织及国际恐怖主义等同于内部恐怖组织及内部恐怖主义。就所保障的法益而言，受刑事保护的对象已不是澳门特区及其居民，而是任何国家、国际组织或人民。这体现了立法者对恐怖主义犯罪实行国际合作的立场。

第二节　犯罪

一　发起、创立、加入、支持恐怖组织罪

《恐怖犯罪法》第 4 条第 2 款规定，发起、创立、加入、支持恐怖团体、组织或集团的，构成发起、创立、加入、支持恐怖组织罪。

本罪的行为方式包括发起、创立、加入恐怖团体、组织或集团，或对其给予支持，尤其是透过提供情报或物资对恐怖组织给予支持的行为。本罪主观方面显然为故意。由于恐怖组织的特有危险性，仅仅是该等组织的存在，即已对公共安全造成隐患，可以将发起、创立等行为视为抽象危险犯，即使排除其通常会实施的犯罪行为，发起、创立等行为亦属不法。

构成本罪的，处 10～20 年徒刑。

法律规定，行为人若占有核能、火器、生物武器、化学武器、爆炸性物质、爆炸装置、任何性质的燃烧工具，又或内有特别危害性装置或物质的包裹或信件，则上述刑罚的最低及最高限度均加重 1/3，即对发起、创立等行为，处 13 年 4 个月至 26 年 8 个月徒刑。

本法对发起、创立行为的预备行为亦予以处罚，即做出组成恐怖团体、组织或集团的预备行为者，处 1～8 年徒刑。

此外，对于犯罪中止有减轻或免除处罚的规定，即若行为人阻止该等团体、组织或集团存续，或对此认真做出努力，又或为使当局能避免犯罪的实施而通知当局该等团体、组织或集团的存在者，可特别减轻刑罚，或可不处罚有关事实。

二　领导、指挥恐怖组织罪

本法第 4 条第 3 款规定，领导或指挥恐怖团体、组织或集团的，构成组

织、领导恐怖组织罪。

本罪的客观行为为对恐怖组织进行领导或指挥。所谓领导、指挥,即就恐怖组织的人员、行动进行安排、策划。本罪的犯罪主体是恐怖组织的领导者或指挥者,作为恐怖组织中的首领,较恐怖组织中的其他人员有更大的危害性。本罪的主观要件当属故意。

构成本罪的,处 12~20 年徒刑。与前罪相比,法律对恐怖集团的领导、指挥者的法定刑下限更高。

法律规定,行为人若占有核能、火器、生物武器、化学武器、爆炸性物质、爆炸装置、任何性质的燃烧工具,又或内有特别危害性装置或物质的包裹或信件,则上述刑罚的最低及最高限度均加重 1/3,即处 16~26 年 8 个月。

此外,对于犯罪中止有减轻或免除处罚的规定,即若行为人阻止该等团体、组织或集团存续,或对此认真做出努力,又或为使当局能避免犯罪的实施而通知当局该等团体、组织或集团的存在者,可特别减轻刑罚,或可不处罚有关事实。

三 恐怖主义罪

本法第 6 条规定,存有以暴力阻止、变更或颠覆已在澳门特别行政区确立的政治、经济或社会制度的运作,或迫使公共当局做出一行为、放弃做出一行为或容忍他人做出一行为的意图;或者存有侵犯一国家的完整性或独立,或以暴力阻止、变更或颠覆一国家、地区或国际组织的机构运作的意图,而做出前述本法第 4 条第 1 款所列恐怖主义行为的,构成恐怖主义罪。

从本法第 4 条所列的恐怖主义犯罪行为来看,该等行为本身即以构成《澳门刑法典》中的既有罪名。但若行为人以恐怖组织的形式,并对国家或澳门地区存有恐怖主义的意图而实施该等犯罪,则以本罪论处。

构成本罪的,处 3~12 年徒刑。在无更重处罚的情况下,按本罪所设置的刑罚处罚。若按《澳门刑法典》或其他刑事法例的刑罚相同或更重,则适用其他刑罚,且将其最低及最高限度均加重 1/3。例如,恐怖组织成员对本地区怀有政治仇恨的恐怖主义意图而实施暗杀行为,则按《澳门刑法典》对加重杀人罪的规定(怀有政治仇恨而杀人符合加重杀人罪的罪状),应处

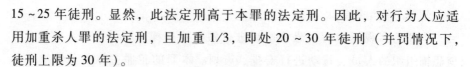

15～25 年徒刑。显然，此法定刑高于本罪的法定刑。因此，对行为人应适用加重杀人罪的法定刑，且加重 1/3，即处 20～30 年徒刑（并罚情况下，徒刑上限为 30 年）。

本法处罚犯罪预备，即做出恐怖主义犯罪的预备行为者，如按其他法律的规定不科处更重刑罚，则处 1～5 年徒刑。

本法就犯罪中止做出减轻或免除处罚的规定。即若行为人因已意放弃其活动、排除或相当程度减轻该活动所引起的危险，或阻止法律拟避免的结果发生，可特别减轻刑罚，或可不处罚有关事实。

此外，由于侦查恐怖主义犯罪的固有困难，往往需要特殊侦查手段或特定人员的参与，包括恐怖组织的成员。因此，本法规定，若行为人在收集证据方面提供具体帮助，而该等证据系对识别其他应负责任的人的身份或将之逮捕有决定性作用，可特别减轻刑罚。

四 资助恐怖主义罪

联合国 1999 年颁布的《制止向恐怖主义提供资助的国际公约》第 2 条第 1 款规定，任何人以任何手段，直接或间接地非法和故意地提供或募集资金，其意图是将全部或部分资金用于或明知全部或部分资金将用于实施公约所指的恐怖主义活动，即应构成犯罪，予以刑罚处罚。"9·11"事件发生后，联合国做出第 1373 号决议，特别要求所有成员国将资助恐怖主义的行为确认为犯罪。

为呼应联合国的要求，本法第 7 条规定，为恐怖主义行为提供或收集资金的行为，构成资助恐怖主义罪。

本罪所指资助，包括为资助做出恐怖主义行为而提供或收集资金的行为。至于恐怖主义行为是否做出并不影响本罪的成立。本罪的主观要件为故意。

构成本罪的，如按以上各条规定不科处更重刑罚，则处 1～8 年徒刑①。

---

① 本罪的法定刑较前述恐怖主义罪名低。从联合国的立场来看，应要求各国/地区立法者将资助恐怖主义的行为等同于恐怖主义犯罪。澳门立法者则认为，由于本条已包含补充性规定，即"如按以上各条的规定不科处更重刑罚"，因此本条仅适用于"较不严重状态的资助行为"。参见澳门立法会第三常设委员会第 1/III/2006 号意见书（事由：《预防及遏止恐怖主义犯罪》法案），http：//www.al.gov.mo。但本书认为，法律并未清楚表明何谓"较不严重的资助"，从法条的行文并不宜做此理解，否则难以区分本罪与支持恐怖组织罪，毕竟两罪法定刑幅度相差较大。

本罪与前述支持恐怖组织罪应予以区分。广义的理解，提供或帮助收集资金也是一种支持，但后罪的行为对象特指情报或物资，且法定刑重得多。若行为人对恐怖主义犯罪既提供资金，亦提供物资，则应构成两罪并罚。

五　煽动恐怖主义罪

本法第 8 条规定，公然及直接煽动他人做出恐怖主义行为或组成恐怖团体、组织或集团的行为，构成煽动恐怖主义罪。

本罪的客观要件为公然及直接煽动他人做出前述本法第 4 条所列恐怖主义行为，或煽动他人组成恐怖团体、组织或集团。所谓煽动，是指以言辞或其他表达方式唆使他人产生实施恐怖主义犯罪的意图。所谓公然及直接，即在公开场合对多数人或不特定人进行煽动表达，且煽动的内容明确指向恐怖主义犯罪，即做出恐怖主义行为或组成恐怖组织。这里不包括隐晦或默示的方式。公开且直接正是煽动行为之不法性所在。本罪的主体并不必定是恐怖组织的成员。主观要件为故意。

构成本罪的，处 1~8 年徒刑。

《澳门刑法典》中的公然教唆犯罪罪与本罪之间为一般法和特殊法的法条竞合关系。公然教唆犯罪罪，是指在公开集会中、透过社会传播媒介，或借着散布文书或其他以技术复制信息之方法，引起或煽动他人实施某一犯罪的行为。如按其他法律之规定不科处更重刑罚，则处最高 3 年徒刑或科罚金。此处"某一犯罪"亦应包含本法所规定的犯罪，但显然本罪为特殊法及重法，发生法条竞合，应适用本法。

第三节　相关刑事制度

一　适用范围

《恐怖犯罪法》第 3 条规定，除有适用于澳门的国际协约或属司法协助领域的协议另有规定外，本法律亦适用于在澳门特别行政区以外地方做出的以下任一事实：一是构成第 4 条及第 6 条第 1 款所指犯罪的事实，又或构成第 7 条及第 8 条所指犯罪的事实，且该事实是针对澳门特别行政区做出；二是构成第 5 条、第 6 条第 2 款、第 7 条及第 8 条所指犯罪的事实，且该事实是针对中华人民共和国做出，但行为人必须为澳门特别行政区居民或被发现身在澳门特别行政区；或者由外国或国际组织做出，但行为人必须被发现身在澳门特别行政区，且不能被移交至另一地区或国家。

二　附加刑

《恐怖犯罪法》第 9 条规定，对于因犯本法所指犯罪而被判刑者，经考虑该事实的严重性，以及该事实在行为人公民品德方面所反映出的情况后，可科处的附加刑包括：中止政治权利，为期 2～10 年；禁止执行公共职务，为期 10～20 年；被驱逐出境或禁止进入澳门特别行政区，为期 5～10 年，但仅以非本地居民的情况为限；以及受法院强制命令约束。

附加刑可予并科。

三　法人的刑事责任

《恐怖犯罪法》第 10 条规定，如其机关或代表人以该等实体的名义及为其利益而实施本法所指的犯罪；或者听命于上述机关或代表人的人以该等实体的名义及为其利益而实施犯罪，且因该机关或代表人故意违反本身所负的监管或控制义务方使该犯罪有可能发生，则法人即使属不合规范设立者，以及无法律人格的社团，须对本法所指的犯罪负责。法人或非法人实体的责任并不排除有关行为人的个人责任。

（一）　对法人或非法人实体科处的主刑

（1）罚金。罚金以日数订定，最低限度为 100 日，最高限度为 1000 日。日额为澳门币 100 元至 2 万元。如对一无法律人格的社团科处罚金，则该罚金以该社团的共同财产支付；如无共同财产或共同财产不足，则以各社员的财产按连带责任方式支付。

（2）法院命令的解散。仅当创立人具单一或主要的意图，利用该等实体实施有关犯罪，或仅当该等犯罪的重复实施显示其成员或负责行政管理工作的人单纯或主要利用该实体实施该等犯罪时，方可科处此刑罚。

（二）对法人或非法人实体科处的附加刑

附加刑包括：

（1）禁止从事某些业务，为期1～10年；

（2）剥夺获公共部门或实体给予津贴或补贴的权利；

（3）封闭场所，为期1个月至1年；

（4）永久封闭场所；

（5）受法院强制命令约束；

（6）公开有罪裁判。此公开系透过在澳门特别行政区最多人阅读的中文报章及葡文报章做出，以及在从事业务的地点以公众能清楚看到的方式，张贴以中葡文书写的告示做出，张贴期不少于15日；上述一切费用由被判罪者负担。

对法人的附加刑可予并科。

第六章

第 2/2009 号法律《维护国家安全法》

第一节　概述

所谓国家安全，是指国家领土完整、主权独立和国家统一。国家安全作为刑法所保护的法益，主要是为保护国家的存在、国家的功能以及国家在国际社会的地位的安全①。国家安全法益与个人法益不同，体现和代表着国民的共同利益。从法益保护的角度，维护国家安全是所有国家必然的立法选择。

一　澳门的立法义务

澳门回归前的有关法律中所指的国家安全为葡萄牙的国家安全。回归后，在"一国两制"原则下，其国家安全指中华人民共和国的国家安全。为此，《澳门基本法》第 23 条规定，"澳门特别行政区应自行立法禁止任何叛国、分裂国家、煽动叛乱、颠覆中央人民政府及窃取国家机密的行为，禁止外国的政治性组织或团体在澳门特别行政区进行政治活动，禁止澳门

---

① 〔日〕前田雅英：《日本刑法各论》，董璠舆译，五南图书出版公司，2000，第 428 页。

特别行政区的政治性组织或团体与外国的政治性组织或团体建立联系。"所谓"自行立法",首先是指应当立法,这是"一国两制"中"一国"的体现。内地刑法分则第一章即规定有危害国家安全罪。但按照"一国两制"原则,内地刑法并不适用于澳门。澳门回归后,作为中国的一个特别行政区,既应维护本地区的安全,更应当维护中国的国家安全。《澳门刑法典》第五编"妨害本地区罪"对维护特区安全做出详尽规定,规定有"暴力变更已确立之制度罪"及"煽动以暴力变更已确立之制度罪"等罪名,因此,澳门立法维护国家安全是《澳门基本法》对澳门确定的立法义务。其次,"自行立法"亦是指澳门可以就此自主立法,这是"一国两制"中"两制"的体现。针对第23条的立法义务,特区政府可以就何时立法及以何种形式、内容立法做出自主安排①。

二 立法过程

在澳门回归接近10年之际,考虑到澳门经济繁荣,社会稳定,澳门立法机关已经完成多项重要立法,积累了较为充分的立法经验,2009年,在对社会各界进行立法咨询并采纳有关意见和建议后,澳门立法会制定并颁布了第2/2009号法律《维护国家安全法》(以下简称《国家安全法》)。本法与内地刑法第一章分别为澳门和内地的中国国家安全提供刑法保护,二者同属维护中国国家安全的刑事法律范畴。

从立法模式上看,采用单行刑法更利于体现其立法内容之专门性、系统性和完整性,亦便于立法技术的操作。从内容和体系上看,本法既规定危害国家安全犯罪及刑罚的实体法内容,亦包括有关刑事诉讼程序制度。其中,在实体法方面,罪名的设立严格限于《澳门基本法》第23条的要求;法定刑配置既参考其他国家的立法例,亦遵循《澳门刑法典》的总则性规定及比照其既有犯罪的法定刑幅度。程序法方面的内容均遵循《澳门基本法》第29条关于无罪推定原则的规定及《澳门刑事诉讼法典》的总则性规定,未对侦查权力做任何额外的扩张性规定。

---

① 部分引自方泉《二十三条立法开局良好》,《澳门日报》2008年10月27日。

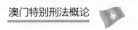

第二节 犯罪

一 叛国罪

《国家安全法》第1条规定，中国公民背叛中华人民共和国的行为，构成叛国罪。

本罪的犯罪主体是特殊主体，即中华人民共和国公民，因为仅本国公民方有效忠本国的宪法性义务。具体而言，根据本法的适用范围，中国公民在澳门或澳门居民中的中国公民在澳门以外实施符合本条犯罪事实的，构成本罪。

叛国行为包括以下三种。

一是加入外国武装部队械抗中国。此行为包括两个行为要素：一个是加入外国武装部队，另一个是械抗中华人民共和国，两者缺一不可。所谓械抗，即持械对抗，使用武器武装对抗国家。若行为人仅加入外国武装部队，可以考虑以本罪的犯罪预备予以处罚。

二是意图促进或引发针对中国的战争或武装行动，而串通外国的政府、组织、团体或其人员。此处并非一般串联勾结，要求串联勾结的目的在于促发针对中国的战争或武装行动。

三是在战时或在针对中国的武装行动中，意图帮助或协助执行敌方针对中国的军事行动，或损害中国的军事防卫，而直接或间接与外国协议，或做出具有相同目的的行为。此处的协议行为，要求发生在战争期间，或在针对中国的武装行动中；而协议的内容在于说明敌方针对中国的军事行动或损害中国的军事防卫。

本罪的主观要件现为故意。明知其行为有损中国，而故意实施背叛国家的行为，当属不法。

构成本罪的，处10~25年徒刑。预备行为亦得处罚，处最高3年徒刑。

本罪与内地刑法中背叛国家罪有所区别，与内地刑法中的投敌叛变罪亦有交集。本罪强调与战争或武装行动的相关性，而内地刑法的背叛国家罪则表现为勾结外国或境外机构、组织、个人，危害国家安全；投敌叛变罪则是指投靠、投奔敌国、敌方的行为。此外,在内地刑法中,"与境外机构、组织、个人相勾结"为加重情节,在本罪中则是基本罪状中的要件要素。

二　分裂国家罪

本法第2条规定,以暴力或其他严重非法手段分裂国家的行为,构成分裂国家罪。

本罪的客观要件为以暴力或其他严重非法手段,试图将国家领土的一部分从国家主权分离出去或使之从属于外国主权。所谓"严重非法手段",本法以封闭式列举法列明(源于前文述及的第3/2006号法律《预防及遏止恐怖主义犯罪》第4条第1款的规定),包括侵犯他人生命、身体完整或人身自由;破坏交通运输、通信或其他公共基础设施,或妨害运输安全或通信安全,该等通信尤其包括电报、电话、电台、电视或其他电子通信系统;纵火,释放放射性物质、有毒或令人窒息气体,污染食物或水,传播疾病等;使用核能、火器、燃烧物、生物武器、化学武器、爆炸性装置或物质、内有危险性装置或物质的包裹或信件。若行为人非以暴力或上述严重手段分裂国家,则不构成本罪[1]。本罪的主观要件显然为故意。分裂国家的行为严重危害国家的领土完整和国家安全,其行为当属不法。

构成分裂国家的,处10~25年徒刑。预备行为亦得处罚,处最高3年徒刑。

为实施分裂国家行为而做出的手段行为本身均可构成《澳门刑法典》或其他刑事法律所规定的相应罪名,但行为人若以此等行为为手段而试图分裂国家,则按本罪处罚,不宜并罚。这是因为,从罪状上看,本罪已经

---

[1] 本罪及下述颠覆中央人民政府罪的客观要件必须包含暴力或其他严重的非法手段,这与欧洲大陆国家的相关立法传统一致。葡萄牙、德国、日本等国刑法均在内乱罪之类的条文中明列暴力、暴动等为客观要件。如《葡萄牙刑法》第325条"以暴力或以暴力相威胁,试图破坏、变更或颠覆以宪法确立的法治国家";《德国刑法典》第81条"以暴力或暴力相威胁,试图危及德意志联邦共和国或其宪法秩序";《日本刑法典》第77条"以破坏国家的统治机构,或者在其领土之内排除国家主权以行使权力,以及以其他破坏扰乱宪法所确定的基本统治秩序为目的而实施暴动";等等。而本法对"其他手段"采用封闭式列举的立法方法,亦是明确犯罪圈界限,避免引发不必要的担忧。参见方泉《澳门〈维护国家安全法〉中的一国两制原则》,《"一国两制"研究》2009年第1期。

包含了相关罪名的要件；从法定刑上看，亦为合理。

本罪与叛国罪法定刑相同，但罪状须予以区分。本罪为一般主体的犯罪，后者为特殊主体的犯罪，只能由中国公民构成。本罪的要件行为在于分裂国家主权，而后者则是背弃对国家的忠诚义务。

三　颠覆中央人民政府罪

本法第 3 条规定，以暴力或其他严重手段颠覆中央人民政府的行为，构成颠覆中央人民政府罪。

本罪的客观要件为以暴力或其他严重非法手段，试图推翻中央人民政府，或阻止、限制中央人民政府行使职能。此处严重非法手段与分裂国家罪中所列方式相同。本罪的主观要件为故意。中央人民政府是中华人民共和国主权的代表者，颠覆中央人民政府的行为，严重威胁国家安全，当属不法。

构成本罪的，处 10～25 年徒刑。对做出预备行为者，处最高 3 年徒刑。相比而言，《澳门刑法典》第 297 条"暴力变更已确立之制度罪"保护的是本地区安全的法益，该罪基本法定刑为 3～10 年徒刑，使用武器的情况下，处 5～15 年徒刑，较本罪为轻。从危害本地区与危害中国之国家安全的危害性相比，此种刑罚配置体现了罪刑均衡的原则。

四　煽动叛乱罪

本法第 4 条规定，公然和直接煽动他人实施危害国家安全犯罪的，构成煽动叛乱罪。表达自由是公民的一项基本权利，但为了保护他人的合法权益、社会公共利益乃至国家利益，对表达自由做出法律限制也是必要的，但要求法律应以保护根本且重大的利益免遭危害为限，并对煽动的方式和煽动的内容均做出明确的界定①。

本罪的要件行为为煽动，且为公开及直接的煽动。煽动即通过言辞怂

---

① 在判例法传统下，则需要建立司法标准。美国最高法院霍姆斯大法官在 Schenk v. U. S. 案中提出的"明显且即刻的危险（clear and danger）"原则，介乎"恶劣倾向"与"绝对保护"两个立场之间，已成为美国有关案件中的普遍司法标准。参见〔美〕亚历山大·米克尔约翰《表达自由的法律限度》，侯健译，贵州人民出版社，2003，第 23 页。

愿、说服、唆使他人产生实施危害国家安全犯罪的意图①。《澳门刑法典》中规定有多个煽动类犯罪。如第229条煽动战争罪、第231条煽动灭绝种族罪、第286条公然教唆犯罪罪、第298条煽动以暴力变更已确立之制度罪、第300条煽动集体违令罪。在该等法条中，多使用"公然且重复""公然且直接"等字眼。煽动违令罪则表述为"在公开集会中，或以任何与公众通讯之工具，煽动……"因此，对本罪有关罪状的理解亦应与该等煽动类罪名保持一致。首先，就煽动的方式而言，所谓"公然"，是指在不特定多数人的场合当众进行煽动，或者通过报章、电台、电视台或互联网等媒体途径做出；"直接"则是指行为人直言不讳，而非采取隐晦暗喻的方式进行煽动。其次，煽动的内容包括两类：一是煽动他人实施背叛国家、分裂国家、颠覆中央人民政府的行为，且对行为的描述应与前述各罪罪状对应。如煽动他人分裂国家，即指煽动他人以暴力或其他严重手段分裂国家。若煽动内容不含暴力或严重手段，不应适用本条。二是煽动中国人民解放军驻澳门部队的成员放弃职责或叛变。本罪的主观要件为故意。煽动者本人虽未直接实施其所煽动的危害国家安全的犯罪，但以公然而直接的方式煽动他人实施该等犯罪，对国家安全的危害亦是不言自明，行为当属不法。

构成本罪的，处1~8年徒刑②。

《澳门刑法典》中的公然教唆犯罪罪与本罪之间为一般法和特殊法的法条竞合关系③。前文述及公然教唆犯罪罪，是指在公开集会中、透过社会传播媒介，或借着散布文书或其他以技术复制信息之方法，引起或煽动他人实施某一犯罪的行为。如按其他法律之规定不科处更重刑罚，则处最高3年徒刑或科罚金。此处"某一犯罪"应亦包含本法所规定的犯罪，但显然本罪为特殊法及重法，发生法条竞合，应适用本法。

内地刑法中规定了煽动分裂国家罪和煽动颠覆国家政权罪，相比而言，

---

① 如美国《反颠覆法》中将煽动定义为："倡导、鼓动、劝说、教唆……或任何人以推翻破坏上述政权为目的，用印刷、出版、汇编、书刊、传播、销售、散布、劝说、教唆……"

② 本法草案中有处罚本罪预备行为的规定，在最后通过的正式文本中被取消。从煽动类犯罪的既遂形态、刑法的谦抑性及司法的安定性出发，取消是合理的选择。

③ 澳门刑法中的犯罪竞合主要是指法条竞合和实质竞合，前者基于包容、吸收或补足，而仅符合其中一个罪状；后者包括想象竞合和真实竞合，按数罪处理。此外，《澳门刑法典》中的连续犯实质上也是对数罪的一种吸收处理。Manuel Leal-Henriques：《澳门刑法培训教程》（第二版），卢映霞译，澳门法律及司法培训中心，2011，第123~128页。

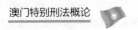

本法中的煽动类犯罪虽只规定了本罪，但煽动的内容却包含更多项。当然，煽动的各项犯罪均须满足各该犯罪的要件。如本罪中的煽动分裂国家，应指煽动他人以暴力或其他严重手段分裂国家方可成罪。

五　窃取国家机密罪

本法第 5 条规定，窃取、刺探或收买国家机密，危害国家安全的行为，构成窃取国家机密罪。

本罪的行为对象为"国家机密"。根据本法规定，国家机密是指涉及国防、外交或《澳门基本法》规定的其他属于中央和澳门特别行政区关系的有关事项且已经被确定为应予以保密的文件、资讯或物件。如有需要，司法机关可向行政长官或通过行政长官向中央人民政府取得前述文件、资讯或物件是否已经被确定为国家机密的证明文件。可见，有关文件、资讯或物件是否属"国家机密"乃事先确定，而非事后追认。

本罪的行为方式包括以下四种。

一是窃取、刺探、收买国家机密，危及或损害国家的独立、统一、完整或者内部或对外安全利益；

二是接受澳门特别行政区以外的政府、组织、团体或其人员的指示、指令、金钱或有价物，进行窃取、刺探或收买国家机密的间谍活动，或明知该等实体或其人员从事上述活动但仍为其招募人员、提供协助或任何方式的便利；

三是因职务或劳务的身份，或者有权限当局对其所授予的任务而保有国家机密的人，公开国家机密或使不获许可的人接触国家机密；

四是因职务或劳务的身份，或者有权限当局对其所授予的任务而保有国家机密的人，接受澳门特别行政区以外的政府、组织、团体或其人员的指示、指令、金钱或有价物而向其提供国家机密。

实施窃取等行为构成本罪的，处 2~8 年徒刑。对利用职务、劳务身份，或者有权限当局对其所授予的任务的便利者，处 3~10 年徒刑。

实施间谍活动构成本罪的，处 3~10 年徒刑。对利用职务、劳务身份，或者有权限当局对其所授予的任务的便利者，处 5~15 年徒刑。

因职务保有国家机密者非法公开国家机密的，处 2~8 年徒刑；过失做出行为者，处最高 3 年徒刑。

因职务保有国家机密者非法提供国家机密的，处 5 ~ 15 年徒刑。

本罪与内地刑法中的间谍罪及为境外组织、机构、个人窃取、刺探、收买、非法提供国家秘密、情报罪在罪状上都有交集。需要注意的是，本罪将接受澳门特别行政区以外的政府、组织、团体或其人员的指示、指令、金钱或有价物，进行窃取、刺探或收买国家机密的活动表述为间谍活动。而在内地刑法中，仅当该等组织为间谍组织，且行为人明知其为间谍组织的情况下，行为人接受其指示实施犯罪行为（包括窃取国家秘密）方构成间谍罪。

六 政治性组织或团体的刑事责任

《国家安全法》第 6 条和第 7 条分别规定了外国及澳门地区政治性组织或团体亦可构成前述 5 个罪名。关于对第 6 条和第 7 条的理解，一种观点认为，本法规定了 5 个罪名，第 6 条和第 7 条只是前 5 个罪名的法人或实体主体构成犯罪的情形。另一种观点则认为，本法共规定了 7 个罪名，第 6 条和第 7 条分别是两个独立于前述 5 个罪名的另外 2 个罪名。而早在草案讨论阶段，就有学者认为，若结合"法人责任"的规定，此两条并无设立的必要。本书认为，《澳门基本法》第 23 条涉及政治性组织或实体的相关表述为，"禁止外国的政治性组织或团体在澳门特别行政区进行政治活动，禁止澳门特别行政区的政治性组织或团体与外国的政治性组织或团体建立联系"，而本法第 6 条所禁止的外国的政治性组织或团体在澳门进行的"政治活动"被具体化为"危害国家安全的行为"；第 7 条则将"建立联系"具体化为"建立联系做出危害国家安全的行为"，对《澳门基本法》第 23 条的要求予以明确界定，因此立法是有必要的。另外，本法全篇中所提到的犯罪均以"第 1 条、第 2 条、第 3 条、第 4 条或第 5 条"为表述，可见第 6 条、第 7 条并非单独罪名，而是对特殊主体（即外国的政治性组织或团体及澳门的政治性组织和团体）实施前述危害国家安全犯罪时规定的处罚①，因此本书认同本法只规定 5 个罪名的立场。

---

① 另可参见赵国强《略论〈维护国家安全法〉中法人的刑事责任》一文亦持此观点，《"一国两制"研究》2009 年第 1 期。

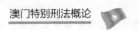

（一）对外国的政治性组织或团体在澳门做出危害国家安全行为的处罚

本法第 6 条规定，外国的政治性组织或团体的机关或其人员以该组织或团体的名义并为其利益在澳门特别行政区做出前述 5 种危害国家安全的犯罪行为，除行为人应负相应的刑事责任外，对该组织或团体科处本法第 8 条"法人的刑事责任"第 3、4、5 款及第 6 款规定的罚金，最低限度为 100 日，最高限度为 1000 日。日额为澳门币 100 元至 2 万元。对非法人实体科处罚金以该等实体的共同财产支付；如无共同财产或共同财产不足，则以各成员的财产按连带责任方式支付。同时，还可对外国的政治性组织或团体科处本法第 9 条第 3 款规定的附加刑，即禁止进行活动，为期 2 ~ 10 年；剥夺获公共部门或实体给予津贴或补贴的权利；封闭场所，为期 2 个月至 1 年；永久封闭场所；受法院强制命令约束；以及公开有罪裁判。

（二）澳门的政治性组织或团体与外国的政治性组织或团体建立联系做出危害国家安全的行为的处罚

本法第 7 条规定，澳门的政治性组织或团体的机关或其人员以该本地组织或团体的名义并为其利益与外国的政治性组织或团体建立联系，做出前述 5 种危害国家安全的犯罪行为，除行为人应负相应的刑事责任外，对该本地组织或团体亦得科处主刑和附加刑。

1. "建立联系"

本法规定，所谓"建立联系"，是指接受外国政治性组织的实体或人员的指示、指令，或收受金钱或有价物；或者协助该等外国实体或人员收集、预备或公然散布虚假或明显有所歪曲的消息，招募人员或为招募活动而提供集会地点、资助或宣传等便利，做出承诺或赠送，恐吓或欺诈他人等。

2. 处罚

对须承担刑事责任的澳门政治性组织或团体科处的主刑为本法第 8 条"法人的刑事责任"第 3、4、5 款及第 6 款规定的罚金，最低限度为 100 日，最高限度为 1000 日。日额为澳门币 100 元至 2 万元。在出现下列任一情况时，法院可命令解散实体：①该实体的创立人创立该实体的主要意图是实施危害国家安全的犯罪；②该实体的成员或负责管理工作的人员利用该实体重复实施危害国家安全的犯罪。

同时，还可对其科处本法第 9 条第 3 款规定的附加刑，即禁止进行活动，为期 2 ~ 10 年；剥夺获公共部门或实体给予津贴或补贴的权利；封闭场所，为期 2 个月至 1 年；永久封闭场所；受法院强制命令约束；以及公开有罪裁判。

第三节　相关刑事制度

一　适用范围

在效力范围上，《国家安全法》适用属地原则，即适用于在澳门特别行政区或在澳门特别行政区注册的船舶或航空器内做出的本法规定的行为。同时亦结合属人原则，即本法亦适用于澳门特别行政区居民中的中国公民在澳门特别行政区以外做出的叛国行为，以及澳门特别行政区居民在澳门特别行政区以外做出的分裂国家、颠覆中央人民政府、煽动叛乱、窃取国家机密行为。

二　减轻处罚与不处罚

《国家安全法》第 11 条规定，如行为人在重大损害发生前主动使该行为产生的危险有相当程度的减轻，或排除该危险，可特别减轻刑罚或不处罚该事实。

三　法人的刑事责任

《国家安全法》第 8 条规定，法人及不合规范设立或无法律人格的实体，其机关或代表人以该等实体的名义并为其利益而实施本法所规定的犯罪的，亦须承担刑事责任。法人或非法人实体的责任并不排除有关行为人的个人责任。

对犯罪的实体可科处罚金。罚金按日处罚，最低限度为 100 日，最高限

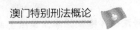

度为 1000 日。罚金的日额为澳门币 100 元至 2 万元。对非法人实体科处罚金以该等实体的共同财产支付；如无共同财产或共同财产不足，则以各成员的财产按连带责任方式支付。

法院可命令解散上述实体的情形，包括该实体的创立人创立该实体的主要意图是实施本法所规定的危害国家安全的犯罪；或者该实体的成员或负责管理工作的人员利用该实体重复实施危害国家安全的犯罪。

四　附加刑

（一）对自然人主体科处的附加刑

对构成本法所指犯罪的自然人主体，本法规定，经考虑该事实严重性及行为人公民品德方面的情况，可科处以下附加刑。

（1）中止政治权利，为期 3～10 年；

（2）禁止执行公共职务，为期 12～20 年；

（3）驱逐出境或禁止进入澳门特别行政区，为期 5～15 年，但仅以非本地居民的情况为限；

（4）受法院强制命令约束，包括禁止或限制其在澳门特别行政区活动。

（二）对法人或实体科处的附加刑

对构成本法所指犯罪的法人或实体，包括前述外国或澳门地区的政治性组织或团体，可科处以下附加刑。

（1）禁止进行活动，为期 2～10 年；

（2）剥夺获公共部门或实体给予津贴或补贴的权利；

（3）封闭场所，为期 2 个月至 1 年；

（4）永久封闭场所；

（5）受法院强制命令约束；

（6）公开有罪裁判。透过在澳门特别行政区最多人阅读的中文报章及葡文报章做出，以及在从事业务的地点以公众能清楚看到的方式，张贴以中葡文书写的告示做出，张贴期不得少于 15 日。

上述一切费用由被判罪者负担。附加刑可予并科。

五 诉讼程序的公开

　　本法所规定犯罪的刑事诉讼程序须按《澳门刑事诉讼法典》的规定公开进行，但涉及本法第5条，即窃取国家机密的刑事诉讼程序，如公开进行会对国家安全的利益造成损害，法官可决定不公开进行某些诉讼行为。

第七章

第 11/2009 号法律《打击电脑犯罪法》

　　电脑网络给人类生活带来划时代的变化，在革命性地改变人们的交流方式，并深刻影响人类社会各个领域活动的同时，电脑犯罪也给人类造成了巨大的危害和安全隐患。通过电脑网络或者针对电脑网络实施的犯罪行为，其侵害的领域几乎遍及刑法所保护的各类法益。自 20 世纪末开始，越来越多的国家、地区开始制定有关预防和打击电脑犯罪的法律。从立法模式上看，一些立法者采用纳入模式，即将有关电脑犯罪的法条纳入刑法典；另一些则采用单行法模式，即专门制定有关电脑犯罪的单行刑法。在立法内容上，既规定以电脑网络为工具的犯罪，亦规定针对电脑网络自身安全的罪名。澳门立法会采用单行法模式，于 2009 年 6 月 24 日制定并通过了第 11/2009 号法律《打击电脑犯罪法》，设定多个电脑犯罪的罪名及有关的刑事制度，同时废止《澳门刑法典》第 213 条规定之"信息诈骗罪"。

第一节　犯罪

一　不当进入电脑系统罪

　　本法第 4 条规定，存有不正当意图而未经许可进入电脑系统的，构成不当进入电脑系统罪。

本罪的客观要件为未经许可进入电脑系统。按本法规定，电脑系统，是指任何独立的装置或一组互相连接或相关的装置，当中一个或一个以上的装置按照程序执行自动处理电脑数据资料的工作。所谓未经许可，即未经电脑系统的所有人的明示或暗示许可。网络时代的开放性并不妨碍电脑系统的封闭性。无论是公共当局还是私人所属的电脑系统，未经许可而进入的行为，包括进入该电脑系统全部及部分的行为，均属不法。本罪的主观要件为故意，且怀有不正当意图。

构成本罪的，处最高1年徒刑，或科最高120日罚金。如借违反保安措施而进入整个或部分电脑系统，行为人处最高2年徒刑，或科最高240日罚金。

符合本罪基本罪状的事实，非经告诉不得进行刑事程序。对违反保安措施而非法侵入的行为，则不受此限。

二 不当获取、使用或提供电脑数据资料罪

本法第5条规定，未经许可而获取、使用或向他人提供电脑数据资料的行为，构成不当获取、使用或提供电脑数据资料罪。

（一）罪状与处罚

本罪的客观要件是指未经许可获取、使用或向他人提供载于电脑系统内或电脑数据资料储存载体内的电脑数据资料。根据本法规定，"电脑数据资料"是事实、资料或概念的任何展示，而该展示是以一种可于电脑系统内处理的形式为之，包括可使电脑系统具执行功能的程序。从技术过程上说，使用电脑数据资料的第一步是进入电脑系统或资料存储载体，然后才是获取、使用及向他人提供存储于其中的电脑数据资料，"向他人提供"广义上亦属"使用"。本罪的主观要件为故意，且怀有不正当意图。

构成本罪的，处最高1年徒刑，或科最高120日罚金。

本罪的加重罪状为涉及私人生活的电脑数据资料的情形。如电脑数据资料涉及个人的私人生活，尤其是家庭生活或性生活的隐私，或与健康、种族或民族本源、政治信仰、宗教信仰或世界观的信仰有关，又或与依法受保护的保密事实有关，则行为人处最高2年徒刑，或科最高240日罚金。

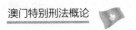

本罪非经告诉不得进行刑事程序。

（二）认定

1. 罪与非罪的界限

本罪的成立，不论行为人是否可以正当进入电脑系统。易言之，即使经许可正当进入该电脑系统或电脑数据资料储存载体，但若并未被许可获取、使用或向他人提供当中的数据资料，而非法获取、使用或向他人提供当中的数据资料的行为，即构成本罪。若行为人进入该电脑系统已属不正当，则另构成不当进入电脑系统罪，与本罪并罚。

此外，由于网络的开放性及网络时代对点击和关注赋予的特殊价值，一些电脑系统内的数据资料可以任意存取使用。登入者如何确定是否可以获取或使用系统内的电脑数据资料往往需要电脑系统管理者的明示，例如，要求进入者输入密码或明确显示知识产权归属等限制使用的权利保留标识。否则难以确认行为人的主观要件是否确为故意。

2. 本罪与以信息方法作侵入罪

《澳门刑法典》第 187 条规定，设立、保存或使用可识别个人身份，且系关于政治信仰、宗教信仰、世界观之信仰、私人生活或民族本源等方面之资料之自动资料库者，构成以资讯方法作侵入罪，处最高 2 年徒刑，或科最高 240 日罚金。该罪的行为方式包括"使用"，其行为对象为包含他人私人重要领域之资料的自动资料库。而本罪的行为方式也包括"使用"，在本罪的较重罪状中，行为对象与该罪基本相同。从法定刑上看，两罪处罚相同，发生法条竞合时，按本罪加重法定刑处罚。易言之，行为人使用该等特定私人领域个人资料的自动资料库的行为，应构成本罪，处最高 2 年徒刑或科最高 240 日罚金。若行为人对电脑系统中该等私人重要领域之数据资料的获取已属非法，进而又不法使用，侵犯他人隐私权，则应如何处罚？就本罪加重罪状表述来看，立法者已经考虑了对隐私权的侵犯而加重处罚，因此，此种情形仍只构成本罪。如行为人在他人电脑中下载其裸照发到网上，即构成本罪，以加重刑罚处罚之[①]。

3. 本罪与未履行资料保护义务罪的区分

《个人资料保护法》第 37 条规定的未履行资料保护义务罪包含 6 种行为

---

① 有观点认为应当以不当获取电脑数据资料罪和侵入私人生活罪并罚。参见赵国强《澳门刑法各论》（上），澳门基金会、社会科学文献出版社，2013，第 309 页。

方式，其中与收集个人资料的目的不相符，或在不符合使其合法化的文书的情况下移走或使用个人资料的行为，亦构成未履行资料保护义务罪。该行为方式与本罪的行为要件存在法条竞合关系。两罪的基本法定刑及加重法定刑相同。发生法条竞合时，考虑到本罪特别指向电脑资料，则应适用本罪。

三　不当截取电脑数据资料罪

本法第 6 条规定，未经许可而不法截取非公开传送的电脑数据资料的行为，构成不当截取电脑数据资料罪。

本罪的客观要件为未经许可而借技术方法截取电脑系统内的非公开传送的电脑数据资料、电脑系统所接收或发送的非公开传送的电脑数据资料，包括由传送该等电脑数据资料的电脑系统所发射的电磁。所谓电磁，是指由携有电子信号的电子元件及线所发射的信号或波。所谓截取，即改变或中断电脑数据资料或电磁信号的原有传送路径，获得不应取得的电脑数据资料或是电脑系统所发射的电磁。由于该等数据资料或信号均为不公开传送，截取的行为当属不法。本罪的主观要件为故意。

构成本罪的，处最高 3 年徒刑或科罚金。犯罪未遂者亦得处罚。

四　损害电脑数据资料罪

本法第 7 条规定，未经许可而损害电脑数据资料的行为，构成损害电脑数据资料罪。

本罪的客观要件为未经许可而损坏、破坏、更改、删除、消除或增加电脑数据资料，又或以任何方式影响其效用。无论该等数据资料属于公共当局抑或私人所有。本罪的主观要件为故意。

构成本罪的，处最高 3 年徒刑或科罚金。犯罪未遂，处罚之。在此基本罪状下，非经告诉不得进行刑事诉讼程序。

本罪还规定有对两种加重罪状的加重处罚。

一是损害数据资料的行为造成巨额财产损失。《澳门刑法典》第 196 条规定，所谓"巨额"，是指在做出事实之时超逾澳门币 3 万元之数额。符合此加重罪状的，行为人处最高 5 年徒刑，或科最高 600 日罚金。

二是损害数据资料的行为造成相当巨额财产损失。《澳门刑法典》第

196 条规定，所谓"相当巨额"，是指在做出事实之时超过澳门币 15 万元之数额；或者被损害的电脑数据资料具有重要学术、艺术或历史价值，又对科技发展或经济发展具有重大意义。符合此两种加重罪状的，处 2~10 年徒刑。

五　干扰电脑系统罪

本法第 8 条规定，以任何方式严重干扰电脑系统运作的行为，构成干扰电脑系统罪。

所谓损害，以包括输入、传送、损坏、破坏、更改、删除或消除电脑数据资料等方式实施，以使电脑系统无法正常运转，丧失全部或部分功用。

构成犯罪的，处最高 3 年徒刑或科罚金。犯罪未遂者，处罚之。

如造成财产损失属巨额，行为人处 1~5 年徒刑；如属相当巨额，行为人处 2~10 年徒刑。

六　用作实施犯罪的电脑装置或电脑数据资料罪

本法第 9 条规定，制造、进出口、销售、分发、提供用作实施犯罪的电脑装置或电脑数据资料的行为，构成用作实施犯罪的电脑装置或电脑数据资料罪。

本罪的行为方式包括编制、进口、出口、出售、分发或向他人提供用作实施犯罪的电脑装置或电脑数据资料。本罪的行为对象为用作实施犯罪的电脑装置、电脑程序、进入电脑系统的密码、密码匙或类似密码的电脑数据资料。其中的"犯罪"是指本法第 4~8 条的犯罪，即不当进入电脑系统罪、不当获取、使用或提供电脑数据资料罪、不当截取电脑数据资料罪、损害电脑数据资料罪、干扰电脑系统罪。若制造、进出口、出售、分发、向他人提供主要为上述 5 种犯罪而设计或修改的电脑装置或电脑程序，以及用作实施上述 5 种犯罪的、能进入整个，或部分电脑系统的密码、密码匙或类似密码的电脑数据资料的行为，即构成本罪。本罪的主观要件为故意。

如做出上款所指的行为旨在进行经许可的试验、为保护电脑系统或为达到其他非属不法的目的，则不适用该款规定。

构成本罪的，处最高 3 年徒刑或科罚金。

七　电脑伪造罪

本法第 10 条规定，意图欺诈而伪造电脑数据资料的行为，构成电脑伪造罪。

（一）罪状与处罚

本罪的行为方式包括三种：一是输入、更改、删除或消除可作为证据方法的电脑数据资料；二是介入处理数据资料的电脑程序，以伪造出在视觉上与真实文件具有相同效果的数据资料；三是使用伪造的电脑数据资料或以之制造文件。本罪的主观要件为故意，行为人意图使人在法律关系中受欺骗，或者意图造成他人有所损失或为自己或第三人获得不正当利益。

构成本罪的，处最高 3 年徒刑或科罚金。犯罪未遂者，处罚之。

若符合以下加重罪状，行为人处 1~5 年徒刑。

（1）特殊主体。由公务员在执行其职务时实施上述要件行为；

（2）特定行为对象。涉及被法律定为具特别价值的文件，或者涉及合格电子签名或已签署合格电子签名的文件。

（二）本罪与伪造罪的区分

《澳门刑法典》中规定了一系列伪造罪名，包括妨害家庭罪中的伪造民事身份状况罪，以及伪造罪中的伪造文件罪、伪造具特别价值之文件罪、损坏或取去文件或技术注记罪、伪造技术注记罪、伪造证明罪等。本罪与该等罪名皆存在交叉竞合的关系。本罪要求文件或数据资料皆来自电脑系统。此外，本罪的法定刑幅度不低于前述各伪造犯罪的刑罚，因此发生法条竞合时，应使用本条的规定。

八　电脑诈骗罪

本法第 11 条规定，为自己或第三人不正当得利，利用电脑而使他人财产有所损失的，构成电脑诈骗罪。

（一）罪状与处罚

本罪的行为方式包括四种：一是输入、更改、删除或消除电脑数据资料以使他人财产有所损失；二是介入电脑数据资料处理的结果以使他人财产有所损失；三是不正确设定电脑程序以使他人财产有所损失；四是干预电脑系统的运作以使他人财产有所损失。本罪的主观方面是故意。

构成本罪的，处最高 3 年徒刑或科罚金。犯罪未遂者，处罚之。就符合此基本罪状的事实，非经告诉不得进行刑事程序。

如所造成的财产损失属巨额，行为人处 1~5 年徒刑；如所造成的财产损失属相当巨额，行为人处 2~10 年徒刑。

（二）本罪与诈骗罪的关系

《澳门刑法典》第 211 条规定，意图为自己或第三人不正当得利，以诡计使人在某些事实方面产生错误或受欺骗，而令该人做出造成其本人或另一人之财产有所损失之行为的，构成诈骗罪。本罪与诈骗罪是特殊法与一般法的法条竞合关系。从法定刑幅度上看，无论是基本法定刑还是加重法定刑均属一致。

九 加重违令罪

本法规定，拒绝遵守有权限的司法当局依法做出的有关批示或命令的行为，构成《澳门刑法典》第 312 条第 2 款所定之加重违令罪。

就本罪而言，行为人所拒绝遵守的命令或批示乃由本法第 16 条第 1、2 款所规定的为预防或打击电脑犯罪所必需的特别措施。违反该等措施所涉命令或批示的行为，按加重违令罪，处最高 2 年徒刑或科 240 日罚金。

第二节 相关刑事制度

一 刑罚制度

（一）刑罚的加重

本法第 12 条规定，如本法律所规定犯罪涉及澳门特别行政区的行政机关、立法机关、司法机关或其他公共实体的电脑数据资料或电脑系统，则构成本法所规定的犯罪的刑罚的最低限度及最高限度均加重1/3。

由于互联网传播性极强，即使是同样的犯罪行为，以互联网为工具来实施的犯罪往往较以传统方式实施的犯罪危害更大。为此，本法规定，《澳门刑法典》第177条第2款及第192条b项有关"透过社会传播媒介做出该事实"的加重规定，适用于以互联网作为广泛传播工具而实施的该等条文所指的犯罪。具体而言，第177条第2款指以互联网为工具构成公开及诋毁罪的，行为人可处最高2年徒刑或科不少于120日罚金。第192条b项则指，以互联网为工具构成侵犯住所罪、侵入限制公众进入之地方罪、侵入私人生活罪、以信息方法作侵入罪、侵犯函件或电信罪、违反保密罪的，其法定刑最低及最高限度均提高1/3。

（二）法人的刑事责任

其机关或代表人以该等实体的名义及为其利益而实施本法律所定犯罪；以及听命于上项所指机关或代表人的人以该等实体的名义及为其利益而实施犯罪，且因该机关或代表人故意违反本身所负的监管或控制义务方使该犯罪有可能发生的法人，即使属不合规范设立者，以及无法律人格的社团，须对本法律所定犯罪负责。法人的责任并不排除有关行为人的个人责任。

对法人可科处以下主刑。

（1）罚金。罚金以日数订定，最低限度为100日，最高限度为1000日。罚金的日额为澳门币100元至2万元。如对一无法律人格的社团科处罚金，则该罚金以该社团的共同财产支付；如无共同财产或共同财产不足，则以各社员的财产按连带责任方式支付。

（2）法院命令的解散。仅当第1款所指实体的创立人具单一或主要的意图，利用该实体实施第1款所指的犯罪，或仅当该等犯罪的重复实施显示其成员或负责行政管理工作的人单纯或主要利用该实体实施该犯罪时，方科处法院命令的解散这一刑罚。

对法人可科处以下附加刑。

（1）禁止从事某些业务，为期1~10年；

（2）剥夺获公共部门或实体给予津贴或补贴的权利；

（3）受法院强制命令约束；

（4）公开有罪裁判。其系透过在澳门特别行政区最多人阅读的中文报章及葡文报章做出，以及在从事业务的地点以公众能清楚看到的方式，张

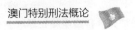

贴以中葡文书写的告示做出，张贴期不少于 15 日。

上述一切费用由被判罪者负担。附加刑可予并科。

劳动关系如因有关实体被法院命令解散或被科处的任何附加刑而终止，则为一切效力，该终止视为属雇主不以合理理由解除劳动合同。

二 刑事程序制度

在因本法律所规定犯罪和透过电脑系统实施的犯罪所提起的诉讼程序中做出调查及诉讼行为，以及在电子载体中搜集有关实施任何犯罪的证据，均须遵守《澳门刑事诉讼法典》与补足法例所载的规则和本法的特别规定。

（一）扣押

可对电脑系统、电脑数据资料储存载体及电脑数据资料进行扣押，或将电脑系统或电脑数据资料储存载体内所载的可作为证据的电脑数据资料制作副本，并附于卷宗，而有关电脑系统或电脑数据资料储存载体予以返还。有关规定亦适用于扣押电子邮件或任何方式的私人电子通信，且不论其接收者是否接收有关邮件或通信。

（二）特别措施

本法第 16 条规定，当有理由相信某电脑数据资料有助于刑事调查工作，则有权限司法当局可透过批示许可或命令采取以下措施，并应尽可能由该司法当局主持。

（1）命令采取迅速保存电脑数据资料的措施，而互联网服务提供商应在最长 90 日的必要期间内保持该等电脑数据资料的完整性，并提供足够的路由数据资料，尤其是能识别在互联网方面各服务供应者的身份数据，以及有关通信所经过的路径数据；

（2）实时查阅及收集涉嫌人所使用的通信或服务的路由数据资料，而该等通信或服务是与透过澳门特别行政区内某电脑系统所传送的特定通信有关；

（3）命令某人将其持有或由其控制的电脑数据资料交出，而该等数据资料是储存在某电脑系统内或某电脑数据资料储存载体内；

（4）命令某互联网服务提供商将其持有或由其控制的关于其互联网服

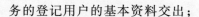
务的登记用户的基本资料交出；

（5）命令某互联网服务提供商采取迅速移除或阻止他人查阅特定及不法的电脑数据资料的措施；

（6）在有理由相信拟找寻的资料储存在位于澳门特别行政区的某电脑系统或其某部分内，且透过初始系统查阅或获取该等资料属合法的情况下，迅速搜索或以类似搜索方式进入该电脑系统。

当刑事警察机关基于有依据的理由相信某电脑数据资料与犯罪有关而可作为证据，且如不采取措施将有可能失去该电脑数据资料，或如延迟采取措施可对具重大价值的法益构成严重危险，则即使未经有权限司法当局预先许可，亦可采取上款所指的措施。且须立即将所实施的措施告知有权限司法当局，并由其在最迟 72 小时内审查该措施，以便使之有效，否则该措施无效。

第八章

第 17/2009 号法律《禁止不法生产、贩卖和吸食麻醉药品及精神药物》

麻醉药品及精神药物在医疗等正当领域外被视为毒品。由于毒品会令吸食者形成瘾癖而严重损害人体健康，并引发相关犯罪行为，进而危害公共安全和经济秩序，各国、各地区的法律及有关国际公约均将有关生产、贩卖及滥用毒品的行为入罪。

第一节　概述

一　立法沿革

20 世纪以来，毒品犯罪呈现国际化、集团化、毒品多样化的趋势，国际社会亦意识到预防和打击毒品犯罪需要国际性的立法和司法合作。目前，有关反毒品犯罪的国际公约主要有《麻醉品单一公约》（1961 年）、《精神药物公约》（1971 年）以及《联合国禁止非法贩运麻醉药品和精神药物公约》（1988 年）等。这些国际公约为当今世界各国管制毒品、惩治毒品犯罪设立了基本的国际性法律制度框架，同时也对各国提出了立法和司法互助义务。

回归前，为响应有关国际公约的要求，澳门于 1991 年制定第 5/91/M 号法令《关于贩卖及使用麻醉药品及精神病药品视为刑事行为以及提倡反吸毒措施事宜》。此法令主要针对贩卖、使用毒品的犯罪行为，而将种植、生产、制造、买卖、供应等行为交由专门法规定。之后，为修订、补充该项法令，澳门立法会先后制定第 34/99/M 号法令、第 4/2001 号法律、第 8/2003 号法律、第 11/2004 号法律。近年来，由于地理位置、法律惩治及社会情况变化等方面的因素，毒品犯罪案件在澳门重新抬头①。为加大惩治力度，澳门立法会于 2009 年制定通过了 7 月 30 日第 17/2009 号法律《禁止不法生产、贩卖和吸食麻醉药品及精神药物》（以下简称《毒品犯罪法》），规定有不法生产、贩卖、吸食毒品及与之有关的犯罪，同时亦为预防毒品犯罪设立了相关制度。之前生效的有关毒品犯罪的法律除第 34/99/M 号法令《规范麻醉品及精神科物质之买卖及合法使用》外，均被废止。

二　毒品的范围

依照国家公约有关附件的毒品列表，本法将受管制的植物、物质及制剂分列为 6 份表格，作为本法的附件。为便于以下各罪的罪状表述，现将其列明如下。

附件的表一至表四为前述国际公约中列明的麻醉品和精神药物。本法根据其潜在的致命力、滥用后出现的症状的强烈程度、戒断所带来的危险性及对其产生依赖的程度而分列于表一至表四。

表一包括《麻醉品单一公约》的表一、表二及表四所列植物、物质及制剂。其中，表一 A 包括阿片及其他可获得天然阿片叠的混合物，该等天然阿片叠是从罂粟中提取的；可从罂粟中提取的，且具有麻醉及镇痛效力的生物碱；借化学方法从上述产物获得的物质；透过合成程序获得的，且不论在化学结构方面或效力方面均与上述阿片叠相似的物质；以及极可能用作合成阿片叠的媒介产物。表一 B 包括古柯叶，以及可从古柯叶提取的，且具有刺激中枢神经系统效力的生物碱；透过化学程序从上述的生物碱获得的或透过合成程序获得的，且具有类似效力的物质。表一 C 包括大麻、

---

① 根据澳门特区检察院 2012 年度刑事案件起诉罪名分类统计数据，全年起诉毒品犯罪 433 项，在总计 24 类罪名中位列第四。http://www.mp.gov.mo/statistics.htm/stat2012l.pdf。

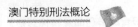

其衍生产物，及借合成方法获得的，且不论在化学结构方面或效力方面均与大麻相似的物质。

表二包括《精神药物公约》的表一、表二及表三所列植物、物质及制剂。其中，表二 A 包括可使人产生幻觉，或感官上产生严重错觉的任何天然或合成物质；表二 B 包括具有刺激中枢神经系统效力，属安非他命类的物质；表二 C 包括能产生短暂作用、迅速被吸收或同化、属巴比通类的物质，以及其他非巴比通类但属安眠药类的物质。

表三包括《麻醉品单一公约》的表三所列植物、物质及制剂。包括含有本法表一所列物质的制剂，只要该等制剂基于其成分的质与量及有关使用方法而具有令人滥用的危险。

表四包括《精神药物公约》的表四所列植物、物质及制剂。其包括已证实具有防癫痫效力及缓慢产生作用的巴比通；以及属抗焦虑药类的物质，只要基于其成分的质与量及有关使用方法而具有令人滥用的危险。

附件的表五及表六所列为可用作不法制造麻醉药品及精神药物的物质，易言之，其本身尚不属麻醉药品或精神药品，但可以通过物理化学等加工方法制造出麻醉药品或精神药品。表五包括《联合国禁止非法贩运麻醉药品和精神药物公约》的表一所列物质。表六包括《联合国禁止非法贩运麻醉药品和精神药物公约》的表二所列物质。

上述各表在遵守适用于澳门特别行政区的有关麻醉药品及精神药物的国际法文书所定的规则下，按照由联合国本身机关通过的修改做出调整。

第二节　犯罪

一　不法生产毒品罪

本法第 7 条规定，未经许可或违反有关许可规定而种植、生产、制造、提炼或调制毒品的行为，构成不法生产毒品罪。

所谓生产，指种植、生产、制造、提炼或调制本法附件中所列各类禁止性植物、物质或制剂的行为。其行为对象是指附于本法律且属其组成部分的表一至表四所载的植物、物质及制剂。本罪的客观前提为未经许可，或虽获许可，但违反有关许可的规定，且非为本人吸食目的。本法第5条规定，表一至表四所指植物、物质及制剂的种植、生产、制造、应用、交易、分发、进口、出口、转运、运载、宣传、使用或以任何方式的持有，须按照7月19日第34/99/M号法令的规定，具备由卫生局发出的准照、受该局规管或获其许可，并由其监察有关的遵守情况。未经许可，或虽经许可，但违反许可的规定而实施的相关行为，均属不法。本罪的主观要件为故意。

依照生产的毒品品种的不同，本罪设立有不同的法定刑幅度。若为表一至表三所列植物、物质或制剂，则若行为人未经许可而实施有关行为，处5~15年徒刑。若行为人虽已获许可但违反有关许可的规定而实施此等行为，则法定刑略提高，处6~16年徒刑。而表四所列毒品在危害性上较表一至表三中所列毒品为低，因此法律规定，同样实施生产行为，若属表四所列植物、物质或制剂，法定刑较属表一至表三所列植物、物质或制剂为低。若行为人未经许可而实施有关行为，处1~5年徒刑；若行为人虽经许可但违反该许可之规定而实施有关行为，则处2~8年徒刑。

二　不法贩卖毒品罪

本法第8条规定，未经许可，或虽经许可但违反许可规定而贩卖毒品的行为，构成不法贩卖毒品罪。

（一）罪状与处罚

本罪的客观行为"贩卖"是广义上的，具体的行为方式包括送赠、准备出售、出售、分发、让与、购买或以任何方式收受、运载、进口、出口、促成转运或不法持有的行为，即指向毒品被生产之后的各类流通环节或过程。其中，准备出售为出售的预备行为，持有作为学理上之补充的行为方式，均被列为本罪的要件行为之一。与生产毒品罪的规定相同，本罪的客观前提亦为未经许可，或虽经许可而违反许可之规定，且将供个人吸食的情况除外。本罪的主观要件为故意。

若为表一至表三所列植物、物质或制剂，则若行为人未经许可而实施有关行为，处3~15年徒刑。若行为人虽已获许可但违反有关许可的规定而实施此等行为，则法定刑略提高，处4~16年徒刑。

若属表四所列植物、物质或制剂，则若行为人未经许可而实施有关行为，处 6 个月至 5 年徒刑；若行为人虽经许可但违反该许可之规定而实施有关行为，则法定刑提高，处 1～8 年徒刑。

总体上看，与不法生产毒品罪相比，不法贩卖毒品罪的法定刑下限有所降低。从生产先于贩卖的客观历程来看，这一立法考虑是合理的。

（二）本罪与不法生产毒品罪的关系

本罪与不法生产毒品罪的要件行为不同，本罪为流通行为，后者则是制造毒品。内地刑法中设有走私、贩卖、运输、制造毒品罪，该罪为选择性罪名，即行为人实施其中任何一种或数种行为，皆构成一罪。而从本法的规定来看，走私、贩卖、运输行为皆构成本罪。行为人若既实施生产行为，亦实施流通行为，则应构成不法生产毒品罪和不法贩卖毒品罪，两罪并罚。

（三）毒品数量与量刑

构成毒品犯罪的行为，其严重程度往往与所涉毒品数量（重量）有关，相应地，毒品的数量是毒品犯罪的重要量刑依据[1]。在澳门司法实践中，毒品犯罪的上诉案件较多，大多数为要求减轻刑罚。目前，澳门法律中并无对毒品数量与量刑之间的关系指引（但本法有规定是否属较轻的毒品犯罪可依据是否超过日常用量的 5 倍），但通过一些判决对澳门法院的立场可窥一斑。如 2014 年 6 月 11 日第 22/2014 号刑事诉讼程序上诉案[2]，上诉人与他人分工合作贩卖毒品，涉案毒品包括 49.119 克氯胺酮及 1.118 克可卡因，被认定贩卖毒品罪及不当持有吸毒器具罪，上诉人虽为未成年人，仍判处 8 年徒刑，终审法院认为原判决量刑并无不当。除澳门人员贩卖毒品外，近年来毒贩或毒品犯罪集团往往通过由境外人员有偿携带的方式使得毒品入境澳门。携带者类似"脚夫"，并非贩毒集团真正成员，对于携带者的处罚往往有别于毒贩。如 2012 年 9 月 19 日澳门终审法院审理的第 55/2012 号上诉案件[3]，上诉人为马来西亚人，自称为获取 1000 美元报酬，携带毒品入

---

[1] 例如，内地最高人民法院制定的《关于审理毒品案件定罪量刑标准有关问题的解释》，以及最高人民法院、最高人民检察院、公安部联合制定的《办理毒品犯罪案件适用法律若干问题的意见》皆规定有根据毒品的种类和数量适用不同刑罚的具体指引。

[2] 参见澳门终审法院第 22/2014 号刑事诉讼程序上诉案裁判书，http：//www.court.gov.mo。

[3] 参见澳门终审法院第 55/2012 号刑事诉讼程序上诉案裁判书，http：//www.court.gov.mo。

境澳门时被海关查获，涉案毒品含有本法附表一 A 所管制的"海洛因"成分净含量 627.57 克，被判处 7 年 9 个月徒刑。终审法院认为量刑适当。又如 2013 年 9 月 11 日澳门终审法院审理的第 48/2013 号上诉案件①，上诉人为哥伦比亚人，自称为获取报酬而携带毒品，入境时在外港码头被查获。涉案毒品含有本法附表一 B 管制的"可卡因"成分净含量 646.1 克，被判处 10 年 3 个月徒刑。终审法院认为量刑适当。综上可见，有关毒品犯罪的量刑与毒品数量的关系还有待进一步明确或司法立场保持一致。当然，在毒品犯罪的量刑中，毒品的数量虽然至关重要，但并非唯一依据。根据《澳门刑法典》对量刑的原则性规定，还要考虑行为人的个人背景、犯罪前后的表现等，以评估其犯罪人格，做到罪刑相应。

三 准备制毒所需的设备及物料罪

本法第 9 条规定，未经许可，或虽经许可但违反许可之规定而生产、制造、进口、出口、转运、运载、交易、分发或持有制毒所需的设备或物料的行为，构成准备制毒所需的设备及物料罪。

（一）罪状与处罚

本罪的客观前提在于未经许可，或虽经许可但违反许可之规定，其行为方式包括生产、制造、进口、出口、转运、运载、交易、分发及持有，其行为对象指为准备制毒所需要的设备、材料或本法表五及表六所列用于制毒的物质。据本法第 5 条规定，表五及表六所列物质的生产、制造、应用、交易、分发、进口、出口、转运、运载、宣传、使用或以任何方式的持有，须按照专有法规，具备由经济局发出的准照、受该局规管或获其许可，并由其监察有关的遵守情况。这些物料虽非毒品，却是生产毒品必备的设备或原料，危害性也很大，未经许可或虽经许可而违反许可规定，准备制毒所需物料的行为，当属不法。

本罪的主观要件为故意。行为人明知其用作或将用作不法种植、生产或制造表一至表四所列植物、物质或制剂，而仍实施上述事实。

本罪将持有行为与其他行为方式在法定刑上区分开来。持有相关设备

---

① 参见澳门终审法院第 48/2013 号刑事诉讼程序上诉案裁判书，http://www.court.gov.mo。

或物料者，未获许可的，处 1 ~ 8 年徒刑，已获许可但违反有关许可的规定的，处 2 ~ 10 年徒刑。而实施其他准备设备或物料行为的，若属未获许可者，处 2 ~ 10 年徒刑；若属虽获许可但违反许可之规定的，处 3 ~ 12 年徒刑。

（二）认定

与前两罪的行为对象不同，本罪的行为对象并非表一至表四所列精神药物和麻醉药品，而属表五、表六所列为制毒做准备的物料。关于此行为的认定，以澳门一宗案件为例。被告人甲（××大学珠海学院化学专业本科生）明知利用"苯丙酮"及"甲胺"溶液为主要原料即可制造冰毒（"甲基苯丙胺"），仍多次前往澳门某工厂指导制造和生产"苯丙酮"的过程及方法。甲声称不知悉厂家将实验结果用于制造毒品。法庭考虑其专业背景，且内地和澳门均对"苯丙酮"的生产和管理规定有严格的法律责任的事实，同时亦考虑"苯丙酮"客观上也可作为其他化工产品的原材料的事实，认为甲对其在澳门制造"苯丙酮"的违法性认识存在错误，但该错误明显具可谴责性，认定甲构成一项准备制毒所需物料罪，判处 1 年徒刑①。

四 怂恿他人不法使用毒品罪

本法第 12 条规定，公开或私下怂恿他人不法使用表一至表四所列植物、物质或制剂的，构成怂恿他人不法使用毒品罪。

（一）罪状与处罚

本罪的行为方式为在公开场合或私下场合怂恿他人不法使用毒品，或者为他人不法使用毒品给予方便。所谓怂恿，即唆使，或劝说无心使用毒品的人使用毒品，即将教唆行为实行行为化。所谓给予方便，包括提供场所、工具等，即将帮助行为实行行为化。本罪的主观要件为故意。行为人使他人产生使用，包括吸食毒品的意图，既危害他人身心健康，亦易产生关联的毒品犯罪，其行为当属不法。

---

① 参见澳门初级法院第 CR4 - 13 - 0181 - PCC 号判决书，http：//www.court.gov.mo。

在处罚上，立法者按毒品种类予以区分，对涉及表四毒品的怂恿行为设定的法定刑较低，处最高 1 年徒刑，或科最高 120 日罚金；若属表一至表三所列毒品者，处最高 3 年徒刑，或科罚金。

此外，本罪的加重罪状为本法第 10 条第 2 至 4、8 及 10 项所指情况。具体而言，第 10 条第 2 项指行为人为医生、药剂师、药房技术助理或卫生技术人员，且其行为非为治疗的目的；第 3 项指行为人负责预防或遏止有关生产、贩卖或吸食麻醉药品或精神药物的犯罪；第 4 项指行为人为司法辅助人员或在监务部门、社会重返部门、邮政部门、教育场所或社会工作体系的公共或私人实体提供服务的工作人员，而有关事实是在其执行职务时做出；第 8 项指行为人将或试图将植物、物质或制剂交付予未成年人、明显患有精神病的人或为治疗、教育、训练、看管或保护之目的而受托照顾之人；第 10 项指有关事实是在负责治疗吸食者、社会重返或从事社会工作的部门或机构的设施内实施，又或在监狱、警务或公共安全设施、教育场所或其他专供未成年人进行学习、体育或康乐活动的地点内实施。符合上述情况者，以上各款所定刑罚的最低及最高限度均加重 1/3。例如，医生非为治疗目的，怂恿他人吸食可卡因，则处 40 日至 4 年徒刑。

（二）本罪与公然教唆犯罪罪的区分

《澳门刑法典》第 286 条规定，在公开集会中、透过社会传播媒介或借着散布文书或其他以技术复制信息之方法，引起或煽动他人实施某一犯罪，构成公然教唆犯罪罪，如按其他法律之规定不科处更重刑罚，则处最高 3 年徒刑或科罚金。从构成要件上看，本罪无论公开或私下实施均可，且唆使的内容为吸食毒品，本法规定，吸食毒品的行为可以构成犯罪。公然教唆犯罪罪则要求唆使的行为必须公开进行，且唆使的内容可以是任一犯罪。可见，两罪之间存在交叉竞合。本罪的基本法定刑与公然教唆犯罪罪相同，但在加重罪状下可处最高 4 年徒刑，发生竞合时，应适用本法的规定。

五 从事职业的滥用罪

本法第 13 条规定，医护人员在无医生处方的情况下滥用表一至表四所列物品的，构成从事职业的滥用罪。

本罪的犯罪主体为特殊主体，即医护人员，包括医生、护士、助产士、药剂师、药房技术助理、卫生技术人员，其客观行为包括以下三种。

一是在无医生处方的情况下，护士或助产士在为病人治疗的过程中，使用表一至表四所列植物、物质或制剂。使用的目的在于治疗，但对于无医生处方，及其所使用的物品为精神药物或麻醉药品的情况是明知的；

二是药剂师、药房技术助理或卫生技术人员违反有关规定，对表一至表四所列植物、物质或制剂进行药物供应或处方调配；

三是医生、药剂师、药房技术助理或卫生技术人员违反法定的禁止，将表一至表四所列植物、物质或制剂交付予未成年人或明显患有精神病的人。

本罪的主观要件为故意。尽管行为人的直接目的或为治疗，但对于无医生处方或有关禁止性规定是明知的。

上述三种行为方式中，前两种为直接使用，第三种则仅为交付，为此，立法者在刑罚幅度上亦有所区别。以前两种行为方式构成本罪的，处最高 3 年徒刑，或科罚金。以第三种行为方式构成本罪的，处最高 1 年徒刑，或科最高 120 日罚金。

六 吸食毒品罪

本法第 14 条规定，吸食本法附件表一至表四所列植物、物质或制剂者，或纯粹为供个人吸食而不法种植、生产、制造、提炼、调制、取得或持有表一至表四所列植物、物质或制剂的行为，构成吸食毒品罪。

（一）罪状与处罚

本罪的行为对象为本法附件表一至表四所列植物、物质或制剂。行为方式包括吸食，或者纯粹为个人吸食而实施的种植、生产、制造、提炼、调制、取得或持有。只要行为人的行为单纯为个人吸食而实施，则不会构成前述生产毒品罪或贩卖毒品罪，而仅构成本罪。

构成本罪的，处最高 3 个月徒刑，或科最高 60 日罚金。

（二）认定

由于本罪的法定刑较生产毒品罪及贩卖毒品罪轻微许多，而行为方式却基本一致，因此，在司法实践中，判断行为人是否仅为个人吸食所用对于区分此罪与彼罪极为关键。立法者按照国际麻醉品管制局（International Narcotic Control Board，INCB）的数据及/或有关惯常使用量的流行病学的数据，将个人吸食的一般用量亦作为附件列于本法之后，作为行为认定的参考依据。如海洛因的每日吸食量按 0.25 克计，美沙酮的每日吸食量按 0.1 克计。

七　不当持有器具或设备罪

本法第 15 条规定，意图抽食、吸服、吞服、注射或以其他方式使用表一至表四所列植物、物质或制剂，而不适当持有任何器具或设备者，构成不当持有器具或设备罪。

本罪的行为方式为持有。行为对象为吸食、服用、注射或以其他方式使用毒品而需要的器具或设备，常见的如针筒等。本罪的主观要件为故意。本罪的要件行为往往是其他毒品犯罪，如吸食毒品罪、怂恿他人不法使用毒品罪、允许他人吸食毒品罪的预备行为或相关行为，司法实践中往往与该等相关罪名并罚。

构成本罪的，处最高 3 个月徒刑，或科最高 60 日罚金。

八　允许他人生产、贩卖、吸食毒品罪

本法第 16 条规定，允许他人在公众或聚会地方不法生产、贩卖及吸食麻醉药品及精神药物的，构成允许他人生产、贩卖、吸食毒品罪。

本罪的犯罪主体是特殊主体，即特定场所的所有人或支配者。其行为方式包括以下两类。

一是酒店场所或同类场所，尤其是酒店、餐厅、咖啡室、酒肆或会所，或用作聚会、影演项目、娱乐或消闲的场所或场地的所有人、经理、领导人，又或以任何方式经营该等场所的人，同意或明知有关事实但不采取措施避免该等地方被用作不法生产、贩卖或吸食表一至表四所列植物、物质或制剂的行为。

二是楼宇、设有围障的场地，或交通工具的支配者，将该等楼宇、场地或交通工具转作或同意转作供人惯常在其内不法生产、贩卖或吸食表一至表四所列植物、物质或制剂的地方的行为。其中，要构成本罪，须行为

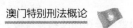

属惯常性，而排除偶尔为之的情形。

本罪的客观前提要件为司法当局或刑事警察机关对表一至表四所列植物、物质或制剂进行了两次扣押后，并将有关扣押适当通知本罪的犯罪主体后。在此情况下，即使未能识别出具体持有者，上述主体提供场地允许他人实施毒品犯罪的行为亦适用本条规定。本罪的主观方面为故意，即明知有关事实而不采取措施避免或同意有关事实的心理态度。

对酒店等同类场所的所有人等构成本罪的，处 2～8 年徒刑；对楼宇等场地的支配者构成本罪的，处 1～5 年徒刑。

此外，行为人在收到司法当局或刑事警察机关的通知后，不采取适当措施避免上述地方被用作不法生产、贩卖或吸食毒品的，要另处最高 5 年徒刑。亦即若同时符合前述两类罪状事实，还要与前述刑罚并罚。

九　加重违令罪

本法第 17 条规定，拒绝遵从有权限的当局或公务员为进行监察而发出的有关管制各附表所列植物、物质或制剂的命令，或拒绝出示有权限的当局或公务员要求出示的有关管制各附表所列植物、物质或制剂的文件，且事前已被警告其行为的刑事后果者，处相应于加重违令罪的刑罚，即处最高 2 年徒刑，或科最高 240 日罚金。

拒绝接受获许可进行的搜查或鉴定，且事先已被适当警告其行为的刑事后果者，亦处相同刑罚。

第三节　相关刑事制度

一　刑罚制度

（一）不予处罚的情形

本法第 31 条规定，刑事调查人员或受刑事警察当局监控行动的第三人，为预防或遏止本法律所指犯罪之目的，隐藏其身份而以有别于教唆或有别于间接主犯的其他共同犯罪方式做出违法行为的预备行为或实行违法行为，如其行为能与此行为之目的保持应有的适度性，则不予处罚。

在有权限司法当局事先给予许可后，方可做出上述行为；该许可最迟在 5 日内做出，并在给予许可时，指定有关行为的期限。如遇需紧急取证的情况，前述行为，即使在取得有权限司法当局的许可前亦可做出，但在做出该行为后的首个工作日即应通知有权限司法当局，以便其在 5 日内宣告有关行为有效，否则所取得的证据无效。刑事警察当局须最迟在有关人员或第三人的行动结束后 48 小时内，向有权限司法当局提交有关行动报告。即使终局裁判包括将卷宗归档的裁判确定后，本条所指人士的身份仍受司法保密制度保障 20 年。

（二）较轻的处罚

1. 较轻的生产和贩卖行为

如经考虑犯罪的手段、行为时的方式或情节，植物、物质或制剂的质量或数量，又或其他情节，显示不法生产或贩卖行为的不法性相当轻，则如属表一至表三、表五或表六所列植物、物质或制剂，处 1～5 年徒刑；如属表四所列植物、物质或制剂，处最高 3 年徒刑，或科罚金。

衡量不法性是否较轻时，应特别考虑行为人所支配的植物、物质或制剂的数量是否不超过附于本法律且属其组成部分的每日用量参考表内所载数量的 5 倍。

据此，在司法判决中，行为人所涉毒品的数量是否远超日常用量是毒品犯罪中定罪量刑的重要依据。以 2013 年 11 月 13 日澳门终审法院审理的第 62/2013 号上诉案件为例[①]，上诉人为香港居民，自 2012 年 4 月起在澳门与他人一起从事贩毒活动，涉案的"可卡因"数量为 4.474 克（净重），被判处 7 年 6 个月徒刑。上诉人认为判罚过重，最终上诉至终审法院。终审法院认为，上诉人拥有收入合理的工作，其行为并不具偶然性或个别性。其涉案毒品数量超过本法每日用量参考附表中所规定的每日用量的 20 倍，行为已威胁到公共健康及社会安定，原判决定罪及量刑适当。

2. 对生产、贩卖或准备制毒物料的特别减轻或免除处罚

实施不法生产、贩卖毒品或准备制毒物品行为时，如行为人因已意放弃其活动、排除或相当程度减轻该活动所引起的危险或为此认真做出努力，

---

① 参见澳门终审法院第 62/2013 号刑事诉讼程序上诉案裁判书，http://www.court.gov.mo。

又或对在收集证据方面提供具体帮助，而该等证据对识别其他应负责任的人的身份或将其逮捕起着决定性作用，尤其属团体、组织或集团的情况者，则可特别减轻刑罚或免除刑罚。

（三）对生产毒品、贩卖毒品、准备制毒物料行为的加重处罚

如属下列情况，则生产毒品罪、贩卖毒品罪、准备制毒所需设备及物料罪所定刑罚的最低及最高限度均加重1/3。

（1）行为人透过犯罪集团或黑社会做出有关事实。需要注意的是，在此情形中，根据案件具体情况，行为人还可构成黑社会罪，与按本条加重后的毒品犯罪的刑罚再予并罚。

（2）行为人为医生、药剂师、药房技术助理或卫生技术人员，且其行为非为治疗的目的。

（3）行为人负责预防或遏止有关生产、贩卖或吸食麻醉药品或精神药物的犯罪。

（4）行为人为司法辅助人员或在监务部门、社会重返部门、邮政部门、教育场所或社会工作体系的公共或私人实体提供服务的工作人员，而有关事实是在其执行职务时做出。

以上四类特殊主体的行为若符合本法第13条的规定，则应构成前述从事职业的滥用罪。仅当该等特殊主体实施不法生产毒品、贩卖毒品或准备制毒的设备和物料行为时，方适用此加重处罚的规定。

（5）行为人持有武器、以武器作威胁、使用武器、蒙面或伪装。

（6）行为人以调制或混合的方式使植物、物质或制剂变坏、变质或掺假，增加对他人的生命或身体完整性的危害。

（7）行为人以实施有关犯罪作为生活方式。

（8）行为人将或试图将植物、物质或制剂交付予未成年人、明显患有精神病的人或为治疗、教育、训练、看管或保护之目的而受托照顾之人。

（9）行为人将或试图将植物、物质或制剂分发予为数众多的人。

（10）有关事实是在负责治疗吸食者、社会重返或从事社会工作的部门或机构的设施内实施，又或在监狱、警务或公共安全设施、教育场所或其他专供未成年人进行学习、体育或康乐活动的地点内实施。

（四）徒刑的暂缓处罚

1. 暂缓执行的条件

如嫌犯因实施吸食毒品罪或不当持有器具或设备罪而被判刑，且依法被视为药物依赖者，法院须暂缓执行徒刑，只要嫌犯自愿接受治疗或在合适场所留医，且履行或遵守其他适当的义务或行为规则；上述接受治疗或在合适场所留医的事实须按法院所规定的方式及日期予以证实。但若嫌犯曾因此被判暂缓执行徒刑，则可由法院决定是否暂缓执行徒刑。

如在暂缓执行徒刑期间，药物依赖者因其过错而不接受治疗、留医或放弃履行或遵守法院所定的任何义务或行为规则，则适用《澳门刑法典》中有关不履行或不遵守有关义务或行为规则的规定。暂缓执行被废止后，徒刑须在监狱内的适当区域予以执行。

2. 暂缓执行的附随考验制度

若法院认为暂缓执行徒刑附随考验制度对帮助药物依赖者康复及重新纳入社会为合宜及适当，可按一般法的规定做出该命令。重新适应社会的个人计划由社会重返部门在卫生局或社会工作局的配合下编制及跟进执行，但须尽可能与被判刑者达成协议。

（五）附加刑

行为人因实施本法律所指犯罪而被判刑，经考虑该事实的严重性，以及该事实在行为人公民品德方面所反映出的情况后，法院可科处附加刑。

1. 生产毒品罪、贩卖毒品罪、准备制毒设备及物料罪的附加刑

（1）禁止或中止执行公共职务，为期 2～10 年；

（2）禁止从事某职业或业务，为期 2～10 年；

（3）禁止在公法人、公共资本占全数或多数出资额的企业、公共事业的特许企业或公共财产的特许企业担任行政管理、监察或其他性质的职务，为期 2～10 年；

（4）禁止驾驶机动车辆、航空器或船只，为期 2～5 年；

（5）禁止接触某些人，为期 2～5 年；

（6）禁止到某些场合或地方，为期 2～10 年；

（7）被驱逐出境或禁止进入澳门特别行政区，为期 5～10 年，但仅以非本地居民的情况为限。

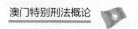

2. 从事职业的滥用罪的附加刑

由于本罪为特殊主体,其行为皆利用其职业工作的便利实施,对该等主体施加以下附加刑利于防止其再犯类似罪行。

（1）禁止或中止执行公共职务,为期 1 ~ 5 年;

（2）禁止从事某职业或业务,为期 1 ~ 5 年。

3. 允许他人生产、贩卖、吸食毒品罪的附加刑

关闭有关场所或公众地方,为期 1 ~ 5 年。

附加刑可予并科。行为人因法院的裁判而被剥夺自由的时间,不计入上述附加刑的禁止期间。

二 刑事程序制度

考虑到毒品犯罪的侦查、诉讼方面的特殊性,本法第三章为有关毒品犯罪的刑事诉讼规定。

（一）植物、物质或制剂的检验及销毁

本法规定,被扣押的植物、物质或制剂须经主管当局做出命令,于最短时间内在化验室进行检验。被扣押的植物、物质或制剂经化验室检验后,如数量许可,则化验室技术员须收集两个样本,并予以识别、妥为盛装、过秤及封存,如有剩余,亦做同样处理;该两个样本其中之一须保管于进行调查的机构的保险箱内,直至终局裁判做出为止,而另一样本须在有关卷宗被送交做审判时并附之。在化验室检验报告附同于有关卷宗后 10 日内,视乎诉讼程序所处的阶段而定,由法院司法官或检察院司法官命令销毁剩余的被扣押的植物、物质或制剂;做出该命令的批示须于 30 日内执行。销毁被扣押的植物、物质或制剂须以焚化方法为之,并须有一名司法官、负责该诉讼程序的公务员、一名化验室技术员及一名卫生局代表在场,且须缮立有关笔录。

（二）鉴定

在刑事诉讼程序中,尤其是为确定个人吸食量,有权限司法当局应考虑附于本法律且属其组成部分的每日用量参考表内所载的植物、物质或制剂的数量;如有需要,可按《澳门刑事诉讼法典》第 141 条之规定,命令

进行鉴定。

此外，为确定嫌犯对药物依赖的状况、嫌犯吸食物品的性质，以及在进行法医学鉴定时嫌犯的身体及心理状况，在因吸食毒品罪、不当持有设备或工具罪而提起的诉讼程序中，有权限司法当局在侦查或预审期间一旦获悉嫌犯在对其归责的事实发生之日为药物依赖者，且在卷宗中无任何档证明其药物依赖状况，则须命令进行紧急的法医学鉴定。

（三）搜查

本法第 26 条规定，刑事警察机关基于有依据的理由相信有人在公众地方或交通工具内实施或将之用作实施本法律所指犯罪，则即使未经有权限司法当局预先许可，亦可立即搜索该地方或交通工具，并进行必要的身体搜查、行李检查及扣押。实行前述措施后，须立即将所实施的措施通知有权限司法当局，并由其在最迟 72 小时内审查该措施，以便使之有效，否则该措施无效。

此外，第 27 条规定，如有强烈迹象显示涉嫌人体内藏有表一至表四所列植物、物质或制剂，刑事警察机关须对其进行搜查，并在有需要时进行鉴定。可将涉嫌人送往医院或其他合适的场所，并要求其在进行鉴定所确实必需的时间内，留于上述地点。如不获涉嫌人的同意，则进行搜查或鉴定须取决于有权限司法当局的预先许可，并应尽可能由该司法当局主持。

（四）关于涉嫌人财富的资料

本法第 29 条规定，可要求任何公共或私人实体提供关于有强烈迹象显示实施制造毒品、贩卖毒品、准备制毒的设备及物料行为的涉嫌人或嫌犯所拥有的资产、存款或其他有价物的资料及文件，以便能将该等资产、存款或有价物扣押及收归澳门特别行政区所有。如提出有关要求时能提供有关个人资料及充分具体的要求事项，并指出有关诉讼程序的识别资料，则任何公共或私人实体，尤其是银行或金融机构、合伙或公司，以及任何登记或税务部门，均不得拒绝提供上款所指资料及文件。

如按照适用于澳门特别行政区的国际公约或属司法协助领域的协议发出的请求书要求提供有关资料，则第 1 款所指实体亦应提供；即使无该等国际公约或协议，如互惠原则获得保证，则亦应提供有关资料。律师及法律代办无须因以上各款所定要求而提供下列资料或文件：评定客户的法律状

况和提供法律咨询服务时所取得的资料或文件、在某一诉讼中为客户辩护或代理时所取得的资料或文件，以及涉及某一诉讼程序的资料或文件，包括关于建议如何提起或避免某一诉讼程序的资料或文件，不论此等资料或文件是在诉讼之前、诉讼期间或诉讼之后取得。

（五）司法互助

毒品犯罪往往跨国或跨区域实施，为此，国际或区际的刑事司法互助必不可少。因此，本法第30条规定，视乎诉讼程序所处的阶段而定，可由刑事起诉法官或检察院司法官针对个别情况，许可司法警察局对携带经澳门特别行政区转运的麻醉药品或精神药物的人不采取行动，以便能与目的地国或目的地地区及倘有的其他转运地国家或转运地地区合作，识别及检控更多参与各转运及分发活动的人。此种许可仅在有关给予许可的请求是由目的地国家或目的地地区提出，且出现特定情况时方可给予。不过，若安全程度明显降低，或发现有关路线有未预见的更改，又或发生导致将来难以扣押有关麻醉药品或精神药物及逮捕嫌犯的其他情况，则即使已给予上述许可，司法警察局仍须采取行动。

（六）对提供消息者的保护

毒品犯罪的指控需要人赃并获，且取证的难度较大，在侦查过程中，往往需要借助一些知情者或所谓"线人"提供案件线索，本法称之为"消息提供者"。由于毒品犯罪的特点及法律后果，因此，对该等人士的保护亦很有必要。第32条规定，刑事调查人员、声明人或证人，均无义务向法院透露提供消息者或曾协助警方揭发本法律所指犯罪的人的身份或任何能识别其身份的资料。不过，在审判听证期间，如法院相信提供消息者或协助警方的人曾传达其知悉或应知悉属虚假的资料或消息，则可命令透露其身份，以及在听证时对其做出询问。

第九章
其他单行犯罪与惩治法

第一节　第10/78/M 号法律《关于色情及猥亵物品的公开贩卖、陈列及展出》

澳门政府于 1978 年颁布的第 10/78/M 号法律《关于色情及猥亵物品的公开贩卖、陈列及展出》（以下简称《色情物品管制法》）是现存有效的颁布时间最早的一部单行刑法。目的在于订定在本地区贩卖、陈列及展出色情及猥亵物品之措施，就色情及猥亵物品的相关行为进行管制。

一　一般性禁止内容

本法第 1 条规定，包括广告、通告、布告、秩序表、手抄品、图画、图片、图样、印画、徽章、唱片、照片、幻灯片、影片等在内的任何印刷品、机械转播工具及其他视听传播物品或方式，只要其内容涉及色情或猥亵，一律禁止在橱窗、墙壁或其他公众地方标贴或陈列、摆卖或贩卖、展出、派发或以其他方式做宣扬。

　　法条所针对的对象应指任何涉及色情或猥亵内容的物品、工具及相关方式①。所谓色情或猥亵是指言辞、描述或形象有损公德或有伤风化。其既包括涉及色情和猥亵的物品或工具，亦包括涉及色情或猥亵的"方式"，具体分为两类：一是涉及淫秽的性行为的表演或描述，或性器官的暴露；二是透过视觉及/或听觉上过分刺激的技术，而对性变态或性态做图利的利用。

　　法条中的"任何"当指禁止的一律性，但该条第 2 项有除外规定，即本条所指物品及工具之陈列及贩卖规定，不施行于按照将来所定管制规则而领有特别准照的专营此种业务的场所之内。易言之，未来若法律许可以专营方式从事色情业务的场所内，可以不适用本法的禁止性规定。即使如此，本法对于未来可能制定的有关专营色情业务的法律，仍预先就准照的发出做出限制：①禁止做任何形式的宣传；②禁止售给未成年人或透过未满 18 岁的未成年人贩卖；③禁止该等营业场所在海岛市以及庙宇、学校、儿童游乐场及公园周围 300 米之内开设；④须于事先缴纳营业税，有关税额将相当于附属现行营业税章程的工商业总表所载第 332 项第一等税款的30 倍。

　　本法禁止的行为是针对上述对象在橱窗、墙壁或其他公众地方标贴或陈列、摆卖或贩卖、展出、派发或以其他方式做宣扬。其中，橱窗、墙壁当指公共地方的"橱窗"或"墙壁"。

二　色情影片的放映

　　在一般性禁止规定之外，本法还就色情影片的放映做出规定。法律并未对"色情影片"做出法律定义，是否属色情影片，由按照澳门第15/78/M 号法令所设立的公开映演甄审委员会评定。该委员会依法将有关电影分为 A、B、C、D 四级，仅 A 级为各年龄层次皆宜观看的影片。被评定为色情的影片，其放映每场须缴纳一特别税项，该税款应于有关放映日 48 小时前由戏院商完纳。色情影片的放映只许晚上 11 时 30 分后播映。

---

①　所谓"方式"本身并无法作为标贴或陈列等行为的对象，应属翻译造成的语言隔阂。本法其他条文多处出现"物品或工具"，用词更加合理。

三　罚则

本法并未明确设立罪名的，按规定违反本法上述禁止性规定的行为即构成犯罪，可科以 6 个月徒刑及同刑期罚金。再犯时，徒刑的处罚不得以罚金代替。社会传播机构的负责人，倘其工具附有渲染色情或猥亵言辞或形象时，将以共犯身份答辩。将色情或猥亵物品、工具出售给未满 18 岁的未成年人，或通过未成年人售卖该等物品或工具，即构成加重情节，双倍处罚。

《色情物品管制法》制定于 30 多年前，对行为的描述仍停留于"在橱窗、墙壁或其他公众地方标贴或陈列、摆卖或贩卖、展出、派发"的阶段。而在网络时代，无论是色情猥亵物的表现形式，还是公开陈列、宣扬的行为，均早已突破标贴、摆卖印刷品的形式。此外，从立法的一般性技术要求看，本法罪名、罪状均语焉不详，刑罚与行政处罚混同，部分法律用语与现行法律无法协调。近年来，澳门博彩业的蓬勃发展一方面为本地区的经济繁荣做出巨大贡献，另一方面也刺激了相关不法行为重新抬头。如色情传单问题日益严重，以往只零星散落于大型赌场周围，近年来公开派发的范围日益扩大，已影响到居民正常生活，需要立法部门尽快制定出适应现时需要的法律。

第二节　第 30/92/M 号法令《炒卖交通客票惩治法》

自 20 世纪 90 年代开始，澳门与外界尤其是内地的往来日益增多，水上和陆路交通逐渐繁忙，一些不法分子趁机炒卖交通客票，从中牟利。此种现象既损害了交通运输承运人和乘客的利益，也危及澳门的经济秩序。为此，澳葡政府于 1992 年制定并颁布了第 30/92/M 号法令《关于以高于有权限实体订定之价格出售或再出售本地区与外地之运输凭证之投机活动重订罪状》（以下简称《炒卖交通客票惩治法》），同时废止了 1971 年制定并颁布的第 1840 号立法性法规。1996 年，澳门政府又颁布了第 7/96/M 号法律，对本法令进行部分修改。本法共 5 条，设有一个罪名为"交通客票之炒卖罪"。

一　交通客票之炒卖罪

本法第 1 条规定，以高于核准的价格出售交通客票或取票凭证的行为，构成交通客票之炒卖罪。

（一）　罪状与处罚

本罪的客观要件表现为行为人以高于有权限实体所核准之价格出售或重新出售来往澳门及外地交通客票或取得客票所需的文件。其行为对象为往来澳门与外地之间的交通客票，包括车票和船票，以及取得该等交通客票所需的文件，通常指取票凭证。所谓有权限实体，一般指交通管理部门或交通承运人，以高于核准价格出售或重新出售交通客票的行为，损害了承运人和乘客的利益，亦扰乱了交通运输领域的经济秩序，当属不法。

构成本罪的，处最高 3 年徒刑，且不得以罚金易科。未遂犯亦须受处分。此外，法律还规定，实施本罪的准备行为处以《澳门刑法典》对犯罪未遂所规定施以的刑罚。

（二）　本罪的犯罪未遂

如前所述，本法规定，实施本罪的准备行为按犯罪未遂处罚。何谓"准备行为"？既然本条明确规定"准备行为"按犯罪未遂处罚，则此"准备行为"非指《澳门刑法典》第 20 条所规定的犯罪预备行为，而在《澳门刑法典》第 21 条对犯罪未遂的规定中亦未出现"准备行为"一词。所谓犯罪未遂，乃指未至既遂之犯罪之实行行为。按照该条规定，实行行为包括：①符合一罪状之构成要素之行为；②可适当产生负荷罪状之结果之行为；③除不可预见之情节，根据一般经验，在性质上使人相信在该等行为后将做出前述行为之行为。前两类均属要件行为，可见，本条所及之"准备行为"只能指第三类行为，就本罪而言，如占有不合理数量的取票凭证或换取凭证的文件的行为。

二　其他规定

（一）　对没收客票的处理

本法规定，若代办处将腾出的已出售座位再次出售，则被没收客票收入的 80%，归本地区所有，其余归交易客票的代办处所有。

（二）补充法例

补充法例是适用妨害经济及公共卫生的违法行为的法律制度。

第三节　第 59/95/M 号法令《自愿中断怀孕的法律制度》

所谓中断怀孕，即通常所称堕胎[1]，是指不按自然分娩时间，人为地将胎儿从母体中提前生出、分离的行为[2]。出于宗教传统、人权观念或鼓励生育的人口政策，堕胎行为在不少国家或地区都被禁止或受到限制，甚至将堕胎行为入罪。如西班牙刑法中规定有经同意的堕胎罪、未经同意的堕胎罪、过失堕胎罪、业务过失堕胎罪等；德国刑法不仅规定堕胎罪，与堕胎相关的宣传堕胎及提供用于堕胎的工具的行为亦被入罪；日本刑法中规定有堕胎罪、同意堕胎罪、同意堕胎致人死伤罪、业务堕胎罪、业务堕胎致人死伤罪等；台湾地区的刑法中则规定有自行或听从堕胎罪、同意堕胎罪、意图营利同意堕胎罪、不同意之堕胎罪、公然介绍堕胎罪等。从个人法益层面看，堕胎罪所保护的法益一般认为是胎儿或母体的生命或健康。

由于葡萄牙是天主教传统的国家，因此，其延伸适用于澳门的 1886 年《葡萄牙刑法典》中即规定有堕胎罪。而《澳门基本法》第 38 条亦规定，澳门居民自愿生育的权利受法律保护。因此，澳门回归后并不实行计划生育政策，任何人不得以任何方式，包括中断妊娠的方式妨碍澳门居民的生育自由。此后，1996 年生效的《澳门刑法典》亦将侵犯子宫内生命罪列为侵犯人身罪中的一章，其中第 136 条规定，"未经孕妇同意的堕胎行为构成堕胎罪，怀孕之自愿中断行为，则由专有法例规范之"。据此，澳门政府于

---

[1]　在一些国家、地区的法律中，还有"人工流产"一词。如中国台湾的"优生保健法"、日本的《保护母亲法》，但包括中国澳门在内，在刑法中使用的术语多为"堕胎"。

[2]　〔日〕大谷实：《日本刑法各论》，黎宏译，法律出版社，2003，第 43 页。也有定义认为堕胎未必是胎儿直接脱离母体，亦包括人为地导致胎死腹中的情形。参见曾淑瑜《图解知识六法刑法分则编》（第二版），新学林出版股份有限公司，2011，第 502 页。亦有观点强调，若胎儿已发育成熟，则脱离母体时已死亡方属堕胎，若存活，再对其加以杀害的行为则应构成杀人罪。参见林山田《刑法各罪论》（上册），北京大学出版社，2012，第 69～70 页。

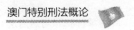

1995 年制定并颁布了第 59/95/M 号法令《自愿中断怀孕的法律制度》，设立"经同意之堕胎罪"及相关罪名，作为对《澳门刑法典》第 136 条的补充。回归后，澳门立法会又通过第 10/2004 号法律对本法有关阻却可罚性事由的规定做出修改。

一 经同意之堕胎罪

经同意之堕胎罪是指经孕妇同意的任何方式的堕胎行为。

（一）罪状与处罚

本罪的犯罪主体包括孕妇本人或孕妇以外的他人，其客观行为表现为经孕妇同意，以任何方法使之堕胎的行为；以及孕妇同意由第三人做出堕胎的行为，又或借着本人或他人做出事实而堕胎的行为。易言之，对孕妇而言，同意由第三人为其堕胎，或者其本人直接堕胎，或者要求他人为自己堕胎的行为皆构成本罪；对于孕妇以外的他人而言，经孕妇同意后，为其堕胎的行为亦构成本罪。例如，孕妇甲要求乙（或为医生）为自己堕胎，而乙即为其堕胎，则甲、乙二人均构成经同意之堕胎罪。本罪的主观要件为故意，即明知堕胎行为不法仍实施该等行为的主观心态。

构成本罪的，处最高 3 年徒刑。与之相较，《澳门刑法典》所规定的未经同意的堕胎罪，处 2～8 年徒刑，刑期远重于本罪。

（二）阻却不法性事由

综合《澳门刑法典》第 136 条及本法之规定可见，无论是否取得孕妇同意，亦无论是否由孕妇本人实施，中断怀孕的行为皆构成犯罪。但在某些情况下，为保障孕妇的健康和生命安全以及法秩序等因素考虑，法律亦规定有阻却不法性的情形，在此等情形下，中断怀孕的行为不受刑罚处罚。如台湾地区刑法第 288 条"自行或听从堕胎罪"第 3 款规定，因疾病或其他防止生命上危险之必要，而犯前二项之罪者，免除其刑。日本则根据《母亲保护法》的规定，将由于身体或经济上的原因，继续怀孕会明显影响母亲的身体健康，或者由于暴力、胁迫或难以抵抗或拒绝而被奸淫怀孕的情形，列为排除违法性的事由。本法亦列明以下情形为堕胎行为的阻却不法性事由①。

（1）于官方或官方认可的医疗卫生场所内，经孕妇同意而由医生做出或在其领导下做出之中断怀孕，如按当时之医学知识及经验属下列情况者，不予处罚。

一是孕妇有死亡危险，又或其身体或身体上或精神上之健康有受严重及不可复原损害之危险，而中断怀孕系排除该危险之唯一方法；

二是显示对于避免孕妇有死亡危险，又或对于避免其身体或身体上或精神上之健康有受严重及持久损害之危险属适当，且该怀孕之中断系在怀孕之首 24 个星期内进行者；

三是经扫描或符合职业规则之其他适当方法证实，具有理由使人有把握预计将出生者将患有不可治愈之严重疾病或严重畸形，且该怀孕之中断系在怀孕之首 24 个星期内进行者；但对不能成活的胎儿，则可在任何时间中断怀孕；

四是有强烈迹象显示怀孕系因侵犯性自由或性自决罪而造成，且该怀孕之中断系在怀孕之首 24 个星期内进行者。

发生上述任一情节，孕妇得要求在官方或官方认可之卫生场所内中断怀孕，但须立即递交同意书，并最迟在手术前递交法律要求之文件或医生检查证明。

（2）就上述情形，须由非为进行中断怀孕或领导进行中断怀孕的医生在手术前签署的书面医生检查作为证明。

（3）包含与上述阻却不法性事由中的同意须按下列规定做出：

一是在孕妇所签署或他人代签之文件中做出，且尽可能至少在手术前 3 日做出；二是如孕妇未满 16 岁或精神上无能力，则各按情况依次序由法定代理人、直系血亲尊亲属或直系血亲卑亲属做出同意；如无该等人，则由任何旁系血亲做出同意。

（4）如不可能获得上款所指之同意，如孕妇已经昏迷，或无法定代理人等可以代为做出同意者在场，而按医学判断，中断怀孕须紧急进行，则

---

① 澳门刑法中的阻却不法性事由除一般性的"符合法秩序要求"外，法律具体列明的有正当防卫、紧急避险、义务冲突和被害人同意；阻却罪过事由包括不可归责性、不可要求性和违法性认识错误，其中不可要求性并非作为与学理上期待可能性类似的一般阻却要素，而是列明其为不可要求的防卫过当、不可要求的紧急避险及不可要求的法令行为。参见 Manuel Leal-Henriques《澳门刑法培训教程》，卢映霞译，法律及司法培训中心，2011，第 132、149、154 页。本法用语为"可处罚性之阻却"，从具体事由的描述来看，应属阻却不法性的事由。

医生须按情况本着良知做出决定，并尽可能要求另一位或一些医生给予意见。此外，法律还规定，即使属上述不予处罚的情形，医生及其他卫生专业人士亦有权因信仰而拒绝进行中断怀孕手术。

（三）加重处罚

本法规定，如因堕胎或因所采用之方法引致孕妇死亡，或身体完整性受严重伤害，则对使孕妇堕胎者可科处之刑罚之最低及最高限度，均提高1/3，即科处40天至4年徒刑。显然，此情形只能在经孕妇同意，由孕妇以外的人实施的堕胎过程中方可发生。

对惯常做出堕胎之行为人，或存有营利意图实施堕胎之行为人，做相同之加重处罚。如私下实施堕胎手术的"黑诊所"医生。

二 不具备关于阻却可罚性情节之文件罪

本法第4条规定的"不具备关于阻却可处罚性情节之文件罪"，是指医生因过失而未预先取得上述可阻却不法性情形下的有关证明文件，而手术后亦未获得该等文件的行为。

（一）罪状与处罚

本罪的犯罪主体是实施中断怀孕手术的医生。客观要件表现为，在中断怀孕前后均未获得阻却可处罚性的法定证明文件。综合前述内容，此等文件主要包括医生所做的书面医学检查报告以及孕妇或有资格做出同意表示的人签署的表示同意的文件。本罪的主观方面是过失。

构成本罪的，处最高1年徒刑。

（二）认定

在认定时需要注意，本罪的主观方面是过失，即无论事实上是否属可阻却不法性的情形，行为人（医生）由于轻信或疏忽，自认为属于可以阻却不法性的情形，而在未取得法定证明文件的情况下实施堕胎行为。而若其主观上为故意，明知没有法定证明文件，亦不存在可以阻却不法性的情形，却有意实施不法堕胎行为，则应当构成本法中之经同意之堕胎罪（若孕妇同意）或《澳门刑法典》中的堕胎罪（若孕妇不同意）。

三　违反保密罪

本法第 7 条规定，医生、其他卫生专业人士及卫生场所之其余人员，就其在执行职务时或因其职务而知悉与中断怀孕有关之一切行为、事实或信息，负有职业保密义务。违反该义务的行为须承担《澳门刑法典》第 189 条规定的刑事责任及相应的纪律后果。

《澳门刑法典》第 189 条规定之违反保密罪，是指未经同意，泄露因自己之身份、工作、受雇、职业或技艺而知悉之他人秘密的行为。就本法而言，此处犯罪主体为医生、其他卫生专业人士及卫生场所之其余人员，此处应予保守的职业秘密即其在执行职务时或因其职务而知悉与中断怀孕有关之一切行为、事实或信息，泄露该等秘密即构成犯罪，可处最高 1 年徒刑，或科最高 240 日罚金。对于医生等专业人员而言，还须接受有关纪律处分。

第四节　第 9/96/M 号法律《与动物竞跑有关的刑事不法行为》

如第二章所述，在澳门的博彩形式中，除赌场赌台上的幸运博彩外，还有其他互相博彩的形式，动物竞跑即是其中一类，主要指赛狗和赛马。澳门赛马最早出现在 19 世纪 40 年代，而赛狗则可追溯至 20 世纪 30 年代。现在的澳门赛马有限公司成立于 1989 年，而自 20 世纪 60 年代起，赛狗由逸园赛狗场经营。为预防和惩治在动物竞跑中不法投注等行为，避免动物竞跑结果受到人为操控，1989 年澳葡政府制定并颁布了第 52/89/M 号法令。1996 年澳门立法会制定并颁布了第 9/96/M 号法律《与动物竞跑有关的刑事不法行为》，并将第 52/89/M 号法令废止。本法规定有 4 个罪名及相关的刑事制度，将有关危害竞跑结果客观性的行为入罪。

一　犯罪

（一）物质的不法使用罪

本法第 1 条规定，向出赛的动物投毒或使用其他物品，以影响其身体或

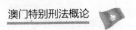

精神健康或出赛时之表现的行为，构成物质的不法使用罪。

1. **罪状与处罚**

动物竞跑中的动物类似幸运博彩中的博彩工具或筹码，影响其正常竞赛表现会直接影响到互相博彩的结果。本罪的行为对象为出赛的动物，即必须是即将或正参加竞跑的赛马及赛狗。对于处在培训等阶段尚不参加竞跑的赛马或赛狗投毒或使用其他物品的行为并不构成本罪。行为方式为向出赛的动物下毒或使用其他物质。法条并未列出向动物投放的毒物或其他物品的明细清单，但对其有定性的描述，即该等物质会影响动物的身体或精神健康，及其出赛时的表现。因此，无论是损害动物健康或是令动物精神亢奋的物品，均属此列。本罪主观要件一般为故意，亦包括疏忽的情形。

构成本罪的，处最高3年徒刑或科罚金。未遂犯受特别减轻的既遂犯刑罚处罚。本罪的准备行为亦受处罚，法律规定，对犯罪预备科以不超过适用于既遂犯上限处罚半数的处罚，即处最高1年6个月徒刑或科罚金。此外，行为人主观上若为疏忽，则科处适用于特别减轻的故意犯罪的罚金处罚，即《澳门刑法典》第67条第1款c项之规定，处10~120日罚金，日额为澳门币50元至1万元。

2. **本罪与与动物有关之危险罪的区分**

《澳门刑法典》第272条规定的与动物有关之危险罪是指以散布疾病、蔓延性祸患或有害之植物或动物的方式，或制作腐败、变质的动物饲料的方式而使他人相当数目之家畜或有益于人类之动物有受损害之危险的行为。两罪虽然均涉及动物及对动物的喂食行为，但该罪的行为对象指家畜或有益于人类的动物，而本罪的行为对象则指参赛之赛马或赛狗，且喂食的是毒物或影响其出赛表现的物料。从保护的法益上看，也相互区别，本罪为保证竞跑结果的公正性，而该罪则列在《澳门刑法典》第四编第三章公共危险罪当中，显然，其保护的法益首先应是公共健康。

（二）**虐待动物罪**

本法第2条规定，向出赛的动物使用暴力或其他方式的行为，以影响其身体或精神健康或出赛时之表现的行为，无论其是否出于欺诈，即构成虐待动物罪。

本罪的行为方式表现为向出赛的动物使用暴力或其他方式的行为。与前罪相同，其行为对象为出赛的动物。可见，本法并不是一般意义上的动物保护法，本条仅特别指向出赛的竞跑动物，而非所有的家养或野生动物。仅当行为对象为出赛的动物时方得构成本罪。本罪的行为方式须能够影响出赛动物的身体或精神健康，或其出赛表现。与前罪不同，本罪的行为主要表现为直接作用于动物身体的方式。本罪主观要件一般为故意，但也包括疏忽的主观心态。

构成本罪的，处最高 3 年徒刑或科罚金。若为疏忽，则科处适用于特别减轻的故意犯罪的罚金处罚，即《澳门刑法典》第 67 条第 1 款 c 项之规定，处 10～120 日罚金，日额为澳门币 50 元至 1 万元。

未遂犯受特别减轻的既遂犯刑罚处罚。本罪的准备行为亦受处罚，法律规定，对犯罪预备科以不超过适用于既遂犯上限处罚半数的处罚，即处最高 1 年 6 个月徒刑或科罚金。

（三）接受不法投注罪

本法第 3 条规定，未经适当许可而接受动物竞跑赛果之投注的行为，构成接受不法投注罪。

本罪的客观要件表现为未经许可而接受赛狗或赛马投注的行为。前文已述，澳门的动物竞跑有获批公司合法经营，在此授权范围之外的接受投注行为皆为不法。此外，法律还规定，即使动物竞跑的博彩活动在澳门以外的地区进行，未经许可而接受投注的行为，亦属不法。

构成本罪的，处最高 3 年徒刑或科罚金。未遂犯受特别减轻的既遂犯刑罚处罚。本罪的准备行为亦受处罚，法律规定，对犯罪预备科以不超过适用于既遂犯上限处罚半数的处罚，即处最高 1 年 6 个月徒刑或科罚金。

第 8/96/M 号法律《不法赌博法》第 9 条规定的不法组织互相赌博罪，是指未经许可，组织任何形式的互相赌博的行为，构成该罪可处最高 3 年徒刑或科罚金。动物竞跑是互相博彩的一种形式，但该罪的要件行为为组织，本罪的要件行为接受投注，可作为组织行为的一个要素，亦即本罪为不法组织互相赌博罪的特殊法。两罪法定刑相同，发生法条竞合时，适用本法。

（四）不法投注罪

本法第 4 条规定，向未经批准人士进行动物竞跑博彩的投注，即构成不法投注罪。

与前罪的犯罪主体为接受投注者相对，本罪的犯罪主体为进行投注的人。行为人向前罪所指未经适当批准而接受投注的人进行投注，亦属不法。

构成本罪的，处最高 50 日罚金。倘属累犯，则将刑罚下限提高 1/3，而上限则维持不变。根据《澳门刑法典》的规定，罚金的下限为 10 日。此外，未遂犯受特别减轻的既遂犯刑罚处罚。本罪的准备行为亦受处罚，法律规定，对犯罪预备科以不超过适用于既遂犯上限处罚半数的处罚，即处最高 1 年 6 个月徒刑或科罚金。

二　相关刑事制度

（一）加重处罚

本法第 7 条规定，属下列特殊主体身份的情况，则刑罚上限多加一半的处罚。

（1）行为人是公务员或等同者，而其任务是防止进行一般的犯罪或本法律特别规定之犯罪。《澳门刑法典》第 336 条对"公务员"的界定相当广泛，而本条所指公务员仅指其中工作职责正在于预防犯罪或本法所规定的犯罪的人员。如司法警务人员未经许可接受投注，构成接受不法投注罪，则较该罪法定刑之刑罚上限"最高 3 年徒刑或罚金"多加一半的处罚，应处最高 4 年 6 个月徒刑或科罚金。

（2）属行政机关、监察机关或其他性质之机关的据位人，又或是标的为经营动物竞跑的承批企业的工作人员。

（二）与犯罪有关物品的丧失

本法规定，做犯罪准备或犯案时所使用之物质、用具及任何对象或财产，以及犯罪所获得的金钱，经宣告均归本地区所有，且不妨碍实施刑事法律对有关方面所做之其他规定。

第五节　第 77/99/M 号法令《武器及弹药规章》

武器由于其特别的杀伤力而对公共安全具有较大的威胁。为保障公共安全，大多数国家或地区均立法将武器，尤其是枪支列为禁止物，或对持有和使用武器设定严格限制。而对涉及武器、枪支的犯罪行为则往往加重处罚。澳门早先适用的是葡萄牙海外省第 21/73 号立法性法规核准的《武器及弹药规章》。20 世纪 90 年代开始，澳门暴力犯罪逐年增加，特别是持枪犯罪愈演愈烈，社会治安恶化，居民安全感大幅降低。政府检讨原因之一在于对持有禁用武器罪所规定之刑罚过轻，认为有必要加重其刑罚。1993 年，澳门政府颁布第 11/93/M 号法令，检讨藏有、使用及携带武器的刑罚，设立"持有禁用武器罪"。至 1996 年，《澳门刑法典》生效，其中特别对涉及武器、弹药的犯罪做出规定，第 11/93/M 号法令的规定则相应被废止。

尽管《澳门刑法典》已规定有涉及武器、弹药的罪名，但并未直接对"武器"进行界定。为此，1999 年，澳门立法会于回归前制定并颁布了第 77/99/M 号法令《武器及弹药规章》。本法虽未规定新的罪名，但其对武器的界定及设立的武器管理制度对于适用刑法典的规定应属必要，因此将本法纳入本书。

一　武器的概念和种类

（一）武器的概念

《武器及弹药规章》规定，武器是指以下工具或器具。

（1）火器，即利用火药作为子弹推动力的武器；

（2）以大于 2 焦的动力发射任何子弹的气步枪、气左轮手枪或气手枪；

（3）非做消防用途的任何可发射有害液体、气体、粉末或类似物质的器具；

（4）任何能以放电方式影响他人躯体和心理的工具；

（5）经伪装的武器、利器或火器、具尖铁的手环及尖铁头；

（6）可被用作攻击身体的贯穿性或挫伤性的工具，以及刀刃长度超过 10 厘米的刀，且携带者无合理解释拥有的原因；

（7）手榴弹或其他本身设有点燃装置的爆炸或燃烧器械。

除上述列举性规定之外，本法还规定，特征与警察部队及其他保安部门做武器用的工具、机械性器具或其他物件的特征相似的物件，亦视为武器。

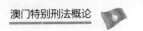

（二）武器的种类

本法将武器划分为 5 类。

（1）自卫武器。其指口径不超过 7.65 毫米，枪管长度不超过 10 厘米的手枪或左轮手枪。

（2）竞赛用武器。其指列于本法附件中的特定口径的手枪、左轮手枪和步枪。

（3）装饰性武器。其指不能使用的火器，仅做装饰品或收藏品的利器。

（4）具珍藏价值之武器。其指任何不能使用的火器、利器。本法规定，对具珍藏价值之武器的拥有须取得治安警察局局长的许可。

（5）违禁武器。其包括不属于前述自卫武器、竞赛用武器、装饰性武器、具珍藏价值之武器之外的武器；前述对武器的界定中非做消防用途的任何可发射有害液体、气体、粉末或类似物质的器具，任何能以放电方式影响他人躯体和心理的工具，经伪装的武器、利器或火器、具尖铁的手环及尖铁头，可被用作攻击身体的贯穿性或挫伤性的工具，以及刀刃长度超过 10 厘米的刀，且携带者无合理解释拥有的原因；所有经任何方式改动或改装之自卫武器。

此外，所有仅供澳门保安部队使用且仅为此目的进口而被特别分类的弹药，均视为违禁弹药，刑法中有关违禁武器的处罚制度适用于违禁弹药。

二　对武器的管理制度

（一）武器的对外贸易活动

本法规定，完整或不完整之武器、弹药以及警报性手枪及左轮手枪在本地区进出或运送，不论其进出口方式为何、属确定或暂时性质、货价多少，均须取得行政长官的预先许可。许可做出前，应由治安警察局给予意见。在符合特定条件的情况下，可以允许有关武器暂时进入澳门或在澳门停留。

（二）武器的本地贸易活动

本法第三章规定，本法所指之武器弹药，以及任何能以假乱真的仿制品的贸易，仅得在专门为此目的而获发准照的场所内进行，并须遵守关于发出行政准照的法定制度。治安警察局根据商业场所的安全条件即容纳量，订定可得存贮于该等场所的武器弹药数量，商业场所须以专用簿册对取得及售出之武器弹药做出记录，并每月向治安警察局提交。

使用及携带武器准照的持有人每年仅可取得治安警察局应利害关系人申请而确定数量的武器弹药，违反有关规定的，得取消其使用及携带武器之准照，且不影响倘有之处罚。

（三）武器的申报及转移

本法规定，治安警察局有权列明及更新澳门可使用武器的记录。武器的申报为强制性规定。未经申报的武器须予扣押。若对武器做任何改动或改装，武器所有人有义务在 8 日内通知治安警察局；持有关系发生任何改变，武器所有人均须在 24 小时内通知治安警察局。武器弹药可通过交换、赠予或买卖进行转移，但转移之参与人必须持有所需的准照即许可。而自卫武器、竞赛用武器或具珍藏价值之武器可因所有人死亡而转移。

（四）自卫武器的持有制度

本法对自卫武器的持有规定了一般制度和特别制度，分别适用于一般人和特定身份人士。无论何种制度下许可携带使用自卫武器的人士，均须向治安警察局做出申报。

符合以下条件之人可以向治安警察局局长申请批给使用及携带自卫武器的准照。

（1）年满 18 岁；
（2）具有适当的道德品行与公民品德；
（3）因特殊生活环境及从事职业所固有的危险而有保护自身及家庭安全的必要；
（4）具备使用自卫武器的能力。

特别制度是指对具备特定身份的人士持有枪支的许可要求。其中，行政长官、立法会主席、司长、立法会议员、法院及检察院司法官以及获行政长官许可的其他实体无须准照仅可持有自卫武器。而民政总署管理委员会主席、行政长官及司长的办公室主任、局长、监狱长、刑事警察当局、司法人员、因职业而获行政长官许可的实体以及被派驻本地区的领事团成

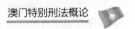

员，在获得行政长官许可后，可以持有、携带、使用自卫武器。

除上述有关武器弹药的管制规定外，法律还规定了涉及武器弹药的行政违法行为及其处罚。本书对此不做纳入。

第六节　第 4/2002 号法律《关于遵守若干国际法文书的法律》

一　概述

适用于一国或地区的法律渊源除国内法或本地区法之外，还包括其参加或缔结的国际条约、协约、公约等国际性法律文件。结合《澳门基本法》的规定，作为一国两制原则下的特别行政区，澳门适用的国际法律文件主要包括以下两类情形：一是中华人民共和国作为缔结国而于回归之日起自动适用于澳门的国际性法律文件；二是不论中华人民共和国属缔约国与否，但原来已在澳门实施且其继续适用已在中葡联络小组达成协议的条约。随着此类法律文件日益增多，为更好地在本地区执行该等法律文件，2004 年，澳门立法会制定并颁布了第 4/2002 号法律《关于遵守若干国际法文书的法律》，除明确建立遵守有关国际法文书的制度外，更设立监察制度，并对有关违反行为处以刑罚。

本法对本地区及有关国际法律文件适用单一性原则，即自适用的国际文书的规定在《澳门特别行政区公报》公布之日起及在中华人民共和国在国际上受该国际文书约束期间，本法律的规定与适用的国际文书的规定两者视作单一法规。此原则亦体现在本法有关罪状的设定中，立法者未采用双重订定罪状或单纯反致整体罪状的解决方案。此外，还确定有关刑事规定的实施须以国际规范为依据，即在国际规范生效期间，国内法的补充只是为了执行国际法，一旦国际规范的生效期结束，当中被禁止的行为便不再被禁止。

本法中的"国际组织"是指主权国方可参加且中华人民共和国为成员国的国际组织。"具权限国际机关"是指上项所述国际组织的机关，其按设立该国际组织的条约的规定，有权限议定该条约的当事国所须遵守的规范，或议定该机关为处理特定问题而设立的委员会所须遵守的规范，联合国安理会及其下设的制裁委员会即属此种机关。"适用的国际文书"则是指由具权限国际机关做出的决定、决议或其他国际法文书，当中载有中华人民共和国关系到澳门特别行政区而在国际上须受约束的规范。

二 犯罪

（一） 提供被禁的非军事服务罪

本法第 20 条规定，提供被禁的属非军事性质的服务的行为，构成提供被禁的非军事服务罪。

所谓"被禁的非军事服务"，是指国际制裁规范所针对的不论以何种名义做出的任何性质的服务，尤其是陆上运输服务、海上或域内航运服务、航空服务，以及技术或科技辅助服务、企业辅助服务及保养辅助服务，但不包括属军事性质或准军事性质的服务。其中，"制裁"即属刑事、行政、商事、财政、经济、能源或军事性质的任何种类的限制、强制、禁止或强令措施。而"国际制裁规范"是指适用的国际文书中所载的制定制裁的规范，又或适用的国际文书中所载的产生一项义务使有关实体须订定或实施制裁的规范。易言之，被禁的非军事服务即在有关国际法律文件中被禁止实施并加以制裁处罚的非军事服务行为。

本罪的主观要件可以是故意，亦包括过失。

故意构成本罪的，处最高 3 年徒刑。过失构成本罪的，处最高 6 个月徒刑或科最高 180 日罚金。

（二） 被禁产品或货物的交易罪

本法第 21 条规定，进口被国际制裁规范确认的被禁产品或货物，或者向国际制裁规范所针对的国家供应被禁产品或货物的行为，即构成被禁产品或货物的交易罪。

本罪的行为对象为被禁产品或货物。根据本法规定，被禁产品或货物是指国际制裁规范所针对的任何性质之物，尤其是产品、货物、物料、海陆空交通工具、任何种类的设备及部件，即使备用的配件亦属被禁产品或货物的范围。

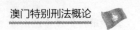

本罪的行为方式包括两种。

一是从国际制裁规范所针对的国家或地区进口产自或来自该等国家或地区的被禁产品或货物。

二是出口、出售或以任何方式供应被禁产品或货物予任何自然人、公共组织或私人组织，不论其是否产自或来自澳门特别行政区，只要该产品或货物是供国际制裁规范所针对的国家或实体使用，或供在该等国家或实体内开展的商业活动之用，又或供从该国或实体指挥进行的商业活动之用。

本罪的主观要件既可以是故意，亦可以是过失。

故意构成本罪的，处最高 3 年徒刑。如属过失，处最高 6 个月徒刑或科最高 180 日罚金。

此外，本罪的加重罪状是被禁产品或货物系直接或间接被用作换取被禁武器或相关设备，包括运输工具、矿产、石油、石油产品或任何种类的燃料，且适用的国际文书就该等武器或相关设备已制定出制裁规范的，对行为人加重处罚，及处以本法第 23 条所指提供被禁武器、军事援助或服务罪所科处的刑罚，即故意构成犯罪的，处 2 ~ 8 年徒刑。如属过失，处最高 2 年徒刑及科最高 600 日罚金。鉴于加重罪状中所包含的情形具有严重的不法性及对国际社会的安全造成严重威胁，其处刑加重是合理的规定。

（三）运用或提供使用被禁的基金罪

本法第 22 条规定，运用或提供被国际制裁规范所列明的被禁基金的行为，构成运用或提供使用被禁的基金罪。

所谓被禁基金，是指国际制裁规范所针对的任何基金、金融资产、财政资源或可动用资金（不论其性质、方式及持有方法为何），以及任何关于基金、金融资产、财政资源或可动用资金的交易。本罪的行为方式包括以下三种。

一是提供不论是否源自或来自澳门特别行政区的任何被禁基金予国际制裁规范所针对的国家、地区、任何人或公共实体或私人实体使用；

二是在被国际制裁规范所针对的国家或地区运用或投资上述被禁基金；

三是汇出上述被禁基金予该国际制裁规范所针对的国家、地区、任何人或公共实体或私人实体。

本罪的主观要件既可以是故意，亦可以是过失。

故意构成本罪的，处 1～5 年徒刑及科罚金。如属过失，处最高 1 年徒刑及科最高 360 日罚金。

本罪的加重罪状与武器相关，即若被禁基金用于直接或间接资助取得被禁武器或相关设备，且适用的国际文书就该等武器或相关设备定出国际制裁规范的，处 2～8 年徒刑。如属过失，处最高 2 年徒刑及科最高 600 日罚金。关于被禁武器或相关设备的界定后文将述及。

（四）提供被禁武器、军事援助或服务罪

本法第 23 条规定，供应被禁武器或相关设备及提供被禁的军事后勤援助或属军事性质的服务的行为，构成提供被禁武器、军事援助或服务罪。

根据本法规定，所谓被禁武器或相关设备，是指国际制裁规范所针对的任何性质的武器及各种相关物料，包括陆上、空中或海上军用交通工具、科技、生产数据、部件和设施，以及在制造、生产、维修、保养、使用、储存、研究或开发本定义所涉及的各种武器或设备上使用的辅助系统。所谓被禁的军事后勤援助及属军事性质的服务，是指国际制裁规范所针对的、属人力或物力的任何种类直接或间接的供应或提供使用，而该人力或物力系用于军事培训或训练者，以及用于提供在设计、开发、研究、制造、生产、使用、维修、保养或储存各种被禁武器或相关设备方面的技术或企业辅助服务及科技援助。本罪的行为方式有以下两种。

一是出售或供应不论是否产自或来自澳门特别行政区的被禁武器或相关设备予国际制裁规范所针对的国家、地区、任何人或任何公共实体或私人实体。

二是提供被禁的属军事性质的服务或任何被禁的军事后勤援助予国际制裁规范所针对的国家、地区、任何人或公共实体或私人实体。

本罪的主观要件既可以是故意，亦可以是过失。

故意构成本罪的，处 2～8 年徒刑。如属过失，处最高 2 年徒刑及科最高 600 日罚金。

（五）促使做出不法事实罪

本法第 24 条规定，直接或间接促使做出以上各条规定及处罚的事实之活动的，处以对有关犯罪所设定的刑罚。

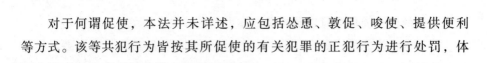

对于何谓促使,本法并未详述,应包括怂恿、敦促、唆使、提供便利等方式。该等共犯行为皆按其所促使的有关犯罪的正犯行为进行处罚,体现立法者对本法所规定罪名的从严立场。

三 相关刑事制度

(一) 时间上的适用原则

本法在时间效力上适用从旧原则。第11条规定,故意或过失做出本法刑事规范所规定的事实应予以处罚,但仅以该等事实亦在行为人实施之前已公布于《澳门特别行政区公报》且已适用的国际文书所制裁,或亦属该国际文书所载的国际制裁规范所针对者为限。即使具权限的机关在之后通过另一新文书,将之前所载制裁或国际制裁的规范延迟、暂停或终止执行。则之前的制裁仅适用于其生效时做出的实施,而不适用于新文书生效后做出的实施。

(二) 实质适用原则

本法律所定的犯罪亦适用于做出以下事实者,符合该犯罪罪状要素,而被一项非针对国家或地区但针对范围特定且覆盖多国领域的区域以及自然人、法人或实体(不论其性质为何又或来自何地或在何地成立)的国际制裁规范所规定的事实;该法人,尤其指在国际制裁规范中客观上被识别出的政党、军队、派系或任何种类的团体或组织,即使在适用国际文书议定前已做出的受域内法或国际法规范的合同、协议、准许或许可中,作为一种权利或义务而规定或允许做出被本法律定为犯罪的事实,亦不排除行为人的刑事责任。

对被本法律定为犯罪的事实的处罚,并不排除民事责任、纪律责任或应负的其他责任,且不影响适用的刑事规范对该事实科处较重刑罚的规定。

(三) 法人的刑事责任

法人或合营组织,即使属不合规范设立者,以及无法律人格的社团,均须对其成员、工作人员或提供服务的人员、代表人或受任人,又或其机关据位人,以其名义且为其利益而做出本法律所定的犯罪负责。如行为人违抗有权者的明确命令或指示而做出行为者，排除上述组织的责任。

因做出本法律所定的犯罪者，可对上条所指的组织科处作为主刑的罚金，其数额为对有关犯罪所定的徒刑日数的两倍。

如被科处刑罚的组织无法律人格，则以组织的共同财产做支付；如无共同财产或共同财产不足，则以各股东或社员的财产按连带责任制度做支付。

（四）附加刑

对因做出本法律所定的犯罪而被判刑者，可按事实的具体严重性科处下列附加刑。

（1）不得行使政治权利，为期 1~10 年；

（2）禁止从事某些职业或活动，为期 1~10 年；

（3）剥夺参与直接磋商、限定对象咨询或公开竞投的权利，为期 1~10 年；

（4）禁止接触某些人，为期 1~5 年；

（5）被驱逐出境或禁止进入澳门特别行政区，为期 1~5 年，但仅以非本地居民的情况为限；

（6）有期限的关闭场所，为期最长 5 年；

（7）确定性关闭场所；

（8）司法解散。

附加刑可予并科。

在提起刑事程序后或做出犯罪后，即使将与行为人所从事的职业或活动有关的任何性质的权利移转或让与他人，仍可科处关闭场所的附加刑，但受移转之人或受让人属善意者除外。

仅当组织的成员、股东、社员、机关据位人或代表人故意利用该组织做出本法律所定的犯罪时，或仅当该行为的重复做出显示该组织被其成员或负责行政或管理工作者利用做出该犯罪，或有理由恐防该组织将继续被利用做出同类事实时，方科处解散该组织的刑罚。

（五）犯罪未遂及不予处罚的情形

在本法律所定的事实做出前，如具权限的国际机关，或在适用的国际文书明文允许下的其他具权限的机关或实体，已决定作为例外情况不处罚

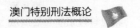

有关事实，则做出本法律所定的事实者不予处罚。

本法律所定的犯罪，犯罪未遂予以处罚。

（六）刑事程序的规定

对本法律所定的犯罪，无须告诉即可进行刑事程序。本法所定犯罪的追诉时效期为 5 年。

四　监察制度

行政长官有权限命令采取任何为遵行适用的国际文书属必需及适当的执行措施。监察适用的国际文书所产生的义务的履行情况，又或监察对行政长官命令采取的执行措施的实行情况，系由在澳门特别行政区政府中有权限处理该等义务或措施所涉事宜的实体负责。

监察实体在本身权限范围内及在本法律赋予的权限范围内，有义务实时采取行动和一切所需及适当的措施，使适用的国际文书获得遵守，或使行政长官所命令的执行措施得以落实。

第七节　第 2/2006 号法律《预防及遏止清洗黑钱犯罪》

一　概述

"洗钱"一词的出现最早可追溯到 20 世纪，最初指对钱币的清洗。今天，作为被各国法律及国际法律文件普遍认定为犯罪的洗钱行为，其基本法律含义则是掩饰、隐瞒犯罪所得的真实来源，使得来自犯罪的不法利益以合法面目出现。洗钱既可掩盖其"上游犯罪"，亦可为继续犯罪提供资金，其关联犯罪往往是恐怖主义犯罪、毒品犯罪、金融犯罪等具严重危害性的犯罪。同时，洗钱罪本身亦有直接侵害的法益，它扰乱了合法的金融活动和金融管理制度，危及地区和国际金融秩序。

洗钱犯罪因为其跨国性和专业性，需要国际社会在立法和司法上合作加以防范和打击。目前，规定有洗钱犯罪的国际法律文件主要包括《联合国禁止贩卖麻醉药品和精神药物公约》（即《维也纳公约》）、《联合国打击跨国有组织犯罪公约》（即《巴勒莫公约》）以及由"金融行动特别组织"（Financial Action Task Force on Money Laundering，FATF）所提出的《打击清洗黑钱四十项建议》等。这些国际性法律文件要求各国、各地区将洗钱罪纳入所有严重犯罪的涵盖范围，尽量扩大上游犯罪的范围，追究自然人及法人的刑事责任。

澳门政府于 1997 年制定并颁布了第 6/97/M 号法律《有组织犯罪法律制度》，在该法中首次将"不法资产或物品的转换、转移或掩饰"的行为确定为犯罪。此后又颁布第 24/98/M 号法令《订定就可能属于第 6/97/M 号法律第 10 条所指犯罪之可疑活动作出通知之义务》作为补充。回归后，随着洗钱犯罪态势日益严重复杂，已有法律在适用过程中逐步凸显出不力之处。一方面，第 6/97/M 号法律的有关规定源自葡萄牙第 352/95 号法令，而已于 2004 年失效的该法令在内容上几乎完全来自《维也纳打击清洗黑钱犯罪国际公约》。另一方面，立法者将有关洗钱的规定放在有组织犯罪法中，容易引致将洗钱罪视为"黑社会"的犯罪，从而将与有组织犯罪无关的洗钱行为排除在犯罪之外。这显然不利于打击及惩治洗钱犯罪①。2006 年，立法会制定并颁布了第 2/2006 号法律《预防及遏止清洗黑钱犯罪》，专门就清洗黑钱犯罪进行立法，同时废止第 24/98/M 号法令及第 6/97/M 号法律中关于洗钱的规定②。

目前，除本法外，与惩治洗钱犯罪有关的立法还包括第 3/2006 号法律《预防及遏止恐怖主义犯罪》及第 7/2006 号行政法规《清洗黑钱及资助恐怖主义犯罪的预防措施》。此外，澳门政府还以第 227/2006 号行政长官批示专门设立了金融情报办公室，作为直接受经济财政司管辖的独立部门，负责收集、分析及向执法机关提供怀疑与洗钱犯罪有关的信息。

---

① 参见立法会关于"预防及遏止清洗黑钱犯罪"法案的理由陈述，载于澳门立法会主编《单行刑事法律汇编》，第 17 ~ 28 页，http：//www.al.gov.mo/colect/col_lei－11/017－028.pdf。也有相反的观点认为，将洗钱规定在有组织犯罪法中是为了更加全面有效地打击有组织犯罪活动，这与洗钱者是否与黑社会组织有关，又或是否犯有黑社会罪并无必然联系。参阅澳门中级法院第 59/2000 号裁判、第 1257/2000 号裁判及第 65/2001 号裁判，http：//www.court.gov.mo。
② 2001 年 5 月，澳门加入亚太区打击洗钱组织（APG）。2006 年 12 月，本法生效后，澳门曾接受该组织的特别评估，结果亦显示法律仍有需要跟进之处。如上游犯罪的范围仍不够充分。

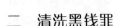

二　清洗黑钱罪

清洗黑钱罪是指为掩饰利益的不法来源或使有关人员免受刑事责任的追究，转换或转移该等利益的行为。

（一）罪状

本罪的行为对象"利益"，是指来自可处以最高限度超过 3 年徒刑的符合罪状的不法事实的财产，以及由该等财产获得的其他财产。作为利益来源的犯罪在学理上被称作"上游犯罪"。各国对洗钱罪的上游犯罪有不同的立法模式，一类是将少数特定犯罪列为洗钱罪的上游犯罪，易言之，只有清洗该等犯罪的不法所得利益方构成洗钱罪，这当中又分为不同的立法方法，有的将罪名或犯罪类型列出，有的则根据犯罪的法定刑幅度列出，前者如内地刑法的洗钱罪，其上游犯罪为黑社会性质的犯罪、恐怖主义犯罪等 7 类犯罪；后者如台湾的"洗钱防治法"，将上游犯罪规定为最低刑为 5 年以上有期徒刑之罪。另一类立法模式则是将所有犯罪均列为洗钱罪的上游犯罪，对上游犯罪的范围不设限。本法所指上游犯罪是指最高刑为 3 年以上徒刑的犯罪①。

针对上述由上游犯罪获得的利益的清洗行为有以下 3 种方式。

一是为掩饰利益的不法来源，或为规避有关产生利益的犯罪的正犯或参与人受到刑事追诉或刑事处罚，而转换或转移该等利益的行为。

二是协助或便利有关将该等利益转换或转移的行为，此行为为上述洗钱行为的帮助行为。

三是隐藏或掩饰利益的真正性质、来源、所在地、处分、调动或拥有人的身份的行为。相较于转换或转移，此种行为方式是隐藏或掩饰，即使不法利益的真实情况不为人所知。洗钱的过程往往模拟于用洗衣机清洗衣服，可以分为"浸泡""清洗""收衣"等阶段。洗钱罪虽名为"清洗"，但很多国家和地区的立法以及国家法律文本中均将"浸泡"阶段也纳入其中。此处本法亦属此立场。

本罪的主观要件为故意，行为人明知利益来源不法之犯罪行为，仍实施

---

① 第 6/97/M 号法律中的上游犯罪范围过大，本法将上游犯罪界定为最高刑超过 3 年徒刑的做法表明，立法者的目的在于惩处源自严重犯罪的清洗黑钱行为。参见澳门立法会第二常设委员会第 1/III/2006 号意见书，http：//www.al.gov.mo。

上述行为。其犯罪目的在于为掩饰利益的不法来源，或者为了使得实施上游犯罪正犯或参与人免受刑事责任追究。从其他国家或地区立法来看，一般均将洗钱罪的主观要件设定为故意，而一些国际法律文本一般将故意的洗钱行为入罪视为最低限。如"金融行动特别组织"的《40项建议》中指出，"清洗黑钱罪行至少应适用于在知情的情况下进行的清洗黑钱活动，……"而澳门《有组织犯罪法》第10条亦规定，仅当行为人"知悉资产或物品是从犯罪活动得来"时才予以处罚。

构成清洗黑钱罪的，处 2～8 年徒刑。

（二）认定

1. 上游犯罪的问题

本法规定，可以作为洗钱罪上游犯罪的只能是最高刑超过 3 年徒刑的犯罪。从澳门刑法的有关规定看，仍有部分在多数国家的刑法或国际公约中常见的应属上游犯罪的罪行不能列入。例如，受贿作合规范行为罪，最高处 2 年徒刑；不法经营赌博罪，无论是否在许可地方进行，最高处 3 年徒刑。不过，在某些情况下，并非不能将转移或转换该等犯罪行为所得认定为洗钱罪。例如，行为人以犯罪集团的形式不法经营赌场，则其行为同时构成《澳门刑法典》第 288 条规定的犯罪集团罪（发起、参加者处 3～10 年徒刑；领导、指挥者处 5～12 年徒刑）及不法经营赌博罪，若将不法经营赌场所得进行转移或隐藏等，因其所构成的犯罪集团罪属于清洗黑钱罪的上游犯罪，即可按洗钱罪认定①。

需要注意的是，此处上游犯罪的范围由个罪的法定刑而来，并非由被告人的宣告刑而来。即若被告人构成多项受贿作合规范之行为罪应被判处超过 3 年的徒刑，其对贿赂的转移仍不能构成清洗黑钱罪。澳门终审法院在第 20/2009 号统一司法见解非常上诉案件中，确认了中级法院在第 572/2008 号刑事上诉案中做出的合议庭裁判，即被告被裁定以正犯形式触犯了 8 项行贿作非法行为罪和 7 项行贿作合规范行为罪，但其对该等犯罪的非法所得实施的隐藏或掩饰行为并不构成清洗黑钱罪②。此外，若行为人实施数罪皆获非法所得，其中某些罪名符合最高刑超逾 3 年的上游犯罪条件，某些犯

---

① 参见澳门初级法院第 CR3 - 13 - 0039 - PCC 号判决，http：//www. court. gov. mo。
② 参见澳门终审法院第 20/2009 号统一司法见解非常上诉案裁判书，http：//www. court. gov. mo。

罪则不属此列，那么，在认定洗钱金额时，是否应当区分的问题也值得考虑。本书认为应当予以区分。例如，行为人身为公务员，利用职务便利收受贿赂，其中部分受贿行为构成受贿作不法行为罪，部分受贿行为构成受贿作合规范之行为罪。前者最高刑超过 3 年，属于洗钱罪的上游犯罪，后者最高刑为 2 年徒刑，并非洗钱罪的上游犯罪。对行为人为掩饰来源而转移该等不法利益的行为的认定，应区分不法利益的来源。其中源于受贿作合规范之行为罪的金额，不应列入洗钱罪的金额。

2. 犯罪主体的范围

关于洗钱罪的犯罪主体，在不同立法例中有不同的规定。如内地刑法中一般认为，洗钱罪的犯罪主体不包括实施利益来源的上游犯罪的行为人，而只是协助其清洗不法利益的人。从罪状描述对每一种行为方式反复使用"协助"一词来看，这一认识是合理的。但本法对洗钱行为的描述中，只有一处"协助或便利"，因此，并不能排除实施上游犯罪的行为人，除构成上游犯罪的罪名外，同时亦构成洗钱罪。大陆法系的事后不可罚行为并不适用于此。该理论实质上是指该事后行为不可能对法益造成进一步损害，而清洗黑钱行为本身对于受刑法保护的法益的侵害是毫无争议的。前述澳门终审法院第 20/2009 号统一司法见解非常上诉案的裁决同时亦支持了中级法院在第 450/2008 号案件中做出的合议庭裁判，当清洗黑钱罪和引致该罪行的其他罪行均由同一行为人做出时，这些犯罪行为形成实质竞合，因为"基础罪行和清洗黑钱罪分别保障不同的法律利益"。

3. 本罪的连续犯问题

在司法实践中，往往存在接连实施多次清洗黑钱犯罪的情形。《澳门刑法典》第 29 条规定，数次实现同一罪状或基本上保护同一法益之不同罪状，而实行之方式本质上相同，且系在可相当减轻行为人罪过之同一外在情况诱发下实行者，仅构成一连续犯。第 73 条则规定，对于连续犯，科处于连续数行为中最严重行为之刑罚。可见，一旦构成连续犯，与犯罪竞合的并罚结果往往相差较大。在"欧文龙案"中，终审法院对欧文龙实施清洗黑钱的犯罪不认定成立连续犯，初级法院对其亲属清洗黑钱的犯罪也不认定其成立连续犯，但中级法院则在上诉审中推翻了初级法院的判决①。这

---

① 根据《澳门司法组织纲要法》第 44 条的规定，欧文龙因其司长身份，其案件由终审法院审理，其他相关人士或共犯的案件由初级法院审理。参见方泉《由欧文龙案看澳门〈司法组织纲要法〉第 44 条》，《中外法学》2009 年第 3 期。

些争议基本源于法庭对连续犯构成要件中之"同一外在情况诱发"的不同理解。对此，不仅应着眼于外在特征的"同一"，更应体现此条件的立法原意，即以此外在诱因的同一性所反映的行为人主观过错的减轻①。

4. 本罪与赃物罪的区分

《澳门刑法典》第 227 条规定，意图为自己或另一人获得财产利益，而将他人藉符合侵犯财产罪状之不法事实而获得之物予以隐藏，在受质情况下收受之，以任何方式取得之，持有、保存、移转之或促成该物移转，又或以任何方式为自己或另一人确保对该物之占有的行为，无论明知还是怀疑其不法来源，均构成赃物罪。广义上说，洗钱行为也是一种处理罪赃的行为，且从行为方式看，赃物罪为隐藏、收受、取得、持有、保存、移转、占有等，与洗钱罪存在相同或类似之处。但两罪的其他要件还是存在区别。洗钱罪的上游犯罪是最高刑超过 3 年徒刑的犯罪，而赃物罪的上游犯罪则仅指财产犯罪。在犯罪主体方面，赃物罪的行为人只能是实施上游财产犯罪以外的人，洗钱罪则可能是实施上游犯罪的行为人本人。从主观要件上看，两罪虽均为故意犯罪，但犯罪目的有所不同。洗钱罪的目的在于隐藏或掩饰犯罪所得的不法来源或为上游犯罪人逃避刑事责任的追究。而赃物罪的犯罪目的在于牟利。考虑到关联犯罪的严重性及洗钱本身对金融秩序的危害，洗钱罪的法定刑幅度较赃物罪更高。综上，两罪存在交叉竞合的关系，竞合时，本罪为特殊法和重法，应使用本法的规定。

5. 本罪与物质上之帮助罪的区分

《澳门刑法典》第 228 条规定，帮助他人，从藉符合侵犯财产罪状之不法事实而获得之物中得益的行为，构成物质上之帮助罪。与赃物罪相同，物质上之帮助罪的上游犯罪仅指财产犯罪。由于洗钱罪的罪状描述中包括协助行为，因此和物质上之帮助罪存在相同之处；但后者并不要求隐藏、掩饰、转移不法利益之来源，亦不要求行为人以牟利为目的，只以说明行为使得他人从财产犯罪所得中获益。如向他人（实施财产犯罪的人）介绍收赃或销赃的方法，即可构成此罪。可见，两罪存在交叉竞合的关系，发生竞合时，应适用本法。此外，由于"帮助"的形式不限，使得赃物罪与

---

① 如葡萄牙学者 Eduardo Correia 认为，成立连续犯的关键，在于"行为人的过错程度轻微"。参见 Eduardo Correia：*Direito Criminal*（Ⅱ），Livraria Almedina，1971，p. 209。转引自澳门终审法院第 36/2007 号判决，第 415 页。

物质上之帮助罪之间亦存在交叉竞合关系①。例如，行为人帮助他人就其实施加重盗窃罪所得之物经营销赃转换为现金，由于加重盗窃罪最高刑为 5 年，销赃的行为既属于洗钱罪的"转换"，亦属于赃物罪的"移转"，亦属于物质上之帮助罪的"帮助"，则行为人构成清洗黑钱罪、赃物罪、物质上之帮助罪，三罪发生法条竞合，此时，应成立清洗黑钱罪。

（三）处罚

1. 法定刑

构成本罪的，处 2~8 年徒刑。但法律又规定，对清洗黑钱行为的处罚不得超过对产生有关利益的符合罪状的不法事实所定刑罚的最高限度。例如，产生有关利益的不法事实构成加重盗窃罪，其最高刑为 5 年，则尽管洗钱罪的法定刑为 2~8 年徒刑，但此时不能对行为人科处 5 年以上徒刑。此外，若有关利益是来自两种或两种以上的符合罪状的不法事实，则上款所指的刑罚的最高限度为各符合罪状的不法事实中刑罚最高者。

上述规定可以看出立法者强调洗钱罪之于其上游犯罪的从属性，洗钱罪的不法性不超过其上游犯罪，因此，处罚亦不应比上游犯罪重。

2. 加重处罚的情形

本法第 4 条规定，如出现下列任一情况，则上条所定刑罚的最低限度及最高限度均加重 1/2，即 3~12 年徒刑。

（1）清洗黑钱犯罪是由犯罪集团或黑社会实施，又或由参加或支持犯罪集团或黑社会的人来实施。该等犯罪的社会危害性极大，与之关联的洗钱罪加重处罚的规定是合理的。实际上，在此种情形下，行为人往往还另构成黑社会罪，与本罪并罚。

（2）产生有关利益的符合罪状的不法事实是恐怖主义、非法贩卖麻醉品及精神科物质、国际贩卖人口或禁用武器及爆炸性物质等犯罪。

（3）行为人惯常实施清洗黑钱犯罪。惯常实施清洗黑钱的行为表明其并非偶犯，主观恶性较重，且往往可能是有组织地实施有关犯罪行为，应当加重处罚。但至于何谓"惯常"，法律并未明示。

---

① 若行为人直接向他人（实施财产犯罪的人）收赃，则即构成赃物罪，亦构成物质上之帮助罪，而"收受"是赃物罪叙明的行为方式，但广义上亦可理解为物质上之帮助罪的"帮助"的一种方式，按照法条竞合，应构成赃物罪。

三　相关刑事制度

（一）管辖

本法规定，即使产生有关利益的符合罪状的不法事实是在澳门特别行政区以外的地方做出，但只要该事实亦受对该事实有管辖权的国家或地区的法律处罚，仍须对所指犯罪做出处罚。

（二）不受处罚的情形

如产生有关利益的符合罪状的不法事实的刑事程序非经告诉不得进行，而未有人适时提出告诉，则以上各款所指事实不受处罚，但该等利益是《澳门刑法典》第 166 条（对儿童之性侵犯罪）及第 167 条（对受教育者及依赖者之性侵犯罪）所指的符合罪状的不法事实者除外。

（三）法人的刑事责任

1. 承担刑事责任的法人范围

本法第 5 条规定，如出现下列任一情况，则法人即使属不合规范设立者，以及无法律人格的社团，须对清洗黑钱犯罪负责。

（1）其机关或代表人以该等实体的名义及为其利益而实施清洗黑钱犯罪；

（2）听命于前项所指机关或代表人的人以该等实体的名义及为其利益而实施清洗黑钱犯罪，且因该机关或代表人故意违反本身所负的监管或控制义务方使该犯罪有可能发生。

可见，本法对法人的归责原则在于一方面要求犯罪与有关实体的紧密联结，另一方面，法人的责任并不排除有关行为人的个人责任。

2. 主刑

对构成犯罪的法人科处以下主刑。

（1）罚金。最低限度为 100 日，最高限度为 1000 日。日额为澳门币 100 元至 2 万元；

（2）法院命令的解散。

3. 附加刑

对构成犯罪的法人还可科处以下附加刑。

（1）禁止从事某些业务，为期 1～10 年；

（2）剥夺获公共部门或实体给予津贴或补贴的权利；

（3）封闭场所，为期 1 个月至 1 年；

（4）永久封闭场所；

（5）受法院强制命令约束；

（6）公开有罪裁判。其透过在澳门特别行政区最多人阅读的中文报章及葡文报章做出，以及在从事业务的地点以公众能清楚看到的方式，张贴以中葡文书写的告示做出，张贴期不少于 15 日。

上述一切费用由被判罪者负担。附加刑可以并处。

四 预防性规定

由于现代洗钱犯罪多经由银行或金融机构实施，因此，在相关领域订定义务及守则对于预防洗钱犯罪当属必要。本法第三章专门就此做出规定。

（一）预防性义务主体

较以往相关法律的规定，本法扩大了预防性制度的适用主体范围。第 6 条规定，以下实体必须履行第 7 条所定义务。

（1）受澳门金融管理局监管的实体，尤指信用机构、金融公司、离岸金融机构、保险公司、兑换店及现金速递公司；

（2）受博彩监察协调局监管的实体，尤指经营幸运博彩、彩票及互相博彩的实体，以及娱乐场幸运博彩中介人；

（3）从事涉及每件商品均属贵重物品的交易的商人，尤指从事质押业的实体，以及从事贵重金属、宝石及名贵交通工具的交易活动的实体；

（4）从事不动产中介业务，或从事购买不动产以作转售的业务的实体；

（5）在从事本身职业时，参与或辅助特定活动的律师、法律代办、公证员、登记局局长、核数师、会计师及税务顾问；

（6）提供特定劳务的实体。

（二）义务内容

为保障公众在个人信息方面的隐私权，本法规定，上述实体须履行以下义务。

（1）须识别合同订立人、客户或幸运博彩者身份，如对有关业务而言，在所进行的活动中有迹象显示有人实施清洗黑钱犯罪或有关活动涉及重大金额；

（2）须识别所进行的活动，如出现上项所指情况；

（3）须拒绝进行有关活动，如不获提供为履行前两项义务属必需的数据；

（4）须在合理期间保存与履行前两项义务有关的文件；

（5）须通知所进行的活动，如在有关活动中有迹象显示有人实施清洗黑钱犯罪；

（6）须与所有具预防及遏止清洗黑钱犯罪职权的当局合作。

第八节　第6/2008号法律《打击贩卖人口犯罪》

人类社会贩卖人口的行为历史久远，即使在奴隶制已经消失的现代社会，贩卖人口以剥削他人身体的现象亦未绝迹，甚至在某些地域情况相当严重，并呈现跨境的特性。为保障基本人权，各国不仅制定了国内法将贩卖人口的行为入罪，更寻求国际社会的立法与司法合作。其中，《联合国打击跨国有组织犯罪公约》及其《预防、禁止和惩治人口贩卖的补充议定书》（2003年）是惩治贩卖人口犯罪的代表性国际法律文件①。

回归前，澳门立法会于1997年制定并颁布了第6/97/M号法律《有组织犯罪法》（参见第三章），该法第7条规定有"国际性贩卖人口罪"，其罪状要求招揽、引诱、诱惑或诱导别人往其他国家或地区从事卖淫。回归后，澳门经济发展迅猛，与此同时，与组织卖淫、雇用黑工等剥削行为有关的贩卖人口犯罪逐年上升。2006年，澳门首次被美国《国别贩卖人口报告》列入第二级国家或地区的观察名单，引起澳门特区政府及社会各界的高度

---

① 禁止跨境人口贩卖的国际公约还有《禁止贩卖人口及取缔意图营利使人卖淫的公约》《禁止和立即行动消除最恶劣形式的童工劳动公约》《废止奴隶制、奴隶贩卖及类似奴隶制的制度与习俗补充公约》《儿童权利公约》《消除对妇女一切形式歧视公约议定书》等。

关注①，而此前规定的国际性贩卖人口罪在适用中亦存在诸多问题②。有鉴于此，特区政府行政长官于 2007 年 8 月做出批示，成立阻吓贩卖人口措施关注委员会，并于 2008 年制定并颁布了第 6/2008 号法律《打击贩卖人口犯罪》。为配合国际公约惩罚犯罪、保障被害人权利的指导精神，本法除在《澳门刑法典》中增加一条"贩卖人口罪"，将其列为第 153 – A 条外，还规定了有关法人的刑事责任及受害人权益保障等制度。

一 贩卖人口罪

贩卖人口罪是指为对他人进行剥削，或为切除他人人体器官或组织，而贩卖人口的行为。

（一）基本罪状与法定刑

本罪的主观要件为故意，其犯罪目的有两类：一是为对他人进行性剥削、劳动或服务剥削，尤其是强迫或强制劳动或服务、使人成为奴隶或类似奴隶；二是为切除人体器官或组织。

所谓贩卖，指以下列手段提供、送交、引诱、招募、接收、运送、转移、窝藏或收容他人的行为。

（1）以暴力、绑架或严重威胁手段；

（2）使用奸计或欺诈计策，即对被害人虚构事实、隐瞒真相，如谎称为被害人在澳门介绍工作等；

（3）滥用因等级从属关系、经济依赖关系、劳动关系或家庭关系而产生的权力；

（4）利用受害人精神上的无能力或任何脆弱境况；

（5）获控制受害人的人的同意，如经由受害人的家长、监护人或实际监护人的同意带走受害人。

---

① 自 2006 年起，澳门连续 7 年被美国列入《国别贩卖人口报告》第二级观察名单。

② 一方面，此类案件的涉案人员多数来自中国内地，罪名中"国际性"的措辞与"一国两制"原则相违；另一方面，由于往往难以获得有关人员从原居地被引诱及安排来澳门的资料，检察官一般认为这些个案并不符合国际贩卖人口罪的"跨境"性质的犯罪要件，故多改以淫媒或操纵卖淫罪立案侦查。参见特区王伟华助理检察长 2008 年在"贩卖人口研讨会"上的演讲《贩卖人口犯罪的司法实践》，http：//www.mp.gov.mo。

实施上述行为而构成本罪的，处 3 ~ 12 年徒刑。若贩卖行为的对象为未成年人，则处 5 ~ 15 年徒刑。

有关行为是行为人作为生活方式或意图营利而做出，或者被害人不仅是未成年人，且未满 14 岁，则刑罚的上下限再加重 1/3，即处 6 年 8 个月至 20 年徒刑。

需要注意的是，贩卖人口的手段行为若构成其他犯罪，则与贩卖人口罪并罚。在前文述及之澳门终审法院第 61/2013 号刑事诉讼程序上诉案件中（参见第三章），10 余名嫌犯组成集团，以带领内地女子前往珠海及澳门游玩或介绍其在澳门工作为借口，将被害女子诱骗至澳门，并以暴力及威胁对其家人不利等手段，强迫其在澳门的桑拿和夜总会等场所向客人提供性服务，并提取该等女子卖淫所得的金钱，从中赚取不法利益。初级法院判决被告人构成多项本法所规定之贩卖人口罪及多项由第 6/97/M 号法律第 8 条第 1 款规定和处罚的操纵卖淫罪，给予并罚①。

（二）其他罪状及法定刑

除上述罪状外，本条还规定了可按贩卖人口罪处罚的其他行为。

一是为了收取或给付款项或其他回报，将未成年人转让、让与他人，或取得未成年人，又或同意取得或给予收养未成年人的行为。此处既包括转让出未成年人的行为，亦包括取得未成年人的行为，还包括同意取得或同意给予未成年人的行为，简言之，转让者、取得者、同意转让者及同意取得者均可构成贩卖人口罪，可处 1 ~ 5 年徒刑。

二是知悉他人实施贩卖人口的行为，而剥削受害人或使用受害人器官的行为。此处行为人虽非直接实施前述贩卖人口行为，但在明知他人实施贩卖人口行为，而仍直接以此非法获益，其行为亦构成贩卖人口罪，如按其他法律的规定不科处更重刑罚，则处 1 ~ 5 年徒刑。

三是明知他人实施贩卖人口的行为，仍留置、隐藏、损坏或毁灭受害人的身份证明文件或旅游证件的行为，如按其他法律的规定不科处更重刑罚，则处 1 ~ 5 年徒刑。《澳门刑法典》第 248 条"损坏或取去文件罪"规定，意图造成他人或本地区有所损失，又或意图为自己或他人获得不正当利益，而

---

① 参见澳门终审法院第 61/2013 号刑事诉讼程序上诉案件裁判书，http://www.court.gov.mo。本书在第三章论及此案时认为，行为人应构成贩卖人口罪、黑社会罪及淫媒罪，而非判决中的贩卖人口罪与操纵卖淫罪。但无论该等手段行为认定何罪，皆应与贩卖人口罪并罚。

将不得处分、不得单独处分，或将他人得依法要求交付或出示之文件，加以毁灭、损坏、隐藏、取去或留置，又或使之失去效用或消失者，处最高 3 年徒刑或科罚金。根据第 243 条之规定，身份证明文件属于"文件"。本罪此时与损害或取去文件罪形成法条竞合，应适用特殊法和重法，即适用本条本款之处罚。

二 相关刑事制度

（一）法人的责任

1. 法人承担刑事责任的条件

本法规定，如出现下列任一情况，则法人，即使属不合规范设立者，以及无法律人格的社团，须对贩卖人口犯罪负责。

（1）其机关或代表人以该等实体的名义及为其利益而实施贩卖人口犯罪；

（2）听命于前项所指机关或代表人的人以该等实体的名义及为其利益而实施贩卖人口犯罪，且因该机关或代表人故意违反本身所负的监管或控制义务方使该犯罪有可能发生。

上款所指实体的责任并不排除有关行为人依法应承担的个人责任。

2. 对法人科处的主刑

对法人科处的主刑包括：

（1）罚金。罚金以日数订定，最低限度为 100 日，最高限度为 1000 日。罚金的日额为澳门币 100 元至 2 万元。

（2）法院命令的解散。

3. 对法人科处的附加刑

对法人科处的附加刑包括：

（1）禁止从事某些业务，为期 1~10 年；

（2）剥夺获公共部门或实体给予津贴或补贴的权利；

（3）封闭场所，为期 1 个月至 1 年；

（4）永久封闭场所；

（5）受法院强制命令约束；

（6）公开有罪裁判。其须透过在澳门特别行政区最多人阅读的中文报章及葡文报章做出，以及在从事业务的地点以公众能清楚看到的方式，张贴以中葡文书写的告示做出，张贴期不少于 15 日。

上述一切费用由被判罪者负担。附加刑可予并科。

（二）嫌犯的移交

为配合本法内容，亦对《澳门刑法典》第 5 条第 1 款 b 项做出相应修改，即只要行为人被发现身在澳门，即不可被移交至另一地区或国家。

（三）诉讼行为的不公开性及与此相关的违令罪

为配合本法的内容，《澳门刑事诉讼法典》第 77、78 条亦做出相应修改。其中，第 77 条第 4 款规定，如属审理贩卖人口罪或涉及被害人为未满 16 岁的性犯罪之刑事诉讼程序，则诉讼行为一般不公开进行。第 78 条第 2 款 c 项规定，不许可在听证前后，以任何方法公开贩卖人口罪之受害人身份；以及在听证前，以任何方法公开性犯罪、侵犯名誉罪或侵犯受保护之私人生活罪之受害人身份，如被害人未满 16 岁，则即使在听证后，仍不许可公开其身份。

违反此规定者，构成《澳门刑法典》第 312 条普通违令罪，处最高 1 年徒刑，或科最高 120 日罚金。

三　其他规定

（一）受害人的权利

本法第 6 条规定，贩卖人口犯罪的受害人享有下列权利。

（1）立即知会其所属国家或地区的大使馆、领事馆或官方代表处；

（2）在诉讼程序中，成为辅助人及民事当事人；

（3）按适用法例获得所受损失及损害的赔偿；

（4）受适当保护；

（5）在与其为受害人的贩卖人口犯罪有关的措施进行期间在澳门特别行政区逗留；

（6）受法律保护，包括获给予法律咨询及司法援助；

（7）如不懂或不谙澳门特别行政区任何一种正式语言，在整个诉讼程序进行期间，获合适的翻译员或传译员的协助；

（8）如受害人获证实缺乏经济及社会条件，获给予由社会工作局提供

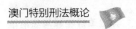

的社会援助，尤其是使其可返回其所属国家或地区所需的社会援助；

（9）完全免费获得按经适当配合的3月15日第24/86/M号法令及其他适用法例的规定所提供的心理、医疗及药物的援助；

（10）有关贩卖人口犯罪的诉讼程序及行政程序获保密。

（二）保护和援助受害人的措施

本法第7条规定，政府负责采取一切必要措施，保护及援助贩卖人口犯罪的受害人，特别包括以下措施。

（1）设立一个保密且免费的保护受害人计划，旨在确保受害人有一个获暂时收容的适当地方，保障其人身安全，以及获得必需及适当的心理、医疗、社会、经济及法律援助。

（2）设有用作接待受害人的地方，该地方尤其应具有向受害人提供有关其权利的资料及将其转介到主管实体的功能，以及设立协助受害人及接受其查询的机制。

（3）促进透过社会传播媒介做出宣传推广活动，使公众关注贩卖人口犯罪所带来的问题，并印制及免费派发有关受害人权利的小册子，该等小册子须尽可能以多种语言编写，当中应载有关于贩卖人口的性质、受害人的权利及保障、可求助的部门及实体，以及可维护受害人权利或确保受害人获得保护的机制等资料。

（4）推行关于预防及遏止贩卖人口犯罪、受害人状况、接待技巧、保护受害人机制的培训活动。

（5）推行各项研究工作，旨在从不同层面了解有关贩卖人口犯罪的现象。

（6）与公共或私人实体订立合作协议，以协助及收容贩卖人口犯罪的受害人。

法律规定，在贩卖人口犯罪的受害人、其家人或证人的生命或身体完整性受危害时，司法当局、刑事警察机关及主管的公共部门或实体应按情况所需，迅速及有效采取一切适当措施，确保该等人得到保护及援助；如属非澳门居民的情况，则应启动必要的合作机制，以便其所属国家或地区提供相应的保护及援助。

（三）警方保护

本法第8条规定，当局应对受害人提供警方保护。司法当局、刑事警察机关或其他警察实体一旦获悉贩卖人口犯罪的消息，且贩卖人口犯罪受害人的生命、身体完整性、自由或属相当巨额的财产受危害时，须确保受害人获得警方保护。在侦查期间，对受害人的警方保护由检察院依职权、应受害人或其法定代理人的申请，又或根据刑事警察当局的建议命令做出，而在侦查结束后，则由主持有关诉讼程序所处阶段的法官应检察院的申请命令做出。对受害人的警方保护由治安警察局提供，而在接获上述所指命令前，则警方保护由做出调查措施的刑事警察机关负责。

第九节　第 19/2009 号法律《预防及遏止私营部门贿赂》

随着全球市场经济化程度的全面提高，在公共领域的腐败行为之外，商业领域的腐败行为同样危害巨大，不仅损害交易主体的利益，更对市场交易安全以及公平竞争造成巨大危害[1]，一些国家对于海外发生的贿赂案件亦已不再容忍（如美国的《海外反腐败法》）。为维护稳定的经济秩序，保障公平竞争的交易环境，《联合国反腐败国际公约》第 12、21 条对缔约国提出将私营部门贿赂行为入罪的概括性立法要求。从目前世界各国、各地区的立法例来看，关于私营部门贿赂的立法模式可概括为两类：一类以受贿主体（行贿对象）为中心；另一类以贿赂发生的领域为中心。前者以《联合国反腐败公约》的表述形式为代表，中国内地的相关立法即属此类；后者如《德国刑法典》第 26 章所规定的"针对竞争的犯罪行为"，表述为业务活动中的贿赂行为[2]。

作为公约的适用法域，澳门的相关立法活动于 2008 年正式展开，2009 年 8 月 4 日，澳门立法会制定并通过了第 19/2009 号法律《预防及遏止私营部门贿赂》（2010 年 3 月生效）。本法规定有"私营部门的受贿罪"及"私营部门的行贿罪"，并赋予廉政公署该范畴内的相关权限。不过，从立法内容及其适用效果看，本法偏重保护雇主等的个人法益，而并不特别关注对

---

[1]　仍有一些法域并无针对私营机构贿赂的刑事法律，如台湾的刑法典即未规定私营部门的贿赂犯罪，遇类似情形则按第 342 条背信罪认定。

[2]　参见《德国刑法典》，冯军译，中国政法大学出版社，2000。第二种类型的犯罪圈往往较第一类大。此外，澳门立法看似其属于后者，实则亦属前者。

不正当竞争的防治①。

一 犯罪

(一) 私营部门的受贿罪

本法第 3 条规定，私营部门的受贿罪是指为私营部门从事职务的人接受他人给予的利益或承诺，而实施违背职务上的义务的作为或不作为的行为。

1. 罪状与处罚

本罪的犯罪主体为任何私营部门实体，即使属不合规范设立的实体服务而从事职务的人。其行为方式为亲身或透过另一人而经该人同意或追认，为自己或第三人要求或答应接收其不应接收的财产利益或非财产利益；或是为自己或第三人要求或答应接受他人给予该利益的承诺，而实施违背职务上的义务的作为或不作为。其中，无论是"索贿"还是"收贿"，均包括亲身实施，或以己意而透过另一人实施，均包括要求或接受对方给予利益的"承诺"，而未必已经交付相关利益。本罪的行为对象为"财产利益或非财产利益"。行为人接受利益是为实施违背"职务上的义务"的作为或不作为。正因违背职务上的义务，而令该等财产利益或非财产利益为"不应接受"之贿赂，行为当属不法。

本罪的加重罪状为"引致不公平竞争"以及"足以危害他人身体健康或生命安全"。所谓不公平竞争，是指一切在客观上表现为违反经济活动规范及诚信惯例的竞争行为。

构成本罪的，处最高 1 年徒刑或科罚金。如引致不公平竞争，对行为人处最高 2 年徒刑或科罚金。若足以危害他人身体健康或生命安全，对行为人处最高 3 年徒刑或科罚金。

如行为人在做出有关事实前，因己意拒绝接受曾答应接受所给予的利益或承诺，又或将该利益返还，或如为可替代物，而将其价值返还者，不予处罚。

---

① 在廉政公署发布的官方说明文本中明确提到，"本法目的不是专门惩治'不公平竞争'，而是对引致'不公平竞争'的行贿受贿行为加重处罚"。参见澳门廉政公署发布的《〈预防及遏止私营部门贿赂〉法律常见问题》，第 26 问，http://www.ccac.org.mo/PrivSec/cn/index.html。

2. 认定

本罪犯罪主体的范围应注意与公务员范围的区分。澳门的公务员范围相当广泛。根据《澳门刑法典》第 336 条之规定[①]，公务员是指公共行政工作人员或其他公法人之工作人员，临时或暂时从事、参与从事或协助从事属公共行政职能或审判职能之活动之人等为公共权利服务的工作人员；还包括"等同于公务员"的人员，如以专营制度经营业务之公司的工作人员等。例如，以专营制度经营业务的公司亦可能同时是私营机构，但该等公司的工作人员为公务员，若涉及贿赂，则应以《澳门刑法典》中有关公务员的"受贿作不法行为""受贿作合规范之行为"罪认定，而非本法所规定之罪。

此外，要件中之"职务上的义务"是指由法律规定，又或透过当事人法律上的行为订定在从事某项活动时应遵守的义务，即来源于法律规定的义务以及订定的义务，前者既包括《劳动关系法》中对雇员义务的一般规定，也包括现行法例对特定行业从业人员的义务规定；后者如雇主与雇员之间订定的、雇员应予履行的义务。可见，是否被认定为违背职务上的义务往往取决于雇主的态度。在犯罪成立上以雇主或委托人的意愿为要件有诸多成例，如美国纽约州的《反不正当竞争法》对私营部门贿赂犯罪的规定即强调雇主或委托人的同意是确定有关回报行为是否不法的关键。而在保护被害人法益与保障公平竞争之间并无对立。但本法的规定似乎过于倚重雇主意愿，而忽视对公平竞争之社会法益的保护。实际上，若仅为保护雇主或委托人等的个人法益，《澳门刑法典》第 217 条背信罪原非不足。

（二）私营部门的行贿罪

本法第 4 条规定，私营部门的行贿罪是指给予为私营部门从事职务的人不应收的财产利益，意图使之实施违背职务上的义务的作为或不作为的行为。

1. 罪状与处罚

本罪的主体为一般主体。行为要件为给予或承诺给予为私营部门从事

[①] 关于《澳门刑法典》对"公务员"概念的规定没有放在总则，而是放在分则特定罪名前的做法，早有学者提出质疑。参见刘高龙、赵国强主编《澳门法律新论》，澳门基金会，2005，第 406 页。

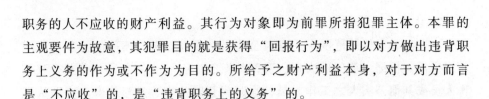

职务的人不应收的财产利益。其行为对象即为前罪所指犯罪主体。本罪的主观要件为故意，其犯罪目的就是获得"回报行为"，即以对方做出违背职务上义务的作为或不作为为目的。所给予之财产利益本身，对于对方而言是"不应收"的，是"违背职务上的义务"的。

构成本罪的，处最高 6 个月徒刑或科罚金。若引致不公平竞争，则处最高 1 年徒刑或科罚金。若行为足以危害他人身体健康或生命安全，则处最高 2 年徒刑或科罚金。

2. 认定

与内地法律要求构成本罪的犯罪目的是"为谋取不正当利益"不同，澳门则指以获得回报行为为目的。因此，按照内地法律，构成受贿犯罪的同时未必有行贿犯罪，而按照本法规定，行贿罪与受贿罪同时构成。例如，私人公司负责招标的工作人员 A 在工程招标过程中，接受投标公司工作人员 B 给予的利益，而在招标中令该投标公司中标。若该投标公司并非投标条件最佳者，则按两地法律，A 构成非国家工作人员受贿罪（应达到"数额较大"）（内地）/私营部门的受贿罪（澳门），B 构成对非国家工作人员行贿罪（应达到"数额较大"）（内地）/私营部门的行贿罪（澳门）。若该投标公司确属投标条件最佳者，按照内地法律，A 构成非国家工作人员受贿罪，B 不构成犯罪。按照澳门法律，则 A、B 均不构成犯罪。

此外，在澳门，商事习惯具有浓郁的本地色彩。在商业活动中，除类似内地的回扣外，还有所谓"九八找数"，饮食行业的供货商在年节提供的"炮金""节金""饼金"等；而在日常消费行为中，则存在派发"利是"或向大厦保安、酒楼"知客"提供小费等习惯，这些行为是否构成"私营部门的行贿"及"私营部门的受贿"，应视乎接收方是否存在违背职务义务的回报行为，或者说视乎该利益是否属"不应收"予以判断。

二 相关刑事制度

（一）刑罚的特别减轻及免除

就本法律规定的犯罪，如行为人具体协助收集关键性证据以确定或逮捕该犯罪的其他行为人，又或以任何方式做出关键性的贡献以查明事实真相，可就该犯罪特别减轻处罚或免被处罚。

（二）告诉

本法第 5 条"告诉"规定，"私营部门的行贿"与"私营部门的受贿"的部分罪状属半公罪，部分罪状属公罪。根据《澳门刑事诉讼法典》的规定，半公罪是指被害人向执法机关表示追究刑事责任是执法机关立案侦查的要件。具体来说，该两罪的基本罪状以及不涉及公帑的"引致不公平竞争"的加重罪状为半公罪，非经告诉不得追究刑事责任。

公罪亦有两种情形：一是若"引致不公平竞争"且涉及公帑，则为公罪。如两家同时竞标政府工程的私人公司，其中一家公司竞标人员给予另一家公司竞标人员利益，令后者违背职务上的义务，透露自家标底，造成自家公司竞标失败。二是该行贿或受贿行为"足以危害他人身体健康或生命安全"，亦为公罪。如私人食品公司的食品原料采购人员接受供货商利益，采购其未经法定卫生检验的食品供客人食用；或是私人工程公司监理人员接受建筑商利益，容许其使用不符合法定安全标准的建筑材料等①。

（三）廉政公署的职责

本法第 7 条规定，依刑事诉讼法调查及侦查私营部门的贪污行为属廉政公署的职责。第 10/2000 号法律《澳门特别行政区廉政公署组织法》（经第 4/2012 号法律修改）第 3 条第 1 款第 1 项规定，廉政公署的职责包括开展预防及遏止在公共部门及私营部门发生贪污犯罪及与贪污犯罪相关联的欺诈犯罪的行动。为此，廉政公署应促进制定各种旨在维护有关私人实体操守的准则和程序，尤其是行为守则，增进私人实体透明度。第 4 条规定，廉政公署的权限包括查明具有充分依据使人怀疑在公共部门或私营部门发生贪污犯罪及与贪污相关联的欺诈犯罪的事实的迹象或消息，以及查明具有充分依据使人怀疑发生针对公有财产的犯罪、滥用公共职能、损害公共利益的行为、迹象或消息。

---

① 参见胡家伟《简介澳门的〈预防及遏止私营部门贿赂〉法》，载于澳门廉政公署网站电子书《"私营领域防治腐败的现状与前瞻"三地专题研讨会文集》，第 112 页，http：//www.ccac.org.mo/。

第十章
设立有关刑事制度的单行刑法

第一节　第40/94/M号法令《剥夺自由处分之执行制度》

按照刑事立法、司法的纵向历程，刑罚权包括制刑权、求刑权、量刑权和行刑权。行刑权是国家执行刑罚权的重要组成，行刑是实现刑法目的的必经阶段。无论作为惩罚抑或矫正刑法的目的，均需经行刑的过程才能实现。而在现代刑罚制度中，作为一种简单而平等的惩罚方法，剥夺自由是很多国家和地区的主要刑事处分方式，其执行制度尤显重要。近代以来，各国在行刑制度和狱政管理方面进行过多种尝试，如宾夕法尼亚制、奥本制、累进制等。而现代行刑理论及立法不仅注重行刑效果，对服刑者的基本人权和尊严的保护亦非常关切。基于此，联合国《囚犯待遇最低限度标准规则》在囚犯待遇和狱政管理方面确立了普遍的原则和做法，公约的有关要求被视为该领域立法的最低条件。

澳门之前的有关法例为葡萄牙政府于1936年公布的被称为"监狱改革"的5月29日第26643号法令，该法令于1954年以12月29日第39997号法令的名称适用于澳门。由于该制度在澳门执行时存在与本地立法衔接等方面的问题，1994年，澳门立法会制定并通过了第40/94/M号法令《剥夺自由处分之执行制度》，以单行法的模式对囚犯服刑待遇和监狱管理各方面制度作出规定。该法引入了联合国《公民权利和政治权利国际公约》及有关国际公约的原则规定，在尊重囚犯基本人权的基础上，为其重返社会提供法律保障。

一 一般原则

根据《澳门刑法典》总则之规定，本法所指"剥夺自由处分"包括徒刑及保安处分之收容。关于保安处分之收容，《澳门刑法典》第 83 条规定，做出一符合罪状之不法事实的不可归责之人，如基于其精神失常及所做事实之严重性，恐其将做出其他同类事实属有依据者，法院须命令将之收容于康复场所、治疗场所或保安处分场所。不可归责者所做之事实为可处以最高限度超逾 5 年徒刑之侵犯人身罪或公共危险罪，则收容期间最低为 3 年；行为人因同一事实而被剥夺自由之期间，在该期间内扣除。此外，如行为人未被宣告为不可归责而被判处徒刑，但显示由于在犯罪时或犯罪后精神已失常，普通场所制度将对其有害，或显示行为人将严重扰乱该制度，法院须命令将之收容于为不可归责者而设之场所，收容期间相当于刑期。

（一）行刑的目的

《澳门刑法典》第 40 条第 1 款规定，科处刑罚及保安处分的目的在于保护法益及将行为人重新纳入社会。第 43 条规定，徒刑之执行应以使囚犯重新纳入社会为方针，为此应教导囚犯，使之能以对社会负责之方式生活而不再犯罪。可见，在澳门，刑罚的目的，一是保护刑法所指向的利益，二是矫正犯罪人，使其重返社会而不再犯罪。

相应地，本法第 1 条即明确规定，剥夺自由处分之执行旨在使囚犯就所犯罪行对社会进行弥补，并应以将囚犯重新纳入社会，改造囚犯使其今后能以对社会负责之方式生活并不再犯罪为指导方针。剥夺自由处分之执行有助于保护社会及预防犯罪。

（二）执行的方式

执行时应尊重囚犯之人格并且以绝对公正无私之方式为之，且不得有血统、性别、种族、语言、原居地、宗教、政治信仰、意识形态信仰、教

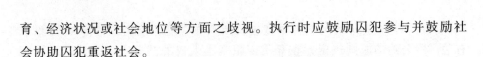

育、经济状况或社会地位等方面之歧视。执行时应鼓励囚犯参与并鼓励社会协助囚犯重返社会。

（三）囚犯的法律地位

除因判罪必然引致之限制及执行必然导致的要求外，囚犯仍然拥有基本权利。

二　收押及分类管理

（一）囚犯的收押

本法规定，仅在经司法当局或根据诉讼法规定有权限之刑事警察机关做出书面命令、自动投案或再逮捕的情况下，方得将相关人员收押于监狱。其中，再逮捕是指囚犯越狱或未经许可而身处监狱外，看管人员得将其逮捕及将其带回监狱。

（二）入监

本法规定，在进行入监程序时，特别是囚犯为保护个人隐私而提出要求时，应尽可能避免其他囚犯在场，并应严格遵守内部规章之规定。

囚犯入监时应取得的识别资料包括指纹及手掌纹，相片，特征，面部轮廓及身体外部特征之描述；人身测定之指明。该等识别资料将附录于囚犯的个人档案中，如被羁押之囚犯被宣告无罪，在释放囚犯时，该等识别资料亦应被销毁。囚犯入监后，应确保囚犯立即享有将其状况通知其亲属或法定代理人之权利。囚犯入监后 48 小时内，应与社会工作者会见，以便囚犯获知监狱规定并知悉负责跟进人员之身份资料，亦可使社工人员尽快取得囚犯以往及现况之资料，了解囚犯需要解决的问题，从而对囚犯进行暂时分类。

（三）囚犯的隔离与分类

为防止囚犯间的"深度感染"或"交叉感染"，保护未成年犯罪人，提高行刑的矫正效果，根据联合国的有关原则规定及现代行刑制度的普遍做法，本法规定对囚犯实行分押制度。不同性别之囚犯完全隔离；在同性别之囚犯中，已被判罪者与羁押中之被拘留人亦应互相隔离，并将 21 岁以下 16 岁以上之青年囚犯与其他囚犯隔离。

根据本法规定，囚犯被分为防范类、半信任类及信任类。分类时，尤其应考虑其年龄、初犯或累犯、刑期、身心健康状况、有无纪律处分之记录、曾否试图越狱、药物依赖之状况、性定向、在自由环境中与何人交往、所实施罪行之类型及是否使用过暴力等因素，亦应考虑囚犯待遇之特别需要、与其重返社会有关之安全、学习及工作进程之理由、对其进行共同待遇计划，避免不良影响的需要。在制订重返社会个人计划前，此为暂时性分类。

囚犯入监后，如刑期适当，则应开始通过适当之方法研究囚犯之经历并观察其现况，旨在制订有助于囚犯重返社会之跟进计划。囚犯之确定性分类及有关重新适应社会之个人计划之核准，应在入监后之适当期间内做出，而计划应包括要达到之目的及为此而开展之活动，尤其是应提及将提供的心理辅导、职业培训及卫生护理之类型，将开展之重返社会及家庭联系活动、要达到之学历及为囚犯安排之工作、文化、娱乐及体育活动，并应根据囚犯服刑表现及时修改计划，复查囚犯分类。个人计划及确定性分类由监狱长核准。计划的内容应交囚犯知悉，副本送交有管辖权之法院。

三 囚犯的生活待遇

（一）住宿与衣着

囚犯的生活待遇是对其人权的基本尊重和保护。本法规定，根据囚犯所属的防范类、半信任类或信任类，将囚犯分别安排于单人监、三人监或至少能容纳 8 人之牢房住宿。

已判罪之囚犯应穿着监狱之制服，而该制服不应具有使人羞辱之性质。囚犯在外出时或在特别场合下，应穿着自备衣物。为囚犯提供之衣物应与季节及其所进行之活动相配。

（二）个人卫生

本法规定，每一囚犯有权使用个人睡床以及适合其文化及配合季节之床上用品，且应按照内部规章之规定进行保养及替换床上用品，以将其妥

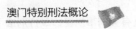

善保存及保持正常要求之清洁状态。确保囚犯能适当及充分地使用洗手间、浴室，以及个人料理及卫生所需之全部物件。

（三）膳食

本法规定，监狱应根据内部规章之规定及按照规定之时间，向囚犯提供膳食，膳食应能符合囚犯所属群体之文化，且有足够之数量及适宜之质量。囚犯不得接受非监狱提供之食品或食物。禁止囚犯饮用酒精饮料。

四　探访及与外界的联系

为防止囚犯被监狱生活体制化，日后出狱无法适应外界社会，本法规定，监狱应促使囚犯与外界，特别是与其家庭及监狱所期望之协助囚犯重返社会之人士或实体接触。

本法规定，囚犯有权根据内部规章之规定定期接受探访，每周之总探访时间不得少于1小时。监狱长应禁止非囚犯直系血亲卑亲亲属或兄弟姐妹之16岁以下人士探访，并应禁止可危及监狱安全及秩序之人士，或能对囚犯造成不良影响或妨碍其重返社会之人士探访。为了安全，应规定探访者在进行探访前，须接受根据内部规章规定之搜查。因囚犯重返社会、监狱之安全及秩序之缘故，应监视探访及监督有关对话。在探访期间，除法律允许的范围外，不得递交任何物品予囚犯。如探访者或囚犯违反本法规或内部规章之规定，在预先警告后，应中断其探访。

囚犯有权接收或发出信件，囚犯所写之信件及寄予囚犯之信件，应由监狱长指定之社会工作者以囚犯之有罪判决为根据，进行适当的监察及检查。根据法律规定而知悉任何囚犯之信件内容者，必须对内容严格保密。如社会工作者认为有需要，囚犯得打电话及电报。

五　宗教援助

宗教信仰自由是公民的一项基本人权，囚犯并不应因接受刑罚处罚而被剥夺宗教信仰自由。宗教信仰自由包括信仰宗教的自由和不信仰宗教的自由，亦包括信仰何种宗教的自由。为此，本法规定，囚犯有信奉宗教信仰、研习教义及进行有关崇拜之自由。同时，囚犯亦不得被迫参加任何宗教活动或仪式，或接受任何信仰之宗教人士之探访。监狱应确保满足囚犯在宗教、精神生活及道德上之需求，并尽可能向其提供为此目的所需之适当资源。

六 医疗卫生援助

法律应当保障囚犯拥有在患病时就医的权利。本法规定，囚犯有权根据内部规章之规定免费接受适合其病况之初级卫生护理。听取监狱医生之意见后，囚犯应享有自费医疗及临诊服务。此外，监狱还应为囚犯提供所需之心理辅导，包括使囚犯接受适合之个人或集体测试或疗法。怀孕、产后或怀孕中断之囚犯应接受适合之专科医生的疗理及治疗。女囚携带之子女有权接受检查，以便实时诊断是否有危及其身体及智力正常发展之疾病。依赖药物的囚犯应受特别疗理及治疗。

监狱医生有权限对囚犯之身体及精神健康进行长期性看护，应对囚犯进行定期之检查，并向监狱长提出有关囚犯健康的建议。对患病囚犯之治疗，应尽可能于其囚室为之，如不能实现，则应在监狱之医务所为之。当囚犯临近分娩及在其他例外情况下有必要时，监狱长取得医生意见后，应许可囚犯入住医院。通过监狱之医生之意见或建议及监狱长之许可，囚犯有权接受监狱外医生的疗理及治疗。

七 职业培训与学校教育

（一） 一般原则

对囚犯进行持续教育和职业培训对囚犯日后出狱重返社会非常必要。本法规定，囚犯之劳动及职业培训，旨在培养、保持及发展满足生活所需之工作能力，使其释放后，能满足生活需要，方便重返社会。在尽可能之情况下，应安排囚犯一项有经济效益之劳动。不得给囚犯损害其尊严或有特别危险或不卫生之工作，每日之工作时间不得超过社会上的一般标准，工作及休息时间应尽可能与社会上的类似工作接近。安排囚犯劳动时，应考虑其体力、智力、专业能力、意愿、服刑之期限、以往所从事之业务、释放后可从事之业务，以及该项劳动对其重返社会将产生之影响。

（二）劳动

劳动对于行刑效果的作用一直受到各国的普遍重视，如美国矫正协会指出，劳动可以防止紧张、不安及骚乱①。德国的《刑罚执行法》规定，犯人有义务从事分配给他的力所能及的劳动②。本法规定，被判罪之囚犯必须进行根据本法规定对其所安排之劳动。75 岁以上之囚犯及处于怀孕期间或产后之囚犯之劳动义务，可以免除。囚犯应在监狱内，尤其是在监狱之工厂劳动；囚犯亦应在监狱外为自己劳动或在企业及公共部门、私营部门劳动。囚犯在监狱外劳动必须取得监狱长之许可，且由看管人员陪同，而该许可应随时通过适当之说明理由而被废止。

囚犯有权收取在监狱外做散工之报酬及享有其执行职务之工种所固有的其他优惠，而监狱有权限接收该等钱款以存入囚犯之账户。

（三）职业培训

本法规定，应按囚犯工作或职业之变化，安排与其职业培训及进修相适合之课程。囚犯以合格成绩完成职业培训课程后，将被颁发有关文凭，而文凭内不得载明囚犯之犯人身份。

（四）义务学校教育

本法规定，囚犯有权根据内部规章之规定就读为完成义务学校教育所必需之课程，并有权参加监狱所安排之其余教育活动。

此外，本法还特别规定，服刑者应有空余时间进行文体活动。服刑场所应提供存有足够数量图书文献的图书室，收听电台及收看电视的设备。不进行任何室外活动之囚犯，有权享有每日最少 2 小时的室外放风。

八　安全措施及纪律处分

（一）基本原则

本法规定，监狱应提倡及鼓励囚犯具有保持监狱良好秩序及纪律之责

---

① 转引自李贵方《自由刑比较研究》，吉林人民出版社，1992，第 63 页。
② 转引自徐久生、田越光编《德国监狱制度》，中国人民公安大学出版社，1993，第 255 页。

任感。为监狱之安全，有利于囚犯在适当组织之群体中生活，及囚犯重返社会创造必要之条件，囚犯应严格保持监狱内之秩序及纪律。

（二）监狱之特别安全措施

本法规定，监狱可以使用的特别安全措施包括搜查、禁止使用或扣押特定物件、隔离、使用手铐、人身强制，以及使用火器。仅在囚犯之行为或其精神状况显示有越狱或实施伤害其本人、他人或毁坏物件之暴力行为之重大危险时，应由监狱长发出采取特别安全措施的命令。

（三）违反纪律及纪律处分

违反纪律是指囚犯违反对其规定之义务或法定义务，且一般是指囚犯之行为违反监狱之秩序及纪律，或违反执行处分之目的。如不注意个人或囚室之卫生及秩序、无合理理由而放弃分配予其之地方、故意不履行劳动义务、对其他囚犯做出有害行为等违反监狱规则所确定的义务的行为，以及越狱或其他犯罪行为。

本法规定，对违反纪律之囚犯可科处的纪律处分包括申诫、隔离、收押于纪律囚室等，但禁止科处集体处罚。对囚犯处以纪律处分属监狱长之权限。

九　阐述、投诉及上诉

囚犯有就服刑期间事宜提出投诉或上诉的权利。本法规定，囚犯得向监狱长、监狱之公务员、监狱监督员阐述关于其利益或关于监狱生活之事宜，或对任何非正当命令做出投诉。对阐述或投诉之决定应按事件之需要尽快做出。相关人员应在 8 日内将决定及有关理由之说明，以书面通知囚犯。对于囚犯提出的上诉，监狱应以公函通知有管辖权法院之法官。

十　特别规则

（一）关于女囚的特别规则

为保护囚犯子女的权利及保障其不受社会歧视，本法规定，将囚犯子

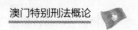

女之出生通知有权限登记局时，不应指明监狱为其出生地、申报人与监狱之关系，以及母亲为犯人之身份。如对子女有好处及经有权确定子女居所者之许可，女囚 3 岁以下之子女，得与母亲共同生活。

（二）关于羁押中之被拘留人的特别规则

本法规定，经有权限之司法当局命令，羁押中之被拘留人应受绝对不准与外界接触或有限制不准与外界接触之制度约束。

十一　外出之准许及释放

（一）外出之准许

本法规定，如有特别原因，尤其是在囚犯需要接受监狱内无法提供之医疗护理，或在有绝对必要进行与囚犯状况相适宜且不能在监狱执行之行为之情况下，监狱长应命令囚犯在监护下外出而无须得到囚犯之同意。当囚犯应到法庭或有其他合理解释之原因，尤其是不影响公共秩序及安全之家庭或职业上之时候，监狱长亦应许可囚犯在监护下外出。

（二）释放

释放是自由处分行刑的最后一道环节。本法规定，囚犯之释放须通过有权限法官之命令及根据刑事诉讼法为之。监狱长应在剥夺自由处分之期限结束之一个月前要求发出释放命令。

释放应于服刑最后一日之上午为之。释放囚犯时应将履行剥夺自由处分之证明文件、囚犯存放于监狱之钱款及其他物件，及其有权领取之培训课程文凭交予囚犯。监狱长应最少提前 15 日将释放通知检察院，如囚犯不居住于澳门或受驱逐之处分，亦应通知有权限之移民部门。

第二节　第 27/96/M 号法令《刑事纪录制度》

本法所称之《刑事纪录制度》是指澳门特区特定机关依法收集、保存澳门居民与刑事案件有关的个人资料，并向权利人或有权的机构发出刑事纪录证明书的制度。自 19 世纪起，葡萄牙政府即开始为其殖民的海外省建立刑事纪录制度。1960 年，澳葡政府在《澳门政府公报》上刊登了第 43089 号法令，规定葡萄牙本土与澳门之间建立其个人刑事纪录档案及资料交换制度。此后，相关法令包括 1961 年 3 月 4 日第 6713 号训令及 1962 年刊登于《政府公报》的第 19248 号训令及 1971 年刊登于《政府公报》的第 251/71 号命令。1994 年的第 31/94/M 号法令则将当时司法警察司在刑事身份资料方面的职责转移至当时的澳门身份证明司。

为制定更符合社会现实及使不法分子重返社会之要求的刑事纪录制度，并考虑电脑技术在刑事纪录方面的应用，以便更妥善管理刑事信息及加强保密，1996 年，澳门政府制定了第 27/96/M 号法令《刑事纪录制度》，此后又经第 87/99/M 号法令修改，形成了澳门现行的《刑事纪录制度》。由于回归后的机构名称及设置发生变化，本法中的有关机构名称可转指具对应职能的机构。

一　一般性规定

刑事纪录是由纪录当事人之民事身份资料，及对该人宣示且依据本法规定纪录之全部刑事裁判组成。刑事纪录载于由登记表或其影印本组成之个人纪录内，而每一个人纪录须集齐有关同一人之仍具法律效力之一切登记表。

（一）刑事纪录的目的

刑事身份资料的立法目的在于组织刑事身份资料之工作，包括有条理地收集、处理及保存属澳门司法组织之法院对在其内被控诉之个人所宣示之刑事裁判之摘录，以便得以知悉该人前科。收集不属澳门司法组织之法院对本地区居民宣示之同一性质裁判之摘录。如有可能，亦须收集嫌犯指模，以建立电脑指模资料库。

刑事身份资料存放于澳门身份证明局的中央资料库，其主要目的在于发出刑事纪录证明书。

（二）刑事纪录的内容

刑事纪录的内容包括起诉批示或等同裁判；废止上项所指裁判之裁判；

无罪裁判，如已做出起诉批示或等同裁判；涉及犯罪之有罪裁判，可处以徒刑之轻微违反之有罪裁判，以及可处以罚金，但累犯时，则可处以徒刑之轻微违反之有罪裁判；废止徒刑之暂缓执行之裁判；科处保安处分之裁判，决定保安处分之终止、复查、延长或暂缓执行之裁判，又或决定废止保安处分之暂缓执行之裁判，给予或废止考验性释放之裁判，以及关于患有精神失常之可归责者之裁判或关于驱逐非澳门居民之不可归责者之裁判；延长徒刑之裁判，给予或废止假释之裁判，以及给予或废止确定或非确定取消刑事纪录之裁判；实施大赦之裁判，如已做出起诉批示或等同裁判，以及实施特赦及赦免之裁判；决定不将已做的判罪转录于刑事纪录证明书之裁判；准予对裁判进行再审之合议庭裁判；准予移交或拒绝移交逃犯之裁判；受理针对已纪录之裁判之上诉之批示；徒刑、附加刑及保安处分之开始、结束、暂缓执行或消灭之日期；罚金刑之履行；以及刑事纪录当事人之死亡。

（三）刑事纪录登记表的内容

刑事纪录登记表包括以下内容。

（1）指明送交登记表之法院、卷宗编号、日期及填写该表之负责人经钢印认证之签名；如与过往卷宗编号不同，则应提及过往卷宗之编号。

（2）嫌犯之身份资料，包括姓名及相应之电码、绰号、父母姓名、出生地、国籍、出生日期、婚姻状况、职业、居所、身份证明文件编号，如有可能，尚须包括嫌犯之指模。

（3）裁判内容或须纪录之事实。

（四）刑事纪录登记表的送交

刑事纪录登记表仅送交澳门身份证明局，而送交应自做出裁判、须纪录之事实发生或卷宗下送第一审法院日起之 3 日内为之。

二 刑事纪录资讯权

资讯当事人，或证明以其名义或为其利益做出请求之人，有权依据第17 条之规定知悉刑事身份资料库内涉及当事人之资料，并应要求将之更正及更新。当事人有权查阅资讯。此外，下列第三人亦能查阅有关刑事身份资料之资讯。

一是法院司法官及检察院司法官，而查阅之目的系为进行刑事调查、刑事诉讼程序之预审、刑罚之执行，又或查阅系为囚犯之个人目的；

二是具本身权限或获授权进行上项所指诉讼程序之预审之其他实体，而查阅之目的系为进行预审，以及负责在预防及遏止犯罪方面在国际上给予协助之实体，而查阅之资讯系属其此方面权限范围内者；

三是司法事务司（现指行政法务司），而查阅之目的系为了实现其在社会重返方面之宗旨；

四是其他官方实体，而查阅之目的系为实现由其负责而不属以上各项规定之公共利益，但资讯之查阅须在不能从利害关系人本身取得有关资讯之时，而获总督（现指行政长官）应澳门身份证明司（现指身份证明局）附理由说明之建议而给予之许可后，方得为之；

五是本地区以外之当局，而查阅之目的系为进行刑事诉讼程序之预审，但须获总督（现指行政长官）许可，且在与本地区相应当局相同条件下做出查阅之要求。

此外，本地区以外之刑事身份资料部门，应依据适用于澳门之国际协约或属司法协助领域之协议之规定查阅资讯。

三　刑事纪录证明书的申请

（一）有权申请的主体

有权申请刑事纪录证明书的主体包括：

（1）已满16岁之资讯当事人，或证明以其名义或为其利益做出请求之任何人；

（2）已满16岁之资讯当事人之直系血亲卑亲属、直系血亲尊亲属、配偶、监护人或保佐人，只要该等人能证明资讯当事人不在本地区或不可能亲自做出申请，且以资讯当事人之名义或为其利益做出请求；

（3）资讯当事人之直系血亲卑亲属、直系血亲尊亲属、配偶及其他继承人，但仅以资讯当事人已死亡，且以上所指之人能证明该刑事纪录证明书之发出为行使一正当权利之唯一途径及不会破坏资讯当事人死后之名声为限。

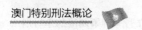

除上述个人外，以下机构亦可取得刑事纪录资料。

（1）法院司法官及检察院司法官，而查阅之目的系为进行刑事调查、刑事诉讼程序之预审、刑罚之执行，又或查阅系为囚犯之个人目的；

（2）具本身权限或获授权进行上项所指诉讼程序之预审之其他实体，而查阅之目的系为进行预审，以及负责在预防及遏止犯罪方面在国际上给予协助之实体，而查阅之资讯系属其此方面权限范围内者；

（3）司法事务司（现指行政法务司），而查阅之目的系为了实现其在社会重返方面之宗旨；

（4）其他官方实体，而查阅之目的系为实现由其负责而不属以上各项规定之公共利益，但资讯之查阅须在不能从利害关系人本身取得有关资讯时，而总督（现指行政长官）应在澳门身份证明司（现指身份证明局）附理由说明之建议而给予许可后，方得为之；

（5）本地区以外之当局，而查阅之目的系为进行刑事诉讼程序之预审，但须获总督（现指行政长官）许可，且在与本地区相应当局相同条件下做出查阅之要求；

（6）本地区以外之刑事身份资料部门，依据适用于澳门之国际协约或属司法协助领域之协议之规定查阅资讯。

具有转录之刑事纪录全部内容，或经认证之电脑纪录复制件，亦仅澳门身份证明局有权发出。身份证明局应采取必需措施以保证资讯不会被不当取得及被用于允许以外之用途。

（二）刑事纪录证明书的发出

刑事纪录证明书记载刑事纪录之内容。由澳门身份证明局发出，该证明书系证明资讯当事人前科之唯一及足够之文件。刑事纪录证明书自发出日起之 90 日内，且仅在用于证明书上所指定之用途上方有效。

如刑事纪录证明书内所载之民事或刑事身份资料不正确，利害关系人或提出申请之人，应在证明书有效期内声明异议。

四 取消纪录及恢复权利

收录于刑事纪录中的内容并非具有永久性效力，当中的部分内容会因时间原因被取消，而当事人的有关权利也将随之恢复。易言之，该等内容将不会作为"前科"而继续保留在当事人的刑事纪录中，当事人的相关权利亦将随之恢复。

（一）确定性取消

本法规定，以下内容须自刑事纪录中取消。

（1）已被恢复权利之裁判；

（2）免除刑罚或不罚之裁判；

（3）无罪裁判；

（4）针对因实施某些犯罪而做出之起诉批示或等同裁判，但仅以该等犯罪已成为实施大赦之裁判之标的，且以实施大赦之裁判阻止审判之进行为限；

（5）按法律规定视为无效力之裁判。

（二）法律上之恢复权利

自刑罚或保安处分消灭时起经过下列期间，且在该期间内未因犯罪而再次被判罪，则自动发生法律上之恢复权利。

（1）如所科处的刑罚或保安处分超过 5 年，则在该刑法或保安处分执行完毕后 10 年；

（2）若被科处 5 年以下刑罚或保安处分，则在刑罚或保安处分执行完毕后 5 年。

属轻微违反的情形，则服刑后经过一年，且在该期间内未再次被判罪时恢复权利。恢复权利不会对被判罪者因判罪而引致之确定丧失带来任何益处，亦不损害被害人或第三人从该判罪中获得的权利。

（三）非确定性取消

除确定性取消外，若利害关系人的表现有理由使人相信其已重新适应社会生活，则自刑罚或保安处分消灭时起经过下列期间后，具执行刑罚及保安处分管辖权的法院可以决定非确定性取消，即全部或部分取消应载于证明书内之裁判，但宣告禁止期间或无能力期间之裁判除外。

（1）如所科处之刑罚或保安处分超过 5 年，则经过 4 年；

（2）如所科处之刑罚或保安处分为 5 年以下，则经过 2 年。

此外，仅在申请人已履行对被害人在赔偿方面之债务，以任何法定方法证明该债务已消灭或证明债务不能履行时，方可做此非确定性取消。如利害关系人因故意犯罪而再次被判罪，则该取消自动废止。

（四） 裁判之不转录

本法规定，如被判不超过一年的徒刑或非剥夺自由的刑罚，且从犯罪情节推断其不会有再犯危险，则做出判罪之法院可以在判决或以后做出的批示内决定不将有关判决转录于刑事纪录证明书上。如利害关系人因故意犯罪而再次被判罪，则此取消自动废止。

五 未成年人的特别纪录制度

为了保障有刑事纪录的未成年人正常重返社会及获得充分的改过机会，法律对未成年人的刑事纪录设定了特殊制度，此制度具有相对独立性，发出相关刑事纪录证明书时须符合下列特定前提要件。

（1）依法做出申请，可以由资讯当事人之法定代理人做出申请，但仅以资讯当事人未满16岁为限；

（2）由具有执行刑罚及保安处分管辖权或具有对未成年人司法管辖范围之教育制度之程序做出审理之管辖权之法院提出要求；

（3）由任何法院提出要求，但仅以资讯当事人在年满16岁后实施可处以最高限度超逾3年徒刑之罪行或可将实际徒刑延长之罪行为限；

（4）由司法事务司就处理未成年人之教育事宜而提出要求。

资讯当事人年满21岁时，所有登载于未成年人之特别纪录中的裁判即自动及确定取消，任何情况下，均不得发出该纪录之证明书。

六 其他规定

（一） 声明异议及上诉

本法规定，对有关查阅刑事身份资料及其内容的声明异议，澳门身份证明局局长有权限做出决定；对其决定可以提起上诉。对在刑事纪录证明书内所做转录的合法性而提起的上诉，须向具执行刑罚及保安处分管辖权的法院提出，并由该法院做出裁判。

（二）法律效力的终止及文件的销毁

刑事身份资料的法律效力，随着确定取消及资讯当事人死亡而终止。

在刑事纪录登记表所涉及之人死亡一年后，须将其刑事纪录登记表自资料库中取出并销毁；如属宣告推定死亡的情况，则须在资讯当事人年满80岁后翌年将之销毁。载有已被确定取消的刑事纪录登记表，亦应自资料库中取出并销毁。不得查阅及转录电脑资料库内有关上述登记表中的有关资讯。刑事纪录证明书或其他载有刑事资讯的文件，如在发出后90日内未被提取，则须销毁。

此外，为保护个人隐私，本法之规定不妨碍适用更严格之制度，尤其是有关保护电脑上之个人资料之法例，如《个人资料保护法》。

第三节　第6/98/M号法律《对暴力罪行受害人的保障》

与民事诉讼模式中存在对等两造不同，在现代刑事诉讼中，由于对抗的两造分别为嫌犯（被告人）及代表国家的公诉机关，刑事被害人往往只具有参与诉讼或辅助诉讼的权利，其权利保障易被忽视。就世界各国立法来看，被害人大致可以通过两类诉讼途径要求嫌犯给予赔偿，一类是刑事诉讼附带民事诉讼的方式，如欧洲大陆国家、中国大陆、中国台湾等地的刑事附带民事诉讼程序；另一类则是单纯以民事诉讼的方式，如日本。但仅仅向加害人求偿往往不足以保障受害人的权益，尤其在加害人无赔偿能力时，需要有其他途径补偿被害人，平复因刑事犯罪而被损害的个人法益。这当中，从公共援助及国家责任的角度出发，对犯罪被害人的国家赔偿制度已成为很多国家和地区立法者的选择。欧美国家大多在20世纪中叶即建立起对刑事被害人的国家赔偿制度，如1963年新西兰设立的刑事赔偿法庭，1977年法国在其《刑事诉讼法典》中增设的刑事被害人的国家赔偿条款，1980年日本制定《犯罪被害人抚恤金法》。1985年，联合国在第40/34号决议《公正对待因犯罪及滥用权利而受害的被害人的基本原则宣言》中规定，成员国应向因严重罪行受害的受害者及其受养人提供金钱补偿。

1998年8月17日，澳门政府制定并颁布了第6/98/M号法律《对暴力

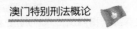

罪行受害人的保障》，确立了澳门对暴力犯罪被害人的政府补偿制度，当中包含两个与援助程序有关的罪名，一并简述如下。

一　受害人受援助的权利

（一）援助对象

本法只适用于对暴力罪行受害人的援助。所谓暴力罪行，应指《澳门刑法典》中设立的以暴力方式侵害人身权利的犯罪。相比刑事被害人或犯罪被害人的概念，暴力罪行受害人的范围要小得多，但从国家赔偿的角度，其的确是应获援助的最重要的一类刑事被害人群体。

具体而言，本法所涵盖的援助对象包括因在澳门境内或在澳门注册的船只或飞行器内发生的故意暴力行为而直接导致身体严重创伤的受害人，以及在引致死亡的情况下，根据民法有接受抚养权利的人士。该等人士即使在刑事诉讼程序中尚未成为辅助人或不能成为辅助人，也均可向澳门政府申请发放援助金。除此之外，受害人要获得援助，还需符合以下条件。

（1）受害人乃合法处身本地区或为合法在船只或飞行器内的人士；

（2）创伤引致长期无工作能力或暂时完全无工作能力不少于 30 日；

（3）损害引致受害人或有接受抚养权利的人士的生活水平受到相当大的影响；

（4）《澳门刑事诉讼法典》第 60～74 条规定，受害人可以民事当事人的身份，以一犯罪之实施为依据提出民事损害赔偿请求。据此做出的有罪判决，若其执行并未能确实对损害做出补偿，或倘可合理地预料不法分子及民事责任人将不对损害做补偿，而被害人又不能从其他途径获得确实及足够的补偿，则可提出补偿。

（二）援助金额

本法规定，根据衡平原则订定援助金额，每一受害人最高可获相当于公职薪俸表 1000 点乘以 5 的金额。此外，在紧急情况下，应向行政长官申请发给备用金。

二 援助的程序

（一）援助金的申请

援助金的发放权限属行政长官。法律规定，发放援助金的申请，应于引致该申请的事实发生日起一年内提出，否则失效。若已提起刑事程序，上款所指期限应延长，并在做出程序结束的决定一年后届满。援助金的发放，须有前述所指人士或检察院的申请。

（二）申请所需附件

申请须向行政长官做出并提交检察院办事处，申请中须描述所依据的事实，且应附有一切用作证明的有效资料，特别包括：

（1）欲取得的援助金额的指示；

（2）因损害而支付了费用的证明；

（3）有关事实发生前一年的收益税项申报副本，或倘欠缺该资料时提交最近期的工资单；

（4）任何已收到的款项的指示，以及可能对损害做全部或部分给付的人士、公共实体或私人实体的指示。若已在刑事程序或在法律容许的其他情况下提出赔偿请求，则申请内应载明是否获得任何赔偿及其金额。虚报资料的，本地区有权收回已支付予申请人的款项。

（三）对申请的审理

申请的审理权限属检察院，但法律亦规定有回避制度，即曾介入任何因引致援助申请的事实而提起程序的检察院人员不得参与审理。

检察院应听取申请人及赔偿负责人的意见，其有权要求获得有关犯罪事实的检举书及报案书的副本，以及任何已提起刑事程序的文件副本；有权向任何自然人或法人及任何公共部门要求有关负责补偿损害的人士的职业、财政或社会状况的资料。若赔偿负责人拒绝提供所需资料，且有充分理由相信该负责人具有欲隐瞒的资产或资源，检察院可依法向税务行政当局要求获得必要的资料。检察院应向有利于申请的任何知情者录取口供，并以书面记录。有关资料不得用于审理申请以外的用途，亦禁止泄露该资料。

审理应于 3 个月内完成，但因可接受的理由而由助理检察长批准延期者除外。审理完成后，委员会（下文述及）对援助金的发放及其金额发出意见书，并将有关卷宗送交行政长官做最后决定。意见书中应考虑受害人没有提出民事请求或已舍弃民事请求的情节。对落败票的解释性声明须载于意见书内。意见书发出之前，委员会主席或编撰人依职权或应委员会任何成员要求或任何利害关系人申请做出对审议申请有利的补充性措施，该等措施应在收到卷宗日起计 1 个月内完成。做出最后决定之前，委员会可以建议行政长官发放不超过本法所规定限额的备用金。

（四）代位权与归还

对于故意暴力犯罪行为人及纯粹民事责任人，本地区对被害人有代位受偿的权利，并以其发放的援助金连同法定利息为限额。易言之，本法所规定的援助仅当受害人无其他受援助途径时才能进行，已经发放援助金后，受害人获得的其他援助，政府可代位获得。

三 援助委员会

（一）委员会的组成及运作

委员会由行政长官指派的 2 位被认为有功绩的人士、律师公会指派的 1 名律师，以及行政法务司、社会文化司司长组成。委员会由行政长官以刊登于《澳门特别行政区公报》的批示委任，并独立地执行其职务。委员会主席和副主席由有关成员互选产生，任期 3 年。当没有主席和副主席，或两人均因故不能视事时，委员会会议由行政法务司司长召集和主持。委员会成员若对某些事项处于回避状况，特别是曾介入任何因引致援助申请的事实而提起的程序时，不得参与该等事项的审议。委员会会议在其大多数成员出席的情况下进行，并以投票过半数票的方式做出决议。

（二）职务的执行

被指派的委员会成员执行有关职务，为期 3 年。属公务员或服务人员的委员会成员在不损及原职位相应职务的情况下执行有关职务，但委员会的工作优先于原职位的工作。

四　与市法有关的罪名

本法涉及两个罪名：一是假资料罪。二是违反保密罪。

（一）申请援助假资料罪

本法第 23 条规定，根据明知是虚假或不正确的资料而按本法律的规定取得或试图取得援助金，构成申请援助金假资料罪。

本罪的行为对象为本法所规定的援助金，其行为方式是以明知是虚假或不正确的资料骗取援助金。即使未能实际取得援助金亦构成犯罪。

构成本罪的，处最高 3 年徒刑或科罚金。

（二）违反保密罪

本法第 9 条规定，泄露有关审理资料的行为可构成《澳门刑法典》第 189 条违反保密罪。

如前所述，法律规定，检察院在审理有关申请时，若赔偿负责人拒绝提供所需资料，且有充分理由相信该负责人具有欲隐瞒的资产或资源，检察院可依法向税务行政当局要求获得必要的资料。有关资料不得用于审理申请以外的用途，亦禁止泄露该等资料，否则即构成违反保密罪。违反保密罪，是指未经同意，泄露因自己之身份、工作、受雇、职业或技艺而知悉之他人秘密的行为。此处之"他人秘密"即指上述有关资料。

构成本罪的，处最高 1 年徒刑，或科最高 240 日罚金。

第四节　第 86/99/M 号法令《徒刑及收容保安处分之司法介入制度》

在执行自由处分的过程中适时进行必要的司法介入，有利于保障囚犯权利，并在此基础上帮助其矫正人格、重返社会，对行刑效果有着重要影响，应当作为行刑制度的重要组成部分。澳门有关剥夺自由处分的行刑制度早前主要规定在 1996 年前适用于澳门的《葡萄牙刑法典》及

1997 年前适用于澳门的《葡萄牙刑事诉讼法典》中。随着核准剥夺自由处分之执行制度的第 40/94/M 号法令及《澳门刑事诉讼法典》的公布，羁押制度及剥夺自由处分的行刑制度大部分由澳门法律规范，但司法恢复权利程序及特赦程序仍沿用葡萄牙延伸至本澳的有关法例的规定。鉴于该等法律已经陈旧，且剥夺自由处分之行刑制度对于犯罪人重返社会极为重要，澳葡政府结合澳门社情及国际立法趋势，于回归前制定了 11 月 22 日第 86/99/M 号法令《徒刑及收容保安处分之司法介入制度》，至此，有关执行剥夺自由处分之刑罚或保安处分及羁押制度的法律基本实现本地化。

本法规范在徒刑及收容保安处分之执行及其效果方面的司法介入制度，亦适用于非剥夺自由之刑罚及保安处分及羁押的司法介入。

一 一般性规定

（一）司法介入的事项

本法所规范的司法介入的事项包括：

（1）决定是否将有关之人送入有关场所；

（2）认可及执行重新适应社会之个人计划；

（3）巡视监狱场所；

（4）审理被囚禁者之投诉；

（5）对有关场所有权限机关所作之纪律裁定提起之上诉进行审理；

（6）灵活执行措施之给予及废止；

（7）从履行刑罚或保安处分之期间中扣除被囚禁者因装病而入院之时间；

（8）假释之给予及废止；

（9）刑罚之延长；

（10）对之后出现之精神失常进行审查；

（11）收容之终止、重新审查、复查及延长；

（12）考验性释放之给予及废止；

（13）决定是否将有关之人从有关场所释放；

（14）特赦之给予；

（15）司法恢复权利之给予及废止。

上述事项将在下文中一一详述。

（二）司法介入的程序

本法规定，司法介入所针对的对象若为被囚禁者，则基于该目的，须做成卷宗，并以附文方式将之并附于有执行权限之法官已收到之判刑或判保安处分之裁判之副本；若为受羁押者，则并附于首先提起之程序之卷宗。如司法介入涉及非剥夺自由之刑罚或保安处分，则有关程序在《澳门刑事诉讼法典》第14条所规定之法院进行，而该程序之卷宗须以附文的方式并附于判刑或判保安处分之程序之卷宗。

法官应要求有关场所领导人、监务部门或社会重返部门做出所需之解释。法官做出任何决定前须听取检察院之意见；检察院得要求有关场所领导人、监务部门及社会重返部门给予协助及所需之解释。

如法官认为社会报告有助于做出决定，或检察院认为社会报告对任何申请之调查系重要者，均得要求社会重返部门编制及送交社会报告。

（三）可将裁判变更之原则及紧急程序

本法规定，如提出供审定有关问题的新资料，则可以变更有关司法裁判，但另有规定者除外。如程序延迟进行可能损害其本身之目的，则该程序在法院假期期间仍进行。

二 司法介入重新适应社会之个人计划

（一）重新适应社会之个人计划的编制及认可

根据《澳门刑法典》第52条之规定，须为被判刑者制订重新适应社会之个人计划，让其知悉内容，并尽可能与其达成协议。相应地，本法规定，被囚禁者若被判处9个月或9个月以上之徒刑、可延长之徒刑或收容保安处分的，即须依法编制及核准其重新适应社会之个人计划及个人档案。在进入有关场所后90日内，须将重新适应社会之个人计划送交法官作认可，而该期间可由法官延长最多30日。

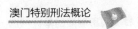

（二）重新适应社会之个人计划的执行

本法规定，跟进被囚禁者的社会重返部门须每隔 4 个月编制关于执行重新适应社会之个人计划的社会报告一次，并将之送交有关法官。

三 巡视监狱场所

（一）巡视的方式

巡视监狱场所是法官进行司法介入的重要形式之一。在巡视监狱场所时，法官有权在有关设施里自由走动并查问任何工作人员、因被判徒刑或收容保安处分而被囚禁之人，又或受羁押之人。

（二）听取被囚禁者之陈述

欲向法官提出口头请求之被囚禁者，应最迟于巡视前一日向监狱场所领导人表示此意愿。法官须在检察院在场的情况下听取被囚禁者之陈述。

（三）巡视结束后的决定

巡视结束时，法官应与检察院及监狱场所领导人举行会议，所做的决定须以书面方式通知监狱场所领导人与检察院，以及在有需要时，通知有关被囚禁者。

四 被囚禁者之投诉

本法规定，被囚禁者或受羁押者有权向有执行权限之法官做出投诉。投诉须以书面方式做出。法官在听取检察院及有关场所领导人意见后，须因应事情之需要尽快做出决定。

五 对纪律裁定之上诉

本法规定，被囚禁者或受羁押者有权就被采用隔离于普通囚室 8 日以上或收押于纪律囚室 8 日以上的纪律裁定提起上诉。

六 徒刑与收容保安处分之灵活执行

(一) 一般规定

除《澳门刑法典》规定有对徒刑的暂缓及易科之外，本法亦对徒刑与收容保安处分的执行规定了三类灵活变通措施：一是长时间外出之准许；二是短时间外出之准许；三是开放性制度。

给予灵活执行措施须符合下列一般条件，在此基础上再由法官根据具体变通措施的许可要件决定是否给予变通措施。

(1) 并不属于基于本身性质或严重性在社会上造成广泛反响之犯罪，或属于这种犯罪，但预计给予该措施不会再次产生该反响；

(2) 无惧被囚禁者逃避刑罚或保安处分之执行；

(3) 无惧被囚禁者利用该措施做出不法行为；

(4) 基于被囚禁者将处之家庭状况或社会环境，认为宜采用该措施；

(5) 从被囚禁者履行刑罚或保安处分一直以来之人格发展并无显示不应采取该措施；

(6) 非由被囚禁者主动提出申请者，须获其本人同意；

(7) 被囚禁者须履行被命令履行之义务。

此外，不得以纪律性质之理由为依据而不给予任何灵活执行措施。

(二) 长时间外出之准许

1. 准许的要件

对于因被判处 6 个月或 6 个月以上徒刑或收容保安处分而被囚禁之人，如其未被列为 7 月 25 日第 40/94/M 号法令第 8 条所指之防范类，应按以下规定给予其长时间外出之准许：①对于被列为信任类之被囚禁者，在其被囚禁 6 个月后或履行 1/3 之刑罚或保安处分后，以二者中对其较有利者为准，又或如属初犯之情况，在其被囚禁 2 个月后，每年可准许其连续或间断外出 16 日；②对于被列为半信任类之被囚禁者，如其已履行 1/4 之刑罚或保安处分，且被囚禁绝不少于 6 个月，每 6 个月可准许其外出 8 日；③在履行刑罚或保安处分之最后 3 个月内，可准许其连续或间断外出 8 日。

一般情况下，准许长时间外出之时间，不从履行刑罚或保安处分之期间中扣除。

2. 准许的废止

如被囚禁者并无在其被指定之期间内返回有关场所，且无提出及证明此情况系因合理障碍所致，则须废止长时间外出之准许。如被囚禁者在准许长时间外出的期间内再次犯罪，亦须废止该准许。如被囚禁者不履行被命令履行之义务，可以废止长时间外出之准许，又或单纯对其做出警告。

废止长时间外出之准许的法律效果为从履行刑罚或保安处分之期间中扣除被囚禁者自由之时间；自被囚禁者返回有关场所起计一年内不给予新准许。

（三）短时间外出之准许

本法规定，对于被列为信任类之被囚禁者，每3个月被给予为时48小时之短时间外出之准许。

（四）开放性制度

对于被列为信任类之被囚禁者，在其被囚禁6个月后，可以给予开放性制度，使其可在一个确实必需之时段离开有关场所，以从事职业，修读职业培训课程或学校培训课程。

（五）给予灵活执行措施的程序

给予灵活执行措施，属法官之权限。有关场所领导人及被囚禁者提出给予灵活执行措施的申请。将申请做成卷宗后，由法官审查是否具备给予措施之形式要件，并将有关裁判通知检察院及被囚禁者，并知会有关场所领导人。

（六）废止灵活执行措施之程序

本法规定，废止灵活执行措施，属法官之权限。程序应由检察院或有关场所领导人之申请提起。将有关批示或申请做成卷宗后，法官就程序是否合乎规范做出初步裁判。如具备足够资料使人确信有关申请理由不成立，法官须立即对实体问题做出裁判，并命令将卷宗归档。如程序继续进行，法官须依职权或应有关申请，审查是否有可能听取被囚禁者之陈述，以及是否有需要澄清或补充所提交之证据或实行其他措施。

最终裁判须在8日内做出，并将之通知检察院、被囚禁者及其辩护人，且须知会有关场所领导人，如措施被废止，则亦须知会判处刑罚或保安处分之法院。

七 假释之给予

(一) 一般制度

有关假释的给予或废止适用《澳门刑法典》及《澳门刑事诉讼法典》的相关规定。跟进获假释者之社会重返部门须在 60 日内提交获假释者的重新适应社会之个人计划予法官，此外还应每 3 个月向法官提交一份关于被因禁者行为的社会报告。

(二) 假释之废止

1. 废止的程序及效果

废止假释的程序，视乎情况系依职权或应检察院或社会重返部门之申请而开始，又或系在将因获假释者犯罪而判其有罪之确定司法裁判之证明送交法官时开始。废止假释之效果，始于在给予假释后逮捕获假释者之日。

2. 防范性逮捕

在废止假释之程序进行期间，以及基于急切谋求且公认之公共利益，均得按有执行权限之法官之命令，逮捕获假释者。

八 刑罚之延长

刑罚之延长程序适用《澳门刑事诉讼法典》的有关规定。

九 从有关场所之释放

因徒刑消灭而被释放的程序适用《澳门刑事诉讼法典》的有关规定；因收容终止而从有关场所释放的程序适用本章第一节第 40/94/M 号法令的有关规定。

十 特赦之给予

剥夺或非剥夺自由之刑罚或保安处分之特赦申请，视乎情况应由被判

刑或判保安处分之人、其代理人或诉讼代理人、证明以被判刑或判保安处分之人名义提出申请之人、有关场所领导人或社会重返部门提出。对于特赦申请，法官须在 8 日内发表意见。

十一　司法恢复权利之给予及废止

（一）请求

与剥夺或非剥夺自由之刑罚或保安处分之判处有关之司法恢复权利的申请，应由有关之人、其代理人或诉讼代理人提出，又或证明以被判刑或判保安处分之人名义提出申请之人提出。

（二）程序

收到申请书后，法官须审查所提交之文件；如因证实欠缺司法恢复权利之前提而须初端驳回有关申请，则法官须做此裁判，并命令将卷宗归档及通知申请人。如程序继续进行，则法官命令采取其认为适宜之证明措施，并要求最后跟进有关之人之社会重返部门编制及送交关于其行为之社会报告并做出裁判。

（三）废止

司法恢复权利之废止应随检察院之申请而宣告。关于废止灵活执行措施之程序之制度，经做出必要配合后，适用于司法恢复权利之废止程序。

十二　对司法裁判之上诉

（一）可上诉性与正当性

对法官做出的前述有关裁判，可提起上诉。检察院，以及被囚禁者、被判刑或判保安处分之人、申请人，又或上述任何一人名义上诉之诉讼代理人或辩护人，均具有提起上诉之正当性。

（二）中止效力

对给予灵活执行措施、假释、考验性释放及司法恢复权利之裁判提起之上诉，以及对在达到最长期间之前命令终止收容之裁判提起之上诉，均具中止效力。上诉为按刑事诉讼程序之平常上诉方式提起及进行。

第五节　第6/2001号法律《因利用不可归责者犯罪情节的刑罚加重》

澳门立法会于2001年制定并颁布了第6/2001号法律《因利用不可归责者犯罪情节的刑罚加重》，为《澳门刑法典》总则增加一条，即第68－A条（刑罚的加重）。本条规定，在不妨碍法律明确规定刑罚加重之其他情节或规定的情况下，倘行为人透过不可归责者做出事实，适用刑罚之最高限度和最低限度均加重1/3。

一　透过不可归责者做出事实

本法针对的是透过不可归责者做出事实的情形。根据《澳门刑法典》总则的规定，不可归责者可分为两类：一是由第18条规定的因年龄之不可归责者，即未满16岁之人。二是由第19条规定的因精神失常之不可归责者，即因精神失常而做出事实时，无能力评价该事实之不法性，或无能力根据该评价做出决定者。通过不可归责者实施犯罪即学理上所谓间接正犯，利用者与不可归责者并不构成共同犯罪，利用者本身就是"正犯"。

对间接正犯加重处罚的情形在各国、各地区立法中并不鲜见，如内地刑法对教唆未成年人的犯罪人有从重处罚的规定①。但两者还是有所区别，本法中所使用的"透过"一词，字面意义上较"教唆"范围更广，还应包括除教唆外的其他利用方式。

---

① 需要说明的是，对中国内地刑法此项规定的理解存在不同观点，一种观点认为此处"未成年人"包括所有未成年人。另有观点认为仅指已满14周岁或16周岁但未满18周岁的应当承担刑事责任的未成年人，而非不满14周岁或16周岁而无须承担刑事责任的未成年人，因为后者不能与利用者形成共同犯罪，利用者仅为间接正犯，而非作为共同犯罪人的教唆犯。分歧源于对间接正犯及教唆犯的理解。若从立法原意，即对唆使心智尚未健全的未成年人实施符合罪状行为的人的从严立场，此处自然应包括所有的未成年人，但若从内地刑法对共同犯罪及教唆犯的法律定义，则此处的确不应包括不可归责的未成年人。参见高铭暄、赵秉志《刑法学》（第五版），北京大学出版社、高等教育出版社，2011，第178页。

二 加重处罚

本法规定，若行为人利用不可归责者实施构成犯罪的行为，则不仅要承担正犯的刑事责任，且对其所适用刑罚的最高限度和最低限度均加重 1/3，且此加重并不妨碍法律本已就各罪设立的加重情节或规定。如杀人罪，应处 10 ~ 20 年徒刑。若行为人利用不可归责者实施杀人行为，则应处 13 年 4 个月至 26 年 8 个月。

第六节　第 2/2007 号法律《违法青少年教育监管制度》

对未成年犯罪人的法律保护是未成年人保护的重要环节。未成年人身心发育尚未健全，但应基于刑事责任年龄的规定而须为其实施的符合罪状的事实承担刑事责任及接受刑罚处罚。现代刑法除对未成年嫌犯量刑的从宽规定外，对未成年人犯罪人的行刑亦应设有相应的保护性制度。各国及国际社会多对未成年犯罪人专门立法予以保护，以保障其身心发育，帮助其重返社会①。

回归前，为适用葡萄牙关于海外省未成年人司法保护制度的有关规定，并配合《澳门民法典》中有关未成年人保护的内容，澳葡政府于 1999 年制定并颁布了第 65/99/M 号法令《未成年人司法保护制度》，确立了澳门对未成年人的司法保护制度，其中包括教育制度及社会保护制度两方面，分别适用于已做出被法律定为犯罪之事实之未成年人及可能受危害之未成年人。

回归后，为适应回归后澳门社会情况的变化及与特区有关法律的衔接，澳门立法会于 2007 年制定并颁布了第 2/2007 号法律《违法青少年教育监管制度》，将第 65/99/M 号法令中针对已做出被法律定为犯罪事实的未成年人的教育制度废止②。本法对做出符合罪状事实的未成年人的教育监管做出系统规定，既体现了对未成年人的保护，亦为防止其（成年后）再犯设立了

---

① 国际性法律文件如《儿童权利公约》《囚犯待遇最低限度标准规则》《联合国少年司法最低限度标准规则》《联合国预防少年犯罪准则》及《联合国保护被剥夺自由少年规则》等。

② 由于第 65/99/M 号法令被保留的社会保障制度针对的是尚未做出符合罪状事实的未成年人，因此本书未将该法令的内容纳入。

较为全面的矫正和预防措施。

一 一般性规定

（一）立法目的及适用范围

本法旨在制定对违法青少年的教育监管制度。根据《澳门刑法典》第18条之规定，未满16岁之人，不可归责。本法适用于在年满12岁尚未满16岁时于澳门做出被法律定为犯罪或轻微违反的事情的青少年，但须接受精神卫生护理的青少年除外。此外，仅在青少年做出事实之前的法律及对其采用教育监管措施时的法律，均将其所做的事实定为犯罪或轻微违反，方可对其采用本法律所订定的教育监管措施。易言之，青少年实施的行为在行为前被法律规定为犯罪或轻微违反，而行为时的法律不认为是犯罪或轻微违反，或者其行为在行为前不被法律规定为犯罪或轻微违反，而仅在行为时的法律规定为犯罪或轻微违反，该等青少年均非本法所称之违法青少年。

（二）教育监管措施的一般规定

1. 目的和种类

本法规定，教育监管措施的目的在于教育青少年遵守法律及社会共同生活的最基本规则，使青少年能以适当和负责的方式融入社群生活。

教育监管措施共有8种，即警方警诫、司法训诫、复和、遵守行为守则、社会服务令、感化令、入住短期宿舍，以及收容。就同一事实对同一青少年不得采用多于一项的教育监管措施。

2. 执行措施的时限

教育监管措施的执行至青少年年满21岁时即须终止。

3. 措施的选用

本法规定，在具体选用教育监管措施时，法官须根据违法行为的性质及严重性、青少年的人格、过往的行为，以及对被害人造成的损害，考虑拟选用的措施实际上能否执行，以及针对青少年及其父母、监护人或实际照顾青少年的实体对拟选用措施的接受程度，而选择对每一个案最适合的措施。如青少年做出多于一项被定为犯罪或轻微违反的事实，则法官按教

育该青少年遵守法律及使其能融入社群生活方面的具体需要，采用一项或多项教育监管措施。

4. 多项措施的采用

如对涉及一个或多个程序的同一青少年采用多项教育监管措施，而法官认为各项教育监管措施实际上能同时执行，则须决定同时执行该等措施。如法官认为不能同时执行同一程序中所采用的多项教育监管措施，则法官在听取检察院的意见后，须以其他教育监管措施的全部或部分替代原先采用的各项教育监管措施，或命令逐一执行此等教育监管措施。

5. 教育监管措施与刑罚的一并执行

本法规定，如青少年在教育监管程序中被采用教育监管措施，且在刑事诉讼程序中被科处刑罚，则须一并履行该等措施及刑罚，只要两者能同时执行。

（1）实际徒刑。如青少年被判处实际徒刑，且有罪判决已确定，则原先采用的教育监管措施须视乎情况而终止执行或不开始执行。

（2）罚金或暂缓执行徒刑。如对正在履行收容措施的青少年科处罚金或暂缓执行徒刑，则做出判决的法院可决定暂缓执行徒刑。

（3）羁押。如对正在履行收容措施的青少年采用羁押措施，则收容措施的执行不中断，且青少年在羁押期间仍留在少年感化院内，即使羁押已终止，仍须继续执行尚未完结的收容措施。如青少年继续留在少年感化院，有可能危害少年感化院的安全或秩序，则刑事诉讼程序的法官依职权或经少年感化院建议，可命令将青少年移送监狱进行羁押。为此，收容措施的执行须中断。

6. 紧急程序

如延迟进行程序可能损害青少年的利益，则该程序具紧急性质，在司法假期仍须进行。

7. 司法当局的权力

本法规定，法官可要求公共及私人实体、青少年的父母、监护人或实际照顾青少年的实体做出所需的解释。法官在做出任何决定前须听取检察院的意见，而检察院可要求公共及私人实体、青少年的父母、监护人或实际照顾青少年的实体提供协助和做出所需的解释。

8. 社会报告

社会报告由社会重返部门或少年感化院撰写，用作辅助司法机关了解青少年的人格、行为，以及了解其社会、家庭的背景及经济、教育的状况。作为终局裁判所依据的社会报告，称为"判前社会报告"。

二 教育监管措施的内容

（一）警方警诫

1. 警方警诫的目的及前提

警方警诫是指治安警察局的专责小组在青少年的父母、监护人或实际照顾青少年的实体面前，以严正的方式向青少年指出其行为的不法性、不正确之处和再次做出该行为可能产生的后果，告诫其所做的行为须符合法律规范及法律价值观，并鼓励其以适当的和负责的方式融入社群生活。

本法规定，在符合下列全部条件时，方可采用警方警诫：①青少年做出被定为轻微违反的事实，或做出被定为非经告诉或自诉不得追诉的犯罪的事实，但被害人表明有意就有关犯罪做出追诉者，则不做警方警诫；②青少年在年满 12 岁后首次做出上项所指的事实；③青少年及其父母、监护人或实际照顾青少年的实体以书面方式同意采用警诫措施。

2. 警方警诫的执行

治安警察局须指派具适当资格且已接受适当培训的人员负责警方警诫工作。警方警诫须自查获青少年之日起计 30 日内做出。青少年及其父母、监护人或实际照顾青少年的实体，在警方警诫程序中的任何时刻均可委托律师。

（二）司法训诫

司法训诫是指法官向青少年做出严正警告，指出其行为的不法性、不正确的处及后果，告诫其所做的行为须符合法律规范及法律价值观，并鼓励其以适当的和负责的方式融入社群生活。

（三）复和

复和措施是指召集违法行为所涉及的人举行复和会议，旨在协助青少年不再做出不法行为，使其认识其行为的不正确之处，以及使青少年能真心悔过，并取得被害人的谅解。本法规定，复和措施由法官依职权决定采用，又或经社会重返部门在判前社会报告中或在执行其他教育监管措施期间建议而决定采用，但均须征得被害人同意。

在复和会议中应通过协商，定出青少年所须做出的下列全部或部分的行为：向被害人道歉；就由其造成的财产损害，向被害人做出全部或部分经济上的补偿；为非营利机构进行社会性质的活动；遵守被认为必需的行为守则。复和会议由负责有关程序的法官主持；如经法官以附理由说明的批示许可，亦可由社会重返部门的人员主持。

（四）遵守行为守则

遵守行为守则是一项跟进和指导措施，旨在设定或强化规限青少年行为的条件，使其行为符合社群生活的基本法律规范及法律价值观。

行为守则主要包括：不得前往某些场合、地方或观看某些映演项目；不得与某些人为伍；不得加入某些团体或参加某些社团；不得持有某些物件；不得饮用含酒精的饮料、服用麻醉品或精神科物质；接受心理辅导和遵从为其订定的指示。

遵守行为守则的期间最短为 3 个月，最长为 1 年。社会重返部门负责监督本措施的执行。

（五）社会服务令

社会服务令是指由法院命令青少年进行有利于公共实体或非营利的私人实体的特定活动。本法规定，社会服务的时数最短为 20 小时，最长为 240 小时，且应在一年内完成。社会重返部门负责监督本措施的执行。

（六）感化令

感化令措施是指执行一项个人教育计划，该计划应包含法官对青少年所定的、符合其需要的活动，以及法官对青少年的父母、监护人或实际照顾青少年的实体所定的义务。本法规定，法官可规定受感化令约束的青少年须遵守的某些行为守则。由社会重返部门负责编制个人教育计划，并辅助、指导和跟进青少年履行该计划。感化令措施的期间最短为 6 个月，最长为 3 年。

（七）入住短期宿舍

入住短期宿舍是指青少年须在短期宿舍内留宿，日间可外出工作或学习，并于指定时间返回宿舍。本法规定，对处于下列任一情况的青少年，可采用入住短期宿舍措施。

（1）做出被定为犯罪的事实，且不适合对其采用其他措施；

（2）经社会重返部门跟进教育监管措施的执行，但其行为未有改善；

（3）在少年感化院接受收容措施，且离院时须继续接受辅助或跟进；

（4）做出被定为犯罪或轻微违反的事实及缺乏家庭支持，且不适合对其采用其他措施。

入住短期宿舍的期间最短为 1 个月，最长为 1 年。社会重返部门负责监督本措施的执行。

（八）收容

收容是指使青少年离开自由环境而留在少年感化院，该措施旨在向青少年灌输符合法律的价值观，并使其获得知识及技能，以便其日后能以适当的和负责的方式融入社群生活。

本法规定，青少年做出下列事实，如不适合对其采用其他措施，则须采用收容措施。

（1）做出被定为可科处最高限度超过 3 年徒刑的犯罪的事实；

（2）再次做出被定为犯罪或可处以徒刑的轻微违反的事实。

收容措施的期间，最短为 1 年，最长为 3 年。如青少年做出被定为可科处最高限度超过 8 年徒刑的犯罪的事实，或做出多于一个被定为可科处最高限度超过 5 年徒刑的侵犯人身罪的事实，则收容措施的期间最短为 3 年，最长为 5 年。在特定情形下，法官经听取少年感化院的建议后，可基于教育青少年的需要，将收容措施延长最多 3 年。

三 相关司法程序

（一）一般性规定

1. 归档

在下列任一情况下，不开展程序，并将提起程序的文件归档。

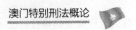

（1）程序在青少年年满 18 岁后方提起；

（2）青少年被科处实际徒刑。

如程序已开始进行，但在有关裁判确定前该程序所涉及的青少年已年满 18 岁，则将卷宗归档。

2. 青少年的权利

本法规定，青少年在接受教育监管措施的过程中，享有以下权利：

（1）获告知所享有的权利；

（2）由司法当局依职权或在其本人要求下，听取其陈述；

（3）不回应任何实体就向其归责的事实或就该等事实所做声明的内容而提出的问题；

（4）不回应有关其行为、性格或人格的事宜；

（5）在其要求时，得到精神病学或心理学专家的辅助，以评估是否有需要采用教育监管措施；

（6）提出证据及申请措施；

（7）按本法律的规定对裁判提起上诉。

在任何情况下，青少年均无须宣誓。

3. 程序的单一性

即使青少年被指做出多个事实，亦仅以单一程序处理。如有正在待决的程序，则一并审理。

4. 司法保密

卷宗即使已归档，亦属保密，不得要求查阅或取得该卷宗，亦不得取得从该卷宗内任何部分制作的副本或证明。但在青少年年满 21 岁前，具有执行刑罚或保安处分职权的法官可要求取得卷宗或从该卷宗制作的证明。在青少年年满 21 岁前，具正当性提起上诉的人或其诉讼代理人可查阅卷宗和取得从该卷宗制作的证明，而为撰写社会报告或观察青少年，社会重返部门及少年感化院亦可查阅卷宗和取得从该卷宗制作的证明。

5. 辅助人与辩护人

本法规定，在教育监管程序中不设辅助人。在程序的任何阶段，青少年及其父母、监护人或实际照顾青少年的实体，均可委托辩护人或按有关给予司法援助的法例，向法院申请指定辩护人。法官应听取青少年的陈述。

（二）程序

1. 程序的发起

程序由法官依职权批示开展，又或应检察院的申请或任何人以口头或书面方式做出检举而开展。获悉有关事实的检察院、刑事警察机关、公共行政工作人员有义务做出申请。

2. 被害人的检举权

如有关事实被定为非经告诉或自诉不得追诉的犯罪，则仅被害人具有对正当性做出检举的权力。如被害人撤回有关追诉的表示，程序即行终止。

3. 对青少年的拘留和送交

属现行犯的情况，刑事警察机关以最短且不超过 48 小时的时间，将青少年送交法官，以便对其讯问；属非现行犯的情况，以最短且不超过 12 小时的时间，将青少年送交法官，以便对其讯问。刑事警察机关应立即将拘留青少年一事通知青少年的父母、监护人或实际照顾青少年的实体；如不能立即通知，亦须在最短时间内以最快捷的方法为之。

4. 法官的初端批示

法官须立即或在简要调查后做出下列行为，该简要调查应以口头方式进行。

（1）命令将上述文件归档。如显示青少年并没做出有关事实，又或经考虑对其所做的事实属轻微，以及考虑该青少年在做出事实之前、之后的行为及其社会、家庭的背景和教育状况，而认为无须采用任何教育监管措施；

（2）命令立案。如不属上项规定的情况。

5. 调查

立案后，实行必需的证明措施，以便查证有关事实是否存在、评估是否有需要采用教育监管措施，以及决定采用何种教育监管措施。

调查案件，主要采取下列证明措施及证据方法。

（1）听取青少年的陈述；

（2）听取青少年的父母、监护人、实际照顾青少年的实体或其他人的声明及证言；

（3）审查社会报告；

（4）对青少年进行观察；

（5）举行调查证据的联合会议；

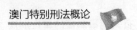

（6）要求任何实体提供资料和实行措施。

案件的调查完成后，须将卷宗送交检察院检阅，以便其在 8 日内发出意见书。

6. 简易裁判

如法官认为有关批示、申请书或检举文件所载的事实已获证明，且基于做出裁判时教育青少年的需要，认为应对其采用前述有关措施，则在说明理由的情况下，采用其认为适当及可行的措施。否则，即应命令将卷宗归档。

可由法官决定进行听证程序。听证结束后，由法官做出裁判，但必须事先听取社会工作服务范畴技术员的意见。

7. 上诉

对于结束程序的裁判、采用或维持保全措施的裁判、采用教育监管措施的裁判或经重新审查教育监管措施后所做的裁判、拒绝有关要求法官回避的申请的裁判、不认可本法第 20 条第 3 款所指复和建议书的裁判、以及损害青少年或第三人的人身权利或财产权利的裁判，当事人，包括青少年、其父母、监护人或实际照顾青少年的实体以及检察院有权提起上诉。

上诉向中级法院提起，中级法院做事实审及法律审。

四　教育监管措施的执行

（一）撰写和送交社会报告

本法规定，如需执行非收容性质的措施，则社会重返部门须每 6 个月撰写一份关于青少年行为的社会报告，当中尤其须指出其遵守所规定的行为守则、义务或条件的情况，并将之送交法官。

（二）收容措施

1. 一般原则

执行收容措施时，应尊重青少年的人格及绝对公正无私，不得因其血统、性别、种族、语言、原居地、宗教、政治信仰、意识形态、文化程度、经济状况或社会状况而有任何歧视。

2. 权利与义务

被收容的青少年享有人格及宗教自由受尊重的权利，以及正当权益受尊重的权利，但同时亦应承担以下义务，包括尊重他人和不侵犯他人财产的义务、逗留义务、服从义务、有礼义务、整洁义务、合作义务、勤谨义务，以及守时义务。

3. 进入少年感化院

在安排青少年进入少年感化院时，应避免有其他青少年在场，以保护其个人隐私。应确保不同性别的青少年完全分隔，履行收容措施与接受观察的同性别的青少年亦应完全分隔。

4. 探访与对外联系

青少年有权按内部规章的规定，定期获其直系血亲尊亲属、监护人或实际照顾青少年的实体、直系血亲卑亲属及兄弟姊妹的探访，且每次的探访时间不少于1小时。

青少年亦有通信权。但若青少年与某些人的通信可能危害少年感化院的安全或秩序，又或可能对青少年造成不良影响或妨碍其重返社会，少年感化院院长可禁止青少年与该等人通信，或指派技术员对有关通信进行适当监察或检查。

5. 宗教自由

青少年有宗教信仰的自由，不得被迫参加任何宗教活动或仪式，或被迫接受任何信仰的宗教人士的探访。少年感化院应尽可能向其提供为此目的所需的适当资源。

6. 医疗及药物的援助

青少年及留在母亲身边的子女有权按内部规章的规定，免费接受初级卫生护理。

7. 义务教育

青少年有权按内部规章的规定，就读完成义务教育所需的课程，并有权参加由少年感化院安排的其他教学活动。感化院应尽可能创造条件，使青少年能修读函授课程及通过电台节目或电视节目教授的课程。

（三）特别安全措施

为保证执行教育监管措施的安全，本法就有关安全措施作出规定。

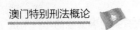

1. 安全措施的种类

可向履行收容措施的青少年采取的特别安全措施包括搜查、禁用或扣押特定物件、人身强制、隔离。

2. 采取措施的前提及要件

仅当采用其他方法不能避免出现危险状况，尤其按青少年的行为或情绪状况而显示其极有可能逃走或做出伤害其本人、他人或毁坏对象的暴力行为时，又或在少年感化院的秩序或安全受到相当扰乱的情况下，方可批准采取特别安全措施。

3. 采取措施的职权

由少年感化院院长命令采取特别安全措施。在迫切危险的情况下，可由少年感化院的任何负责人命令采取特别安全措施，但应尽快将该命令交由少年感化院院长确认。

（四）纪律制度

违反纪律是指青少年有过错地违反本法所规定的义务。

1. 纪律处分的种类

（1）单独申诫或在其他青少年面前公开申诫；

（2）不准参加康乐或体育活动，为期最长 2 个月；

（3）在少年感化院进行额外的协助服务，为期最长 3 个月；

（4）将青少年违反法律及规章的规定而持有的款项收归法务公库所有；

（5）将青少年安排入住单人寝室，为期最长 1 个月。

2. 纪律处分的程序

对青少年做出纪律处分，属少年感化院院长的职权。做出纪律处分前，必须进行项目调查；调查时，应听取违纪者的陈述，以及询问一切能提供有用资料的人。须将做出纪律处分的决定及有关的理由说明，以书面方式通知青少年。如违纪行为构成非经告诉或自诉亦可追诉的犯罪或构成轻微违反，且有关青少年在做出有关事实时已年满 16 岁，则少年感化院院长须将此事通知具权限的司法当局，以便提起有关程序。

（五）按《有组织犯罪法》对青少年的收容

根据《有组织犯罪法》第 22 条之规定，做出符合黑社会罪、以保护为名的勒索罪之不法事实的不可归责的未成年人，受适合其年龄及危险性的收容制度管制。按此规定被采用收容措施的青少年,法官可在做出收容命令的同时,决定采用特别安全措施中的隔离措施。

（六）执行措施时的司法介入

为充分保障违法青少年的权益,本法规定,在执行相关措施时有以下形式的司法介入。

1. 巡视少年感化院

法官有权巡视少年感化院,并可要求检察院司法官、司法辅助人员或少年感化院任何工作人员陪同巡视少年感化院。

2. 向法官做出的投诉

青少年有权随时向具执行收容措施权限的法官,就有关青少年本身利益的事宜以书面方式做出投诉。法官须自接获有关投诉之日起计 15 日内做出裁判。

3. 对纪律裁决的上诉

青少年、其父母、监护人或实际照顾青少年的实体,可就有关纪律处分的裁决,向法务局局长提起诉愿,但属申诫处分除外；法务局局长须在 5 日内就该诉愿做出决定。就驳回上款所指诉愿的决定,可在 5 日内向负责执行收容措施的法官提起上诉。法官在听取检察院及其认为有需要听取的人的意见后,须在收到上诉之日起计 5 日内做出裁判。

4. 终止收容措施

对收容措施的终止,适用经做出必要配合后的《澳门刑事诉讼法典》及本法的有关规定。由少年感化院院长声请法官发出终止收容措施的命令状；如青少年未经批准而离开少年感化院,则收容措施的执行即中断,其所离开的时间不计入执行措施的期间。

五　与本法有关的违反保密罪

为保护未成年犯罪人的隐私,本法第 37 条规定,违反本法对有关青少年卷宗的司法保密制度的行为,构成违反保密罪。

本罪的行为方式包括两类：一是将全部或部分卷宗或从该卷宗制作的全部或部分证明不正当交付他人、供他人查阅,或透露其内容；二是使用卷宗或使用从该卷宗制作的证明的人,将之用于有别于其明确指出的用途。

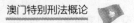

前已述及，本法规定了对相关青少年卷宗的司法保密制度，除非特定情形，则卷宗即使已归档，亦属保密，不得要求查阅或取得该卷宗，亦不得取得从该卷宗内任何部分制作的副本或证明。违反此司法保密制度的行为，当属不法。

构成本罪的，处最高 2 年徒刑或科最高 240 日罚金。

根据《澳门刑法典》第 335 条之规定，违反司法保密罪是指不正当让人知悉因司法保密而不应泄露之刑事诉讼行为之全部或部分内容，或不正当让人知悉不容许一般公众旁听诉讼过程之刑事诉讼行为之全部或部分内容的行为。如规范该诉讼之法律不对该情况规定另一刑罚，则处最高 2 年徒刑，或科最高 240 日罚金。可见，两者为特殊法和一般法的关系，且法定刑幅度相同，发生竞合时，显应适用本法。

下编 **附属刑法**

第十一章
公民权利范畴的附属刑法

第一节　第 8/89/M 号法律《视听广播业务
之法律制度》的附属刑法

　　按照《澳门组织章程》第 31 条第 1 款 a、d 及 j 项之规定，澳门立法会于 1989 年制定了第 8/89/M 号法律《视听广播业务之法律制度》（以下简称《视听广播法》）。本法的目的在于为发展本地区自由而具有责任感的电台及电视台提供法依据，在规定进入及经营视听广播事业的有关制度的同时，保护信息权及视听广播事业的自由。法律规定，电视广播是一项公共服务，应通过签署批给合约而提供；电台广播则须受牌照制度的约束。同时亦规定信息及节目安排的自由，即思想表达及信息权的行使不应受到检查、阻碍或歧视，视听广播经营者在节目安排方面独立、自主，任何公共或私人机构不得对其做出阻碍或强迫的行为。

　　本法的附属刑法部分规定了有关犯罪行为的认定及处罚。其中，直接规定的罪名为非法经营广播业务罪。此外，结合《澳门刑法典》分则之规定，有关行为还可构成侵犯名誉罪一章中的诽谤罪、侮辱罪、恐吓罪、公然教唆犯罪罪，以及违令罪。

一 犯罪

(一) 非法经营广播业务罪

《视听广播法》第 70 条规定的非法经营广播业务罪，是指未取得行政当局批给的合约而经营电视广播业务，或者未获批牌照而经营电台广播业务的行为。

本法对电视广播和电台广播规定了不同的准入制度。其中，电视广播事业须通过批给合同才能经营。批给以竞投方式进行，也可在有充分及适当依据的理由时，以直接洽谈的方式进行。即使通过竞投，也可以基于公共利益的理由不做出批予。批给合约及其有关修改必须在政府公报刊登，且不允许分批批给。电台广播事业则受发牌制度管制，在获得牌照后，方可经营。为经营电台广播事业而发出的牌照，事前须进行竞投，但有重大理由及适当解释而进行直接洽谈的情况则除外。即使通过竞投，也可基于公共利益的理由拒绝发牌。牌照须经特别行政区行政长官批给并在政府公报刊登。基于以上规定，凡未按上述合法准入批给而经营视听广播业务的行为，属不合法，即构成非法经营广播业务罪。

非法经营广播业务，将引致封闭发射站及有关设施，其负责人并须受下列处分。

(1) 当发射是以分米波发出者，至 2 年之监禁及澳门币 30 万元至 60 万元之罚款 (电视广播)；

(2) 当发射是以百米波发出者，至 1 年之监禁及澳门币 15 万元至 30 万元之罚款 (电台广播：调幅)；

(3) 当发射是以米波发出者，至 6 个月之监禁及澳门币 7.5 万元至 15 万元之罚款 (电台广播：调频)。

因上款效力而被封闭的设施内所存有的财产，将宣告归由本地区所有，但不损害善意的第三者的权益。

(二) 一般法例中的相关罪名

1. 恐吓罪、公开及诋毁罪、侵犯行使公共当局权利之法人罪、公然教唆犯罪罪

本法规定，随着有关节目的播放，对公共当局诽谤、侮辱及恐吓，或

煽动群众犯罪的行为，即构成犯罪。此处，本法并未规定新的罪名，而是特别指明以视听广播方式可以构成的《澳门刑法典》中已有的罪名。结合刑法典中的相关规定，通过视听广播行为，可以构成侵犯人身自由罪中第147条的恐吓罪、侵犯名誉权犯罪中第177条公开及诋毁罪、第181条的侵犯行使公共当局权利之法人罪，以及侵犯公共秩序和公共安宁犯罪中第286条的公然教唆犯罪罪。

根据《澳门刑法典》的规定，所谓恐吓罪，是指以实施侵犯生命罪、侵犯身体完整性罪、侵犯人身自由罪、侵犯性自由或性自决罪，或侵犯具相当价值财产罪等威胁他人，足以使之产生恐惧或不安，又或足以损害其决定自由的行为。如以实施可处以最高限度超过3年徒刑的犯罪相威胁，则加重处罚。

所谓公开及诋毁罪，是指以便利散布的方式实施的侮辱、诽谤行为①。侮辱是指将侵犯他人名誉或别人对他人观感的事实归责于他人，即使以怀疑的方式做出归责，又或向他人致以侵犯其名誉或别人对其观感的言辞的行为；诽谤是指向第三人将一事实归责于他人，而该事实是侵犯他人名誉或别人对他人的观感，即以怀疑的方式做出该归责，或向第三人做出侵犯他人名誉或别人对他人观感的判断者，又或传述以上所归责的事实或所做的判断的行为。若以社会传播媒介的方式实施该等行为，则加重处罚。

针对侵犯行使公共当局权利之法人罪，本法特指通过视听广播针对公共当局实施上述行为，即构成有关犯罪。关于"公共当局"，在澳门法律中有不同表述，一类将其理解为行使公共权利的实体；如出现在《澳门民法典》《个人资料保护法》时，涉及对个人资料的互联和使用许可，此时应理解为实体而非个人，《澳门刑法典》中提到"行使公共当局权力之法人"时，显然也意指为实体；另一类则将其理解为自然人，如《澳门刑事诉讼法典》提到的"刑事警察当局指警察领导人、副领导人、警官、督察及副督察"，并另以刑事警察机关一词指向实体，以示区别。《廉政公署组织法》第19条"公共当局"中则提到"廉政专员享有公共当局地位"，而第76/90/M号法令第20条亦将指挥官及主管等人视为"警察当局"。综上所述，除特别指定外，澳门法律中的"公共当局"应包括公共实体及相关据位人。另外，按照法律规定，通过视听广播对公共当局做出的侮辱、诽谤或威胁，

① 公开及诋毁罪即第175条的侮辱罪和第176条的诽谤罪的加重罪名。

皆视为当场对公共当局做出的行为。公共当局及其据位人作为行使公共权力的主体，其名誉权同样受到保护，对其进行侮辱、诽谤或威胁的行为当属不法。需要说明的是，本罪只针对以公共当局为侮辱、诽谤或恐吓对象的行为，若行为针对公共当局以外的个人，则可直接按照《澳门刑法典》的恐吓罪或公开及诋毁罪认定。

根据《澳门刑法典》之规定，所谓侵犯行使公共当局权力的法人罪，是指断言或传播足以侵犯行使公共当局权力的法人、机构、同业公会、机关或部门应具的信用、威信或应获的信任的不实事实之人，而无依据其是出于善意认为该归责的事实为真实的行为。通过视听广播的方式实施上述行为，亦构成本罪。本罪的行为对象仅指作为法人的公共当局。

所谓公然教唆犯罪罪，是指在公开集会中、通过社会传播媒介，或借着散布文书或其他以技术复制信息之方法，引起或煽动他人实施某一犯罪的行为。此处特指通过视听广播的方式，引起或煽动他人实施某一犯罪的行为。

对公共当局之诽谤、侮辱或恐吓，或煽动犯罪的行为，当通过视听广播工具做出时，被视为当面做出，且节目一经播放，即构成犯罪。因此上述犯罪均按行为犯，并不要求对公共当局的声誉造成实际损害，也不需要群众真正实施其所教唆的犯罪。

根据本法规定，对于上述适用《澳门刑法典》一般法例罪名的行为，其刑罚在刑法典有关条文最高刑上再加 1/3。若通过视听广播方式构成犯罪已经作为其加重情节，则直接适用其法定刑，而不再加重处罚。例如，公开及诋毁罪将通过社会传播媒介做出的行为列为加重罪状，行为人处最高 2 年徒刑，或科不少于 120 日罚金。此法定刑非基本法定刑，而是加重法定刑，按照本法规定，科刑时无须再加重 1/3。

2. 加重违令罪

本法第 77 条规定，节目负责人或其署任人不遵守法庭的决定，允许观看及听取有关的节目或播出答复，将构成加重违令罪①。

根据《澳门刑法典》第 312 条之规定，构成加重违令罪的，处最高 2 年徒刑或科 240 日罚金。

---

① 原文为"加重不服从罪"，"不服从"与"违令"对应的葡文均为 Desobediência。

二 相关刑事制度

（一）责任主体的范围

根据本法规定，构成本法所指犯罪的责任主体包括节目的编导或监制又或其制作者，以及编排节目的负责人或其署任人；若广播未获负责编排节目的人士批准，则由决定广播的人士承担刑事责任。

负责编排节目的人士若未直接违反有关法律规定，且可提出证明其不知道出现违例的节目时，无须承担刑事责任。除直接责任人员之外，应该及可以阻止该违例而并无做出该阻止的人士亦应承担刑事责任。

（二）事实真相之证明

本法第75条规定，被告人受诽谤罪的指控时，容许其对被指控事实提出真相证明。若被告人受侮辱罪的指控，有关证据经受害人或其法定代表申请，由文字或图片的作者将作为攻击依据的事实具体化后方可接纳。但其侮辱或诽谤的对象为有相互礼遇的外国首长，或涉及私人或家庭生活，或并非为实现合理的公共利益时，事实真相的证据不予接纳。

（三）刑罚制度

1. 易科

本法第74条规定，构成本法所指罪行而受刑罚处罚时，监禁刑可以易科为罚金[①]。

2. 特别处分

倘广播机构在传播节目时构成第71条所指的任何罪行，即对公共当局诽谤、侮辱及恐吓罪，或煽动群众犯罪，则科以罚款澳门币3万元至15万元。

3. 免除处罚

本法第76条规定，下列人士豁免处罚。

（1）对被控事实提出证据且被接纳者；

（2）在判决前向法院解释被控的诽谤或诬告罪，且获受害人或其持有

---

① 本法附属刑法此处所出现的"罚款"，结合现行刑法之规定，应指罚金。

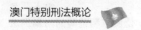

控告权的代表人接纳者。

第二节　第7/90/M号法律《出版法》的附属刑法

出版是实现表达自由的重要途径，出版权是现代法治社会公民的一项基本权利。根据《澳门基本法》及相关法律之规定，本澳居民享有出版自由。作为多元化文化的集聚之地，澳门虽为弹丸之地，却已有着数百年的出版历史，回归以来，出版事业更是一派繁荣。目前，澳门出版的报纸及期刊超过百种，其中，日报即已达十余种。

第7/90/M号法律《出版法》于回归前1990年由当时澳葡政府的立法会制定，由澳督颁布实施。立法者在开篇处即言明其立法目的："本法律力图将资讯活动人员与成为其服务对象的市民两者利益融合，通过合理订定新闻工作者整体的权利和义务，规范出版自由和资讯权的行使。"《出版法》共7章61条，其中，第五章为附属刑法，规定有3个罪名。

一　犯罪

（一）滥用出版自由罪

根据《出版法》第29条之规定，通过出版品发表或出版文书或图像，损害刑法保护的利益的行为，为滥用出版自由罪。

1. 罪状

本罪所保护的法益范围非常广泛，可以说就是刑法所保护法益的整体。本罪的客观行为是发表出版品或出版文书或图像，以损害刑法所保护的利益。所谓出版品，据本法第2条之规定，是指用作公开散布的文本或图像的印刷复制品，但不包括官方印件以及社会和商务关系上常用的印件。出版品包括定期刊物及其他印刷品。本罪的主观要件为故意，即明知出版品的发表会损害刑法保护的利益，希望或接纳该等不法事实发生的心理态度。

根据出版品的不同种类，本法规定了承担刑事责任的主体范围及顺次。若为通过定期刊物实施本罪，则犯罪主体（正犯）顺次可为：①文书或图像的著作权人，但未经其同意被复制时则由促使复制者负责，以及刊物社长或其代替人，但其如能证明对文书或图像的发表不知情，又或不能阻止发表时，则不在此限；②如文书或图像无署名，或著作权人不能负起责任时，应由刊物社长或其代替人负起责任，但根据上项所指情况可免除时则不在此限；③如文书或图像无署名，而社长或其代替人不知情或不能阻止发表时，则由负责刊登者负起责任。若为通过不定期刊物实施本罪，则负刑事责任者为文书或图像的著作权人和出版人；若出版未经其同意，则由促使者承担责任。若有关文书或图像无署名，则刊载该等文书或图像的刊物的社长或其代替人将被推定为著作权人。

本罪的不法性在于滥用出版自由而对他人的法益造成不法侵害。所谓"出版自由"，是指出版权的行使，不受任何形式的检查、许可、存放、担保或预先承认资格等限制。出版自由是现代民主法治社会中公民最重要的基本权利和自由之一。一方面，讨论和批评是自由的，尤其对政治、社会和宗教的学说、法律，以及本地区本身管理机关和公共行政当局的行为、其人员的行为等而言。另一方面，任何权利或自由的行使均应以不造成对他人的不法损害为限，一旦对他人造成不法损害，即为对出版自由的滥用。在澳门，对出版物不采取事先审查的制度，个人皆可申请书号，因出版而引致的损害均以事后责任的方式予以救济。当行为侵害到刑法所保护的法益时，即应承担刑事责任。

2. 处罚

本罪没有直接规定法定刑，而是依据与其发生法条竞合的罪名所规定的刑罚进行处罚。

本法第33条规定，科处于滥用出版自由罪的刑罚，为刑事一般法例的法定刑加重其最高限度的1/3。例如，行为人通过发表出版品公然赞扬犯罪，即按公然赞扬犯罪罪所规定的最高刑加重1/3处罚，该罪的最高刑为6个月徒刑，或科最高60日罚金。那么，对行为人则科处8个月徒刑，或科最高80日罚金。

但若该法例对通过出版品做出的违法行为已经有特别加重刑罚的规定，则应科处该等刑罚而不再加重处罚。例如，行为人通过发表出版品诋毁他人，则构成滥用出版自由罪，其处罚则按《澳门刑法典》第177条公开及诋毁罪的法定刑幅度处罚。公开及诋毁罪实际上是侮辱罪和诽谤罪的加重情形，即"借着便利其散布之方法做出，或系在便利其散布之情节下做出"侮辱或诽谤的行为，即构成公开及诋毁罪。其法定刑按照诽谤罪或侮辱罪的刑罚，其最低及最高限度均提高 1/3[①]。该条第 2 款规定，如犯罪是通过社会传播媒介做出，行为人处最高 2 年徒刑，或科不少于 120 日罚金。社会传播媒介当然包括出版品。则在通过出版品做出公开及诋毁的情形下，行为人即按照最高 2 年徒刑处罚，而不必再将此最高刑加重 1/3。

此外，法律规定，如违法者从未因滥用出版自由罪而被判有罪，得以罚金代替监禁。

另据本法之规定，对于滥用出版自由罪，法院在有罪判决内应处下列附加刑。

（1）将有罪裁判公布。所谓将有罪裁判公布，即指法院应在有罪裁判内命令于指定期间内免费在有关定期刊物上将判决公布。所指公布以摘要方式做出，内容包括经证明的事实、被害人和被判罪者的身份、所科处的处罚以及所定的损害赔偿。如刊物已停刊，有罪裁判应在本地区发行较广的一份定期刊物上刊登，费用由承担责任者支付。

经被害人在判决确定前提出申请，公布有罪裁判时可以略去其姓名。

（2）良好行为的担保。所谓良好行为的担保，是指判决应决定违法者给付良好行为的担保供法院处分，为期 6 个月至 2 年，金额不低于澳门币 5000 元和不高于澳门币 2.5 万元。违法者如在所定期间内违犯本法律所指的任何罪行，该项担保将被宣告为本地区所有。

（3）暂时禁止业务或职务。所谓暂时禁止业务或职务，是指刊物在 4 年内因散布文书或图像被判滥用出版自由罪 5 次，应被：如属日刊，停刊最长至 1 个月；如属周刊，停刊最长至 3 个月；如属月刊或刊期逾 1 个月者，停刊最长至 1 年；如刊期介于两者之间，停刊期最长至根据上数项所定期间按比例算出的时间。

而刊物社长若在 5 年内第 5 次被判滥用出版自由罪时，应被禁止从事新闻工作 1~5 年。

3. **法条竞合问题**

如前所述，本条所指"刑法保护的利益"，范围非常广泛，亦非

---

① 根据《澳门刑法典》第 174 条及第 175 条的规定，诽谤罪的法定刑为最高 6 个月徒刑，或科最高 240 日罚金；侮辱罪的法定刑为最高 3 个月徒刑，或科最高 120 日罚金。则公开及诋毁罪的法定刑应为：一是以公开及诋毁的方式诽谤，科最高 8 个月徒刑，或科最高 320 日罚金；二是以公开及诋毁的方式侮辱，科最高 4 个月徒刑，或科最高 160 日罚金。此为公开及诋毁罪的基本法定刑。

常笼统，字面上看乃至刑法所涉全部犯罪所保护的各种领域的法益，亦即侵犯澳门刑法中某一犯罪所指的法益，亦即侵犯本罪所指的法益。且如前所述，本罪并未设置主刑，所处刑罚由一般法例中对有关罪名的法定刑而定。因此，本罪与一般法例中的诸多罪名皆存在法条竞合关系。例如，《澳门刑法典》侵犯生命权犯罪中第 133 条之宣传自杀罪、第 147 条之侵犯人身自由犯罪中的恐吓罪，侵犯名誉权犯罪中第 175 条之侮辱罪、第 176 条之诽谤罪①、第 177 条公开及诋毁罪、第 181 条之侵犯行使公共当局权利之法人罪，侵犯受保护之私人生活犯罪中第 186 条之侵入私人生活罪、第 189 条之违反保密罪，侵犯公共秩序和公共安宁犯罪中第 286 条之公然教唆犯罪罪、第 287 条公然赞扬犯罪罪，等等。同时，本罪与特别刑法中的犯罪，如本书第九章第一节所述之《色情物品管制法》中的刑事责任条款，亦存在法条竞合关系。从犯罪构成上看，本罪的行为方式是特定的，即以发表出版品的方式做出相关禁止性规定所列之行为，可见本罪可以视为前述刑事责任规定的特殊法；从处罚上看，该等罪名的法定刑为本罪确定科刑的加重基数。总之，本罪是前述各该罪的特殊法和重法。

（二）加重违令罪

本法第 30 条规定，违反本法有关刑事程序的规定，或出版已被法院命令停刊的定期刊物的行为，均构成加重违令罪。

1. 罪状

根据本法第 23、24、38 条之规定，构成加重违令罪的犯罪主体包括定期刊物的社长及在定期刊物上发表文字的著作权人。

其客观行为方式有以下 4 种。

一是被指控定期刊物的社长不遵守法院命令，不刊登或以他种方式刊登有关声明或澄清。本法规定，如任何自然人或法人认为刊登在定期刊物的文书或图像直接冒犯或含有直接冒犯的内容，又或提及不真实或错误的信息，可能影响其名声或声誉，因而受到损害时，应行使答辩、否认或更正权。如定期刊物在法定期间不刊登答辩、否认或更正时，关系人应向法院申请，使法院通知其社长刊登之，属日刊者应在 2 天内刊登，若是其他情

---

① 由于公开及诋毁罪作为侮辱罪和诽谤罪的加重罪名，严格来说，本罪与该三罪均存在竞合关系。

况，则在通知后续后一期内刊登。社长不遵守该等命令，即构成加重违令罪。

二是在定期刊物发表文字的著作权人，不遵守法官要求其公布声明和澄清的命令。本法规定，在定期刊物内有引喻、暗示或隐晦语句，可对某人造成诽谤或侮辱时，认为被针对者应向法院申请通知社长及如已知悉的著作权人，使其明确地以书面声明该等引喻、暗示或隐晦语句是否针对该人士，并使其对此予以澄清。声明和澄清应在定期刊物内的同样版面，以同等显见程度刊登，属日刊者应在续后两期的任一期刊登，若是其他情况，则在通知后续后一期刊登。如被通知者不做出有关声明或澄清，又或刊登方式被认为不可信纳或与规定不同时，法官应命令其公布声明和澄清，不遵守该等命令的著作权人构成加重违令罪。

三是被控刊物的社长不遵守法院要求其公布在指定期间在其定期刊物上公布有罪判决的行为。本法规定，法院得在有罪裁判内命令于指定期间内免费在有关定期刊物上将判决公布。所指公布应以摘要方式做出，内容包括经证明的事实、被害人和被判罪者的身份、所科处的处罚，以及所定的损害赔偿。如刊物已停刊，有罪裁判应在本地区发行较广的一份定期刊物上刊登，费用由承担责任者支付。若不遵守此公布裁判的命令，该定期刊物的社长即构成加重违令罪。

四是出版已被法院命令停刊的定期刊物的行为。已经被法院颁布命令停止出刊的定期刊物，若其社长违反该等命令仍予出版，即构成加重违令罪。

本罪的主观要件为故意，即明知而希望或接纳的心理态度。

2. 处罚

根据《澳门刑法典》第 312 条之规定，构成加重违令罪的，处最高 2 年徒刑或科以 240 日罚金。

（三）一般法例中的相关罪名

本法第 31 条规定，通过出版品对公共当局做出侮辱、诽谤或威胁，视为当场对公共当局做出。本书认为，尽管本法并无类似《视听广播法》第 73 条有关处罚方法的规定，但对本条的理解应参照前述对《视听广播法》第 72 条的理解，亦即本条并未设立新的罪名，符合要件的行为可构成《澳门刑法典》中的相关罪名①。

公共当局及其据位人作为行使公共权力的主体，其名誉权同样受到保护，以出版品进行侮辱、诽谤或威胁的行为属不法。结合《澳门刑法典》中的相关规定，行为人可以构成第 147 条之恐吓罪、第 177 条公开及诋毁罪，以及第 181 条之侵犯行使公共当局权利之法人罪。

根据《澳门刑法典》第 147 条之规定，所谓恐吓罪，是指以实施侵犯生命罪、侵犯身体完整性罪、侵犯人身自由罪、侵犯性自由或性自决罪，或侵犯具相当价值财产罪等威胁他人，足以使之产生恐惧或不安，又或足以损害其决定自由的行为。

所谓公开及诋毁罪，是指以便利散布的方式实施的侮辱、诽谤行为。如前所述，公开及诋毁罪是第 175 条之侮辱罪、第 176 条之诽谤罪的加重罪名。侮辱是指将侵犯他人名誉或别人对他人观感的事实归责于他人，即以怀疑的方式做出归责，又或向他人致以侵犯其名誉或别人对其观感的言辞的行为；诽谤是指向第三人将一事实归责于他人，而该事实是侵犯他人名誉或别人对他人的观感，即以怀疑的方式做出该归责，或向第三人做出侵犯他人名誉或别人对他人观感的判断者，又或传述以上所归责的事实或所做的判断的行为。若以社会传播媒介的方式实施该等行为，则加重处罚。

本法所指构成侵犯行使公共当局权利之法人罪对行为要件的规定包含两个要素：一是通过出版品的方式构成犯罪，二是行为的对象为公共当局。关于"公共当局"，在澳门法律中有不同理解。如上文所述，除特别指定外，澳门法律中的"公共当局"包括公共实体及相关据位人。另外，按照法律规定，通过出版品对公共当局做出的侮辱、诽谤或威胁，皆视为当场对公共当局做出。公共当局及其据位人作为行使公共权力的主体，其名誉权同样受到保护，以出版品进行侮辱、诽谤或威胁的行为属不法。需要说明的是，本罪只针对有关以公共当局为侮辱、诽谤或恐吓对象的行为，若行为针对公共当局以外的个人，则可直接按照《澳门刑法典》恐吓罪或公

---

① 有学者认为本条设立了一个新的罪名，即对公共当局的冒犯或威胁罪。本书认为不妥。若如此，会形成繁复的法条竞合局面。首先，此罪不仅与刑法典中的有关罪名形成竞合，还与本法中的滥用出版自由罪形成竞合；其次，本条并未规定法定刑，仍须通过竞合关系找到适用的法定刑。由此，学者认为"从该法的行为顺序来看其处罚应和滥用出版自由罪相同"的说法恐怕只是不可靠的推测。参见赵国强主编《澳门特别刑法概论》，澳门大学出版社，2004，第 287～288 页。

开及诋毁罪认定。

所谓侵犯行使公共当局权力的法人罪，是指断言或传播足以侵犯行使公共当局权力的法人、机构、同业公会、机关或部门应具的信用、威信或应获的信任的不实事实的人，而无依据其是出于善意认为该归责的事实为真实的行为。通过视听广播的方式实施上述行为，亦构成本罪。本罪的行为对象仅指作为法人的公共当局。

对公共当局的诽谤、侮辱或威胁的行为，当通过出版品做出时，被视为当面做出。因此上述犯罪均按行为犯，并不要求对公共当局的声誉造成实际损害。

2. 处罚

本法并无《视听广播法》中第73条有关加刑处罚的规定，因此构成犯罪的，即按《澳门刑法典》中相关罪名的法定刑予以处罚。例如，构成侵犯行使公共当局权利之法人罪的，处最高6个月徒刑，或科最高240日罚金。

二 相关刑事制度

（一）责任的形式

《出版法》第28条规定，通过出版品做出的刑事违法行为，受刑事一般法例和本法律的规定所规范。通过出版媒介做出不法行为而产生的损害赔偿请求权，受本法律的规定所规范，并以民法一般规定作补充，但不影响相关的刑事责任。

（二）免于处罚的情形

《出版法》第36条规定，以下情形不予处罚。

（1）对被责难事件能够提出可被采纳的证明；

（2）在宣示判决前，就被控的诽谤或侮辱罪向法院解释，而被害人或代表其告诉权的人士认为满意并接受时。

上述规定主要考虑到本法的附属刑法所保护的法益往往在于被害人的名誉权，若可以证明未对该等法益造成侵害，或被害人接受行为人的解释，则对有关出版行为不予处罚。

（三）刑事程序规定

1. 管辖权

《出版法》规定，只要被害人或刊物所有人的住所在本地区，或刊物在本地区出版或发布，澳门法院即具有审判滥用出版自由罪的管辖权。

2. 初步侦查和审判的申请

不论滥用出版自由罪的情况和严重性如何，均以初步侦查方式调查。初步侦查应在 30 天内终结，但得以具充分依据的批示延长侦查期间。初步侦查终结后，如卷宗有足够迹象显示存在可处罚的事实，检察院应在 5 天内提出起诉和申请审判。具有正当性以辅助人身份参与的人士，有权在通知被害人后 5 天内申请审判。在提出控诉期间内，被害人有权对嫌犯、刊物社长和所有人请求损害赔偿。

3. 事件真实性的证明

本法规定，嫌犯可以在不违反有关法律的情况下，申请提出对被责难事件真实性的证明。

4. 法院的扣押

仅法院有权命令扣押载有被视为冒犯的文书或图像的刊物，并定出适当处分阻止其散布，以作为准备行为或有关诉讼程序的附随事项。

法院有权应检察院或被害人的申请，命令暂时扣押载有被视为冒犯的文书或图像的刊物，或在认为有关散布可能引起无法补救或难以补救的损害时，有权采取必需的方法阻止刊物的散布。

5. 诉讼的快捷性

《出版法》规定，滥用出版自由罪的诉讼具紧急性，无须经辩论预审。诉讼期间应减至一般法所规定期间的一半，但不应少于 48 小时。预审是审判的前置程序，其核心部分在于预审辩论。《澳门刑事诉讼法典》第 280 条规定，所谓预审辩论，是指检察院、嫌犯及辅助人在法官面前以口头辩论的方式，就得到的事实迹象及法律资料是否足以支持将嫌犯提交审判进行的辩论。立法者考虑到出版物的传播特性，其散布会时时危及被害人的名誉，因此规定滥用出版自由罪的诉讼可不经预审程序而直接进入审判程序，且相关诉讼期间在不少于 48 小时的情况下均应减半。

三 简评

《出版法》及上文所述的《视听广播法》均为保障澳门居民基本权利的重要法律，但至少就附属刑法部分来看，立法质量不高，说是聊胜于无亦不为过。就本法而言，首先，立法者虽言明其立法目的在于规范和限制出版自由及资讯权的行使，但其所设罪名却意图保护所有可能的其他法益，而恰将出版自由及资讯权排除在外。其次，立法技术亦相当粗糙。一方面，程序法与实体法条文交替混杂，另一方面，法条竞合重重叠叠。其中，"滥用出版自由罪"的规定过于笼统，可以作为很多罪名的特殊法；"加重违令罪"的规定含混不清，往往导致罪状难以把握，反而可能妨害出版自由；而"对公共当局的冒犯或威胁"一条也语焉不详。由于这两部法律颁布时尚无《澳门刑法典》，故造成如今法条竞合繁复的局面。有鉴于此，经由2011年行政长官的批示，澳门政府已将"修改《出版法》和《视听广播法》之民意调查及分析研究"项目外判给相关研究机构，以着手修订该两部法律。

第三节　第 2/93/M 号法律《集会权和示威权法》的附属刑法

集会权和示威权是现代法治社会公民非常重要的基本权利，保障个人集会、示威自由，对促进民主政治的发展、鼓励民众参与公共事务具有重要意义。《澳门特别行政区基本法》第 27 条明确规定，"澳门居民享有言论、新闻、出版的自由，结社、集会、游行、示威的自由，组织和参加工会、罢工的权利和自由"。澳门立法会与 1993 年制定并颁布了第 2/93/M 号法律《集会权及示威权》，专门就澳门居民享有的集会和示威自由做出规定，既体现对居民集会权和示威权的保护，亦对集会或示威的目的、地点、时间、预告程序等各方面做出限制性规定及违反该等规定之行为的刑事责任，为澳门居民的集会权、示威权，以及公共秩序的安全提供刑法保护。不过，本法并未设立新的罪名，而是规定相关行为应施以《澳门刑法典》中相关罪名的处罚。此后，本法又经第 7/96/M 号法律及第 16/2008 号法律两次修改。

一 违令罪/加重违令罪

本法中的违令罪和加重违令罪是指在集会或示威中携有武器，或是违反本法规的规定举行集会或示威的行为。按照《澳门刑法典》第 312 条之规定，违令罪是指不服从由有权限的当局或公务员依规则通知及发出的应当服从的正当命令或命令状的行为，如有法律规定以加重违令罪予以处罚者，则为加重违令罪。

(一) 罪状

本法中的违令或加重违令有 3 种行为方式。

1. 在集会或示威中携有武器的行为

按本法规定，构成加重违令罪，其客观方面表现为在参加集会或示威的过程中携有澳门有关法规所指武器。所谓"携有"，即携带、持有而未使用。

所谓武器，根据澳门第 77/99/M 号法令《武器及弹药规章》之规定，是指以下工具或器具。

(1) 火器，即利用火药作为子弹推动力的武器；

(2) 以大于 2j 的动力发射任何子弹的气步枪、气左轮手枪或气手枪；

(3) 非作消防用途的任何可发射有害液体、气体、粉末或类似物质的器具；

(4) 任何能以放电方式影响他人躯体或心理的工具；

(5) 经伪装的武器、利器或火器、具尖铁的手环及尖铁头；

(6) 可被用作攻击身体的贯穿性或挫伤性的工具，以及刀刃长度超过 10 厘米的刀，且携带者无合理解释拥有的原因；

(7) 手榴弹或其他本身设有点燃装置的爆炸或燃烧器械，以及凡特征与警察部队及其他保安部门作武器用的工具、机械性器具或其他物件的特征相似的物件，亦视为武器。

除违禁的武器及弹药之外，《武器及弹药规章》将武器还分为自卫武器、竞赛用武器、装饰性武器、收藏的武器。其中，口径不超过 7.65 毫米，且枪管长度不超过 10 厘米的手枪或左轮手枪，视为自卫武器。

关于武器的持有。在澳门，个人并非绝对不能拥有武器。法律规定，具备以下条件的个人，可向治安警察局局长申请批给携带、使用自卫武器的准照：①成年；②具适当的道德品行及公民品德；③因特殊的生活环境或从事的职业活动所固有的危险而有保护自身或家庭安全的必要；④具备使用自卫武器之能力。同时具备以下要件之人，可申请获批给使用及携带竞赛用武器准照：①成年；②属于在本地区依法成立的射击俱乐部的会员，又或获准使用俱乐部设施进行射击；③具适当的道德品行及公民品德；④具备使用竞赛用武器的能力。除按条件申请准照的规定外，就武器的持有准照还包括无须持有准照和特许持有准照两种情形。前者是指以下实体，无论是否持有准照，均得持有、使用及携带任何类型、口径或型号的自卫武器：①行政长官及立法会主席；②司长或同等实体；③立法会议员；④法院及检察院的司法官；⑤获特首例外许可的其他实体。后者则指以下实体获许可持有、使用及携带本法所规定的自卫武器：①澳门民政总署管委会主席；②行政长官、司长或同等实体的办公室主任；③局长或同等实体；④澳门监狱或同类场所的监狱长；⑤刑事警察当局；⑥司法人员；⑦由职业身份授予权利或获总督许可之其他实体，以及被派驻本地区的领事团成员。

作为言论表达的延伸，集会、示威本身不是目的，而只是表达意见的手段和形式，因此集会、示威应当以和平的方式进行，这是现代法治原则下的共识，如德国宪法第 8 条规定，"德国人有无须登记或许可，和平而不持武器集会的权利"。澳门《集会权和示威权法》第 1 条亦规定，集会和示威应在和平及不携有武器的前提下进行。在集会或示威中携有武器的行为显属不法。

2. 发起人未能解除被携有之武器

除携有武器者本人之外，集会或示威的发起人也可因参与者携有武器而构成违令罪。其客观方面表现为发起人未采取相关措施解除携有武器者的武器。主观方面为故意，即知悉或应当知悉该等武器的存在，却任由此情形在集会或示威中发生。此种情况下，犯罪主体只能是集会或示威的发起人。

何谓集会或示威的发起人，法律并未直接给出定义。但在本法的多个条文中均出现与发起人相关的规定，如在"预告"条款中，集会或示威预先提交给民政总署管委会主席的告知文件需要有 3 名发起人的签名；当局的相关通知亦会发给发起人或发起人指明的地址；在封闭场地举行的集会，发起人负有维持秩序的责任；发起人亦有权就集会或示威提起相关的上诉。显然，集会或示威的发起人对集会或示威合法、和平地进行负有最高责任。因此，发起人在知悉或当知悉有人携带武器参加集会或示威的情况下，负有采取措施解除有关武器携有的义务，违反该等义务，行为即属不法，构成违令罪。

3. 违反本法规之规定举行集会或示威

本澳居民集会、示威自由受到基本法和本法的保护，集会权及示威权的行使，仅得在法律规定的情况下受限制或制约。该等限制包括：

（1）目的限制。在不妨碍批评权的情况下，不容许目的是违反法律的集会及示威。集会、示威自由是言论自由的延伸，集会、示威本质上就是参加者表达意见的一种公开形式，较个人言论具有更加直接、实时的影响。而该等意见在内容上往往是表达对相关机构，特别是政府及其部门的不满。应当严格区分批评、不满与违反法律之间的关系。批评权亦是现代法治社会中公民的一项基本权利，为避免受到公众批评而拒绝公民的集会或示威申请，不仅侵犯了公民的集会权和示威权，也侵犯了公民的批评权。

（2）地点限制。法律规定，澳门居民有权举行集会、示威的地点包括公众的、向公众开放的，或私人的地方。关于地点限制，在第 16/2010 号上诉案中，法官认为，法律并未将缺乏足够空间同时进行多项示威活动作为在空间方面限制行使相关权利的原因，因此被上诉机关不能仅以在同一地点已经安排其他集会和示威为由，否定上诉人在黑沙环三角花园进行集会和示威的可能性。"只有例如因上述地点的性质导致不可能进行这些活动，或存在严重危害人身安全或其他比行使集会或示威权利更为重大的公共利益的情况时，才不允许占用公共地方进行集会或示威"。

（3）时间限制。法律规定，不容许在 0：30 ~ 7：30 举行集会或示威，但在举行地点属封闭场地、剧院、无住户的楼宇，或有住户的楼宇而住户是发起人或已做出书面同意的情况下，则不在此限。关于时间限制，在第 2/2011 号上诉案中，法官认为，只要集会的最后一天不超过自申请日起的第 15 个工作日，法律并未固定须为每一天的示威做一个请求。

除以上限制外，还须按法律规定做相应的活动预告，包括拟举行而需使用公共道路，公众场所或向公众开放的场所集会或示威之人士或实体，应在举行前 3 ~ 15 个工作日内，以书面形式告知民政总署管理委员会主席；当集会或示威具有政治或劳工性质，而需使用上述所指的场所时，预告的最低日期减为 2 个工作日；告知文件应列明拟举行之集会或示威之主题或目的，以及预定之举行日期、时间、地点或路线；告知文件须有 3 名发起人签名①，签名者应列明其姓名、职业及住址以作身份认别，如属团体，则由有关领导层签名；接收告知文件的实体应发出收据以证明该事实。

根据本法规定，所有澳门居民有权在公众的、向公众开放的，或私人的地方进行和平及不携有武器的集会，而无须任何许可。但若涉及公共利益或他人的合法权益，法律上亦相应做出限制性规定，凡违反该等规定而举行集会或示威的行为，显然不法，应处以加重违令罪。

本罪主观方面为故意，针对第一种行为方式，即明知携带的对象为武器，仍携带参加相关集会或示威，通常为直接故意。针对第二种行为方式，即发起人知道或应当知道参与人携有武器的情形，却接纳这种不法情形的发生，通常为或然故意，但也不排除直接故意和必然故意。所谓知悉，即明确而直接被告或亲睹携有武器的状况。所谓应当知悉，是指根据行为人的主客观情况，可以推知其知悉该等状况。针对第三种行为方式，即行为人明知有关集会或示威不符合法律规定，仍举行该等集会或示威的心理状态，通常为直接故意。

（二）处罚

根据《澳门刑法典》第 312 条之规定，违令罪处最高 1 年徒刑，或科最高 120 日罚金；如有法律规定以加重违令罪予以处罚者，则刑罚最高为 2 年徒刑或科 240 日罚金。因此，在集会或示威中携有武器者，应处最高 2 年徒刑或科 240 日罚金。而发起人则可以按普通违令罪处最高 1 年徒刑或科 120 日罚金。

（三）犯罪竞合问题

《武器及弹药规章》（参见第九章第五节）仅列出涉及武器及弹药的违法行为，未规定相关的犯罪行为，而该等行为已纳入《澳门刑法典》，为第 262 条禁用武器及爆炸性物质罪，即不符合法定条件，或违反有权限当局的

---

① 关于对"3 名发起人签名"的理解，在终审法院第 25/2011 号上诉案中，法官认为《澳门基本法》并未限定示威的人数，普通法律就不应加以限定，尽管《集会权和示威权法》中提及相关申请必须由三名发起人签署，但并不意味着示威的最低人数必须是 3 名以上。一人即可申请示威，两人即可申请集会，所谓"3 名发起人"应理解为签署申请的最高人数，而非最低人数。参见终审法院第 25/2011 号判决。http://www.court.gov.mo

规定，输入、制造、藏有、购买、出售、以任何方式让予或取得、运输、分发、持有、使用或随身携带禁用武器、爆炸装置或爆炸性物质、足以产生核爆的装置或物质、放射性装置或物质，又或适合用作制造有毒或令人窒息的气体的装置或物质的行为。构成该罪的，处2~8年徒刑。若前述行为涉及用作喷射有毒、令人窒息或腐蚀性的物质的装置；或供装设在任何禁用武器上的推动机械装置、弹膛、鼓型弹匣或管、灭声器或具有相类作用的其他器械、望远瞄准器，又或供该等武器发射的弹药，而此等对象并非附于该等武器，则处最高3年徒刑。

由上可知，携有武器本身已构成《澳门刑法典》中的罪名。根据本法第13条第1款的规定，在集会或示威中携有武器者除处以加重违令罪之外，可受其他处罚。因此，若行为人在集会或示威中携有武器，且该等武器为《澳门刑法典》第262条所指的禁用武器，则行为人不仅构成加重违令罪，亦构成禁用武器罪，两罪并罚。

二　滥用职权罪

本法规定，澳门当局在法定条件以外，阻止或企图阻止澳门居民自由行使集会权或示威权的行为，构成滥用职权罪，并被提起纪律程序。

（一）　罪状与处罚

本罪的客观要件为澳门当局非法阻止或企图阻止澳门居民自由行使集会权或示威权的行为。《集会权和示威权法》明确规定，所有澳门居民有权在公众的、向公众开放的，或私人的地方进行和平及不携有武器的集会，而无须任何许可。只要集会或示威符合法定条件的要求，澳门当局阻止或企图阻止澳门居民行使集会权或示威权的行为均属不法。

此处的"澳门当局"主要涉及民政总署（管理委员会主席）及治安警察局（局长）。所谓"法定条件"，主要指本法中所规定的集会、示威的目的限制、地点限制和时间限制。根据澳门终审法院提出的司法见解，民政总署管理委员会主席的权利为：一是不容许其目的为违反法律的集会或示威；二是第7条对集会和示威施加地点限制①。当然，澳门当局可以在法律

① 参见澳门终审法院公布之"有关集会权及示威权的案例"，http：//www.court.gov.mo/zh/subpage/relebantjudgments。

规定范围内，中断相关的集会或示威。《集会权和示威权法》规定，在违反法律规定及严重妨碍公共安全等情形下，警察当局有权中断集会或示威，这些情形包括：①针对不符合目的限制的集会或示威申请，已按规定将不容许集会或示威通知有关发起人；②集会或示威因偏离其目的或未作预告，且其偏离的目的不符合有关目的限制的规定；③因做出严重且实际妨碍公共安全或人权的自由行使的违法行为，而使集会或示威偏离其目的。在这些情形下，澳门当局有权做出中断集会或示威的决定。进而对集会或示威进行的阻止行为具有正当性，不属于本条所指的滥用职权的行为。

本罪的主观要件为故意。按《澳门刑法典》第 347 条之规定，行为人意图为自己或第三人获得不正当利益，或造成他人有所损失。因此，构成本罪的主观方面，要求澳门当局阻止或企图阻止集会或示威，是为获得不正当的利益，或者造成集会示威人有所损失。如集会、示威的目的在于批评澳门当局，而澳门当局为阻止该等批评，在法定条件之外阻止或企图阻止集会、示威。

按照《澳门刑法典》第 347 条之规定，滥用职权罪可处最高 3 年徒刑或科罚金。

（二）法条竞合问题

《澳门刑法典》第 347 条规定之滥用职权罪，是指公务员意图为自己或第三人获得不正当利益，或造成他人有所损失，而滥用其职务上固有的权力，或违反其职务所固有的义务的行为。本罪与其为特殊法与一般法的关系。

三 胁迫罪

本法第 14 条规定，干预集会或示威，与示威者对抗及阻止他们行使其权利的行为，构成胁迫罪。

（一）罪状与处罚

本罪的客观要件为干预集会或示威的正常进行，与示威者对抗，或者阻止集会、示威者行使其权利的行为。同时，按照胁迫罪的罪状，该等干预、对抗、阻止行为，应以暴力或重大恶害相威胁为手段。至于何谓"重大恶害"，《澳门刑法典》中并未指明，应结合一般社会标准及被胁迫人的主观感受综合予以判定。若仅为非暴力或非以重大恶害相威胁的一般干预、对抗或阻止行为，不构成本罪。本罪的主观要件为故意，即明知干预、对抗或阻止的行为会侵犯集会、示威者自由行使其权利，仍希望或接纳该等不法事实的主观意思。

根据《澳门刑法典》第 148 条规定，构成胁迫罪，可处最高 3 年徒刑或科罚金。第 149 条规定，构成加重胁迫罪，可处 1~5 年徒刑。

（二）阻却罪责事由

根据《澳门刑法典》的规定，在以下两种情形下可以阻却胁迫行为的罪责。

（1）具有不可谴责的目的。行为人使用暴力或以重大恶害相威胁所欲达到的目的不具有可谴责性。何谓"不可受谴责"的目的？通常包括正当防卫、紧急避险等。如经许可而举行集会或示威，在进行过程中出现的种种状况，使其已经偏离了申请后经许可的目的，可能会对公共安全造成严重危害，为较集会权和示威权更为重大的公共利益，而实施暴力或重大恶害相威胁的行为，以干预、对抗或阻止集会或示威，可以阻却罪责。

（2）目的在于防止自杀或犯罪。若使用暴力或以重大恶害相威胁的手段，干预、对抗或阻止集会或示威的目的在于防止自杀，或防止做出符合罪状的不法事实，也可阻却行为人的罪责。例如，行为人发现参与集会、示威的人携有武器，为解除其携有的武器而使用暴力，即可阻却罪责。

（三）法条竞合问题

《澳门刑法典》第 148 条规定的胁迫罪，是指以暴力或以重大恶害相威胁等手段，强迫他人作为或不作为，或强迫他人容忍某种活动的行为。本罪与其为特殊法和一般法的关系。

此外，《澳门刑法典》第 149 条规定，若胁迫乃以实施可处以最高限度超逾 3 年徒刑的犯罪相威胁或公务员严重滥用当局权力的方式实施，则构成加重胁迫罪。《集会权和示威权》法中虽未提及加重胁迫罪，但显然，若行为人为干预、对抗或阻止集会、示威而施以的暴力行为已可处以最高限度超逾 3 年徒刑的犯罪行为，或者由在本法所指的澳门当局任职的公务员以严重滥用当局权力的方式实施，则应构成加重胁迫罪。

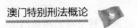

第四节　第 5/94/M 号法律《请愿权的行使》的附属刑法

请愿权是现代社会公民的一项基本权利。为规范及保障澳门居民请愿权的行使，澳门立法会于 1994 年制定了第 5/94/M 号法律《请愿权的行使》。其中设立了一个罪名，即无理缺席、拒绝陈述的违令罪。

一　概述

（一）请愿与请愿权

所谓请愿权，是指为向公共当局提出请愿、申述、声明异议或投诉，以维护人权、合法性或公共利益的权利。所谓请愿，是指为向本身管理机关或任何公共当局提出一项请求或提议，以便采取、采纳或建议某种措施；申述是为表达与任何实体所采取立场的相反意见，或就有关某情况或行为要求公共当局注意以便进行检讨或考虑其后果；声明异议是指就公务员或服务人员所做的行为向其机构或上级提出申诉；投诉则是检举任何违法行为以及任何机构的不正常运作，以便采取措施针对有关负责人。法律中提到的"请愿"包含上述各种行为方式。

（二）保障请愿自由及除外规定

法律规定，任何公共或私人实体不得禁止或以任何方式防止或阻碍行使请愿权，尤其是自由搜集签名与从事其他必需的行为方面。任何人不得因行使请愿权而受到损害、优惠或剥夺任何权利。但法律亦明确规定，请愿权不适用于面对法院的权利及利益的维护；通过声明异议或诉愿而申诉的行政行为；向反贪污及反行政违法性高级专员公署的投诉权。

二　无理缺席、拒绝陈述之违令罪

根据本法第 17 条之规定，在立法会一般委员会或为请愿而专门设立的委员会针对请愿而举行的听证或调查中，无理缺席、拒绝陈述或不履行本法第 15 条第 1 款规定的行为，构成违令罪。

（一）罪状

根据本法规定，市民有权向立法会提出请愿书，而向立法会提出的请愿若涉及与立法会专有权限的事项，或倘若主席认为请愿关系到本地区重要利益时，立法会主席应将请愿书交与有关委员会或特别为此目的而组成的委员会审议。该等委员会在审议过程中应举行听证或展开有关调查。本法第 15 条尤其规定，该等委员会在其为请愿而举行的听证或调查中，有权要求任何人陈述，向本身管理机关或任何公共或私人实体申请及取得资料和文件，但不妨碍有关司法保密及专业保密的法律规定，并可向公共行政当局要求采取认为必需的措施。研究请愿者提出的问题后，委员会应按照编撰人的建议，要求有关实体对此事项提供所需的解释。接到委员会的要求后，有关实体应尽快采取措施及回复立法会。

本罪的行为方式包括 3 种。所谓无理缺席，是指经委员会通知要求出席者在无合理理由的情况下，拒不到场的行为。合理理由一般指健康原因、不可抗力或意外事件。所谓拒绝陈述，是指经委员会要求阐述或解释有关情况而保持缄默的行为。所谓不履行第 15 条义务，即在委员会申请或要求取得有关资料时，在不存在司法保密或专业保密的情况下，拒绝回复申请或提供有关资料的行为。为保证立法会上述听证和调查权限，行为人若在有关听证或调查过程中，无理缺席、拒绝陈述等妨碍委员会权限的行为，即构成违令罪。

（二）处罚

按照《澳门刑法典》之规定，构成本罪的，处最高 1 年徒刑或科 120 日罚金。且不免除有需要时的纪律起诉。

若因请愿者无理缺席而造成有关卷宗归档，则行为人不受处罚。

第五节　第 5/98/M 号法律《宗教及礼拜的自由》的附属刑法

一　概述

根据《澳门基本法》之规定，澳门居民有宗教信仰的自由。回归前，

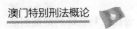

立法会于 1998 年制定并颁布了第 5/98/M 号法律《宗教及礼拜的自由》，承认保障人的宗教及礼拜自由，并确保宗教教派及其他宗教实体受到适当的法律保护。

本法规定，宗教自由不容侵犯，任何人均不得因不信奉任何宗教或因其宗教信念或宗教活动而遭到损害、迫害、剥夺权利，或者免除责任或公民义务。对于宗教自由实行不宣示原则和分离原则。在法律面前，所有宗教教派平等。宗教自由包括信奉或不信奉宗教的权利，法律保护宗教信仰的个人隐私。参与宗教活动应是自愿的，人人有权就宗教信仰进行集会和巡行。

二　违反宗教保密罪

本法第 24 条规定，违反本法有关宗教保密的规定者，构成违反宗教保密罪。

本罪的犯罪主体是特殊主体，即宗教教派的司祭。本法第 22 条规定，任何宗教或宗教教派的司祭应对一切获付托的事实或基于其职务及因其职务而得悉的事实保密，即使其已终止职务的执行，保密义务仍然持续。司祭若将得悉的事实泄露给他人或公众，即构成犯罪。

构成本罪的，如按其他法律规定不科处更重刑罚者，则按《澳门刑法典》第 189 条规定的刑罚处罚。该条规定的违反保密罪是指未经同意，泄露因自己的身份、工作、受雇、职业或技艺而知悉的他人秘密的行为，处最高 1 年徒刑，或科最高 240 日罚金。

第六节　第 2/99/M 号法律《结社权规范》的附属刑法

结社权是现代社会公民的一项基本政治权利。澳门一向被称作"社团社会"，在这人口不足 60 万的小城，已成立超过 5000 个社团，说澳门人人皆为社团成员亦不为过。这当中不单有其传统原因，亦由于澳门特有的间接选举制度，使得社团在立法会选举及行政长官选举中均承担着极其重要的角色，因此，对结社权的立法规范尤其重要。

一 概述

回归前，澳门社团在第 3/76/M 号法令中出现的名称为"公民团体"，指由市民组织的具有永久性而专为协助市民行使其政治权的社团。当时《葡萄牙宪法》中有关结社自由的规定均适用于澳门或与澳门的立法一致。随着澳门回归，《葡萄牙宪法》不再适用，《澳门民法典》中未专门规定结社权，尤其是政治社团方面的结社权的空白显现出来。为落实《澳门基本法》第 27 条所规定的"澳门居民有结社的权利和自由"，澳门立法会于1999 年制定并颁布了第 2/99/M 号法律《结社权规范》，以保障结社自由，规范结社权的行使，并设立结社权的一般制度及政治社团（取代"公民团体"的称呼）的特定制度。

本法规定，任何人有权自由地无须取得任何许可而结社，但其社团不得以推行暴力为宗旨，或违反刑法，又或抵触公共秩序。不许成立武装社团，或军事性、军事化或准军事社团，以及种族主义组织。经结社而成立的组织即社团。社团可依其宗旨而自由进行活动，公共当局不得干涉，且不得将社团解散或终止其活动，法律规定或经法院做出有关裁决的除外。

本法的附属刑法部分规定了一个罪名，即强迫或胁迫加入或脱离社团罪。

二 强迫或胁迫加入或脱离社团罪

根据《结社权规范》第 4 条第 2 款之规定，任何人，即使是公共当局，强迫或胁迫任何人加入或脱离社团，均构成犯罪。

（一）罪状

本法规定，不应使任何人被迫加入或以任何方式胁迫其留在任何性质的社团。此处社团包括《澳门民法典》规定的社团及本法规定的政治社团。其中，社团依《澳门民法典》取得法人资格，政治社团依本法取得法人资格。所谓社团，根据《澳门民法典》第 154 条之规定，是指以人为基础，而非以社员的经济利益为宗旨的法人。所谓政治社团，按照本法第 13 条之规定，是指为协助行使公民权利及政治权利以及参加政治活动的具长期性质的组织。本罪中，强迫是指以暴力的方式迫使他人加入或脱离某社团；胁迫是指以暴力威胁或其他精神强制的方式迫使他人加入或脱离某社团。其行为均侵犯了他人的结社自由，行为当属不法。

本罪的主体为一般主体，包括公共当局在内的任何人。主观要件为故意。

（二）处罚

构成本罪的，按《澳门刑法典》第347条滥用职权罪的法定刑予以处罚，即处最高3年徒刑或科罚金。需要说明的是，《澳门刑法典》中规定之滥用职权罪，其犯罪主体为特殊主体，即公务员。

第七节　第12/2000号法律《选民登记法》的附属刑法

一　概述

选举权是现代社会公民的一项基本政治权利。获得选民资格是行使选举权的基本前提。葡萄牙制定《澳门组织章程》授予澳门本地立法权后，澳督首次于1976年颁布了第4/76/M号法令《选举法》，之后关于选民登记的法律经多次修改。1984年颁布的第9/84/M号法律《关于订定咨询会及立法会之选民资格登记事宜》对选民资格进行了修改。1988年《中葡联合声明》生效，澳门进入回归前的过渡期，当时的立法会制定了第10/88/M号法律《选民登记程序之管制》，对选民资格又做出修改。将直接选举的选民资格规定为"直至每年选民登记期间，18岁以上，且至少在澳门地区连续居住3年以上的个人"。1991年，立法会制定的第4/91/M号法律《立法会选举法》对选民资格再次做出修改。直至回归后的2000年，澳门立法会制定并颁布了第12/2000号法律《选民登记法》，为立法会的直接和间接选举对自然人和法人的选民登记程序重新做出规范。

经历回归后的两届立法会选举后，2008年，在第四届立法会选举前，针对之前选举中出现的不法情形，立法会制定了第 9/2008 号法律以修改并重新公布《选民登记法》。修改包括优化选民登记程序、取消选民证、提高社团成为法人选民的门槛等内容。修改后的《选民登记法》共 5 章 60 条，其中第 4 章"选民登记的不法行为"为附属刑法，共设立 9 个与选民登记相关的罪名。除对犯罪未遂的规定外，涉及的条文包括故意违法做出的登记罪、与选民登记有关的贿赂罪、以不法手段阻碍或促成的登记罪和诬告罪等①。

二 犯罪

（一）故意违法作出的登记罪

根据《选民登记法》第 45 条之规定，不具备法定要件而故意违法作出选民登记的行为，构成故意违法作出的登记罪。

1. 罪状与处罚

本罪的行为方式包括 5 种。

第一，是不具备法定要件而故意做选民登记。无论是自然人还是法人，要获得选举资格，须在选举前的法定时间内进行选民登记，而进行选民登记需要具备一系列法定要件。其中，对于自然人，须年满 18 周岁且为澳门特别行政区永久性居民。此外，凡年满 17 周岁的永久性居民，在其法定代理人陪同或递交由其签署的同意书的前提下，亦可办理提前选民登记，并在其满 18 周岁之日自动成为确定选民登记。除年龄和永久性居民身份外，法律规定，下列条件者不得做选民登记或办理提前选民登记：经确定判决宣告为禁治产人；被认为是明显精神错乱且被收容在精神病治疗场所或经由 3 名医生组成的健康检查委员会宣告为精神错乱的人，即使其未经法院判决宣告为禁治产人亦然；经确定判决宣告被剥夺政治权利的人。对于法人，兼具下列条件的社团和组织方得进行选民登记：已在身份证明局登记；获确认属于相关界别至少满 4 年；取得法律人格至少满 7 年。该等界别为：①工商、金融界；②劳工界；③专业界；④社会服务界；⑤文化界；⑥教育

---

① 第 9/2008 号法律第 8 条规定，修改前《选民登记法》中的伪造选民证罪、选民证的留置罪的规定适用于本法律生效前实施的事实，已被判刑者，其刑罚须继续执行并保留相关的刑事效果，即按从旧原则。

界；⑦体育界①。行为人不具备上述法定条件，却故意做选民登记，当属不法。

第二，是不具备法定要件而故意不注销不当的选民登记。此种行为针对已经存在的选民登记，但因各种事实或法定原因，其登记因不具备法定条件已属不当。如自然人在做选民登记后精神失常，或是法人自登记效力被中止起计的 5 个历年内不按规定提交年度总结报告，皆可使得原本已作的登记成为不当登记，而须予以注销。《选民登记法》第 3 条规定，选民登记具永久效力，除按本法规定注销外，不得自行申请注销。因此，注销乃依职权注销，而非依申请注销。法律规定，选民登记册须每年 1 月重编一次，加入新登记者的名称和删除不再符合法定要件及依法被注销登记者。可见，此行为方式的主体应为负责选民登记及注销的行政暨公职局及其工作人员。

关于依职权注销法人登记的事由包括两种：一是界别确认失效。法人办理选民登记时，须递交一份已填妥且经具权限做出有关行为的代表签署的登记申请书，并附同确认法人属于有关界别的证明文件。法律规定，凡已取得法律人格至少满 3 年的法人可申请确认一个界别，确认法人界别属行政长官的权限；已获确认属于某界别的法人，应最迟于每年 9 月最后一个工作日将相关的年度总结报告送交相关负责实体。确认的有效期为 5 年，但获确认的法人须按规定每年提交年度总结报告，法人还须于确认有效期届满前 150 日至 90 日期间申请续期，逾期不递交确认申请的，确认于有效期届满时即告失效。另一个被依职权注销的事由是法人自登记效力被中止起计的 5 个历年内不按规定提交年度总结报告的，其选民登记自下一个选民登记册完成展示之日起注销。关于注销自然人不当登记，法律规定如发现做双重登记，应注销后一次的登记，并应将该事实通知检察院，以便其在需要时提起适当的司法程序。与依职权注销自然人登记相配合，本法第 15 条规定，有关实体须于每月月底将以下各项所指有关年满 17 周岁的人士的资料，依职权送交行政暨公职局，该等实体包括终审法院院长办公室——载有经确定判决做出的宣告而导致被剥夺选举资格的人的姓名和其他身份资料的

---

① 在澳门，界别确认对法人选民及其参与选举非常重要。无论是立法会选举中的间接选举，还是行政长官选举中选举委员会的产生，均围绕着法人选民的界别展开。例如，《立法会选举法》规定，第五届及以后各届立法会间选议席分配方案为工商、金融界产生四名议员；劳工界产生两名议员；专业界产生三名议员；社会服务及教育界产生一名议员；文化及体育界产生两名议员。

列表；民事登记局——载有死亡者的姓名和其他身份资料的列表；精神病治疗场所——载有所指之人的姓名和其他身份资料的列表。身份证明局应于每年年底把载有当年丧失永久性居民身份者的身份资料列表送交行政暨公职局。总之，在依职权注销制度下，行政暨公职局及其工作人员明知登记已属不当而不注销不当登记的行为，当属不法。

第三，是故意导致法人的选民登记被注销，即明知法人的选民登记合法，却故意制造虚假的事由导致法人的选民登记被注销，法人的选民登记只有在出现前述法定事由的前提下方得注销，而法人选民对于立法会选举及行政长官选举都非常重要，故意造成法人的选民登记被注销，当属不法。

第四，是故意做出超过一次的选民登记。无论是自然人的选民登记还是法人的选民登记皆具有单一性，即每个符合法定条件的自然人或法人均只能进行一次选民登记，超出皆为不当，故意做出超过一次的选民登记，当属不法。

第五，是为做选民登记而故意作虚假声明。进行选民登记时，须为符合的法定条件提交一系列资料或声明。所谓虚假声明，即在做选民登记时，就登记的法定要件做不符合事实的陈述。虚假声明往往导致不实的选民登记，行为人明知陈述不实，仍故意为之，以做选民登记，当属不法。

本罪的主观要件为故意。构成本罪的，处最高 3 年徒刑或科最高 360 日罚金。

2. 法条竞合问题

本罪的第 5 种行为方式，以及为做选民登记而故意做虚假声明的行为，亦可构成《澳门刑法典》第 323 条做虚假之当事人陈述或声明罪，该罪包括 3 种行为方式：一是作当事人的陈述，而在宣誓后且已被警告如作虚假陈述将面对的刑事后果后，就应陈述的事实做虚假的声明的行为；二是辅助人与民事当事人在刑事诉讼程序中做虚假的声明；三是嫌犯就其身份及前科做虚假的声明的行为，可处最高 3 年徒刑或科罚金。两罪刑罚相同。可见本罪与其存在法条竞合关系，发生竞合时，按特殊法，即本罪处罚。

（二）与选民登记有关的贿赂罪

《选民登记法》第 46 条规定，为有关投票意向，以贿赂影响选民登记的行为，构成与选民登记有关的贿赂罪。

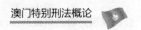

本罪的客观要件包括行贿及受贿两种。

一是为影响某人做选民登记，以确保有关投票意向而亲自或通过第三人提供或许诺提供工作、物件、服务或利益，此为与选民登记有关的行贿行为。前文已述，选民资格和选民登记并不等同，具备法律上的选民资格者，须经法定程序登记为选民，方可享有事实上的选举权，因此选民登记是具有选民资格者获得实际投票权的必经程序，对于选举的实际结果有重大影响。此处，"某人"应为具备选民资格的自然人或法人。"贿赂"包括工作、物件、服务或利益。行为方式包括行为人本人或通过第三人向具备选民资格者提供或许诺提供相关贿赂。"提供"意指直接给予某具备选民资格者有关贿赂；"许诺提供"意指就给予贿赂对其做出承诺。选民登记是具备选民资格者行使法律规定的选举权的重要步骤，具备选民资格者即可经登记成为正式选民，亦可根据己愿，放弃选民登记。总之，登记与否，应是其真实意思的体现，方可保证选举的真实有效。为了确保某种投票意向，而以贿赂影响具备选民资格者进行选民登记的行为，以贿赂换取投票意向，当属不法。

二是就是否进行选民登记而接受上指任何利益的行为。此为与选民登记有关的受贿行为。就第二种行为方式而言，犯罪主体应为具备选民资格者。

本罪的主观要件为故意。

以行贿构成本罪的，处 1～5 年徒刑。以受贿构成本罪的，处最高 3 年徒刑。

《澳门刑法典》第 337～339 条分别规定了受贿做不法行为罪、受贿做合法行为罪及行贿罪。其犯罪主体或行为对象为公务员，而与贿赂"对价"的客体是公务员"违背职务上之义务之作为或不作为"。本罪的犯罪主体或行为对象为具备选民资格者，作为对价的是对投票意向的影响，但投票非属职务行为，可见，本罪与该等罪名间不存在交叉竞合关系。

（三）以不法手段阻碍或促成登记罪

《选民登记法》第 47 条规定，以暴力、威胁或欺诈手段令某一自然人或法人做或不做选民登记的，构成以不法手段促成或阻碍登记罪。

1. 罪状与处罚

本罪的行为方式包括暴力、威胁或欺诈的手段。所谓暴力，即对他人施以身体强制的物理力量。所谓威胁，即以暴力或其他手段对他人施以精神强制。所谓欺诈，即通过虚构事实、隐瞒真相的方式，使他人做出错误的意思表示。"某一自然人或法人"应指依法具备选举资格的自然人或法人。通过上述行为方式，行为人迫使具备选举资格者不能按其真实意思进行或者不进行选民登记。前文已述，选民登记应体现具备选民资格者的真实意思，以不法手段阻碍或促成选民登记的行为，当属不法。

本罪的主观要件应为故意。即明知行为不法，而希望或容忍不法事实发生的主观心态。

构成本罪的，处 1 ~ 5 年徒刑。

2. 法条竞合问题

本罪与《澳门刑法典》第 148、149 条规定之胁迫罪、严重胁迫罪之间存在竞合关系。胁迫罪处最高 3 年徒刑或科罚金，严重胁迫罪处 1 ~ 5 年罚金。与本罪发生竞合时，应按照重法处罚。

（四）伪造选民证罪

根据《选民登记法》第 48 条之规定，意图欺诈而更改或更换选民证的，构成伪造选民证罪。

1. 罪状与处罚

本罪的犯罪客体为选民证。选民证是经选民登记后的选民参加选举投票的凭证，当中载有选民的个人资料以及与选举相关的信息，如选民证编号等。以往，选民在参加投票时，除了要携带居民身份证件外，还需要出示选民证。不过，由于在前三届，尤其是第三届立法会选举中出现了一些留置或伪造选民证的不法行为，对选举造成负面影响。经修订后的《选民登记法》现已取消选民证，经过选民登记的选民无须持选民证参加投票，但为保留对过往相关犯罪行为刑事责任的追究，修订后的法律仍保留了本条规定之伪造选民证罪及第 49 条规定的留置选民证罪。所谓伪造，包括更改和更换两种行为方式。更改即篡改或涂改真实选民证上的选民信息，更换则将真实选民证弃之不用，而以虚假的选民证代之。由于选举证是选民参加选举投票的主要证件，伪造选民证的行为必定影响选举的正常进行，当属不法。

本罪的主观要件为故意，明知行为不法，而意图欺诈，希望或容忍该等不法事实的发生。

构成伪造选民证的，处1~5年徒刑。

2. 法条竞合问题

本罪与《澳门刑法典》第244条规定之伪造文件罪以及第245条伪造具特别价值的文件罪之间存在包容竞合的关系。根据第245条之规定，所谓具特别价值的文件，是指公文书或具同等效力的文件、身份证明文件、识别须登记的动产的根本文件、密封遗嘱、邮政汇票、汇票、支票，或可背书移转的其他商业文件。选举证作为身份证明文件，当属具特别价值的文件。发生竞合时，应处以重法。伪造文件罪最高处3年徒刑或科罚金，而伪造具特别价值的文件罪的法定刑亦为1~5年徒刑，在此，立法者为刑事责任追究而保留相关罪名的做法稍显多虑，即使取消伪造选民证罪，相关不法行为亦可按伪造具特别价值的文件罪处之。

（五）留置选民证罪

《选民登记法》第49条规定，违反选民证持有人的意愿，或以贿赂留置其选民证的行为，构成留置选民证罪。

1. 罪状与处罚

本罪的客观要件包括以下3种。

一是行为人为确保有关投票意向，违反选民证持有人的意愿，留置其选民证的行为。

二是行为人为确保有关投票意向，通过提供、许诺提供或给予工作、财货或经济利益而留置其选民证的行为。以利益引诱他人交出选民证并将之留置，最终目的为控制他人在立法会选举时的投票意向。

三是选民证持有人接受前述任何利益的行为。

以留置他人选民证构成本罪的，处1~5年徒刑。选民证持有人接受利益，构成本罪的，处最高3年徒刑或科最高360日罚金。

2. 法条竞合问题

《澳门刑法典》第248条损坏或取去文件或技术注记罪中，其行为方式包括"留置"，与本罪形成包容竞合关系。发生竞合时，以重法处之。

本罪中涉及贿赂，须与选民登记有关的贿赂罪进行区分。两罪均包含贿赂，均影响选举的公正性，属于广义上的贿选行为。但两罪的区分还是明确的，本罪中的贿赂以交出选民证供留置为交换条件，而与选民登记有关的贿选罪则以进行或不进行选民登记为交换条件。若贿赂包含此两项交换条件，则两罪皆得成立。此外，构成本罪并不以贿赂为要件，亦可通过其他方式，违背持有人意愿而留置其选民证。

以澳门初级法院的一宗案件为例。2005 年立法会选举前夕，澳门福州三山（十邑）同乡会会长吴某（当时已成为第 18 组"澳门民联协进会"第三候选人参选立法会选举）等以同乡会名义收集选民证、副本或选民证号码。吴某伙同理事长孙某某、常务副理事长许某某等先以饼卡作为每张选民证的登记预付利益，再在确定选举组别后给予每张选票澳门币 300 ~ 500 元做酬劳，预计要拉拢 1000 票。吴某、孙某某、许某某等提供的贿赂不仅针对选民证的留置，且在进行选民登记前即已针对选民是否进行选举登记预付利益，因此初级法院判决行为人均不仅构成留置选民证罪（连续犯），同时亦构成选民登记有关的贿赂罪，两罪并罚①。

（六）伪造选民登记册罪

根据《选民登记法》第 50 条之规定，意图欺诈而伪造、更换、毁坏或涂改选民登记册的，构成伪造选民登记册罪。

1. **罪状与处罚**

选民登记册是记载选民资格及登记状态等选举信息的文件。《选民登记法》第 5 条规定，在选民登记册内属确定登记的自然人或法人，推定为具选举资格。第 19 条规定，选民登记册于 1 月编制，其中包括截至上一年 12 月最后一个工作日行政暨公职局收到的申请书的登记。选民登记册载明选民的姓名、永久性居民身份证编号和出生日期。选民登记册须编上序号，而各页均须编号并经行政暨公职局局长简签。本罪的行为方式包括伪造、更换、毁坏或涂改。自第四届立法会选举取消选民证后，选民登记册是选民登记过程中最为核心的文件。伪造选民登记册显然会破坏选举的真实和公正，当属不法。

本罪的主观要件为故意，即以欺诈为目的，明知行为不法，希望或接纳该等不法事实发生的心理状态。

构成本罪的，处 1 ~ 5 年徒刑。

2. **法条竞合问题**

本罪与《澳门刑法典》第 244 条规定之伪造文件罪、第 245 条伪造具

---

① 参见澳门廉政公署网站，http://www.ccac.org.mo/。

特别价值的文件罪及第 247 条损坏或取去文件或技术注记罪皆存在交叉竞合的关系。发生竞合时，应处以特殊法和重法。

（七）妨碍选民登记的查核罪

《选民登记法》第 51 条规定，妨碍选民登记册的展示和查阅的，构成妨碍选民登记的查核罪。

选民登记册编制完成后，应向社会公开展示，以供相关人士查阅。《选民登记法》第 21 条规定，选民登记册每年 1 月内在选民登记地点或在行政暨公职局指定的其他地点连续展示 10 日，利害关系人应于该期间进行查阅，以便提起声明异议。任何选举，均应使用选举日期公布日前最后一个已完成展示的选民登记册。本罪的行为方式包括妨碍行政暨公职局对选民登记册的展示，以及妨碍利害关系人在展示期内查阅选民登记册的行为。所谓利害关系人，不仅包括选民，也应包括投票站的执行委员会成员、候选人代表等。选民登记册的展示体现选举的公开性；选民登记册的查阅则体现了对利害关系人查阅权的保护，也是对其中如选民的选举权的保护。选民可以通过查阅登记资料，了解登记情况并及时提出异议声明，保证选民登记的准确性。若妨碍对登记册的展示或查阅，当属不法。

本罪的主观要件既可以是过失，也可以是故意。

过失构成本罪的，科最高 50 日罚金；故意构成本罪的，处最高 2 年徒刑。

（八）诬告罪

《选民登记法》第 52 条规定，意图使特定人被提起法律程序而以虚假的事实检举其实施选举登记犯罪的，构成诬告罪。

1. 罪状与处罚

诬告包括两种行为方式。

一是以虚假的事实向当局检举或表示怀疑某特定人实施本法所订定的犯罪，以促使某一程序被提起。所谓当局，应不仅限于司法当局，也可包括行政当局，如负责选举工作的行政暨公职局或廉政公署等。检举或表示怀疑的对象针对特定人，检举或表示怀疑的内容指该特定人实施了《选民登记法》中所规定的除本罪外的其他任何罪名。所谓程序，应指针对该特定人的法律程序。

二是以其他方式公开揭露或表示怀疑某特定人实施本法订定的犯罪，以促使某一程序被提起。此种行为方式是指用除向当局检举或表示怀疑以外的其他方式进行诬告。如散发传单、在报纸上撰文、接受电视媒体采访，或在公开的网络论坛上发帖等方式。这些方式虽未直接向澳门当局检举或表示怀疑，但均具备某种公开性，即为不特定多数人所知，亦可构成本罪。诬告本身扰乱了司法程序，同时亦扰乱了选举的正常进行，行为当属不法。

本罪的主观要件为故意，即明知有关归责事实虚假，而希望他人被提起法律程序的心理态度。因此，若行为人并不明知所归责的事实为虚假，或者对归责事实有适当夸大或推测，均不构成本罪。

构成本罪的，处1～5年徒刑。因该事实引致被害人被剥夺自由的，处1～8年徒刑。此外，法律规定，应被害人的申请，法院须依据《澳门刑法典》第183条之规定做出命令，让公众知悉该有罪判决。

2. 法条竞合问题

本罪与《澳门刑法典》第329条规定之诬告罪之间存在竞合关系。两罪的行为皆为诬告，主观上皆明知所归责的事实虚假，而意图针对特定人提起某一程序。两罪的区别在于，本罪所归责的事实针对本法所规定的罪名，而后者所归责的事实针对犯罪（该条第1款）或轻微违反（该条第2款）。可见，本罪与第329条第1款之间存在包容竞合关系。《澳门刑法典》中的诬告罪处最高3年徒刑或科罚金，如因该事实引致被害人被剥夺自由，行为人处1～8年徒刑。总体来看，本法属重法，发生竞合时，应以本罪处之。

（九）法定义务的不履行罪

《选民登记法》第53条规定，不履行本法规定的义务或不做出及时履行该等义务所需的行政行为，又或延迟履行该等义务的，即构成法定义务的不履行罪。本罪是对本法规定的前述罪名的补充。

本法为选举登记的利害关系人或相关机构规定有特定义务，如第2条规定，凡具有选举资格的自然人或法人，均有权利和公民义务做选民登记、核实本身是否已做登记，以及在发现有错误或遗漏时要求更正。第14条规定，任何公共或私人实体均有义务向行政暨公职局提供其认为对进行及宣传选民登记所必需的资料、解释或协助。第15条规定，终审法院院长办公室、民事登记局、精神病治疗场所、身份证明局负有向行政暨公职局提供相关资料的合作义务。第 30 条规定，已获确认属于某界别的法人，有最迟于每年 9 月最后一个工作日前将相关的年度总结报告送交相关负责实体的义务。此外，作为主要负责机构，行政暨公职局有编制、展示、更正选民登记册的义务，在法定期间内就声明异议做出决定的义务等。不履行相关义务，或者不及时做出履行该义务的行政行为，如果不能构成前述其他罪名，则构成本罪。

本罪既可以由故意构成，亦可由过失构成。

构成本罪的，科最高 50 日罚金，且不妨碍倘有的纪律责任。

三　相关刑事制度

（一）犯罪竞合

《选民登记法》第 39 条规定，本法所定的处罚，不排除因实施刑法所指的任何犯罪而适用其他更严厉的处罚，亦即本法规定的罪名与《澳门刑法典》中的罪名发生竞合时，适用重法。

（二）处罚

1. 犯罪未遂的处罚

《选民登记法》第 40 条规定，关于选民登记的犯罪，犯罪未遂的一律处罚之；对于犯罪未遂，可科处于既遂犯而经特别减轻的刑罚；但对第 46 条第 1 款、第 47 条、第 50 条及第 52 条第 1 款所指的犯罪，即与选民登记有关的行贿罪、以不法手段阻碍或促成登记罪、伪造选民登记册罪、诬告罪，则科处于既遂犯的刑罚，适用于该等犯罪的犯罪未遂。

2. 加重处罚

《选民登记法》第 41 条规定，如犯罪行为人是已获确认属于某界别的法人的代表，本法所定刑罚的最低限度和最高限度均提高 1/3。此规定体现立法者对法人代表从严处罚的立场。

3. 减刑或不处罚

《选民登记法》第 42 条规定，犯罪行为人若具体协助收集关键性证据以侦破该犯罪，尤其得以确定该犯罪的其他行为人，可就该犯罪免予处罚或减轻处罚。同时，法官应采取适当措施，使该等协助破案的行为人的身份受到司法保密的保障。

4. 附加刑

《选民登记法》第 43 条规定，因实施任何关于选民登记的犯罪而科处的刑罚，得加上中止行使政治权利 2～10 年的附加刑。

（三）追诉时效

《选民登记法》第 44 条规定，关于选民登记的刑事上的违法行为的追诉时效，自做出可处罚的行为时起，经过 2 年完成。此外，第 45 条第 1 款及第 2 款所指的违法行为，即故意违法做出登记的行为，其时效期间自知悉可处罚的行为时起计。

第八节 第 3/2001 号法律《立法会选举法》的附属刑法

一 立法沿革与概述

回归前，澳门的选举即指立法会选举。根据 1976 年《澳门组织章程》之规定，立法会议员分别通过总督任命、直接选举，以及间接选举的方式产生。由澳门总督通过法规订定立法会的选举程序。时任澳门总督于 1976 年 3 月 31 日公布了《选举法》。经葡萄牙共和国 5 月 10 日第 13/90 号法律修改后，立法会的选举制度成为立法会的专属立法权限。1991 年 4 月，当时的立法会制定了第 4/91/M 号法律所核准的澳门《立法会选举法》。根据《澳门基本法》及其附件的规定，除第一届立法会外，立法会的议员通过直接选举、间接选举，以及由行政长官委任产生，具体产生办法则由特区政府提出并经立法会通过的选举法加以规定。

现行第 3/2001 号法律《立法会选举法》由第一届立法会于回归后的 2001 年 2 月通过，由于在前几届选举中出现不少贿选、舞弊及各类妨碍公平选举的情形，因此至今《立法会选举法》已经过两次修改。第一次修改见于 2008 年 9 月立法会通过的第 11/2008 号法律。这次修改包括三个方面的内容：一是就选举本身的程序或要求做出修改调整，如取消选民证，将

"应在竞选活动开始时将有关候选名单的政纲概要发送给予所有选民"改为"政纲概要以适当方式公开"等；二是在附属刑法方面，增加了有关刑事责任的条文，包括增加了 3 个罪名和 2 个轻微违反；三是更新法律表述，除修改绝大多数条文标题外，将"立法会选举委员会"改为"立法会选举管理委员会"，将"核算委员会"改为"总核算委员会"，将"罚款"改为"罚金"等。第二次则由 2012 年 8 月立法会通过的第 12/2012 号法律对《立法会选举法》第 14 条及第 21 条做出修改。此次修改主要是为配合实施 2013 年第五届立法会选举的有关政改方案①。根据新修订的条文，立法会直选议员和间选议员的议席分别在原有人数的基础上各增加 2 名至 14 席和 12 席，委任议员保持 7 席不变。此外，为优化间接选举，法人选民的投票人数由原来的 11 人增加至最多 22 人；取消间接选举议席的"自动当选"机制；降低提名门槛，即提名委员会只需由该选举组别被登载于选举日期公布日前最后一个已完成展示的选民登记册的法人总数的 20% 即可。这次修改并不涉及有关刑事责任的条文。

经过两次修改后的《立法会选举法》共 11 章 205 条，就选举资格、议席、方法、程序等各方面做出详尽规定。其中，第十章为本法的附属刑法部分，规定了与立法会选举有关的犯罪及关于选举组织程序的轻微违反。除违令罪外，犯罪按目分为 3 类，即关于选举程序组织方面的犯罪、关于竞选活动的犯罪，以及关于投票及核算的犯罪。

二 犯罪

（一）加重违令罪

根据《立法会选举法》第 10 条之规定，立法会选举管理委员会有权就执行本法的规定而须对第 57 条"职业活动的免除"、第 58 条"执行委员会的运作"、第 74 条"竞选活动的开始与结束"、第 78～81 条"竞选活动中的音响宣传、图文宣传品的张贴、商业广告、报刊"、第 90 条"租赁"、第

---

① 此次修改是澳门政治发展"五部曲"的一个阶段，目的则在于提高两次选举的民意代表性和市民认受性，以呼应全国人民代表大会常务委员会做出的《关于基本法附件一第七条和附件二第三条的解释》及《关于二零一三年立法会产生办法和二零一四年行政长官产生办法有关问题的决定》。从立法操作层面上看，基本前提就是优化间接选举的方法。参见方泉《优化间选扩大民意代表性》，《澳门日报》2012 年 5 月 23 日，A02 版。

92 条 "选举账目" 及第 115 条 "宣传的禁止" 所指事宜发出具约束力的指引。不遵守该等指引者，构成《澳门刑法典》第 312 条第 2 款所指的加重违令罪，可科以最高 3 年徒刑。

2013 年在澳门立法会选举中，为确保该年立法会选举程序的正常开展，营造廉洁公正的竞选环境，在遵守有关法律制度对选举的既有规范的前提下，该届立法会选举管理委员会自 2013 年 3 月起，先后公布了第 1/CAE-AL/2013 号至第 12/CAEAL/2013 号共计 12 份选举指引。内容涉及上述各相关条款的有关规定，是对前述相关条款规定的解释和具化。例如，根据第 1/CAEAL/2013 号指引的规定，各候选人、候选名单受托人、提名委员会（包括经选举管理委员会宣布解散的提名委员会）的受托人及政治社团自选举日期公布日至提交选举账目日期间，须严格依照《立法会选举法》第 92 条的规定，编制详细收支项目账目，否则即构成加重违令罪。又如，根据第 11/CAEAL/2013 号指引的规定，在投票当日，未经选举管理委员会事先批准，在所有投票站范围之内禁止使用包括传呼机、对讲机和手提电话等电子通信设备，同时亦禁止使用具录像和拍照功能的手提电话或其他电子媒体方式记录选民本人或第三人的选票，违者处以加重违令罪①。

以初级法院的一宗案件为例。甲于 2013 年 9 月 15 日 9 时 10 分，在镜平学校（中学部）投票站的投票意向区内进行投票期间，使用手提电话拍摄投票的情况及结果，随后被他人截停，甲的手提电话内显示出 3 张关于投票意向书之照片，故将此事通知投票中心执行委员会主席，并通知治安警察局。甲辩称其使用手提电话拍摄投票意向书只是一时贪玩，甚至声称希望留给子女作为纪念。法院认为甲即使对不法性存有错误，但基于传媒及立法会选举管理委员会对相关指引的大力宣传及现场广播，按照《澳门刑法典》第 16 条第 1 款之规定，该错误亦属可谴责之错误。因此，甲违反了《立法会选举制度》第 58 条第 3 款和立法会选举管理委员会第 11/CAEAL/2013 号指引，构成一项加重违令罪，判处 3 个月的徒刑，暂缓 2 年执行②。

当然，这里存在法条竞合的问题。即违反指引的行为往往已直接规定

---

① 参阅 2013 澳门立法会选举管理委员会第 1/CAEAL/2013 号指引及第 11/CAEAL/2013 号指引之规定。澳门廉政公署网站 "选举管理委员会指引"，http：//www.ccac.org.mo/election2013/cn/index.php？cat = elemgr_guide。

② 参见澳门初级法院第 CR4 – 13 – 0168 – PSM 号判决。

在《立法会选举法》的选举犯罪当中。例如，有关选举日当日的竞选宣传活动，存在加重违令罪与在选举日的宣传罪的法条竞合；又如公共实体违反中立义务的行为，存在加重违令罪与违反中立及公正无私的义务罪的法条竞合。选管会在指引中往往直接将认定的罪名列明，而就法院的一系列判决来看，亦与选管会指引的立场保持一致（参见后文有关"在选举日的宣传罪"的一份判决）。

（二）关于选举程序组织方面的犯罪

《立法会选举法》第十章第二节第二分节第一目规定了关于选举程序组织方面的犯罪，罪名包括无被选资格者的参选罪、重复参选罪、关于提名委员会的胁迫及欺诈罪、关于指定投票人的胁迫及欺诈罪、对候选人的胁迫及欺诈罪、使选票不能到达目的地罪。

1. 无被选资格者的参选罪

《立法会选举法》第 149 条规定，无被选资格者接受提名的行为，即构成本罪。

本罪主体为具有刑事责任能力的无被选资格者。要明确无被选资格者的范围，首先需将被选资格或无被选资格与选举资格及投票资格区分开来。《立法会选举法》第 2 条规定，年满 18 周岁且为澳门特别行政区永久性居民的自然人，以及已在身份证明局登记、获确认属于相关界别至少满 4 年且取得法律人格至少满 7 年的法人具有选举资格。根据法律规定，澳门立法会选举分为直接选举和间接选举。在直接选举中，只有合资格的自然人方可投票；在间接选举中，只有合资格的法人方可投票。因此，就具有选举资格的自然人而言，如已做选民登记并被登录于选举日期公布日前最后一个已完成展示的选民登记册，则推定其在直接选举中具有投票资格。就具有选举资格的法人而言，如已按照《选民登记法》做登记，并被登录于选举日期公布日前最后一个已完成展示的选民登记册内代表相关界别的法人，则推定其在间接选举中具有投票资格。相对于投票资格，法律规定，无投票资格者包括经确定判决宣告为禁治产人[①]；被认为是明显精神错乱且被收

---

① 根据《澳门民法典》第 122、123 条之规定，因精神失常、聋哑或失明而显示无能力处理本人人身及财产事务之人，得被宣告为禁治产人。禁治产制度适用于成年人或亲权已解除之人；然而，对于亲权未解除之未成年人，为禁治产之效果可自未成年人成年之日其产生，得在其成年前一年内请求并宣告禁治产。禁治产人的能力等同于未成年人。

容在精神病治疗场所或经由 3 名医生组成的健康检查委员会宣告为精神错乱的人，即使其未经法院判决宣告为禁治产人亦然；以及经确定裁判宣告被剥夺政治权利的人。关于被选资格，法律规定，凡具有投票资格且年满 18 周岁的澳门特别行政区永久性居民，均具有被选资格。

结合前述内容及《立法会选举法》第 5 条之规定，行政长官、特区政府主要官员、在职的法院司法官及检察院司法官、任何宗教或信仰的司祭以及前述无投票资格者均为无被选资格者。当然，无被选资格者中包含无刑事责任能力人，作为本罪的犯罪主体，应排除这部分人。此外，在两种情况下，具有被选资格的人也会丧失候选资格：一是据本法第 27 条第 4 款之规定，任何人不得在一份以上的名单上作为候选人，否则丧失被选资格；二是据本法第 13 条第 2 款之规定，立法会选举管理委员会成员不得成为候选人。

本罪的行为方式是接受提名。《立法会选举法》以专节就提名的组织和程序做出规定，澳门政治社团或提名委员会均可提出一份候选人名单，仅有被选资格的人方可接受提名以参加选举，否则，当属不法。

本罪的主观要件是故意，即明知自己无被选资格而接受提名，希望或接纳该等不法事实的心理态度。《立法会选举法》第 30 条就候选人名单提交的申请书规定了明确要件，申请书须附同已排列次序的候选人名单及该等候选人的完整身份资料，其中包括由每一候选人签署的声明书，声明其接受候选名单及不处于任何无被选资格的情况。正常情况下，被提名者对于被提名参选的事实以及是否具有被选资格的条件应当知晓。

构成本罪的最高处罚为 3 年徒刑。

2. 重复参选罪

根据《立法会选举法》第 150 条之规定，重复参选罪是指在同一选举中提名同一人参与不同候选名单，或者接受被提名参与一份以上的名单的行为。

本罪的客观行为包括两种：一是提名者在同一选举中提名同一人参与一份以上的候选名单，即提名者重复提名的行为；二是被提名者接受参与一份以上的候选名单，即被提名者重复接受提名的行为。

就重复提名的行为而言，《立法会选举法》规定，有权提名的包括政治社团和提名委员会。在澳门，政治社团的设立受第 2/99/M 号法律《结社权规范》的规制。该法第 13 条规定，主要为协助行使公民权利及政治权利以及参加政治活动的具长期性质的组织为政治社团。第 15 条规定，政治社团最少须由 200 名长居澳门且完全享有政治权利及公民权利、年龄超过 18 岁的居民签署组成。政治社团一经在澳门身份证明局存有的专门记录内登记，即取得法律人格。而《立法会选举法》第 28 条则对提名委员会的组成做出规定，提名委员会由任何不属于提出候选名单的政治社团的有投票资格的选民组成，每一提名委员会最少有 300~500 名成员，提名委员会应制定相应的选举政纲，以便提出独立候选名单及参加其他选举活动。此外，《立法会选举法》第 42 条规定，在间接选举中，提名委员会须最少由该选举组别被登载于选举日期公布日前最后一个已完成展示的选民登记册的法人总数的 20% 组成①。根据法律规定，政治社团或提名委员会只能提出一份候选人名单，否则即属不法。

就重复参选的行为，《立法会选举法》第 27 条规定，任一有被选资格者不得接受一份以上候选名单的提名，否则即属不法。

本罪的主体包括提名者或被提名者。其中，政治社团是法人；提名委员会由选民组成，选民包括自然人和法人，因此提名委员会是由自然人或法人组成的集体；而被提名者则为自然人。根据《澳门刑法典》第 10 条之规定，"仅自然人方负刑事责任，但另有规定者除外"。犯罪主体原则是应为自然人。但如前文所及，澳门诸多单行刑法和附属刑法中均出现法人犯罪的规定，且针对提名者重复提名的行为所规定的法定刑为科以 100 日罚金，符合对法人处罚的原则。因此，政治社团包括提名委员会作为本罪的主体并无不妥。

本罪的主观要件为故意，即提名者明知重复提名，或被提名者明知重复接受提名，希望或接纳该等不法事实发生的主观意思。前已述及，《立法会选举法》规定，每一候选人均需签署声明书，声明其接受候选名单及不处于任何无被选资格的情况，包括由第 27 条第 4 款规定的重复参选将丧失被选资格的状况，而法律亦要求政治社团或提名委员会所提交的提名申请书必须具备有关资料要件，以保证提名的合法性，由此，一般情况下均可以推定行为人重复参选的故意心态。此外，若行为人因过失实施上述行为，则构成本法第 186 条所规定的重复提名参选的轻微违反（参见后文）。

对因重复提名而构成本罪的政治社团或提名委员会，可科最高 100 日罚

---

① 这个比例由第 12/2012 号法律修改而来。

金。因重复接受提名参选而构成本罪的自然人，处最高 6 个月徒刑。

3. 关于提名委员会的胁迫及欺诈罪

根据《立法会选举法》第 151 条之规定，以不法方式压迫或诱导任何自然人或法人组成或不组成提名委员会，或者压迫或诱导任何提名委员会成员或其受托人递交、不递交或擅自修改候选名单的行为，构成提名委员会的胁迫及欺诈罪。

本罪客观上有两种行为方式。

一是以暴力、胁迫、欺骗、欺诈手段、假消息或任何其他不法方式压迫或诱导任何自然人或法人组成或不组成提名委员会。

此种行为针对提名委员会的组成与否。所谓暴力，指对身体的强制性物理作用力；胁迫则指以暴力相威胁；欺骗、欺诈或假消息则指隐瞒事实真相，或编造不实情形，令对方陷入错误认识，行为人以此等不法的手段强迫自然人或法人，或者虽未对被害人形成身体或心理强迫，但令其在错误认识的情况下，做出错误的意思表示，从而达到其组成或不组成提名委员会的目的。

提名委员会的组成应出自选民或提名委员会成员的真实意思，且无论是直接选举还是间接选举，选举程序的实质性展开皆由提名委员会的组成开始，可以说，提名委员会组成与否对选举有着实质性的影响。以不法手段施以压迫或诱导的行为，当属不法。

二是以暴力、胁迫、欺骗、欺诈手段、假消息或任何其他不法方式压迫或诱导任何提名委员会成员或其受托人递交、不递交或擅自修改候选名单。

此种行为针对候选名单的确定及递交。行为人以不法手段强迫提名委员会成员或提名委员会的受托人，或者虽未对被害人形成身体或心理强迫，但令其在错误认识的情况下，做出错误的意思表示，从而达到其递交、不递交或修改候选名单的目的。提名委员会在成立时即须委任一位受托人，作为提名委员会的代表人，受托人负责提名委员会的指导和纪律，在法定条件范围内，受托人有权代表提名委员会签署、提交、修改候选名单，有权提出相关争议或上诉。其中，关于候选名单的修改，《立法会选举法》规定，如发现存在无被选资格的候选人，行政暨公职局须最少提前 2 日通知候选名单的受托人，以便受托人更换无被选资格的候选人；同时，受托人亦可申请更换无被选资格的候选人。可见，受托人的真实意思对于提名委会的运作，特别是候选名单的递交和修改有着至关重要的作用。

无论是直接选举还是间接选举，候选名单对选举都有实质性的影响。候选名单的确认及递交均应出自提名委员会成员、受托人的真实意思，以不法手段对其施以压迫或诱导的行为，当属不法。

本罪的主观要件为故意，即希望或接纳该等不法事实发生的心理态度，其目的在于组成或不组成提名委员会，或者递交、不递交或修改候选名单。

构成本罪的，处 1～5 年徒刑。

《澳门刑法典》第 148 条规定之胁迫罪与本罪形成法条竞合关系，发生竞合时，应按较重的罪处罚。

4. 关于指定投票人的胁迫及欺诈罪

《立法会选举法》第 152 条规定，以不法方式就投票人的产生而对任何人施以压迫或诱导的行为，构成关于指定投票人的胁迫及欺诈罪。

本罪的客观要件为以暴力、胁迫、欺骗、欺诈手段、假消息或任何其他不法方式压迫或诱导任何人指定、不指定或替换投票人，成为或不成为投票人。就指定、替换投票人而言，行为人以此等不法的手段强迫他人，或者虽未对他人形成身体或心理强迫，但令其在错误认识的情况下，在指定、替换投票人时，或者在是否成为投票人问题上做出并非真实的意思表示。广义上的投票人包括自然人选民投票人和法人选民选出的投票人，本条所指应为后者。根据《立法会选举法》第 22 条之规定，在间接选举中，每一具投票资格的法人享有最多 22 票投票权，由在订定选举日期之日在职的法人领导机关或管理机关成员中选出的最多 22 名具有投票资格的投票人行使。每一法人须最迟至选举日前第 45 日将投票人名单提交至行政暨公职局局长。各投票人须签署同意代表法人行使投票权的声明书。可见，间接选举的投票人通过其所在法人团体指定，并经被指定者同意后产生。无论是在指定投票人的过程中，还是被指定者决定是否成为投票人的过程中，以不法方式施以胁迫、欺诈的手段，即构成本罪。

本罪的主观要件为故意，即明知而希望或接纳不法事实发生的心理态度。

构成本罪的，处 1～5 年徒刑。

《澳门刑法典》第 148 条规定之胁迫罪与本罪之间形成法条竞合关系。发生竞合时，应处以较重的罪名。

5. 对候选人的胁迫及欺诈罪

《立法会选举法》第 153 条规定，以暴力等不法方式压迫或诱导候选人的行为，构成对候选人的胁迫及欺诈罪。

本罪的客观要件是指以暴力、胁迫、欺骗、欺诈手段、假消息或任何其他不法方式，压迫或诱导任何人参选、不参选或放弃参选的行为。前文已述及，任何人成为候选人，需要符合相关之法定条件和法定程序，首先应具备候选资格。其次，候选人只能经由政治社团或提名委员会的提名产生，同时亦应是其本人真实意思的结果，为此，本法第 45 条第 1 款规定，任何候选人均具有退出选举的权利。参与选举本应合法且自愿，以不法手段压迫或诱导当事人的行为，当属不法。

本罪的主观要件为故意，即明知而希望或接纳该等不法事实发生的主观意思。

构成本罪的，处 1 ~ 5 年徒刑。

《澳门刑法典》第 148 条规定之胁迫罪与本罪之间形成法条竞合关系。发生竞合时，应处以较重的罪名。

6. 使选票不能到达目的地罪

根据《立法会选举法》第 154 条之规定，使选票不能到达目的地罪是指以不法方式使选票不能在法定时间内到达目的地的行为。

本罪的客观要件是取去选票、留置选票或妨碍选票的派发，又或以任何方式使选票不能在法定时间内到达目的地。澳门立法会选举是按照选区分设多个投票站投票，选票要在适当的时间递送到相应的投票站。《立法会选举法》第 68 条规定，行政暨公职局在适当时间将选票送交立法会选举管理委员会。选票将按各投票站选民的数目加多最少 10% 放入封套内，经适当密封并加签后，分发予各投票站。此外，点票工作亦须在选举管理委员会指定的时间、地点进行，因此在整个选举过程中，选票的存放是动态的，选票按要求的时间、地点得以递送、保存、派发是选举顺利进行的基本保证，通过不法手段取去、留置或妨碍派发，使得选票不能按时出现在目的地的行为，当属不法。

构成本罪的，处最高 3 年徒刑。

本罪的主观要件为故意，即明知不法行为将使选票不能按时到达相应地点，希望或接纳该等不法事实发生的心理态度。

（三）关于竞选活动的犯罪

1. 违反中立及公正无私的义务罪

根据《立法会选举法》第 155 条之规定，违反中立及公正无私的义务罪是指执行职务时，违反法律规定的对各候选名单中立或公正无私义务的行为。

选举过程的中立及公正无私的义务则见于《立法会选举法》第 72 条。该条规定，公共实体的中立与公正无私义务包括：①行政当局与其他公法人的机关，公共资本公司的机关，以及公共服务、属公共的财产或公共工程的专营公司的机关，不得直接或间接参与竞选活动，亦不得做出足以使某一候选名单以任何方式得益或受损而引致其他候选名单受损或得益的行为。②上述实体的工作人员在执行其职务时，须对各候选名单及其提名人严格保持中立。③上述实体的公务员及服务人员在执行其职务时，禁止展示标志、贴纸或其他选举宣传品。可见，在选举中负有中立与公正无私义务的义务人是指行政当局与其他公法人的机关，公共资本公司的机关，以及公共服务、属公共的财产或公共工程的专营公司的机关等公共实体，以及这些实体的工作人员、公务员及服务人员。简言之，这些义务人即为本罪的犯罪主体。

本罪的客观要件为，首先，行为必须发生在执行职务的过程中。其次，实施违反有关义务的行为。具体而言，即如前述第 72 条所及，相关公共实体直接或间接参与竞选活动，或者做出足以使任何候选名单得益或受损的行为；或者是该等公共实体的工作人员在执行职务时，未对各候选名单及其提名人严格保持中立；或者该等实体的公务员及服务人员在执行职务时，展示偏向任何候选名单的标志、贴纸或宣传品。如行政当局的工作人员在执行职务过程中，以其职务身份，对某些候选人或参选组别做出偏向性的赞赏或质疑，或是博彩公司的主管在工作中，暗示其他工作人员应当支持或反对某个候选人或候选组别。此等皆为违背中立无私义务的行为。选管会第 8/CAEAL/2013 号选举指引特别提出，由于公共巴士和所有出租车（包括"黑的"和"黄的"）均属依照法定程序批准始可从事向公众提供公共交通服务的车辆，因此为在选举程序中保障各候选组别获得公平对待，所有提供公共交通服务的巴士和出租车均不得以有偿或无偿的方式在车身或车内为任何候选组别提供竞选宣传。除公共巴士和出租车外，第 9/CAE-

AL/2013 号指引则提出，因为博彩公司属政府经法定程序审批的可经营博彩公共服务的公司，按照中立及公正无私的义务原则，亦不得直接或间接地将其用于竞选宣传活动，包括俗称"发财车"的为博彩公司拥有或使用的车辆。

本罪的主观要件为故意，即明知在选举中违背了公正无私的义务，希望或接纳影响选举公正的不法事实发生的心态。

构成本罪的，处最高 3 年徒刑，或科最高 360 日罚金。对于公共实体构成本罪的，当然只能科处罚金。

本罪与本法第 10 条规定之加重违令罪之间存在法定竞合关系，发生竞合时，应按重罪处罚。与此相应，按照第 8/CAEAL/2013 号指引的规定，公共巴士或出租车为任何竞选组别提供竞选宣传的行为构成违令罪或违反中立及公正无私的义务罪。

2. 姓名、名称、简称或标志的不当使用罪

根据《立法会选举法》第 156 条之规定，在竞选活动期间，以损害或侮辱为目的，使用某候选人姓名或任何候选名单的名称、简称或标志的行为，构成姓名、名称、简称或标志的不当使用罪。

本罪的客观要件包括，首先，不当行为发生在竞选活动期间。根据《立法会选举法》第 74 条之规定，竞选活动期由选举日前第 15 日开始，至选举日前第 2 日午夜 12 时结束。其次，不当使用任何候选人的姓名或者任何候选组别的名称、简称或标志，以达到损害或侮辱有关候选人或候选组别的目的。候选人的姓名、候选组别的名称、简称或标志对候选人或候选组别而言具有至关重要的识别意义和评价意义，损害或侮辱该等姓名、名称、简称或标志的行为，当属不法。

本罪的主观要件为故意，目的在于对相关姓名、名称、简称或标志造成损害或侮辱，即明知对有关姓名、名称、简称或标志的不当使用会损害或侮辱有关候选人或候选组别，希望或接纳该等不法事实发生的心态。

构成本罪的，处最高 1 年徒刑，或科最高 360 日罚金。

由于本罪的目的是侮辱、损害相关候选人或候选组别，与《澳门刑法典》侮辱罪、公开及诋毁罪存在交叉竞合的关系。发生竞合时，应按重罪处罚。

3. 侵犯集会和示威的自由罪

根据《立法会选举法》第 157 条之规定，侵犯集会和示威的自由罪是

指扰乱或妨碍为竞选宣传而发起的集会、示威的行为。

本罪的客观要件包括两种行为方式：一是以骚动、扰乱秩序或喧哗的方式扰乱竞选宣传的集会、聚会、示威或游行。其手段为在竞选宣传的集会、聚会、示威或游行的进行过程中，制造骚动、扰乱秩序或者制造噪声；其目的在于扰乱集会或示威。二是以骚动、扰乱秩序或喧哗的方式妨碍集会、示威或游行的举行或继续进行。其手段为在竞选宣传的集会、聚会、示威或游行举行之前或进行过程中，制造骚动、扰乱秩序或制造噪声；其目的在于阻止集会、示威的举行或继续举行。与前一种行为方式相区别，此种行为在于阻止或中断集会、示威。集会、游行、示威的权利是澳门居民的基本权利，为《澳门基本法》及《集会权和示威权法》所保护。《立法会选举法》第77条亦规定了选举的集会和示威自由。选举期间，为宣传政纲、争取选票而举行的集会、游行、示威，只要按照法定条件的要求举行，均属正常的竞选活动，亦是候选人、候选组别及其支持者的基本权利和自由，扰乱或是妨碍该等集会、示威的行为，均属不法。

构成本罪的，处最高3年徒刑，或科最高360日罚金。

《集会权和示威权法》（参见第十一章第三节）第14条规定，干预集会或示威，与示威者对抗及阻止他们行使其权利者，按《澳门刑法典》第148条胁迫罪所规定的刑罚处罚之。可见，本罪与胁迫罪之间存在法条竞合关系，发生竞合时，应按重法处罚。

4. 对竞选宣传品的毁损罪

《立法会选举法》第158条规定，抢劫、盗窃、毁损竞选宣传品的行为，构成对竞选宣传品的毁损罪。

本罪的客观行为方式包括以下5种。

一是抢劫竞选宣传品。根据《澳门刑法典》第204条之规定，抢劫是指存有据为己有或转归另一人所有之不正当意图，对人施以暴力，以生命或身体完整性有迫在眉睫之危险相威胁，又或使之不能抗拒，而取去他人之动产或强迫其交付的行为。在本罪中，行为人抢夺的是特定的客体，即立法会选举中的竞选宣传品。法律并未对竞选宣传品的内涵及种类做出界定，不过从第79条"图文宣传品的张贴"的规定中可见，所谓图文宣传品，包括海报、图片、墙报、宣言及告示。但在现代网络媒体时代，竞选宣传显然不止于上述图文宣传品，还包括音频、视频等通过数字媒介传播的宣传品。此类数字媒介本身应无法成为抢劫的客体，但其载体应可以为抢劫的客体，也可以成为下文中盗窃、毁灭、使之失去效用等行为的客体。

二是盗窃竞选宣传品。根据《澳门刑法典》第 197 条之规定，所谓盗窃，是指存有将他人之动产据为己有或转归另一人所有之不正当意图，而取去此动产的行为。

三是毁灭或撕毁竞选宣传品。根据《澳门刑法典》第 206 条之规定，所谓毁损，是指使他人之物全部或部分毁灭，又或使之损坏、变形或失去效用的行为。撕毁主要是指针对纸质宣传品的一种毁损方式。

四是使竞选宣传品全部或部分失去效用或模糊不清。对于图文宣传品来说，使其模糊不清，亦是使其全部或部分失去效用的手段。

五是遮盖竞选宣传品。所谓遮盖，是指使竞选宣传品不为人可见。

符合法定条件的竞选宣传品是候选人或候选组别宣传政纲、争取选票的重要途径，法律保护正常的竞选活动和候选人的竞选权利，以不法手段使其丧失效用的行为，当属不法。

本罪的主观要件为故意，即明知以不法方式使竞选宣传品丧失效用，而希望或接纳该等不法事实发生的主观心态。

构成本罪的，处最高 3 年徒刑，或科最高 360 日罚金。

认定本罪时，应注意罪与非罪的区分。竞选宣传品及其张贴应符合法定条件。为保证选举公正，《立法会选举法》对竞选宣传品的尺寸、张贴的时间、地点均有规定，只有符合这些法定条件的宣传品方可受到法律，包括刑法的保护。为此，本条第 2 款规定，如该等宣传品张贴在行为人本人房屋或店号内而未获行为人同意，又或上述宣传品在竞选活动开始前已张贴，则上款所指的事实不受处罚。

但这并不意味着不符合法定限制的竞选宣传品，对其实施盗窃、抢劫或毁损的行为没有不法性。这些竞选宣传品本身为财物，对其实施盗窃、抢劫、毁损的行为，亦可认定盗窃罪、抢劫罪、毁损罪。《澳门刑法典》中规定的盗窃罪、抢劫罪、毁损罪与本罪之间存在法条竞合关系。本罪意在保护正常的竞选活动及候选人的竞选权利，而盗窃罪、抢劫罪、毁损罪意在保护财物上的财产权。发生竞合时，按重罪处罚。

5. 使函件不能到达收件人罪

《立法会选举法》第 159 条规定，因过失或欺诈而丢失或留置与选举有关的函件或图文宣传品，或者不将该等函件交予收件人的行为，构成使函件不能到达收件人罪。

本罪的客观要件为，丢失或留置立法会选举管理委员会寄出的投票通知书等函件，或竞选宣传用的通告、海报或纸张，又或不将上述邮件交予收件人。本罪的客体包括立法会选举管理委员会投票通知书或其他函件，以及竞选宣传用的通告、海报或纸张。图文宣传品在竞选活动中的重要性不言自明，而在选举过程中亦会产生大量与选举有关的通知、文书等函件，这些函件中往往包含与选举直接相关的重要内容和法定期限，尤其是选举管理委员会发出的投票通知书，用以指示投票人当日所属投票站、投票时间等重大投票事项。其他函件也往往对选举有着直接影响。例如，在发生候选名单争议时，需要通知相应的人在法定时间内做出答辩；候选人退出选举，亦须以书面声明的形式通知行政暨公职局；候选名单受托人需要在法定期间将其驻站代表名单书面通知行政暨公职局；等等。总之，这些函件对于选举的顺利进行至关重要，出于过失或欺诈丢失或留置或不交予该等邮件的行为，显属不法。

本罪的主观要件可以为过失，无论有无预见，虽不接受该等不法事实发生，却因未尽谨慎义务而应承担罪责。在意图欺诈的情况下，本罪的主观要件为故意，即以欺诈为目的，明知而希望或接纳该等不法事实发生的心理态度。

构成本罪的，过失犯罪，处最高 1 年徒刑，或科最高 360 日罚金。故意犯罪，处最高 3 年徒刑。

6. 在选举日的宣传罪

根据《立法会选举法》第 160 条之规定，在选举当日，以任何方式进行竞选宣传的行为，构成在选举日的宣传罪。

本罪的客观要件为，在选举当日，违反《立法会选举法》之规定，以任何方式进行竞选宣传。为了确保选举公正有序地进行，《立法会选举法》就竞选活动的开展做出了严格的时间限制，第 74 条规定，竞选活动期由选举日前第 15 日开始至选举日前第 2 日午夜 12 时结束。不仅选举当日，选举日前 1 日作为冷静期也不得进行竞选宣传活动。其中，在选举当日进行竞选宣传活动，将构成犯罪，须承担刑责；而按照本法第 196 条之规定，在冷静期，以及选举前一日进行竞选宣传的构成轻微违反。本罪的加重罪状为在投票站或其 100 米范围内进行竞选宣传。在立法会选举中，选民按选区划分，在各选区按照选民数量等因素设立投票站，投票站是选民集中的区域，亦是选民最终投出选票的区域，在投票站内或其周围100米范围内进行竞选宣传，其不法性程度显然更高。

根据以往情形，本罪是选举期间较为多发的犯罪，犯罪手段多样。根据2013年澳门立法会选举管理委员会第11/CAEAL/2013号指引第3条的规定，选举当日不得实施的竞选活动包括展示某一候选人或候选名单的标志、符号、识别物或贴纸等物件；穿着竞选活动期间为有关竞选组别进行宣传目的使用的特定服饰；通过与选民交谈、呼喊口号、向选民示以手势或信号等方式做出呼吁投票或不投票予某一候选人或竞选组别的行为。第10/CAEAL/2013号指引规定，投票日不得利用互联网和流动电信网络的任何程序发放促使选民投票或不投票予某候选组别的竞选宣传行为，包括不得展示和转发具竞选宣传内容的文件。此外，根据第4/CAEAL/2013号指引，投票日前的冷静期之前，提名委员会须将有关照片和向公众展示的宣传品，包括可识别有关参选组别的数字拆除，否则亦可构成在选举日的宣传罪。

以2013年初级法院的一宗案件为例。2013年9月15日（即2013年立法会选举投票当日）约19时30分，治安警察局警员在第24号票站门外执勤时，目睹某甲身穿一件黄色短袖T恤，T恤正面、背后及两只衫袖上均印有"1"及"澳发新连盟"字样，与本届立法会选举的第一组参选组别"澳发新连盟"在宣传期间的服饰一致。甲急步前往上述投票站，投票站职员在门口将其截停，并将一件白色外衣交给甲，甲随即将该白色外套穿在黄色T恤外面，然后进入投票站内投票。约15分钟后，嫌犯从票站内走出来，随即将刚穿上的白色外套除下交回投票站职员，意欲离去时被警员截停。法庭上，甲表示有听闻不可穿着具有标示的衣服进入选举区域，但辩称因该T恤已穿着10日，前一晚还用作睡衣，当日因一时疏忽才穿到投票站。但法官根据一般的经验法则，结合T恤簇新的状态及其他有关证据，认为某甲的行为是以故意及既遂的方式做出，违反了《立法会选举法》第160条第2款，结合立法会选举管理委员会第11/CAEAL/2013号指引的规定，认定其构成一项在选举日的宣传罪①。

构成本罪的，处最高1年徒刑，或科最高240日罚金。

---

① 澳门特区初级法院第CR4-13-0167-PSM号判决。

7. 诬告罪

根据《立法会选举法》第 161 条之规定，诬告罪是指以虚假内容检举、怀疑、揭露他人实施选举犯罪的行为。

本罪的客观要件包括，明知所归责实属虚假，而向当局检举或表示怀疑他人实施本法所订定的选举犯罪，或者公开揭露或表示怀疑他人实施本法所订定的选举犯罪，以促使该人被提起某一程序的行为。行为人或者将明知为虚假的犯罪事实向当局做出检举，或者虽非向当局检举，但使公众知悉该等虚假的犯罪事实，都是为了使其所指向的被害人被提起法律程序。本罪的减轻罪状为，行为人向当局检举或公开揭露的虚假事实乃指被害人实施了本法所订定的选举轻微违反，而非选举犯罪。本罪的加重罪状为，因行为人的诬告，使得被害人因该虚假事实而被剥夺自由。此处的剥夺自由，包括被害人因拘留等强制措施而失去自由，亦包括被害人因入罪而失去自由。总之，为了保证选举的顺利进行，保障参与选举者的正当权利，参与选举者有不受诬告而陷入法律程序的自由，明知所归责的事实不实，仍向当局检举或公开该等事实的行为，当属不法。

本罪的主观要件为故意，即明知而希望或接纳不法行为发生的心理态度。

构成本罪的，处 1~5 年徒刑。减轻罪状下，行为人处最高 2 年徒刑。加重罪状下，行为人处 1~8 年徒刑。此外，法律还规定，应被害人的申请，法院须依据《澳门刑法典》第 183 条之规定做出命令，让公众知悉该有罪判决。

本罪与《澳门刑法典》第 329 条规定之诬告罪之间存在包容的竞合关系。本罪意在保障选举的顺利进行，保护参与选举的人不受诬告的权利。由于法定刑幅度相同，发生竞合时，应按特殊法认定处罚，即认定本罪。

（四）关于投票及核算的犯罪

1. 出于欺诈的投票罪

根据《立法会选举法》第 162 条之规定，出于欺诈而冒充选民进行投票的行为，构成出于欺诈的投票罪。

本罪的客观要件是冒充已登记的选民，并进行投票的行为。根据《选民登记法》之规定，有选民资格的居民还需按照法定程序进行登记，方具投票权。此处行为人所冒充的必须是已经登记的选民，并且还做出投票行为，否则不构成本罪。投票权是已登记选民最重要的权利，冒充已登记选民，不仅侵犯了选民的投票权，亦破坏了选举的真实有效性，出于欺诈而冒充选民进行投票，其行为当属不法。

本罪的主观要件为故意。

构成本罪的，处最高 3 年徒刑。

2. 重复投票罪

《立法会选举法》第 163 条规定，在同一选举中投票一次以上的行为，构成重复投票罪。

本罪的客观要件是在同一次选举中投票多于一次的行为。同一选举即同一次选举或同一届选举。在每届立法会选举中，已登记的选民仅有一次投票资格，投票多于一次违反了法律规定，侵害了选举结果的真实有效性，行为当属不法。需要说明的是，法律中的"以上"或"以下"包含本数，但本条立法原意显然不包括本数"一次"，应将"一次以上"理解为"多于一次"，方为适当。

本罪的主观要件为故意，即明知而希望或接纳该等不法事实发生的心理态度。

构成本罪的，处最高 3 年徒刑。

3. 投票保密的违反罪

根据《立法会选举法》第 164 条之规定，在特定区域内，迫使投票人透露已做的投票或投票意向，或者投票人自己透露已做的投票或投票意向的行为，构成投票保密的违反罪。

本罪的客观行为包括两种。一是在投票站或其 100 米范围内，以胁迫或任何性质的手段，又或利用本身对选民的权势，使投票人透露已做的投票或投票意向的行为。所谓胁迫，主要是指心理上的强制，无论其手段为何，包括利用本身对投票人的权势，如利用自身作为上司的身份，迫使投票人说出自己的投票意愿；二是投票人在投票站或其 100 米范围内，透露已做的投票或投票意向的行为。此种行为方式乃由投票人实施。

以上两种方式均需在投票站内或其运作的建筑物外 100 米的范围内实施，方构成本罪。实际上，在选举日或之前，常有各类社团或学校等机构进行问卷调查，询问选民的投票意向，选民有权选择是否透露，但需要注意，不能在投票站内以及投票站建筑以外 100 米范围内，向其他人透露自己已做的投票或投票意向，否则即构成本罪。

2013 届立法会选举管理委员会根据《立法会选举法》的相关规定，在其发布的选举指引中强调，在投票站内及其运作的建筑物外 100 米范围内，禁止以任何借口强迫投票人透露已做的投票或投票意向。所有投票人均不得以任何借口透露其已做的投票或投票意向。投票保密是现代选举制度的基本原则之一，投票人的投票或投票意向应是其独立思考后做出的真实意思表示；投票结果在法定核算前应予保密，否则投票人之间的相互影响或者候选组别提前内部配票等行为都可能对选举结果造成不当影响。法律和选举指引的相关规定皆为保障选举公平。因此，在该等区域范围内，胁迫或主动透露已做投票或投票意向的行为，违反了法律所规定的投票保密原则，当属不法。

本罪的主观要件为故意。过失不构成本罪。

迫使他人透露投票结果或投票意向而构成本罪的，处最高 6 个月徒刑。投票人透露投票结果或投票意向而构成本罪的，科最高 20 日罚金。

认定本罪时，应注意罪与非罪的区分。在投票站门口，若某甲利用权势，胁迫某乙透露其刚刚做出的投票，而某乙被迫无奈而透露了自己的投票，则某甲当然构成本罪，但某乙是否也构成本罪呢？按照选举管理委员会的指引，任何人或所有投票人均不得以任何借口透露其已做的投票或投票意向，似乎受到胁迫而做出的透露亦须承担本罪刑责，此指引是否符合立法原意，尚可推敲。即使如此，亦可依据《澳门刑法典》第 34 条，视其可否以紧急避险阻却罪责。

还应注意本罪与其他罪名的区分。关于投票的保密义务，《立法会选举法》规定，失明、明显患病或属伤残的选民，如被执行委员会证实其不能做出投票所必需的行为，应由其本人选定另一名选民陪同投票，该选民应保证忠于该人的投票意向，且负起绝对保密的责任。因此，陪同投票人投票的选民若在上述区域内透露其所陪同之选民已做的投票或投票意向，亦须承担刑责。但其并非构成本罪，而是构成本法第 172 条所规定的不忠实的受托人罪（参见后文）。

本罪的第一种行为方式与《澳门刑法典》第 148 条所规定之胁迫罪存在交叉竞合的关系。胁迫罪须以暴力或重大恶害相威胁，本罪除提及利用自身权势外，并未具体描述胁迫的其他方式，但不能排除以暴力或重大恶害相威胁。发生竞合关系时，应以重罪处之。

4. 接纳或拒绝投票权限的滥用罪

《立法会选举法》第 165 条规定，选举执行委员会成员或核票员，滥用职权，接纳或拒绝的行为，构成接纳或拒绝投票权限的滥用罪。

本罪的客观行为包括 3 种形式。

一是执行委员会成员或核票员滥用职权，致使无投票权的人被接纳投票。本罪的主体是执行委员会成员或核票员。按照法律规定，选民按选区划分后，根据相关通知，前往所属投票站投票，每一投票站均按法定程序设立投票站执行委员会，负责该投票站的设立、开放、确认选民投票权限等一系列发生在该投票站的选举事项。选民进入投票站，执行委员会的成员即须核实其投票资格，然后决定是否发出选票，让选民完成投票。核票员则负责确认选票的有效性，决定是否接纳相关选票的有效性并进行统计。两者均有接纳或拒绝选民投票的职权。关于投票资格，前文已详述，若执行委员会成员或核票员因滥用职权而使得不具备投票权的人被接纳投票，则构成本罪。

二是执行委员会成员或核票员滥用职权，致使在该投票站不可行使投票权的人被接纳投票的行为。被接纳的投票人有投票权，但根据选区的事先划分，其应当在其他投票站投票，但执行委员会成员或核票员却接纳其在错误的投票站投票，则构成本罪。

三是执行委员会成员或核票员滥用职权，致使具投票权的人被拒绝投票的行为。此行为与上述两种行为方式相反，有投票权的选民前往其所属投票站投票，却因执行委员会成员或核票员滥用职权，其投票被拒绝接纳。

按照法律规定，执行委员会及其成员、核票员的设立是为了严格审查选民投票资格，保障选举合法有效进行。执行委员会的成员或核票员滥用接纳或拒绝选票的职权，当属不法。

本罪的主观要件为故意。

构成本罪的，处最高 3 年徒刑。

需要注意的是本罪犯罪主体是否应加重处罚问题。本罪的主体包括执行委员会成员和核票员，据《立法会选举法》第 141 条对选举不法行为加重情节的规定，执行委员会的成员以及总核算委员会的成员所实施的选举不法行为须加重处罚。但本罪的犯罪主体已列明，对行为人的处罚不必再行加重。

5. 滥用执法权力妨碍投票罪

根据《立法会选举法》第 166 条之规定，执法人员滥用职权，妨碍选民投票的行为，构成滥用执法权力妨碍投票罪。

本罪的客观要件为执法人员在选举当日为使某选民不能前往投票而以任何借口使该选民离开其住所或使之留在其住所以外的行为。本罪的主体为执法人员，并未具体界定，一般而言，所谓执法人员，应指公共当局执行法律所赋予职权的人员。本罪要求发生在选举日当日，通过其职权行为，使得选民未能前往投票。执法人员的职权乃公共服务的一部分，执法人员滥用职权，妨碍选民投票，妨碍了选举的正常进行，侵犯了选民的合法投票权，当属不法。

构成本罪的，处最高 3 年徒刑。

《澳门刑法典》第 347 条规定，公务员意图为自己或第三人获得不正当利益，或造成他人有所损失，而在以上各条所规定的情况以外，滥用其职务上固有的权力，或违反其职务所固有的义务者，构成滥用职权罪，处最高 3 年徒刑或科罚金。该罪与本罪之间存在法条竞合关系，但两罪自由刑幅度一致，而本罪无罚金刑，因此发生竞合时，应按特殊法，亦即本法认定。

6. 滥用职能罪

根据《立法会选举法》第 167 条之规定，公务员或司祭滥用职权，强迫或诱使选民投票或不投票的行为，构成滥用职能罪。

本罪的客观要件是公务员或司祭，滥用其职能，或在行使其职能时利用其职能强迫或诱使选民按某意向投票或不投票的行为。本罪的主体有两类：一类是获授予公权的市民、行政当局或其他公法人的公务员或服务人员。根据《澳门刑法典》第 336 条之规定，刑法中所称的公务员包括：①公共行政工作人员或其他公法人的工作人员；②为其他公共权力服务的工作人员；③在收取报酬或无偿下，因己意或因有义务，而不论是临时或暂时从事、参与从事或协助从事属公共行政职能或审判职能之活动的人。本条中"获授予公权的市民"显然也属于"公务员"的范围。另一类是宗教或信仰的司祭。前文已述及，澳门的立法会选举划分选区投票，而选区的划分基本上沿袭早期教区的划分。宗教信仰的力量对澳门居民影响颇深。法律一方面保护宗教信仰自由，另一方面也要保障世俗法律社会的选举不受宗教力量的不当影响，方可保证选举的真实、公平、有效。本罪的实行行为为强迫或诱使选民按照某种投票意向做出如何投票的决定。所谓强迫，即被害人受到精神强制；所谓诱使，即被害人陷入错误认识，而做出错误的意思表示。无论何者，皆非选民真实投票意愿。总之，公务员和司祭滥用职权，妨碍选民真实投票意愿的表达，当属不法。

本罪的主观要件为故意。

构成本罪的，处最高 3 年徒刑。

本罪与《澳门刑法典》第 347 条滥用职权罪，以及第 148 条规定之胁迫罪形成交叉竞合关系。因刑期一致，发生竞合时，应处以特殊法，即本罪。

7. 对选民的胁迫或欺诈罪

《立法会选举法》第 168 条规定，以暴力、胁迫、欺骗等不法手段，强迫或诱使该选民按某一项投票或不投票的，构成对选民的胁迫或欺诈罪。

本罪的客观要件为，对任何选民使用暴力或威胁手段，又或利用欺骗、欺诈手段、虚假消息或其他不法手段，强迫或诱使该选民按某意向投票或不投票的行为。其中，不法手段包括使用暴力、威胁之类的强制性方式强迫选民按照某个特定投票意向投票或不投票，也包括以欺骗、欺诈、虚假消息等手段，使选民陷入错误认识，做出不符合其真实意思的投票或不投票。在选举中以各种手段影响选民的投票意愿十分常见，与暴力胁迫等明显不法的强制性手段相比，散布虚假相关消息以欺骗或欺诈选民，打击或抹黑对手，诱使选民改变投票意向的情形则更为多见。本罪的加重罪状包括两种情形：一是在做出威胁时使用禁用武器。关于禁用武器，前文述及《集会权和示威权法》时已详述。二是由 2 人或 2 人以上对选民使用暴力，即以共犯的方式实施暴力强迫的行为。如前所述，投票应为选民真实意思的表示，任何人强迫或诱使选民不能表达出真实的投票意愿，皆为不法。

本罪的主观要件为故意，即明知而希望或接纳该等不法事实发生的心理态度。

构成本罪的，处 1~8 年徒刑。出现加重罪状的，刑罚的最低及最高限度均提高 1/3。

认定本罪时，应注意罪与非罪的区分。在认定散布与选举相关的消息，使得选民改变投票意向的行为的认定上要注意区分罪与非罪的界限。如果消息所涉事件属实，只是文字上存在倾向性措辞的情形，不宜视为犯罪。当然，如果消息纯属捏造，行为人只是以此诱使选民改变投票意向，则应承担刑责。

此外，本罪与《澳门刑法典》第 148 条之胁迫罪存在交叉竞合的关系。

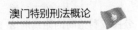

发生竞合时，应处以重法。此外，罪状中提及利用虚假消息，可能构成侮辱罪或诽谤罪，若涉及伪造文件，还可构成《澳门刑法典》第244条之伪造文件罪。

8. 有关职业上的胁迫罪

根据《立法会选举法》第169条之规定，因他人的投票行为而施以有关职业上的处分的行为，构成有关职业上的胁迫罪。

本罪的行为方式包括三种：一是为使选民投票或不投票予某候选名单，而威胁施以有关职业上的处分，或威胁妨碍其求职。职业上的处分显指对被害人职业发展不利的决定，包括降职、降薪、调岗直至解雇等。此处行为人针对特定候选名单，以不利于被告人的职业处分或妨害其求职，来胁迫被害人就某候选名单做出投票或不投票的决定。二是由于其曾投票或不曾投票予某候选名单，而施以或威胁施以有关职业上的处分，或威胁妨碍其求职。此种情形下，被害人针对特定候选名单已做出投票选择，行为人因此而对其做出或威胁做出不利的职业处分。三是由于其曾参与或不曾参与竞选活动，而施以或威胁施以有关职业上的处分，或者妨害或威胁妨碍其求职。本罪的主体通常为被害人的雇主、所在单位的领导或据位人或有权对被害人进行职业处分的人，也包括对被害人求职有影响的人，如前雇主。如前所述，投票应为选民真实意思的表示，任何人强迫或诱使选民不能表达出真实的投票意愿，皆为不法。

构成本罪的，处1~5年徒刑。此外，行为人承担刑事责任不妨碍被害人所受的职业上的处分无效，若该处分为解雇，则被害人可以自动复职，以不妨碍被害人因已被解雇或遭其他滥用的处分而获得损害赔偿的权利。

本罪与《澳门刑法典》第148条所规定之胁迫罪之间存在竞合关系，发生竞合时，应处以重法。

9. 贿选罪

《立法会选举法》第170条规定，亲自或通过他人提供、承诺提供或给予贿赂，妨害选举活动的行为，以及选民接受贿赂的行为，构成贿选罪。

本罪的客观要件包括行贿和受贿两个方面。一方面，贿选是指亲自或通过他人提供、承诺提供或给予公共或私人职位、其他物品或利益，以使自然人或法人按某意向做出下列任一行为：组成或不组成提名委员会；递交、不递交或擅自修改候选名单；指定、不指定或替换投票人；成为或不成为投票人；投票或不投票；本罪所指贿赂除财物外，也包括利益，如给予公共或私人职位。另一方面，选民索取或接受上述贿赂的行为，亦构成贿选罪。本罪所涉的是否组成提名委员会，是否递交或修改候选名单，是否指定或成为投票人，以及是否投票等事项，皆是最为核心的选举行为，对选举的公正有效进行至关重要。而选举应是选民真实投票意愿的表达，贿选使得选举无法反映真实民意，侵害了选举的公正性，无论是行贿行为还是受贿行为，当属不法。

本罪的主观要件为故意，即明知而希望或接纳该等不法事实发生的心理态度。

构成本罪的，行贿者如果意在影响选民投票或不投票，即第五种情形，处 1~8 年徒刑。其他情形，处 1~5 年徒刑。受贿者，处最高 3 年徒刑。

认定本罪时，应注意罪与非罪的区分。在选举日，往往出现一些个人或团体为选民提供前往投票站的接送服务。此类行为是否属于贿选，根据选举管理委员会第 9/CAEAL/2013 号指引的规定，为方便选民前往投票站而向选民，包括行动不便的选民提供接送服务的团体或个人需要遵守以下条件：一是不得强迫选民使用相关交通服务；二是投票前后均不得向选民提供或承诺任何餐饮或利益以作为投票的回报；三是不得在人群聚集地或交通工具内进行直接或间接的拉票行为，尤其不得向选民明示或暗示向特定候选组别投票或不投票，禁止展示特定候选人或候选名单的标志、符号、识别物或贴纸的行为。违反这些条件而提供接送服务的行为，即构成本条的贿选罪。如果只是出于提供便利之心，或者只要提供相关服务者遵守选举指引的要求，则不会构成犯罪。

此外，《澳门刑法典》第 337~339 条分别规定了受贿做不法行为、受贿做合法行为罪以及行贿罪。与贿赂"对价"的客体是公务员"违背职务上之义务之作为或不作为"。但本罪所涉的是否组成提名委员会、是否递交或修改候选名单、是否指定或成为投票人，以及是否投票，皆属选举权利，而选举权利是自然人选民或法人选民的基本权利，非其职务行为，因此本罪与《澳门刑法典》规定之受贿罪、行贿罪之间并不存在竞合关系。

10. 出于欺诈不将投票箱展示罪

根据《立法会选举法》第 171 条之规定，执行委员会成员出于欺诈而不向选民展示投票箱的行为，构成出于欺诈不将投票箱展示罪。

本罪的主体为执行委员会成员，包括委员会主席。是指行为人出于欺诈的意图，为隐瞒事先放入投票箱中的选票，而不向选民展示投票箱为空箱。为保证选举结果公正无欺，《立法会选举法》第 101 条第 2 款规定，执行委员会主席在宣布开始投票前，着令张贴第 58 条第 2 款所指告示，并偕同执行委员会其他成员和驻站代表检查写票间和执行委员会工作的文件，同时向选民展示投票箱，以便让所有人能证实其为空箱。投票站执行委员会成员出于欺诈的意图，不向选民展示投票箱为空箱的行为，当属不法。

本罪的主观要件为故意，行为人明知投票箱在开始投票前并非空箱，而是已被投入选票，无论该等选票是否为行为人投入，出于欺诈的目的，为了隐藏事先已被放入的该等选票而不展示空箱，即可构成本罪。若行为人确实不知投票箱中已有选票，而不展示投票箱的行为，则不构成本罪，但可以构成轻微违反。《立法会选举法》第 203 条规定，执行委员会成员、核票员、总核算委员会成员或其辅助人员不遵守或不继续遵守本法律所规定的任何程序，但无欺诈意图者，科澳门币 1000 ~ 5000 元罚金。

构成本罪的，处 1 ~ 5 年徒刑。如前所述，尽管《立法会选举法》第 141 条将执行委员会成员构成犯罪列为加重情节，但本罪是特殊主体，应不必额外加重处罚。

11. 不忠实的受托人罪

《立法会选举法》第 172 条规定，受托人不忠于委托人的投票意向，或不为委托选民保守投票秘密的行为，构成不忠实的受托人罪。

本罪的客观要件，是指陪同失明、明显患病或属伤残的选民前往投票的人，不忠于该选民的投票意向或不为该选民所做的投票保密的行为。前文述及，本法第 111 条规定，失明、明显患病或属伤残的选民，如被执行委员会证实其不能做出投票所必需的行为，得由其本人选定另一名选民陪同投票，该选民应保证忠于该人的投票意向，且负起绝对保密的义务。违背此忠实义务，不按所陪同的选民的真实意愿投票，或者不履行保守投票秘密的义务的行为，当属不法。

本罪的主观要件为故意，即行为人明知其所陪同的选民的投票意向，却不忠实履行所托的心理态度。

构成本罪的，处最高 3 年徒刑。

认定本罪时，应注意本罪与其他罪名的区分。本法第 164 条所规定之投票秘密的违反罪，仅指投票人本人在特定区域内泄露投票的情况。受托人透露选民投票秘密的行为，应构成本罪。此外，本罪与《澳门刑法典》第 189 条违反秘密罪存在法条竞合关系，发生竞合时，应按重法、特殊法，即按本罪处之。

12. 出于欺诈将选票投入投票箱及取去投票箱或选票罪

《立法会选举法》第 173 条规定，在投票站开放至选举总核算结束期间，出于欺诈，将选票投入投票箱或取去投票箱或选票的行为，构成出于欺诈将选票投入投票箱及取去投票箱或选票罪。

本罪的客观要件为行为人在投票站开放至选举总核算结束期间，在开始投票之前或之后出于欺诈将选票投入投票箱，或于上述期间任何时间出于欺诈取去投票箱连同其内未经核算的选票，又或取去一张或多张选票的行为。投票站开放及选举总核算结束均有程序上的宣布仪式，时间可以明确界定。行为方式则包括 3 种，即在前述期间，出于欺诈将选票投入票箱，或者出于欺诈取出已经被投入投票箱的选票，又或者出于欺诈直接将投票箱整体取去。投票箱及当中的选票直接影响选举结果，法律严格规定了对投票箱及选票的保管程序。出于欺诈而改动投票箱中的选票，甚至取走投票箱的行为，当属不法。

本罪的主观要件为故意，行为人出于欺诈，明知而希望或接纳相关不法事实的发生。

构成本罪的，处 1～5 年徒刑。若涉及本法第 141 条之特殊身份的主体，须加重处罚。若该等特殊主体并非出于欺诈而实施该等行为，按照本法第203 条之规定，应认定为轻微违反。

此外，还需注意本罪与其他罪名的法条竞合关系。《澳门刑法典》第248 条规定了损害或取去文件或技术注记罪。其中，"文件"是指表现于文书，又或记录于碟、录音录像带或其他技术工具，而可为一般人或某一圈子的人所理解的表示，该表示系令人得以识别其由何人做出，且适合用作证明法律上之重要事实，而不论在做出表示时系作为此用，或之后方作此用者。根据这个定义，选票、记录或其他与选举有关的文件皆属于《澳门刑法典》中的文件。可见本罪与损害或取去文件或技术注记罪之间存在交叉竞合的关系，发生竞合时，按照重法处之。

13. 投票站执行委员会成员或核票员的欺诈罪

《立法会选举法》第 174 条规定，执行委员会成员或核票员以不法方式歪曲选举投票实况的行为，构成投票站执行委员会成员或核票员的欺诈罪。

执行委员会成员或核票员，将未投票的选民注明或同意注明为已投票，对已投票的选民不做此注明，在点票时将得票的候选名单调换或增减某一候选名单的得票数目，又或以任何方式歪曲选举的实况者。

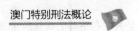

本罪的主观要件为故意，即明知而希望或接纳歪曲选举实况的不法事实的发生。因主体为投票站执行委员会成员或核票员，若以过失实施上述行为，则可成立轻微违反。

构成本罪的，处 1 ~ 5 年徒刑。

14. 阻碍监察罪

根据《立法会选举法》第 175 条之规定，妨碍候选名单的驻站代表行使本法规定的权利的行为，构成阻碍监察罪。

本罪的客观要件为妨碍候选名单的驻站代表进出其所在的投票站，或以任何方式试图反对该等代表行使本法律所赋予的任何权利的行为。本法规定，每一候选名单均有权在每一投票站派驻一名正选代表及一名候补代表。候选名单的受托人或获其授权的选民可于选举日前第 29 日至第 20 日期间以书面方式通知行政暨公职局局长其委派到各投票站的驻站代表的名单。驻站代表作为候选人或候选组别在某一投票站的代表，在选举进行期间，享有法律规定的相关权利，包括占用较接近派票和点票的位置，以监察所有投票活动的进行；随时查阅执行委员会使用的投票人名册及其他工作记录；无论在投票或核票阶段，对一切在投票站运作期间发生的问题，发表意见及要求解释；以口头或书面形式对选举活动提出异议、抗议或反抗议；在记录上签名及在一切与选举活动有关的文件上简签、施加封印和贴上封条并在其上简签；取得有关投票和核票工作的证明。总之，驻站代表享有对所在投票站发生的选举行为的监察权，违反此规定，妨碍驻站代表进出投票站，或者以其他方式妨碍其行使上述监察权利的行为，当属不法。

本罪的主观要件为故意，即明知而希望或接纳该等不法事实发生的心理态度。

构成本罪的，处 6 个月至 3 年徒刑。如上述行为是由执行委员会主席做出，在任何情况下，所处的徒刑均不少于 1 年。

15. 拒绝受理异议、抗议或反抗议罪

根据《立法会选举法》第 176 条之规定，执行委员会主席或总核算委员会主席，无理拒绝受理异议、抗议或反抗议的，构成拒绝受理异议、抗议或反抗议罪。

本罪的主体为执行委员会主席或总核算委员会主席。为保障选举自由，根据《立法会选举法》第 113 条之规定，候选名单的驻站代表，以及任何属该投票站的选民均有权就该投票站的选举工作提出疑问，或者以书面方

式并连同适当的文件提出异议、抗议或反抗议。执行委员会不得拒绝接收异议、抗议和反抗议，并应在其上简签和将之附于记录内。收到相关异议、抗议或反抗议的书面材料后，执行委员会须按在场成员的绝大多数意见对其做出决议，而主席的投票具决定性。此外，第 123、131 条规定，投票结束后，废票、经简签的异议或抗议所针对的选票，连同有关文件一并递交总核算委员会。在开始核算工作时，总核算委员会首先须就异议或抗议所针对的选票做出决定。由此，执行委员会主席或总核算委员会主席拒绝受理异议、抗议或反抗议的行为，侵害了选举自由，当属不法。

本罪的主观要件为故意。

构成本罪的，处最高 1 年徒刑，或科最高 360 日罚金。

16. 对投票站或总核算委员会的扰乱或妨碍罪

根据《立法会选举法》第 177 条之规定，扰乱或妨碍投票站或总核算委员会运作的行为，构成对投票站或总核算委员会的扰乱或妨碍罪。

本罪的客观要件是行为人以制造骚动、扰乱秩序或喧哗的方式，扰乱投票站或总核算委员会的运作，或者妨碍投票站或总核算委员会继续运作的行为。投票站的运作方式和程序有法律的明确规定，从行为方式看，所谓制造骚动，即形成人群的不安定状态；所谓扰乱秩序，即使得投票站正常的工作程序被打乱；所谓喧哗，即制造鼓噪之声，使得投票站或总核算委员会的工作无法在安静有序的氛围中展开。投票站是选民投票的特定区域，总核算委员会的核算工作是为统计出公正合法的最终结果，二者皆对选举的顺利有效进行至关重要。以制造骚动、扰乱秩序或喧哗等方式，扰乱或妨碍其运作的行为，当属不法。

本罪的主观要件为故意。

扰乱运作的，处最高 3 年徒刑。妨碍继续运作的，处 1～5 年徒刑。

17. 不当出现于投票站或总核算委员会工作地点罪

根据《立法会选举法》第 178 条之规定，在选举活动期间，无权进入投票站或总核算委员会工作地点而进入该地点，且经主席勒令离开仍拒绝离开的，构成不当出现于投票站或总核算委员会工作地点罪。

本罪的客观要件为无权进入投票站或总核算委员会工作地点之人，不当出现在投票站或总核算委员会的工作地点后，经投票站执行委员会主席或总核算委员会主席勒令其离去而拒不离去。根据本法第 105 条之规定，能够进入某个投票站的只能包括在有关投票站投票的选民、执行委员会成员、核票员、候选人、候选名单的受托人、候选名单驻站代表、社会传播媒介的专业人士，以及立法会选举管理委员会事先批准的其他人士。另外，根据本法第127、130条之规定，总核算委员会的工作地点仅允许总核算委员会主席、工作人员、辅助人员到场，候选人及各名单的受托人亦有权到场观察总核算委员会的工作。此外，总核算委员会可在有需要时传召执行委员会成员出席会议。上述范围之外的人士出现在上述地点，且经勒令而拒不离去的，当属不法。

本条第2款规定，未经立法会选举管理委员会事先批准而携带武器进入投票站的，处最高2年徒刑。为保证选举安全，一方面，法律规定，任何携带武器或可做武器用的物件的选民，均不准进入投票站。另一方面，每个投票站均应部署足够警力，执行委员会主席可通过警察总局指派的联络人召唤保安部队到场及命令其离场。可见，原则上，进入投票站的人均不得携带武器，或可做武器用的物件，即使是警察或保安部队人员，亦应取得投票站执行委员会主席的批准方可进入投票站现场。

关于对本条第2款的理解，需略作展开。第2款是否为第1款的加重罪状？易言之，第2款的主体是否是第1款所指的无权到场的人员？若认为第2款是第1款的加重罪状，则仅无权进入该等场所的人员携带武器进入的行为，构成本罪，且符合加重罪状，应处加重刑罚。而有权进入该等场所的人员携带武器进入的行为，则不构成本罪。法律虽未言明，但这显然与第114条所规定之任何选民皆不得携带武器进入投票站的规定主旨不一。可见，第2款是本罪的第二种行为方式，不应将其视为第1款的加重罪状，无论有无权利进入该等地点，只要未获选举管理委员会的事先批准，携带武器进入的行为，皆构成本罪。

本罪的主观要件为故意。即明知无权进入或携有武器，而希望或接纳该等不法事实发生的主观心态。

无权进入而拒不离去的，处最高1年徒刑，或科最高360日罚金。携带武器进入的，处最高2年徒刑。

18. 警察部队的不到场罪

根据《立法会选举法》第179条之规定，警察部队负责人或其所委派的人员违反本法规定，被召唤到场而无合理解释不到场的，构成警察部队的不到场罪。

本罪的主体是特殊主体，即警察部队的负责人或其委派的人员。其行为方式为受到立法会管理委员会或投票站执行委员会的召唤，应当出现在指定地点维护选举安全，却不到场出警，且对此不作为无合理解释。按照本法第 114 条之规定，在投票地点内，立法会选举管理委员会有权保障选民的自由、确保投票地点的秩序；在投票站内，执行委员会主席有权保障选民的自由、维持秩序。若有安全上的需要，上述有权限人士可召唤保安部队或医护人员到场提供协助。本法第 116 条规定，警察总局局长应委派一名统筹选举日投票站安全工作的负责人，该负责人应为每一投票地点指派最少一名联络人。如有需要，执行委员会主席可通过该联络人召唤保安部队到场或离场。由上亦可知，有权召唤人员联络工作的是警察部队的负责人或其委派的负责人、联络人。总之，立法会选举管理委员会或投票站执行委员会主席为投票地点或投票站的安全、秩序，有权召唤警察部队到场维持选举秩序。若警察部队受到召唤而不到场，且无合理理由的，当属不法。

本罪的主观要件为故意，即明知无合理理由不到场，却希望或接纳该等不法事实发生的心理态度。

构成犯罪的，处最高 3 年徒刑。

19. 警察部队擅入投票站罪

根据《立法会选举法》第 180 条之规定，警察部队负责人或其人员，未经要求而擅自进入投票站的，构成警察部队擅入投票站罪。

本罪的客观要件为警察部队负责人或其人员未经投票站执行委员会主席的要求，而进入该投票站运作地点的行为。本罪的主体为澳门警察部队负责人或警察部队人员。由前文对警察部队的不到场罪的论述可知，法律规定，在某一投票站内，投票站执行委员会主席对该投票站的安全、秩序有着最高权限，包括有权召唤警察部队到场，有权要求警察部队离场。警察部队未经要求而擅入投票站的行为，当属不法。

本罪的主观要件为故意。

构成本罪的，处最高 1 年徒刑。明显较不到场罪的法定刑轻。

20. 选票、纪录或与选举有关的文件的伪造罪

根据《立法会选举法》第 181 条之规定，以任何方式破坏选票、记录与选举有关的文件真实性的行为，构成选票、纪录或与选票有关的文件的伪造罪。

本罪的客观要件为以任何方式更改、隐藏、更换、毁灭或取去选票、投票站或总核算委员会的纪录，或与选举有关的任何文件。其中的选票应

当包括已被填写或未被填写的选票。行为方式包括更改、隐藏、更换、毁灭或取去该等文件。所谓更改，是指改变该等选举文件的内容；所谓隐藏，是指使得该等选举文件或其中的内容不为人所见；所谓更换，是指对该等选举文件的原件进行替换；所谓毁灭或取去，是指使该等文件灭失。总体上这些行为皆是对该等选举文件真实性的破坏。罪名中以"伪造"概括这些行为并不完全准确。保证该等选举文件的真实性对选举结果的意义不言自明，实施破坏行为当属不法。

本罪的主观要件为故意。即明知不应破坏选举文件的真实性而希望或接纳该等不法事实发生的心理态度。

构成本罪的，处 1～5 年徒刑。

认定本罪时应注意与其他罪名的法条竞合关系。《澳门刑法典》第 244 条规定之伪造文件罪，是指意图造成他人或本地区有所损失，又或意图为自己或他人获得不正当利益，而制造虚假文件，伪造或更改文件，又或滥用他人之签名以制作虚假文件，使法律上之重要事实不实登载于文件上，或使用由他人制造、伪造或更改之文件的行为。前文已述，选票属于刑法典所称之"文件"。可见，本罪与《澳门刑法典》规定之伪造文件罪，以及伪造具特别价值之文件罪、公务员所实施之伪造罪、损坏或取去文件或技术注记罪皆存在交叉竞合的关系。发生竞合时，应处以重法。

21. 虚假的患病或伤残证明书罪

根据《立法会选举法》第 182 条之规定，具卫生当局权力的医生，发出虚假的患病或伤残证明书的，构成虚假的患病或伤残证明书罪。

本罪的客观要件为具卫生当局权力的医生，即本法所称之澳门特别行政区卫生局医生，发出虚假的患病证明或伤残证明的行为。由于选举涉及选举资格、投票能力等事项，医生的证明出现在本法所规定的多个选举环节当中，包括经由 3 名医生组成的健康检查委员会宣告为精神错乱的人，可以被确认无选举资格；由澳门特别行政区卫生局医生发出的证实患病或身体上不胜任的证明书，可以作为执行委员会成员、核票员及其他由立法会选举管理委员会委派参与选举工作的人员不能履行职务或不参加培训活动的合理理由；执行委员会决定不能证实选民是否明显失明、患有疾病或属伤残时，应要求该选民在进行投票时提交由澳门特别行政区卫生局医生发出的证明书，以决定是否允许其选择另一名选民陪同其投票。可见，卫生局医生所发出的证明书的真实性对于选举资格、投票能力等重要事项有着直接的影响。卫生局医生发出虚假的证明书的行为，当属不法。

本罪的主观要件为故意。

构成本罪的，处最高 5 年徒刑，或科最高 360 日罚金。

认定本罪时，应注意与其他罪名间的法条竞合关系。《澳门刑法典》第 249 条规定之伪造证明罪，是指医生、牙医、护士、助产士，或医学服务之实验室或研究机构之领导人或雇员，又或负责验尸之人，明知与事实不符，而发出关于某人身体状况又或身体或精神之健康状况、出生或死亡等证明或证明书，用作取信于公共当局、损害他人利益，或为自己或他人获得不正当利益的行为。可见该罪与本罪间存在交叉竞合关系，发生竞合时，按照重法，亦即本法认定。

22. 总核算委员会的欺诈罪

根据《立法会选举法》第 183 条之规定，总核算委员会成员，以任何方式伪造核算结果或与核算有关文件的，构成在总核算委员会的欺诈罪。

本罪的主体是总核算委员会的成员。其行为在于伪造核算结果或与核算有关的文件。所谓伪造，即更改或制造虚假文件。核算结果或与核算有关的文件直接关乎选举结果，总核算委员会的成员伪造该等文件的行为，当属不法。

本罪的主观要件为故意。

构成本罪的，处 1~5 年徒刑。

本罪与《澳门刑法典》中规定的伪造文件罪、伪造具特别价值之文件罪、公务员所实施之伪造罪之间存在交叉竞合关系。发生竞合时，按重法处之。

三 轻微违反

除上述选举犯罪外，《立法会选举法》还就违反本法规定的行为设立了一系列轻微违反。如前所述，根据《澳门刑法典》第 123 条之规定，单纯违反或不遵守法律或规章之预防性规定之不法行为，为轻微违反，过失亦必须受处罚。不得对轻微违反规定超过 6 个月之徒刑。

（一）关于选举程序组织方面的轻微违反

1. 重复参选名单

根据《立法会选举法》第 186 之规定，政治社团因过失在同一选举中提出不同的候选名单，任何市民因过失在同一选举中提名同一人参与不同的候选名单，或者接受被提名参与一份以上候选名单的，构成重复参选名单的轻微违反。对提名者，如属政治社团科澳门币 5000 元至 1 万元罚金；如属市民则科澳门币 500～1500 元罚金。对接受者科澳门币 2000～5000 元罚金。

2. 投票站及总核算委员会职务的不担任、不执行或放弃

根据本法第 187 条之规定，获委派为执行委员会成员、核票员、总核算委员会成员或由立法会选举管理委员会或总核算委员会委派参与选举工作的其他人员，无合理解释不担任、不执行或放弃有关职务者，构成轻微违反，科澳门币 2000 元至 2 万元罚金。

获委派为执行委员会成员、核票员、总核算委员会成员或由立法会选举管理委员会或总核算委员会委派参与选举工作的其他人员，因故意或过失而未在法定期限前提出不担任有关职务的合理理由，亦构成轻微违反，科澳门币 1000～5000 元罚金。

（二）关于竞选活动的轻微违反

1. 不具名的竞选活动

根据《立法会选举法》第 188 条之规定，举行竞选活动而不表明有关候选名单的行为，构成不具名的竞选活动的轻微违反，科澳门币 5000 元至 2.5 万元罚金。

2. 民意测验结果的公布

根据《立法会选举法》第 189 条之规定，社会传播或广告企业，又或民意测验机构或企业，不按本法律所指的情况及规定公布或促使公布民意测验结果，构成民意测验结果的公布的轻微违反，科澳门币 1 万元至 10 万元罚金。

在选举期间，一些传媒广告公司或从事民意调查的机构，往往会进行选民投票意向的民意测验。为保障选举公正，避免选民的判断受到不当影响，《立法会选举法》第 75 条明确规定，由竞选活动开始至选举日翌日为止，有关选民对候选人态度的民意测验或调查的结果，一律禁止公布。

3. 非法集会、聚会、示威或游行

根据《立法会选举法》第 190 条之规定，违反本法律的规定，发起集会、聚会、示威或游行的，构成非法集会、聚会、示威或游行的轻微违反，科澳门币 2500 元至 1 万元罚金。

集会、游行、示威是澳门居民的基本权利，亦是选举期间表达立场、宣传政纲或拉取选票的有效途径。但为保证选举公平，《立法会选举法》第77条对选举期间的集会、示威有一系列限制规定。如在公共或向公众开放的地方集会、聚会、示威或游行，须由候选人或受托人做出《集会权和示威权法》中规定的有关通知；以及一般不容许在凌晨2时至早上7时30分举行集会或示威等。

4. 关于音响和图文宣传规则的违反

《立法会选举法》第191条规定，违反本法律所规定的限制，进行音响或图文宣传的行为，构成关于音响和图文宣传规则的违反，科澳门币1000～5000元罚金。

竞选活动中往往会使用音响或图文宣传品进行竞选宣传。《立法会选举法》第78条规定，上午9时前及晚上11时后，一律禁止音响宣传。第80条规定，自订定选举日期的行政命令公布之日起，禁止直接或间接通过商业广告的宣传工具，在社会传播媒介或其他媒介进行竞选宣传。例如，在此法定期间，不允许在报纸上刊登竞选广告，或者在出租车内张贴竞选宣传品。违者即构成轻微违反。

5. 不法的商业广告

根据《立法会选举法》第192条之规定，社会传播或广告企业，在订定选举日期的行政命令公布后进行政治宣传的，构成不法的商业广告的轻微违反，科澳门币5000元至5万元罚金。

所谓政治宣传，应指对候选人或候选组别所持政纲的宣传。前文已述，自订定选举日期的行政命令公布之日起，禁止通过社会传播或广告企业进行竞选宣传，违反规定，进行政治宣传的社会传播或广告企业，即构成轻微违反。

6. 信息性刊物义务的违反

根据《立法会选举法》第193条之规定，拥有资讯性刊物的企业，违反本法的相关规定，不公平对待各候选名单的行为，构成资讯性刊物义务的违反，科澳门币5000元至5万元罚金。

资讯性刊物即通常所称之报纸、杂志等刊载信息的日刊或非日刊，这些刊物覆盖读者群较广，对竞选活动具有一定的实质性影响。为保障选举公正，《立法会选举法》第81条规定，无意刊登有关竞选活动资料的日刊和非日刊的资讯性刊物，应最迟至竞选活动开始前第二日通知立法会选举管理委员会。一旦做出通知，该等刊物即不得刊登有关竞选活动资料，除非相关资料由立法会选举管理委员会发送。违反该等规定，或以其他方式不公平对待个别候选人或候选组别的，即构成轻微违反。

7. 不将因行使广播权而播放的节目做记录

根据《立法会选举法》第 194 条之规定，电台或电视台，不将因行使广播权而播放的节目做记录或存档的，构成不将因行使广播权而播放的节目做记录的轻微违反，科澳门币 5000 元至 2.5 万元罚金。

《立法会选举法》对于电台或电视台在选举期间的广播权限有严格的规定，例如，电台和电视台保留竞选活动广播时间，将由行政长官最迟在竞选活动开始前第 5 日，批示订定。且明确规定，电台和电视台应将因行使广播使用权而播放的节目做记录，并将该记录存盘。违反此规定即构成轻微违反。

8. 电台及电视台义务的不履行

根据《立法会选举法》第 195 条之规定，电台及电视台不公平对待各候选名单，或者不履行本法律所规定的其他义务的，构成电台及电视台义务的不履行的轻微违反，不公平对待的科澳门币 1 万元至 10 万元罚金；不履行其他义务的科澳门币 5000 元至 2.5 万元罚金。

本轻微违反与不将因行使广播权而播放的节目做记录的轻微违反之间存在竞合关系，两者处罚相同，发生竞合时，应按特殊法，亦即后者处之。

9. 拥有表演场所的人义务的不履行

《立法会选举法》第 196 条规定，拥有表演场所的人，不履行关于竞选活动的义务的行为，构成拥有表演场所的人义务的不履行的轻微违反，科澳门币 2500 元至 2.5 万元罚金。

竞选活动的方式多种多样，除了演讲、集会、示威等，一些竞选者往往通过文艺表演的方式，宣传政纲、吸引选民。对此，《立法会选举法》第 87、88 条规定，如表演场所或其他公众易于到达的场地具备供竞选活动使用的条件，其所有人应最迟至竞选活动开始前第 15 日，向立法会选举管理委员会声明该事实，并指出有关表演场所或场地可供竞选活动使用的日期和时间。表演场所的所有人或经营人应指出使用该等场所所收取的价格，而该价格不得超过有关场所在一场正常表演中售出半数座位所得的纯收入。对所有候选名单而言，价格和其他使用条件均须划一。违反该等义务，即构成本条所指之轻微违反。

10. 在选举前一日的宣传

根据《立法会选举法》第 197 条之规定，在选举前一日，凡违反本法律规定，以任何方式做出宣传的，构成在选举前一日的宣传的轻微违反，科澳门币 2000 元至 1 万元罚金。

前文已述，在选举当日进行竞选宣传的，可构成本法第 160 条之在选举日的宣传罪。

11. 不法的收入

根据《立法会选举法》第 198 条之规定，候选人及候选名单的受托人，或者政治社团或提名委员会，在本法规定的范围外接受捐献的，构成不法收入的轻微违反。对候选人即候选名单的受托人，科澳门币 5000 元至 5 万元罚金。对政治社团或提名委员会，科澳门币 1 万元至 10 万元罚金。

关于竞选捐献，《立法会选举法》第 93 条第 1 款规定，各候选人、候选名单受托人、提名委员会受托人及政治社团，只可接受澳门特别行政区永久性居民供竞选活动使用的现金、服务或实物等任何具金钱价值的捐献。不得超出此范围接受任何捐献，违者即构成轻微违反。

12. 不详列收入及开支

根据《立法会选举法》第 199 条之规定，候选人及候选名单的受托人，或者政治社团或提名委员会，不以适当方法详列或证明选举的收入及开支者，构成不详列收入及开支的轻微违反。所谓不当方法，特指违反本法第 92 条规定的做法。选举活动必定涉及经费及其日常开支，为保障选举的公正廉洁，《立法会选举法》第 92 条第 1 款规定，各候选人、候选名单受托人、提名委员会受托人及政治社团，须对于自选举日期公布日起至提交选举账目日期间的所有收支项目编制详细的账目，其内准确列明收入及捐献来源，以及支出用途并附具相关单据或证明。此规定，经做出适当配合后，亦适用于提名委员会。违者即构成轻微违反。

对候选人及候选名单的受托人科澳门币 5 万元至 10 万元罚金。对政治社团或提名委员会科澳门币 5 万元至 10 万元罚金。

13. 未经许可或追认的选举开支

根据《立法会选举法》第 200 条之规定，任何人、社团或实体因做出第 92 条第 3 款所指的选举开支，即对候选人或候选名单产生宣传效果的行为引致的一切开支，未获有关候选人、候选名单受托人、提名委员会受托人或政治社团许可或追认的，构成轻微违反。易言之，选举开支均需获得有关候选人、候选名单受托人、提名委员会受托人或政治社团的许可或追认，否则即构成轻微违反，科澳门币 5 万元至 50 万元罚金。

14. 账目的不提交或不公开

《立法会选举法》第 94 条第 1 款规定，在选举后 30 日内，各候选名单的受托人应按选举指引公开选举账目摘要，并向立法会选举管理委员会提交第 92 条第 1 款所指的详细选举账目。据此，第 201 条规定，候选名单的受托人，不按第 94 条第 1 款的规定提交选举账目的行为，构成账目不提交的轻微违反，处最高 6 个月徒刑或科澳门币 10 万元至 100 万元罚金。候选名单的受托人，不按第 94 条第 1 款的规定公开选举账目的行为，构成账目不公开的轻微违反，科澳门币 1 万元至 10 万元罚金。

15. 超过竞选活动开支限额

《立法会选举法》第 93 条第 6 款规定，各候选名单的开支不得超过行政长官批示规定的开支限额。据此，本法第 202 条规定，任何候选名单的竞选活动实际开支超过第 93 条第 6 款所订定的竞选活动开支限额的，构成超过竞选活动开支限额的轻微违反。候选人及候选名单的受托人处最高 6 个月徒刑或科澳门币 10 万元至 100 万元罚金。

（三）违反程序的轻微违反

根据本法第 203 条之规定，执行委员会成员、核票员、总核算委员会成员或其辅助人员不遵守或不继续遵守本法律所规定的任何程序，但无欺诈意图者，按轻微违反，科处澳门币 1000 ~ 5000 元罚金。

在本法所规定的选举犯罪中，有若干犯罪是指由执行委员会成员、核票员、总核算委员会成员或其辅助人员实施的不遵守程序的行为，但要求其主观上出于欺诈，方可成立犯罪，例如，出于欺诈不将投票箱展示罪、投票站执行委员会成员或核票员的欺诈罪等。若无此欺诈意图而实施相关行为者，则可根据本条构成轻微违反。

四 相关刑事制度

《立法会选举法》以专节规定了有关刑事制度。

（一）处罚

1. **对犯罪未遂的处罚**

《澳门刑法典》第 22 条规定，有关之既遂犯可处以最高限度超过 3 年之徒刑时，犯罪未遂方予处罚。不过，《立法会选举法》并未遵从《澳门刑法典》的这一总则性规定，而是由第 144 条原则性规定，对本法所设立的犯罪之未遂一律须予处罚，且对于犯罪未遂并非一律以可科处既遂犯而经特别减轻之刑罚处罚之，对于当中第 151、152、153、161 条第 1 款、168、169、170 条第 1 款、173、174、181 及 183 条所指犯罪，即提名委员会胁迫及欺诈罪、指定投票人胁迫及欺诈罪、对候选人的胁迫及欺诈罪、诬告、对选民的胁迫或欺诈罪、职业上的胁迫罪、贿选罪、出于欺诈将选票投入投票箱及取去投票箱或选票罪、投票站执行委员会成员或核票员欺诈罪、伪造选票、记录或与选举有关的文件罪、总核算委员会的欺诈罪的犯罪未遂，科处于既遂犯的刑罚。

2. **加重处罚**

《立法会选举法》第 142 条对本法中所有选举不法行为规定了加重处罚的情节，包括：

（1）影响投票结果的违法行为；

（2）管理选举事务的人员所做的违法行为；

（3）投票站执行委员会成员所做的违法行为；

（4）总核算委员会成员所做的违法行为；

（5）候选人、候选名单的受托人、社团或提名委员会的代表所做的违法行为。

需要说明的是，上述加重情节有 4 项涉及特殊主体身份，应指由一般主体构成的犯罪，若犯罪人具备上述身份，则须被加重处罚。不忠实的受托人罪，若犯罪主体为执委会成员，则需加重处罚。若罪名本身明列上述主体为其犯罪主体，则应无须额外加重。如不将投票箱展示罪，仅投票站有权限实体主席方可构成，为特殊主体的犯罪，其法定刑已考虑主体的特殊身份，则不必再额外加重处罚。

3. **减轻处罚或免被处罚**

《立法会选举法》第 142 条规定，如犯罪的行为人具体协助收集关键性证据以侦破该犯罪，尤其是以确定该犯罪的其他行为人，可就该犯罪免被

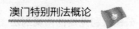

处罚或减轻处罚。

4. 徒刑的不得暂缓执行或代替原则

关于徒刑的易科执行,《澳门刑法典》总则第 44 条规定,科处之徒刑不超过 6 个月者,须以相等日数之罚金或以其他可科处之非剥夺自由之刑罚代替之。关于徒刑的暂缓执行,总则第 48 条规定,经考虑行为人之人格、生活状况、犯罪前后之行为及犯罪之情节,认为仅对事实作谴责并以监禁作威吓可适当及足以实现处罚之目的者,法院得将科处不超过 3 年之徒刑暂缓执行。不过,按照《立法会选举法》第 147 条之规定,因实施选举的刑事不法行为而科处的徒刑,不得被暂缓执行或由其他刑罚代替。易言之,对于构成本法中选举犯罪的犯罪人,不得判处缓刑,亦不可将徒刑易科罚金。

5. 附加刑

《澳门刑法典》中的附加刑仅有执行公共职务之禁止。《立法会选举法》则为选举犯罪设立了一系列的附加刑。其中,第 145 条规定,因实施选举犯罪而科处的刑罚,得加上中止行使政治权利 2 ~ 10 年的附加刑。第 146 条规定,如行政当局的公务员或服务人员所实施的选举犯罪是明显且严重滥用职务,或明显且严重违反本身固有的义务,则对该等人员所科处的刑罚,须处以撤职的附加刑。中止行使政治权利和撤职这两种附加刑可以并科处罚。

(二) 追诉时效

《澳门刑法典》第 110 条根据可处以最高刑罚的期限,规定自实施犯罪之时起,分别经过 2、5、10、15 和 20 年,追诉权随即因时效而失去。但《立法会选举法》第 148 条规定,选举违法行为的追诉时效,为自做出可处罚的事实起 4 年。

第九节　第 3/2004 号法律《行政长官选举法》的附属刑法

一　概述

澳门回归后,其地方首长为通过选举产生的特区行政长官。根据《澳门基本法》第45条之规定，澳门行政长官须年满40周岁，并为在澳门通常居住连续满20年的澳门永久性居民中的中国公民。为实现行政长官选举的公正民主、廉洁有效，在第一任行政长官任期行将届满之时，立法会讨论通过了第3/2004号法律《行政长官选举法》，该法于2004年4月6日生效后，被适用于第二任行政长官的选举。

其后，《行政长官选举法》又分别经第12/2008号法律及第11/2012号法律做出两次修改。第一次修改范围较大，包括加强行政长官选举委员会的权限、下调选委会委员的年龄下限、规范选委会选举的竞选活动、调整法人的投票资格要求、进一步规范对候选人的捐资等内容。其中，附属刑法的内容亦有较多调整，包括增加了减免处罚的条文（第108条）等有关刑罚的一般性规定；增设了选举犯罪的条文，如关于提名或不提名的胁迫及欺诈罪（第117条）、诬告罪（第127条）等；提高了有关犯罪的刑罚，如将在选举当日的竞选宣传罪由科最高120日罚金提高为处最高1年徒刑（第126条），将对投票人或选委会委员的胁迫或欺诈罪由处1~5年徒刑改为处1~8年徒刑（第134条）等。为进一步推进澳门政制发展，完善行政长官选举制度，响应本地居民民主诉求，本法于第四任行政长官选举前进行了第二次修改，即第11/2012号法律，以落实全国人大常委会2012年6月30日批准的《澳门基本法》附件一修正案。本次修改的内容主要包括适当增加行政长官选委会的组成人数，由原来的300人增加到400人；适当分配选委会各界别或界别分组的委员名额；相应增加提名行政长官候选人所需的选委人数；适当扩大法人选民的投票人人数。本次修改不涉及附属刑法的内容。

经过两次修改后的《行政长官选举法》共分9章163条，其中，第七、八两章为附属刑法。法律将行政长官选举中涉及的犯罪分为两类，即第七章的"投票权证明书、登记册或名册的不法行为"及第八章的"选举的不法行为"，后者包括选举犯罪与选举中的轻微违反。需要说明的是，按照本法所规定的选举方式，行政长官选举实际上包括两轮选举，首先是选委会委员选举，然后才是行政长官选举，附属刑法中涉及的选举犯罪亦包含此两轮选举。此外，由于行政长官选举与立法会选举在制度设计上存在类似的要素，《行政长官选举法》中的罪名设置与《立法会选举法》中的罪名设置大体相若。当然，此两种选举的选举办法仍不尽相同，涉及的具体程序及机构、人员也有所不同，在某些相似罪名的具体要件上仍须明确区分。

二 犯罪

（一）选举犯罪

1. 无被选资格者的参选罪

《行政长官选举法》第 115 条规定，无被选资格者接受行政长官选举提名的，构成无被选资格者的参选罪。

本罪的犯罪主体为无被选资格者。本法第 35、36 条规定了被提名为行政长官选举候选人者必须具备以下资格。

（1）澳门特别行政区永久性居民中的中国公民；

（2）不具有外国居留权或承诺在就任行政长官之前放弃倘有的外国居留权；

（3）至候选人提名截止日年满 40 周岁；

（4）至候选人提名截止日在澳门经常居住连续满 20 年；

（5）拥护《澳门基本法》，效忠中华人民共和国及其澳门特别行政区；

（6）已被登录于行政长官选举日期公布日前最后一个已完成展示的选民登记册，且不属于无选举资格者。

此外，本法第 58 条规定，下列人员无被选资格。

（1）经确定判决宣告为禁治产人；

（2）被认为是明显精神错乱且被收容在精神病治疗场所，或经由三名医生组成的健康检查委员会宣告为精神错乱的人，即使其未经法院判决宣告为禁治产人亦然；

（3）经确定裁判宣告被剥夺政治权利。

在满足上述条件的前提下排除以下人员。

（1）正在履行连任任期的行政长官；主要官员；行政会委员；司法官及司法辅助人员；管委会委员；选委会委员；公共行政工作人员，由行政长官委任在公务法人内，尤其在自治机关及自治基金组织内任职的全职人员，以及由行政长官委任在公共服务或使用属公共的财产的承批实体内及在澳门特别行政区有参资的公司内任职的全职人员；宗教或信仰的司祭。当中，除正在履职的连任行政长官，后 7 类人士若在候选人提名开始日之前已辞职或退休，则仍可获得参选资格。

（2）于候选人提名开始日起计前 5 年内，在澳门或以外，被确定性裁判判处徒刑 30 日或以上者，亦不得参选。

此外，被提名的候选人须声明以个人身份参选，且在任期内不参加任何政治社团；属政治社团成员者如当选并获任命，须在就任日前公开声明已退出该社团，而立法会议员如参加行政长官选举，自被确定性接纳为候选人之日至行政长官选举结果公布之日中止议员职务；如当选并获任命则自就任之日起视为丧失议员资格。

本罪的行为方式为接受提名。如何判断接受提名及其意思表示，从行政长官候选人的提名过程的法律要件可以推知。按照本法第 41 条之规定，被提名人须在该提名表的指定位置以身份证签名式样亲笔签名，并附交其身份证副本；被提名人的签名尚须经公证认定。则被提名人在提名表上经公证认定的签名，应可视为其对提名参选的接受。行政长官参选资格为法律明确规定，无资格而参选的行为当属不法。

本罪的主观要件为故意。从获得提名的程序规定上看，与立法会选举中的提名有所不同的是，行政长官候选人由行政长官选举委员会提名，除当然委员外，该委员会成员本身亦须经过选举产生，并非法人社团。候选人往往需要在选委会委员那里争取提名，是一个主动争取而非被动接受的过程。

构成本罪的，处最高 3 年徒刑。

2. 重复提名罪

《行政长官选举法》第 116 条规定，选举委员会委员提名 2 个以上行政长官候选人的，构成重复提名罪。

本罪的犯罪主体为行政长官选举委员会的委员。根据本法第 37 条之规定，只有列入选委会委员名册者，即选委会委员方享有候选人提名权。每名选委会委员只可提出一名候选人，否则，不仅该委员所做的提名无效，还可构成本罪。按照本法第 41 条之规定，选委会委员参加提名的法律要件是须在该提名表的指定位置以身份证签名式样亲笔签名，并附交其身份证副本。所谓重复提名，即在 2 份或 2 份以上行政长官选举候选人提名表上签名的行为。

本罪的主观要件为故意，即明知重复在提名表签名，仍希望或容忍该等不法事实发生的心态。若因过失而重复签名，则构成轻微违反。

构成本罪的，科最高 100 日罚金。

3. 关于提名或不提名的胁迫及欺诈罪

《行政长官选举法》第 117 条规定，以不法方式压迫或诱导他人做出提名或不提名的，构成关于提名或不提名的胁迫及欺诈罪。本罪是本法经第一次修订后增加的罪名。

就本罪的客观要件而言，胁迫或欺诈的不法方式包括暴力、胁迫、欺骗、欺诈手段、假消息或任何其他不法方式。所谓压迫他人做出提名或不提名，即通过形成身体或心理强制迫使他人做出提名或不提名的意思表示；所谓诱导他人做出提名或不提名，即以虚假事实使他人陷入错误认识，并就提名或不提名做出错误的意思表示，二者皆违背被害人的真实意愿。需要说明的是对本罪所指"提名"的理解。前文已述，在行政长官选举中，实际上需要举行两轮"选举"，首先进行的是行政长官选委会委员的选举，然后才是由选委会委员投票选出行政长官的选举。根据本法的有关规定，选委会委员的产生方式有 4 种，包括当然委员、按本法选举产生、确认提名产生，以及自行选举产生。可见，在选委会委员选举和行政长官选举中均有提名环节。法律在此并未明确本罪所指"提名"是选委会委员选举中的提名或不提名，还是行政长官选举中的提名或不提名。但考虑到行政长官由选委会委员直接投票选出，选委会委员选举对于行政长官选举有着至关重要的影响；另外，本法第 56 条提到，本法第五章有关选举制度、投票与核算的规定，同时适用于选委会委员选举及行政长官选举，因此本罪中所指之提名或不提名应包括选委会委员选举中的提名或不提名，以及行政长官选举中的提名或不提名[①]。无论哪种提名，皆影响到选举的公正有效，以胁迫或欺诈等不法手段，使他人违背其提名或不提名的真实意愿，当属不法。

本罪的主观要件为故意。

构成本罪的，处 1~5 年徒刑。

《澳门刑法典》第 148 条规定之胁迫罪与本罪形成法条竞合关系，发生竞合时，应按较重的罪处罚。

4. 关于指派或成为投票人的胁迫及欺诈手段

《立法会选举法》第 118 条规定，以暴力等不法方式就投票人的产生而

---

① 后续罪名中涉及的通用于两个选举而未指明的术语，皆应照此理解。

施以压迫或诱导的行为，构成关于指派或成为投票人的胁迫及欺诈罪。

本罪的客观要件为以暴力、胁迫、欺骗、欺诈手段、假消息或任何其他不法方式压迫或诱导任何人指定、不指定或替换投票人，成为或不成为投票人。具体来说，就指派、替换投票人，行为人以此等不法的手段强迫他人，或者虽未对他人形成身体或心理强迫，但令其在错误认识的情况下，在指定、替换投票人时，或者在是否成为投票人问题上做出并非真实的意思表示。如前文述及对"提名"的理解，本罪所指"投票人"亦应包括在选委会委员选举中的投票人，以及行政长官选举中的投票人，当然，就后者即选委会委员作为投票人而言，不存在指派或不指派的问题，只有成为或不成为的问题。《行政长官选举法》第16、19、59条规定，已按照《选民登记法》被登录于选委会选举日期公布日前最后一个已完成展示的选民登记册的法人，推定在其所属的不设分组的界别或界别分组选举中具有投票资格。具有投票资格的每一法人享有最多22票投票权，由最多22名已被登录于选委会选举日期公布日前最后一个已完成展示的选民登记册的投票人行使。投票人由其所属的法人从自身领导机关或管理机关在选举日期公布日的在职成员中选出。总之，在选委会委员选举中，列入选委会委员选举投票人登记册，并经投票站执行委员会确认其身份的，即为选委会委员选举投票人；在行政长官选举中，列入选委会委员名册，并经管委会确认其身份的，即为行政长官选举投票人。无论涉及选委会委员的投票人，还是行政长官选举的投票人，就指派或成为投票人实施的胁迫或欺诈行为，皆会影响选举的公正有效性，当属不法。

本罪的主观要件为故意，即明知而希望或接纳不法事实发生的心理态度。

构成本罪的，处1~5年徒刑。

《澳门刑法典》第148条规定之胁迫罪与本罪之间存在法条竞合关系。发生竞合时，应处以较重的罪名。

5. 对候选人的胁迫及欺诈罪

《行政长官选举法》第119条规定，以暴力等不法方式压迫或诱导候选人不参选或放弃参选的行为，构成对候选人的胁迫及欺诈罪。

所谓不法方式包括暴力、胁迫、欺骗、欺诈手段、假消息，或任何其他不法方式。与前文所述同理，本罪所指之候选人，应包括选委会委员候选人与行政长官候选人。行为人通过身体强制迫使他人不参选或放弃参选选委会委员或行政长官，或者通过虚假事实使他人陷入错误认识，而做出不参选或放弃参选选委会委员或行政长官的错误表示，二者皆违背其真实参选意愿。参与选举本应合法且自愿，以不法手段压迫或诱导候选人不参选或放弃参选的行为，当属不法。

本罪的主观要件为故意，即明知而希望或接纳该等不法事实发生的主观意思。

构成本罪的，处 1~5 年徒刑。

《澳门刑法典》第 148 条规定之胁迫罪与本罪之间存在法条竞合关系。发生竞合时，应处以较重的罪名。

6. 使选票不能到达目的地罪

根据《行政长官选举法》第 120 条之规定，以不法方式使选票不能在法定时间内到达目的地的行为，构成使选票不能达到目的罪。

本罪的客观要件是取去选票、留置选票或妨碍选票的派发，又或以任何方式使选票不能在法定时间内到达目的地。按前文所述同理，本罪所指之选票包括选委会委员选举所用选票，以及行政长官选举所用选票。选票的制作及数量由选举管理委员会负责订定。其中，针对选委会委员选举，与立法会选举类似，选举设多个投票站，在每一投票站设立一执行委员会，作为有权限实体领导及主持选举选委会委员的投票工作。执行委员会成员及核票员须于投票站开放前 1.5 小时抵达投票站。行政暨公职局应在投票站开放前 1 小时向执行委员会提交投票程序所需的所有文件、印件及资料，并将有关界别或界别分组被确定接纳的候选人名单张贴于投票站入口处及内部。由管委会指定负责派送选票的人员应在前述所指时间将选票交予执行委员会主席。可见，无论是选委会委员选举，还是行政长官选举，选票按指定时间、地点递送、保存、派发是选举顺利进行的基本保证，通过不法手段取去、留置或妨碍派发，使得选票不能按时出现在目的地的行为，当属不法。

本罪的主观要件为故意，即明知不法行为将使选票不能按时到达相应地点，希望或接纳该等不法事实发生的心理态度。

构成本罪的，处最高 3 年徒刑。

7. 违反中立及公正无私的义务罪

《行政长官选举法》第 121 条规定，执行职务时，违反对各候选人中立或公正无私的法定义务的，构成违反中立及公正无私的义务罪。

本罪的犯罪主体为公共实体的工作人员。所谓对候选人的法定义务是指本法第 51 条规定的公共实体的公正无私与中立义务，具体包括行政当局与其他公法人的机关、公共资本公司的机关，以及公共服务、属公共的财产或公共工程的承批公司的机关，不得直接或间接地参与竞选活动，亦不得做出足以使某一候选人以任何方式得益或受损而引致其他候选人受损或得益的行为。前述实体的工作人员在执行职务时，须对各候选人、代理人及提名人严格保持中立，并禁止在执行职务时展示与选举有关的标志、贴纸或其他宣传品。违反该等义务而不当对待候选人的行为，当属不法。本罪与《立法会选举法》中的罪名相同，不再赘述。

构成本罪的，处最高 3 年徒刑，或科最高 360 日罚金。

8. 候选人姓名的不当使用罪

《行政长官选举法》第 122 条规定，在竞选活动期间，以损害或侮辱为目的，使用某候选人姓名的，构成候选人姓名的不当使用罪。

就客观要件而言，首先，行为人以损害或侮辱为目的，不当使用某个候选人的姓名。此处候选人包括选委会委员候选人和行政长官候选人。其次，不当使用的行为发生在竞选活动期间。根据《行政长官选举法》第 50 条之规定，竞选活动期由选举日前第 15 日开始，至选举日前第 2 日午夜 12 时结束。候选人的姓名对候选人而言具有至关重要的识别意义和评价意义，损害或侮辱候选人姓名的行为当属不法。

本罪的主观要件为故意，目的在于对相关姓名造成损害或侮辱，希望或接纳该等不法事实发生的心态。

构成本罪的，处最高 1 年徒刑，或科最高 360 日罚金。

由于本罪的目的是侮辱、损害相关候选人，则与《澳门刑法典》侮辱罪、公开及诋毁罪存在交叉竞合的关系。发生竞合时，应按重罪处罚。

9. 扰乱竞选宣传的集会罪

《行政长官选举法》第 123 条规定，扰乱竞选宣传的集会或聚会的，构成扰乱竞选宣传的集会罪。

本罪的客观要件为以制造骚动、扰乱秩序或鼓噪喧哗的方式，扰乱以竞选宣传为目的的集会或聚会。竞选宣传是候选人及其支持者的合法权利，通过竞选宣传，可以使选民了解相关候选人的个人情况及其政治理念，对选举的公正有效地进行有着积极的影响；同时，集会权是《澳门基本法》及《集会权与示威权》规定的澳门居民享有的基本权利，扰乱竞选宣传集会的行为当属不法。

构成本罪的，处最高 3 年徒刑，或科最高 360 日罚金。

10. 对竞选宣传品的毁损罪

《行政长官选举法》第 124 条规定，抢劫、盗窃、毁损竞选宣传品的，构成对竞选宣传品的毁损罪。

本罪的行为方式包括以下 5 种。

一是抢劫竞选宣传品。根据《澳门刑法典》第 204 条之规定，抢劫是指存有据为己有或转归另一人所有之不正当意图，对人施以暴力，以生命或身体完整性有迫在眉睫之危险相威胁，又或使之不能抗拒，而取去他人之动产或强迫其交付的行为。在本罪中，行为人抢夺的是特定的犯罪客体，即行政长官选委会委员选举及行政长官选举中的竞选宣传品。本法并未就竞选宣传品的含义及种类做出明确界定，但按《立法会选举法》中的相关规定，应包括海报、图片、墙报、宣言及告示，而在现代网络媒体时代，竞选宣传品不止上述图文宣传品，还应包括音信、视频等通过数字媒介传播的宣传品。此类数字媒介本身应无法成为抢劫行为的客体，但其载体可以成为抢劫的客体，亦应可以为下文中盗窃、毁灭、使之失去效用等行为的客体。

二是盗窃竞选宣传品。根据《澳门刑法典》第 197 条之规定，所谓盗窃，是指存有将他人之动产据为己有或转归另一人所有之不正当意图，而取去此动产的行为，本罪中，即以不法转移占有为目的，取去竞选宣传品的行为。

三是毁灭或撕毁竞选宣传品。根据《澳门刑法典》第 206 条之规定，所谓毁损，是指使他人之物全部或部分毁灭，又或使之损坏、变形或失去效用的行为。本罪中毁灭是指销毁，撕毁则是针对纸质宣传品的一种毁损方式。

四是使竞选宣传品全部或部分失去效用或模糊不清。对于图文宣传品来说，使其模糊不清，亦是使其全部或部分效用的手段。

五是遮盖竞选宣传品。竞选宣传品本为宣传，使其为人所知，而所谓遮盖，即指使竞选宣传品不为人可见。

符合法定条件的竞选宣传品是候选人宣传政纲、争取选票的重要途径，法律保护正常的竞选活动和候选人的竞选权利，以不法手段使其丧失效用的行为，当属不法。

本罪的主观要件为故意，即明知以不法方式使竞选宣传品丧失效用，而希望或接纳该等不法事实发生的主观心态。

构成本罪的，处最高 3 年徒刑，或科最高 360 日罚金。

认定本罪时，须注意罪与非罪的区分。与《立法会选举法》对竞选宣传品的尺寸、张贴的时间、地点均有明确规定不同，《行政长官选举法》并未做出相应的具体规定，但本条第 2 款规定，如该等宣传品张贴在行为人本人房屋或店号内而未获行为人同意，又或上述宣传品在竞选活动开始前已张贴者，则毁损相关宣传品的行为不受处罚。当然，这并不意味着凡是不符合法定限制的竞选宣传品，对其实施盗窃、抢劫或毁损的行为皆非不法。竞选宣传品本身为财物，对其实施盗窃、抢劫、毁损的行为，亦可根据不法事实的具体情况，认定盗窃罪、抢劫罪、毁损罪。

此外，还应注意本罪与其他罪名的法条竞合关系。本罪意在保护正常的竞选活动及候选人的竞选权利，而《澳门刑法典》中规定的盗窃罪、抢劫罪、毁损罪意在保护财物上的财产法益，但皆与本罪存在竞合关系，发生竞合时，按重罪处罚。

11. 使函件不能到达收件人罪

根据《行政长官选举法》第 125 条之规定，邮递服务雇员使函件不能到达收件人的，构成使函件不能到达收件人罪。

本罪的犯罪主体为邮递服务雇员。行为方式包括丢失、留置竞选宣传品，或者不将竞选宣传品交予收件人。前文已述，竞选宣传品是进行竞选宣传的重要工具，使之不能到达收件人手中，侵犯了相关候选人的竞选权，也影响了选举的公正有效性，行为当属不法。

本罪的主观要件可以为过失，无论有无预见，虽不接受该等不法事实发生，却因未尽谨慎义务而应承担罪责。在意图欺诈的情况下，本罪的主观要件为故意，即以欺诈为目的，明知而希望或接纳该等不法事实发生的心理态度。

构成本罪的，过失犯罪，处最高 1 年徒刑，或科最高 360 日罚金。故意犯罪，处最高 3 年徒刑。

12. 在选举日的宣传罪

根据《行政长官选举法》第 126 条之规定，在选举当日，以任何方式进行竞选宣传的行为，构成在选举日的宣传罪。

本罪的客观要件为，在选举当日，违反本法的规定，以任何方式进行竞选宣传。所谓竞选宣传，除通常所理解的口头或书面方式令其为人所知外，展示关于候选人的标志、识别物或贴纸，亦被理解为选举宣传。为了确保选举公正有序地进行，本法就竞选活动的开展做出了严格的时间限制，第 50 条规定，竞选活动期由选举日前第 15 日开始至选举日前第 2 日午夜 12 时结束。不仅选举当日，选举日前一日作为冷静期也不得进行竞选宣传活动。其中，在选举当日进行竞选宣传活动，将构成犯罪，须承担刑责；而按照本法第 154 条之规定，在冷静期，亦即选举前一日进行竞选宣传的构成轻微违反。本罪的加重罪状为在投票站或其 100 米范围内进行竞选宣传。在立法会选举中，选民按选区划分，在各选区按照选民数量等因素设立投票站，投票站是选民集中的区域，亦是选民最终投出选票的区域。实际上，根据本法第 67 条之规定，即使在竞选宣传期，在投票站和其运作的建筑物的周围内，包括其围墙或外墙上，均禁止做任何选举宣传。在投票站内或其周围 100 米范围内进行竞选宣传，其不法性程度显然更高。《立法会选举法》中亦设有同样罪名，此处不再赘述。

构成本罪的，处最高 1 年徒刑，或科最高 240 罚金。在投票站内或其 100 米范围内进行宣传者，处最高 2 年徒刑。

13. 诬告罪

根据《行政长官选举法》第 127 条之规定，意图使他人被提起法律程序，以虚假内容检举、怀疑、揭露他人实施选举犯罪的，构成诬告罪。

本罪的客观要件为，以明知虚假的归责事实，向当局检举或表示怀疑他人实施本法所订定的选举犯罪，或者公开揭露或表示怀疑他人实施本法所订定的选举犯罪，以促使该人被提起某一程序的行为。所谓当局，应包括行政当局及司法当局。本罪的减轻罪状为，行为人向当局检举或公开揭露的虚假事实乃指被害人实施了本法所订定的选举轻微违反，而非选举犯罪。本罪的加重罪状为，因行为人的诬告，使得被害人因该虚假事实而被剥夺自由。此处的剥夺自由，包括被害人因拘留等强制措施而失去自由，亦包括被害人因入罪而失去自由。总之，为了保证选举的顺利进行，保障参与选举者的正当权利，参与选举者有不受诬告而陷入法律程序的权利，明知所归责的事实不实，仍向当局检举或公开该等事实的行为，当属不法。

本罪的主观要件为故意。行为人明知所归责的事实为虚假，仍向当局做出检举，或者虽非向当局检举，但通过某种方式使公众知悉该等虚假的犯罪事实，其目的都是为使其所指向的被害人被提起某种法律程序。

构成本罪的，处 1～5 年徒刑。减轻罪状下，行为人处最高 2 年徒刑。加重罪状下，行为人处 1～8 年徒刑。此外，法律还规定，应被害人的申请，法院须依据《澳门刑法典》第 183 条之规定做出命令，让公众知悉该有罪判决。

本罪与《澳门刑法典》第 329 条规定之诬告罪之间存在包容的竞合关系，本罪意在保障选举的顺利进行，保护参与选举之人不受诬告的权利。两罪法定刑幅度相同，发生竞合时，应按本罪认定处罚。

14. 出于欺诈的投票罪

根据《行政长官选举法》第 128 条之规定，出于欺诈而冒充投票人或选委会委员进行投票的行为，构成出于欺诈的投票罪。

本罪的客观要件是冒充已登记的投票人或选委会委员，并进行投票的行为。前文已述，列入选委会委员选举投票人登记册，并经投票站执行委员会确认其身份的，为选委会委员选举投票人；列入选委会委员名册，并经管委会确认其身份的，为行政长官选举投票人，亦即选委会委员。此处行为人所冒充的必须是已经确认身份的投票人，并且做出投票行为的。冒充投票人进行投票破坏了选举的真实有效性，行为当属不法。

本罪的主观要件为故意，目的在于欺诈。

构成本罪的，处最高 3 年徒刑。

15. 重复投票罪

《行政长官选举法》第 129 条规定，在同一选举中每轮投票一次以上的行为，构成重复投票罪。

同一选举即同一次选举或同一届选举。和立法会选举不同的是，行政长官在选举中可能出现多个轮次的投票。本法第 72 条规定，第一轮投票结束后，如无候选人获得超过选委会全体委员半数选票则随即进行下一轮投票，直至选出当选者。关于投票守则，本法第 59 条规定，无论是选委会委员选举，还是行政长官选举，投票人或选委会委员在每一轮投票中只可投票一次。此外，需要说明的是，和《立法会选举法》中存在的问题一样，法律中的"以上"或"以下"包含本数，但本条立法原意显然不包括本数"一次"，应将"一次以上"理解为"多于一次"，方为适当。在同一轮投票中多次投票显然损害了选举的公正有效，当属不法。

本罪的主观要件为故意，即明知而希望或接纳该等不法事实发生的心理态度。

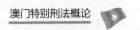

构成本罪的，处最高 3 年徒刑。

16. 投票保密的违反罪

根据《行政长官选举法》第 131 条之规定，在特定区域内，迫使投票人或选委会委员透露已做的投票或投票意向，或者投票人自己透露已做的投票或投票意向的，构成投票保密的违反罪。

所谓特定区域，即投票站内或其运作的建筑物外 100 米范围内。本罪的客观行为包括两种：一是在投票站或其 100 米范围内，以胁迫或任何性质的手段，又或利用本身对选民的权势，使投票人透露已做的投票或投票意向的行为。所谓胁迫，主要是指心理上的强制，无论其手段为何，包括利用本身对投票人的权势，如利用自身作为上司的身份，迫使投票人说出自己的投票意愿。二是投票人在投票站或其 100 米范围内，透露已做的投票或投票意向的行为。此种行为方式乃由投票人实施。本法第 59 条第 3 款就此明确规定，投票人或选委会委员不得在投票站内及其运作的建筑物外 100 米范围内透露其已做的投票或投票意向，任何人亦不得以任何借口迫使其透露已做的投票或投票意向。违反此保密义务的行为当属不法。

实际上，在选举日或之前，常有各类社团或学校等机构进行问卷调查，询问选民的投票意向，选民有权选择是否透露，但须要注意，不能在投票站内以及投票站建筑以外 100 米范围内，向其他人透露自己已做的投票或投票意向，否则，即构成本罪。

本罪与《澳门刑法典》中的胁迫罪之间存在竞合关系，发生竞合时，应处重法。

胁迫他人违反保密义务，构成本罪的，处最高 6 个月徒刑。投票人违反保密义务，构成本罪的，科最高 20 日罚金。

17. 接纳或拒绝投票权限的滥用罪

《行政长官选举法》第 131 条规定，投票站有权限实体成员滥用职权，接纳或拒绝投票的行为，构成接纳或拒绝投票权限的滥用罪。

本罪的犯罪主体为投票站有权限实体成员。根据本法第 26 条之规定，在每一投票站均须设立一个执行委员会，进行有权限实体领导及主持选举选委会委员的投票工作。选举管委会主席可于必要时在选举日 15 日前，根据投票站投票人数目的多少，委任适当数目的核票员。可见，本罪中所指之有权限实体成员是投票站执行委员会成员及受管委会委任的核票员。其滥用职权的方式包括三种：一是滥用职权，致使无投票权的人被接纳投票。

根据法律规定，投票人进入投票站后，执行委员会的成员即须核实其投票资格，然后决定是否发出选票，让选民完成投票。核票员则负责确认选票的有效性，决定是否接纳相关选票的有效性并进行统计。两者均有接纳或拒绝选民的投票的职权。关于投票权，前文已详述，若执行委员会成员或核票员因滥用职权而使得不具备投票权的人被接纳投票，则构成本罪。二是滥用职权，致使在该投票站不可行使投票权的人被接纳投票的行为。被接纳的投票人有投票权，但根据选区的事先划分，其应在其他投票站投票，但执行委员会成员或核票员却接纳其在错误的投票站中投票。三是滥用职权，致使具投票权的人被拒绝投票的行为。与上述两种行为方式相反，有投票权的选民前往其所属投票站投票，却因执行委员会成员或核票员滥用职权，其投票被拒绝接纳的行为。执行委员会及其成员、核票员的设立是为了严格审查选民投票资格，保障选举合法有效进行，其滥用接纳或拒绝选票的职权的行为，当属不法。

本罪的主观要件为故意。

构成本罪的，处最高 3 年徒刑。由于本罪的主体包括执行委员会成员和核票员，据本法对选举不法行为加重情节的规定，执行委员会的成员所实施的选举不法行为须加重处罚。但本罪的犯罪主体已列明，对行为人的处罚不应再行加重。

18. 滥用执法权力妨碍投票罪

根据《行政长官选举法》第 132 条之规定，执法人员在选举当日滥用职权，妨碍选民投票的行为，构成滥用执法权力妨碍投票罪。

本罪的犯罪主体为执法人员。一般而言，所谓执法人员，应指公共当局执行法律所赋予职权的人员。其滥用权力的行为方式为在选举当日为使某选民不能前往投票，而以任何借口使该选民离开其住所或使之留在其住所以外的行为。本罪要求发生在选举日当日，通过其职权行为，使得选民未能前往投票。执法人员的职权乃公共服务的一部分，执法人员滥用职权，妨碍选民投票，危害了选举的正常进行，侵犯了选民的合法投票权，当属不法。

本罪的主观要件为故意。

构成本罪的，处最高 3 年徒刑。

认定本罪时，应注意本罪与其他罪名的法条竞合关系。《澳门刑法典》第 347 条规定，公务员意图为自己或第三人获得不正当利益，或造成他人有所损失，而在以上各条所规定之情况以外，滥用其职务固有之权力，或违反其职务所固有之义务者，构成滥用职权罪，处最高 3 年徒刑或科罚金。该罪与本罪之间存在法条竞合关系，但两罪自由刑幅度一致，发生竞合时，应按特殊法，亦即本法认定。

19. 滥用职能罪

根据《行政长官选举法》第 133 条之规定，公务人员或司祭滥用职权，强迫或诱使选民投票或不投票的行为，构成滥用职能罪。

本罪的犯罪主体有两类：一类是获授予公权的市民、行政当局或其他公法人的公务员或服务人员。根据《澳门刑法典》第 336 条之规定，刑法中所称之公务员包括：①公共行政工作人员或其他公法人之工作人员；②为其他公共权力服务之工作人员；③在收取报酬或无偿下，因己意或因有义务，而不论是临时或暂时从事、参与从事或协助从事属公共行政职能或审判职能之活动之人。本条中"或授予公权的市民"显然也属于"公务员"的范围。另一类是宗教或信仰的司祭。前文已述及，澳门的立法会选举划分选区投票，而选区的划分基本上沿袭早期教区的划分。宗教信仰的力量对澳门居民影响颇深。法律一方面保护宗教信仰自由，但也要保障世俗法律社会的选举不受宗教势力的不当影响，方可保证选举的真实公平有效。上述主体滥用职能的行为方式为，在行使其职能时，利用其职能强迫或诱使投票人或选委会委员按某意向投票或不投票予某位候选人。所谓强迫，即被害人受到精神强制；所谓诱使，即被害人陷入错误认识，而做出错误的意思表示；无论何者，皆非选民真实投票意愿。总之，公务人员和司祭滥用职权，妨碍选民真实投票意愿的表达，当属不法。

本罪的主观要件为故意。

构成本罪的，处最高 3 年徒刑。

本罪与《澳门刑法典》第 347 条滥用职权罪，以及第 148 条规定之胁迫罪形成交叉竞合关系。因刑期一致，发生竞合时，应处以特殊法，即本罪。

20. 对投票人或选委会委员的胁迫或欺诈罪

《行政长官选举法》第 134 条规定，以不法手段强迫或诱使投票人或选委会委员按某意向投票或不投票的，构成对投票人或选委会委员的胁迫或欺诈罪。

本罪的客观要件为，对任何投票人或选委会委员使用暴力或威胁手段，又或利用欺骗、欺诈手段、虚假消息或其他不法手段，强迫或诱使该选民按某意向投票或不投票的行为。所谓强迫，即通过使用暴力、威胁之类强制性方式迫使选民按照某个特定投票意向投票或不投票；所谓诱使，即以欺骗、欺诈、虚假消息等手段，使选民陷入错误认识，做出不符合其真实意思的投票或不投票。在选举中以各种手段影响选民的投票意愿十分常见，与暴力胁迫等明显不法的强制性手段相比，散布虚假相关消息以欺骗或欺诈选民，打击或抹黑对手，诱使选民改变投票意向的亦属不法。

本罪的加重罪状包括两种情形：一是在做出威胁时使用禁用武器。关于禁用武器，前文述及《集会权和示威权法》时已详述。二是由两人或两人以上对选民使用暴力，即以共犯的方式实施暴力强迫的行为。

本罪的主观要件为故意。即明知而希望或接纳该等不法事实发生的心理态度。

构成本罪的，处1~8年徒刑。出现加重罪状的，刑罚的最低及最高限度均提高1/3。

在认定散布与选举相关的消息，使得选民改变投票意向的行为时，应注意区分罪与非罪的界限。如果消息所涉事件属实，只是存在倾向性措辞的情形，不宜视为犯罪。当然，如果消息纯属捏造，行为人只是以此诱使选民改变投票意向，则应承担刑责。

此外，本罪与《澳门刑法典》第148条之胁迫罪存在交叉竞合的关系。发生竞合时，应处以重法。此外，罪状中提及利用虚假消息，可能构成侮辱罪或诽谤罪，若涉及伪造文件，还可构成《澳门刑法典》第244条之伪造文件罪。

21. 有关职业上的胁迫罪

根据《行政长官选举法》第135条之规定，因他人的投票行为而施以有关职业处分的，构成有关职业上的胁迫罪。

本罪的主体通常为被害人的雇主、所在单位的领导或据位人或有权对被害人进行职业处分的人，也包括对被害人求职有影响的人，如前雇主。所谓职业上的处分，指对被害人职业发展不利的决定，包括降职、降薪、调岗直至解雇等，亦包括妨碍或威胁妨碍受雇。本罪所指向的被害人为投票人或选委会委员。本罪的行为方式包括三种：一是为使投票人或选委会委员投票或不投票予某候选人，而威胁施以有关职业上的处分，即以不利于被告人的职业处分或妨害其求职，来胁迫被害人就某候选人做出投票或不投票的决定。二是由于投票人或选委会委员曾投票或不曾投票予某候选人而施以或威胁施以有关职业上的处分。

此种情形下，被害人针对特定候选人已做出投票选择，行为人因而对其做出或威胁做出不利的职业处分。三是由于其曾参与或不曾参与竞选活动，而施以或威胁施以有关职业上的处分。投票应为投票人真实意思的表示，任何人强迫或诱使投票人不能表达出真实的投票意愿，皆为不法。

构成本罪的，处 1~5 年徒刑。此外，行为人承担刑事责任不妨碍被害人所受之职业上的处分无效，若该处分为解雇，则被害人可以自动复职，以不妨碍被害人因已被解雇或遭其他滥用的处分而获得损害赔偿的权利。

本罪与《澳门刑法典》第 148 条所规定之胁迫罪之间存在竞合关系，发生竞合时，应处以重法。

22. 贿选罪

《行政长官选举法》第 136 条规定，亲自或透过他人提供、承诺提供或给予贿赂，妨害选举活动的行为，以及接受贿赂的行为，构成贿选罪。

本罪的客观要件包括行贿行为与受贿行为。前者指亲自或透过他人提供、承诺提供或给予贿赂，以使自然人或法人按某意向做出下列任一行为：提名或不提名候选人；指派、不指派或替换投票人；成为或不成为投票人；投票或不投票。后者则是索取或接受上述贿赂的行为，亦构成贿选罪。本罪所指之贿赂包括公共或私人职位、其他物品或利益。本罪所涉之候选人提名、指派投票人、成为投票人，以及投票等，皆是最为核心的选举行为，对选举的公正有效进行至关重要，贿选使得选举无法反映真实民意，侵害了选举的公正性，无论是行贿行为还是受贿行为，当属不法。

本罪的主观要件为故意，即明知而希望或接纳该等不法事实发生的心理态度。

以行贿而妨害候选人提名、指派投票人、成为投票人而构成本罪的，处 1~5 年徒刑；以行贿而妨害投票而构成本罪的，处 1~8 年徒刑。因受贿而构成本罪的，处最高 3 年徒刑。

此外，《澳门刑法典》第 337~339 条分别规定了受贿作不法行为罪、受贿作合法行为罪及行贿罪。与贿赂"对价"的客体是公务员"违背职务上之义务之作为或不作为"。但本罪所涉之提名行为皆属选举权利，而选举权利是自然人选民或法人选民的基本权利，并非职务行为，因此，本罪与《澳门刑法典》规定之受贿罪、行贿罪之间并不存在竞合关系。

23. 不将投票箱展示罪

根据《行政长官选举法》第 137 条之规定，投票站有权限实体主席在宣布开始投票时，为隐藏事前已投入投票箱的选票而不向投票人或选委会委员展示投票箱的，构成不将投票箱展示罪。

本罪的犯罪主体为投票站有权限实体主席，应指投票站执行委员会主席以及选举管理委员会主席。为保障选举公正无欺，本法第71条规定，在选委会选举中，执行委员会主席在宣布投票站开放后，偕同执行委员会其他成员和在场的候选人检查填票间和工作文件，并向所有在场人士展示空票箱，随后宣布投票开始。在行政长官选举中，全体选委会委员的2/3或以上到场并完成相关手续后，管委会主席指示向所有在场人士展示空票箱，随后宣布投票开始①。因此，在投票开始前，执委会主席和管委会主席不展示投票箱的行为，当属不法。

本罪的主观要件为故意。行为人明知投票箱在开始投票前并非空箱，而是已被投入选票，无论该等选票是否为行为人投入，其目的均为隐藏事先已被投入票箱的选票。若行为人确实不知投票箱中已有选票，而不展示投票箱的行为，则不构成本罪，但可以构成轻微违反。

构成本罪的，处1~5年徒刑。如前所述，本罪的犯罪主体均被列为选举犯罪的加重情节，但本罪已是特殊主体，不必额外再加重处罚。

24. 不忠实的受托人罪

《行政长官选举法》第138条规定，受托人不忠于委托人的投票意向，或不为其保守投票秘密的，构成不忠实的受托人罪。

本罪的犯罪主体为受托人，即陪同失明、严重患病或伤残的投票人或选委会委员前往投票的人。其行为方式为不忠于其所陪同的投票人的投票意向或不为其所陪同的投票人所做的投票保密。据本法第76条之规定，失明、严重患病或伤残的投票人或选委会委员应向有权限实体提交由卫生局医生发出的证明书，以证明其不能亲自或单独做出投票行为。该等人士可由其本人选定另一名投票人或选委会委员陪同投票，又或由投票站执委会一名成员在另一名成员见证下陪同投票，陪同投票者应保证忠于被陪同人的投票意向，且负有绝对保密的义务。违背此忠实义务，不按所陪同之投票人的真实意愿投票，或者不履行保守投票秘密义务的行为，当属不法。

本罪的主观要件为故意，即行为人明知其所陪同之投票人的投票意向，

① 此处与《立法会选举法》中的不将投票箱展示罪有所区别，后者的犯罪主体为投票站执行委员会成员。

却不忠实履行所托或不能保守投票秘密的心理态度。

构成本罪的，处最高 3 年徒刑。由于受托人可以是执委会成员，因此若其构成本罪则须加重处罚。

认定本罪时，应注意与其他罪名的区分。本法第 130 条所规定的投票秘密的违反罪，仅指投票人本人在特定区域内泄露投票之情况。受托人透露选民投票秘密的行为，应构成本罪。本罪与《澳门刑法典》第 189 条规定之违反保密罪存在法条竞合关系，发生竞合时，应按照重法、特殊法，即以本罪处之。

25. 将选票投入投票箱及取去投票箱或选票罪

《行政长官选举法》第 139 条规定，在投票站开放至选举总核算结束期间，出于欺诈，将选票投入投票箱或取去投票箱或选票的行为，构成将选票投入投票箱及取去投票箱或选票罪。

本罪的行为方式包括 3 种：一是行为人在投票站开放至选举总核算结束期间，在开始投票之前或之后出于欺诈将选票投入投票箱。二是于上述期间任何时间，出于欺诈而将投票箱，连同其内未经核算的选票取走。三是于上述期间任何时间，出于欺诈而自投票箱内取去一张或多张选票。投票站开放及选举总核算结束均有程序上的宣布仪式，时间可以明确界定。投票箱及当中的选票直接影响选举结果，法律严格规定了对投票箱及选票的保管程序。出于欺诈而改动投票箱中的选票，甚至取走投票箱的行为，当属不法。

本罪的主观要件为故意，行为人意图欺诈，明知而希望或接纳相关不法事实的发生。构成本罪的，处 1~5 年徒刑。若涉及本法第 141 条之特殊身份的主体，须加重处罚。若该等特殊主体并非出于欺诈而实施该等行为，可构成轻微违反。

认定本罪时，应注意与其他罪名的竞合关系。《澳门刑法典》第 248 条规定了损害或取去文件或技术注记罪。其中，"文件"是指表现于文书，又或记录于碟、录音录像带或其他技术工具，而可为一般人或某一圈子之人所理解之表示，该表示是令人得以识别其由何人做出，且适合用作证明法律上之重要事实，而不论在做出表示时是作为此用，或之后方做此用者。根据这个定义，选票亦属《澳门刑法典》所指的文件。可见，本罪与损害或取去文件或技术注记罪之间存在交叉竞合的关系，发生竞合时，按照重法处之。

26. 有权限实体成员的欺诈罪

《行政长官选举法》第 140 条规定，投票站有权限实体的成员以不法方式歪曲选举投票实况的行为，构成有权限实体成员的欺诈罪。

本罪的犯罪主体为投票站有权限实体的成员，前文已述，该等人士应指投票站执行委员会成员及由管委会委任的核票员。其行为方式包括：将未投票的投票人或选委会委员注明或同意注明为已投票；对已投票的投票人或选委会委员不做已投票注明；在唱票时将得票的候选人调换；在核算时增减某一候选人的得票数目，或以任何方式歪曲选举的真实状况。有权限实体成员被赋予保证选举公正有效进行的职责，出于欺诈而歪曲选举投票实况的行为，当属不法。

本罪的主观要件为故意，即明知而希望或接纳歪曲选举实况的不法事实的发生。

构成本罪的，处 1~5 年徒刑。

27. 拒绝受理异议、抗议或反抗议罪

根据《行政长官选举法》第 141 条之规定，投票站主席或总核算委员会主席，无理拒绝受理异议、抗议或反抗议的，构成拒绝受理异议、抗议或反抗议罪。

本罪的犯罪主体为投票站执行委员会主席或总核算委员会主席。其行为为拒绝受理相关当事人就其在选举中做出的决定提出的异议、抗议或反抗议，而无合理理由解释。为保障选举自由，针对执委会的工作，本法第 78 条规定，候选人、代理人或选委会委员有权就其所属投票站的选举工作向有权限实体提出疑问和以书面方式连同适当的文件提出异议、抗议或反抗议。有权限实体不得无理拒绝接收异议、抗议和反抗议，并应就有关异议、抗议或反抗议做出决议，如认为该决议不影响投票的正常进行，可以在投票结束时才做出决议。针对总核算委员会的工作，本法第 92、94 条规定，在开始总核算工作时，总核算委员会须就异议或抗议所针对的选票做出决定；总核算工作完成后，须立即缮立记录，载明有关工作结果和第 89 条第 4 款所指的异议、抗议及反抗议，以及对该等事宜所做的决定。由此，执行委员会主席或总核算委员会主席拒绝受理异议、抗议或反抗议的行为，侵害了选举自由，当属不法。

本罪的主观要件为故意。

构成本罪的，处最高 1 年徒刑，或科最高 360 日罚金。

28. 对投票站或总核算委员会的扰乱罪

根据《行政长官选举法》第 142 条之规定，扰乱投票站或总核算委员会正常运作的，构成对投票站或总核算委员会的扰乱罪。

本罪的客观要件是，行为人以制造骚动、扰乱秩序或喧哗的方式，扰乱投票站或总核算委员会的运作，或者妨碍投票站或总核算委员会继续运作的行为。所谓制造骚动，即形成人群的不安定状态；所谓扰乱秩序，即使得投票站正常的工作程序被打乱；所谓喧哗，即制造聒噪之声，使得投票站或总核算委员会的工作无法在安静有序的氛围中展开。妨碍运作与妨碍继续运作的区别在于，前者是投票站或总核算委员的工作不能正常开展，后者指投票站或总核算委员会的工作已经展开而妨碍其继续进行。投票站及总核算委员会的运作方式和程序由法律明确规定，前者是投票人或选委会委员投票的特定区域，后者的核算工作则是统计出公正合法的最终结果，二者皆对选举的顺利有效进行至关重要。以制造骚动、扰乱秩序或喧哗等方式，扰乱或妨碍其正常运作的行为，当属不法。

本罪的主观要件为故意。

扰乱运作的，处最高 3 年徒刑。妨碍继续运作的，处 1 ~ 5 年徒刑。

29. 保安部队的不到场罪

根据《行政长官选举法》第 143 条之规定，保安部队负责人或其所委派的人员违反本法规定，被召唤到场而无合理理由不到场的，构成保安部队的不到场罪。

本罪的犯罪主体为保安部队负责人或其委派的人员。其行为方式为受到管理委员会或投票站执行委员会的召唤，应当出现在指定地点维持选举秩序及维护选举安全，却不到场出警，且对此不作为无合理解释。据本法第 69 条之规定，由警察总局局长委派一名其辖下保安部队领导人，负责选举日的警务工作，但只有出现以下规定的情况时保安部队才可进入投票站。当在投票站运作的建筑物或其附近发生任何暴动或严重影响公共秩序的打斗或暴力，以及出现不服从有权限实体主席命令的情况，经征询有权限实体其他成员意见后，主席得召唤保安部队到场，而召唤应尽可能以书面方式做出，并在选举工作的记录中说明有关理由和保安部队的逗留时间。

总之，立法会管理委员或投票站执行委员会主席为投票地点或投票站的安全、秩序，有权召唤保安部队到场维持选举秩序。若保安部队受到召唤而不到场，且无合理理由，当属不法。

本罪的主观要件为故意，即明知无合理理由不到场，却希望或接纳该等不法事实发生的心理态度。

构成犯罪的，处最高3年徒刑。

与本罪相对应的，《立法会选举法》第179条规定了警察部队的不到场罪。在澳门法律中，警察部队和保安部队并非等同。但从两部选举法的具体规定看，在选举安全方面所提及的当局人员均指警察总局局长及其委派的人，因此，尽管两罪罪名表述不同，但犯罪主体实际是相同的。

此外，《澳门刑法典》第346条规定之拒绝合作罪，是指公务员受有权限当局合法征用，为司法活动或任何公共部门提供应当之合作，而拒绝提供合作，或在无正当理由的情况下不提供合作的行为。构成该罪的，处最高1年徒刑，或科最高120日罚金。本罪与该罪间存在包容的法条竞合关系，发生竞合时，应适用特殊法及重法，即应构成本罪。

30. 保安部队擅入投票站罪

根据《行政长官选举法》第144条之规定，保安部队负责人或其人员，未经法定有权限人员要求而进入该投票站运作地点的，构成保安部队擅入投票站罪。

本罪的犯罪主体为保安部队负责人或其指派的人员。其行为方式为未经投票站执行委员会主席或选举管理委员会主席的同意，而进入该投票站运作地点。前罪已述及，投票站执委会主席及选举管理委员会主席对投票站的安全、秩序有着最高权限，既有权召唤保安部队到场，亦有权要求保安部队离场。保安部队未经要求而擅自到场的行为，当属不法。

关于罪与非罪的界限。保安部队负责人及其指派的人员并非在任何情形下均不得自行到场。本法第69条规定了不经召唤到场的两种合法情形：一是在有强烈迹象显示执委会主席或管委会主席遭受人身或精神胁迫，以致无法做出法定召唤时，保安部队领导人可以亲自或委派人员到场，但在有权限实体主席要求其离场时必须立即离开。二是当保安部队领导人认为有需要时得亲自或委派人员巡视投票站，以便与有权限实体主席联系，但巡视时不得携带武器，而巡视时间不得超过10分钟。可见此两种情形均有严格的限制条件，一旦条件不充足，到场即为非法。

本罪的主观要件为故意。

构成本罪的，处最高1年徒刑，较不到场罪的法定刑轻。

31. 选票、纪录或与选举有关的文件的伪造罪

根据《行政长官选举法》第 145 条之规定，以任何方式破坏选票、纪录或与选举有关的文件真实性的，构成选票、纪录或与选票有关的文件的伪造罪。

本罪的客观要件为以任何方式更改、隐藏、更换、毁灭或取去选票、投票站或总核算委员会的纪录或与选举有关的任何文件。其中的选票应当包括已被填写或未被填写的选票。所谓更改，是指改变该等选举文件的内容；所谓隐藏，是指使得该等选举文件或其中的内容不为人所见；所谓更换，是指对该等选举文件的原件进行替换；所谓毁灭或取去，是指使得该等文件灭失。总之，前述行为皆是对该等选举文件真实性的破坏。罪名以"伪造"概括这些行为并不完全准确。保证该等选举文件的真实性对选举结果的意义不言自明，而破坏该等文件真实性的行为当属不法。

本罪的主观要件为故意。即明知不应破坏选举文件的真实性而希望或接纳该等不法事实发生的心理态度。

构成本罪的，处 1~5 年徒刑。

《澳门刑法典》第 244 条规定之伪造文件罪，是指意图造成他人或本地区有所损失；又或意图为自己或他人获得不正当利益，而制造虚假文件，伪造或更改文件；又或滥用他人之签名以制作虚假文件；使法律上之重要事实，不实登载于文件上；或使用由他人制造、伪造或更改之文件的行为。前文已述，选票属于刑法典所称之"文件"。可见，本罪与《澳门刑法典》规定之伪造文件罪，以及伪造具特别价值之文件罪、公务员所实施之伪造罪、损坏或取去文件或技术注记罪皆存在交叉竞合的关系。发生竞合时，应处以重法。

32. 虚假的患病或伤残证明书罪

根据《行政长官选举法》第 146 条之规定，卫生局医生发出虚假的患病或伤残证明书的，构成虚假的患病或伤残证明书。

本罪的犯罪主体为卫生局医生，即具卫生当局权力的医生。其行为方式在于发出与选举有关的虚假的患病证明或伤残证明。由于选举涉及选举资格、投票能力等事项，因此医生的证明出现在本法所规定的多个选举环节当中，包括经由 3 名医生组成的健康检查委员会宣告为精神错乱的人，可以被确认无选举资格；由澳门特别行政区卫生局医生发出的证实患病或身体上不胜任的证明书，可以作为执行委员会成员、核票员及其他由立法会

选举管理委员会委派参与选举工作的人员不能履行职务或不参加培训活动的合理理由；执行委员会决定不能证实投票人或选委会委员是否明显失明、患有疾病或属伤残时，应要求其在进行投票时提交由澳门特别行政区卫生局医生发出的证明书，以决定是否允许其由他人陪同其投票；由卫生局医生发出文件还可证实选举委员会委员因患病而不能出席行政长官选举日之投票。由此可见，卫生局医生所发出的证明书的真实性对选举资格、投票能力等重要事项有着直接的影响。卫生局医生发出虚假的证明书的行为，当属不法。

本罪的主观要件为故意。

《澳门刑法典》第 249 条规定之伪造证明罪，是指医生、牙医、护士、助产士，或为医学服务之实验室或研究机构之领导人或雇员，又或负责验尸之人，明知与事实不符，而发出关于某人身体状况又或身体或精神之健康状况、出生或死亡等证明或证明书，用作取信于公共当局、损害他人利益，或为自己或他人获得不正当利益的行为。该罪与本罪间存在交叉竞合关系，发生竞合时，按照重法，亦即本法认定。

构成本罪的，处最高 5 年徒刑，或科最高 360 日罚金。

33. 总核算委员会成员的欺诈罪

根据《行政长官选举法》第 147 条之规定，总核算委员会成员，以任何方式伪造核算结果或与核算有关的文件的，构成在总核算委员会的欺诈罪。

本罪的主体是总核算委员会的成员。其行为在于伪造核算结果或与核算有关的文件。所谓伪造，即更改或制造虚假文件。核算结果或与核算有关的文件直接关乎选举结果，总核算委员会成员伪造该等文件的行为，当属不法。

本罪的主观要件为故意。

构成本罪的，处 1~5 年徒刑。

本罪与《澳门刑法典》中规定之伪造文件罪、伪造具特别价值之文件罪、公务员所实施之伪造罪之间存在交叉竞合关系。发生竞合时，按重法处之。

（二）有关投票权证明书、登记册或名册的犯罪

1. 伪造投票权证明书罪

本法第 103 条规定，意图欺诈而更改或更换投票权证明书的，构成伪造投票权证明书罪。

本罪的客观要件为更改或更换投票权证明书。投票权证明书是投票人或选委会委员进行投票的重要凭证。每一投票人或选委会委员在投票时，均须向投票站执委会出示投票权证明书和澳门永久性居民身份证。经确认及核对登记后，方可获一张选票。据本法规定，具投票资格的法人须最迟至选举日前第二日到行政暨公职局提取该局签发的投票权证明书。具有投票资格的法人须最迟至选委会委员选举日前一天将第 19 条第 5 款所指投票权证明书发给其投票人。选委会委员须最迟于行政长官选举日前第 2 日到行政暨公职局领取该局签发的投票权证明书。所谓更改，即改换投票权证明书中载有的投票人或选委会委员个人资料及选举信息。所谓更换，即将真实的投票权证明书取走，代之以伪造或替换的证明书。其行为势必侵害选举的真实有效性，当属不法。

本罪的主观要件为故意，并以欺诈为目的。

构成本罪的，处 1～5 年徒刑。

本罪与《澳门刑法典》中规定之伪造文件罪、伪造具特别价值之文件罪、公务员所实施之伪造罪之间存在交叉竞合关系。发生竞合时，按重法处之。

2. 留置投票权证明书罪

本法第 104 条规定，为确保有关投票意向，以不法方式留置投票权证明书的，构成留置投票权证明书罪[①]。

本罪的客观要件包括 3 种：一是为确保有关投票意向，在违反投票权证明书持有人的意愿下，留置其投票权证明书；二是透过提供、许诺提供或给予工作、财货或经济利益而留置持有人的投票权证明书；三是持有投票权证明书的投票人或选委会委员接受前述工作、财货或经济利益而将投票权证明书交由他人留置。前罪已述，投票权证明书是重要的投票凭证，以不法方式留置投票权证明书，势必侵犯选举的真实有效性，当属不法。

本罪的主观要件为故意，其目的在于确保有关投票意向。

以留置他人投票权证明书构成本罪的，处 1～5 年徒刑。接受利益的投票人或选委会委员构成本罪的，处最高 3 年徒刑或科最高 360 日罚金。

---

① 与立法会选举已取消选民证相比，行政长官选举仍保留投票权证明书。从过往经验看，留置选民证的案件较为多发，但留置投票权证明书的情形的确较为鲜见。

认定本罪时，应注意本罪与贿选罪的区分。本罪中包含贿赂与留置的"对价"，之前所述之贿选罪也包含贿赂与选举行为的"对价"，但该罪所涉及的选举行为为"提名或不提名候选人"，"指派、不指派或替换投票人"，"成为或不成为投票人"，"投票或不投票"，本罪所涉则仅为对投票权证明书的留置。因此，两罪的要件是不同的，应加以区分。

3. 伪造登记册或名册罪

本法第105条规定，意图欺诈而伪造、更换、毁坏或涂改投票人登记册或选委会委员名册的，构成伪造登记册或名册罪。

本罪的犯罪客体为投票人登记册及选委会委员名册。此两种名册皆由行政暨公职局负责编制，是确认投票人及选委会委员投票权的基本性文件。本罪行为方式包括伪造、更换、毁坏或涂改，皆为改变投票人登记册或选委会委员名册中登载的投票人信息。据本法规定，在选委会委员选举中，列入选委会委员选举投票人登记册，并经投票站执行委员会确认其身份者，方具有选委会委员选举的投票权；在行政长官选举中，列入选委会委员名册，并经管委会确认其身份者，方具有行政长官选举的投票权。可见此两种文件对于选举的真实有效至关重要，伪造行为当属不法。

本罪的主观要件为故意，并以欺诈为目的。

构成本罪的，处1~5年徒刑。

本罪与《澳门刑法典》中规定之伪造文件罪、伪造具特别价值之文件罪、公务员所实施之伪造罪之间存在交叉竞合关系。发生竞合时，按重法处之。

（三）加重违令罪

除前述罪名外，本法还规定了加重违令罪。

根据《行政长官选举法》第3条第1款第4项之规定，选举管理委员会有权就本法第7、13条，第19~21条，第26~29条，第39、40条，第48~51条，第53~57条及第59~95条所作规范的具体实施发出具约束力的指引。此外，参照第48~51条及第53~55条的规定，可就选委会候选人的竞选活动制定指引。具体而言，这些条文所规范的内容主要包括行政当局的合作，选委会委员的确认提名产生、选举方式、参选人、报名，执行委员会的组成、履行职务的强制性、准备工作、委员名单的公布及名册，行政长官选举的提名表、争取提名、竞选活动，以及两个选举的选举制度、投票与核算等事项。本法规定，选举管理委员会有权就该等事项制定指引。

本条第 2 款规定，凡不遵守管委会制定的上述指引的行为，即构成《澳门刑法典》第 312 条第 2 款所指的加重违令罪，可科以最高 3 年徒刑。

三　轻微违反

1. 重复提名

本法第 149 条规定，选委会委员因过失在两份或两份以上行政长官选举候选人提名表签名的，构成轻微违反，科澳门币 1000 ~ 3000 元罚金。若主观上为过失，则构成前述第 116 条之重复提名罪。

2. 职务的不担任、不执行或放弃

本法第 150 条规定，投票站有权限的实体成员、核票员、总核算委员会成员或由管委会或总核算委员会指派参与选举工作的其他人员，无合理理由不担任、不执行或放弃有关职务的，构成轻微违反，科澳门币 2000 元至 2 万元罚金。

3. 不具名的竞选活动

本法第 151 条规定，举行竞选活动而不表明有关候选人的，构成轻微违反，科澳门币 5000 元至 2.5 万元罚金。

4. 民意测验结果的公布

本法第 152 条规定，社会传播、广告或民意测验机构或企业，违反本法律的规定公布或促使公布民意测验结果的，构成轻微违反，科澳门币 1 万元至 10 万元罚金。

5. 传媒义务的违反

本法第 153 条规定，社会传媒机构违反第 52 条第 3 款的规定，即刊登有关竞选活动资料的资讯性刊物，在做出有关报道时，应采取非歧视性方式处理，使各候选人处于平等地位，而不公平对待各候选人的，构成轻微违反，科澳门币 5000 元至 5 万元罚金。

6. 在选举前 1 日的宣传

本法第 154 条规定，在选举前 1 日，凡违反本法律规定，以任何方式做出宣传的，构成轻微违反，科澳门币 2000 元至 1 万元罚金。若在选举日进行竞选宣传，则可构成前述第 126 条之在选举日的宣传罪。

7. 财务收支规范的违反

本法第 155 条规定了 5 种违反本法规定的财务收支规范的轻微违反，包括：

（1）候选人或其代理人，违反第 55 条第 3 款，即各候选人及其代理人或竞选机构只可接受澳门特别行政区永久性居民供竞选活动使用的现金、服务或实物等任何具金钱价值的捐献的规定，则构成轻微违反，科澳门币 1 万元至 10 万元罚金。

（2）候选人违反第 55 条第 8 款，即各候选人的竞选活动开支，不得超过行政长官已批示规定的开支限额，该限额以该年澳门特别行政区总预算中总收入的 0.02% 为上限的规定，则构成轻微违反，科相等于超出金额 10 倍的罚金。

（3）候选人不以适当方法详列或证明竞选活动的收入及开支的，构成轻微违反，科澳门币 1 万元至 10 万元罚金。

（4）候选人不按本法律的规定提交选举账目的，构成轻微违反，科澳门币 10 万元至 20 万元罚金。

（5）候选人不按本法律的规定公开选举账目的，构成轻微违反，科澳门币 2 万元至 20 万元罚金。

8. 程序的不遵守

投票站执委会成员、管委会成员或总核算委员会成员，不遵守或不继续遵守本法律所规定的任何程序，但无欺诈意图的，构成轻微违反，科澳门币 1000～5000 元罚金。若意图欺诈而实施相关行为，可构成前述有关选举犯罪。

四 相关刑事制度

（一）处罚

1. 法条竞合

根据《行政长官选举法》第 106 条之规定，本法所规定的处罚，不排除因实施其他法律所规定的任何违法行为而适用其他更重的处罚。亦即发生竞合时，按重法处罚。

2. 对犯罪未遂的处罚

《行政长官选举法》第 110 条规定，对本法所指的选举犯罪，犯罪未遂亦应处罚之。可科处于既遂犯而特别减轻的刑罚，适用于犯罪未遂，但对第 117 条 "关于提名或不提名的胁迫及欺诈手段"、第 118 条 "关于指派或成为投票人的胁迫及欺诈手段"、第 119 条 "对候选人的胁迫及欺诈手段"、第 127 条第 1 款 "诬告"、第 134 条 "对投票人或选委会委员的胁迫或欺诈手段"、第 135 条 "有关职业上的胁迫"、第 136 条第 1 款 "贿选之行贿"、第 139 条 "将选票投入投票箱及取去投票箱或选票"、第 140 条 "有权限实体成员的欺诈"、第 145 条 "选票、纪录或与选举有关的文件的伪造" 及第 147 条 "总核算委员会成员的欺诈" 所指犯罪，科处于既遂犯的刑罚，适用于犯罪未遂。

3. 加重情节

《行政长官选举法》第 107 条规定，选举不法行为的加重情节包括：

（1）影响投票结果的违法行为；

（2）选举管理委员会成员所做的违法行为；

（3）投票站执行委员会成员所做的违法行为；

（4）总核算委员会成员所做的违法行为；

（5）候选人或其代理人所做的违法行为。

与《立法会选举法》的附属刑法类似，上述加重情节有 4 项涉及特殊主体身份，应指由一般主体构成的犯罪，若犯罪人具备上述身份，则须被加重处罚。不忠实的受托人罪，若犯罪主体为执委会成员，则需加重处罚。若罪名本身明列上述主体为其犯罪主体，立法者在配置法定刑时已有所考虑，应无须额外加重。如不将投票箱展示罪，仅投票站有权限实体主席方可构成，为特殊主体的犯罪，其法定刑已考虑主体的特殊身份，则不必再额外加重处罚。

4. 减轻处罚或不处罚

《行政长官选举法》第 108 条规定，如犯罪的行为人具体协助收集关键性证据以侦破该犯罪，尤其是以确定该犯罪的其他行为人，可就该犯罪免被处罚或减轻处罚。同时，法官应采取适当措施，使该等人士的身份受到司法保密的保障。

5. 徒刑不得暂缓执行或代替

《行政长官选举法》第 113 条规定，因实施选举的刑事不法行为而科处的徒刑，不得被暂缓执行或由其他刑罚代替。

6. 附加刑

（1）中止政治权利的附加刑。《行政长官选举法》第111条规定，因实施选举犯罪而科处的刑罚，得加上中止行使政治权利2~10年的附加刑。

（2）撤职的附加刑。《行政长官选举法》第112条规定，如行政当局的公共行政工作人员所实施的选举犯罪是明显且严重滥用职务，或明显且严重违反本身固有的义务，则对该等人员所科处的刑罚，加上撤职的附加刑。撤职的附加刑，可与中止政治权利的附加刑并科。

（二）追诉时效

《行政长官选举法》第114条规定，选举违法行为的追诉时效，自做出可处罚的事实起计5年完成。

第十节　第8/2005号法律《个人资料保护法》的附属刑法

隐私权的概念最早可以追溯到19世纪末，沃伦和布兰德斯从侵权法的角度提出，隐私权即"不受打扰的权利"（right to be let alone）[1]。今天，维护人格尊严、保障个人自治已是现代法治的核心价值，隐私权亦已成为现代法治社会不可或缺的基本权利，在世界各法域受到普遍的法律保护。除各法域的相关立法，《世界人权宣言》第12条亦明确定义："任何人的私生活、家庭、住宅和通信不得任意干涉。"学理上一般认为，个人隐私包括空间隐私，即私生活不受干扰的权利；以及信息隐私，即对个人资料的自主控制。要保护个人隐私权，保护私生活和保护个人资料缺一不可。

一　概述

（一）立法沿革

1992年，根据《澳门组织章程》的有关规定，当时的立法会制定了第16/92/M号法律《通讯保密及隐私保护》，明确规定除本法律及其他可引用

---

[1] 〔美〕沃伦、布兰德斯：《论隐私权》（*The Right to Privacy*），《哈佛法律评论》1890年12月。

法例规定的限制外，信件、电信和其他私人通信方式是不可侵犯及受保密义务所保障。在此后 1993 年生效的《澳门基本法》也明确规定，澳门居民享有个人的名誉权、私人生活和家庭生活的隐私权。澳门居民的通信自由和通信秘密受法律保护。除因公共安全和追查刑事犯罪的需要，由有关机关依照法律规定对通信进行检查外，任何部门或个人不得以任何理由侵犯居民的通信自由和通信秘密。从目前的立法情况看，澳门本地立法对个人隐私提供了较为全面的法律保护。其中，《澳门民法典》第 74 条 "保留私人生活隐私权" 明确规定，任何人均不应透露他人私人生活隐私范围之事宜。对个人秘密书函、亲属记事及其他秘密文书、个人经历及个人资料之保护均有专条规定。《澳门刑法典》分则第七章也专章规定了 "侵犯受保护之私人生活罪"。有关个人资料方面的犯罪包括第 186 条侵入私人生活罪、第 187 条以资讯方法作侵入罪以及第 188 条侵犯函件或电讯罪。

为进一步规范对个人资料的搜集、处理行为，澳门立法会于 2005 年制定公布了第 8/2005 号法律《个人资料保护法》，作为澳门个人资料处理及保护的基本法律制度，旨在尊重并保障私人生活隐私，以透明的方式进行个人资料处理。该法规定了个人资料当事人的资讯权、查阅权、反对权、不受自动化决定约束的权利，以及损害赔偿权①。除规定一系列行政违法行为外，本法第八章 "行政和司法保护" 之第三、四节为附属刑法，规定了与个人资料保护有关的犯罪及相关刑事制度②。

（二）本法所称之 "个人资料"

对 "个人资料" 的法律界定往往基于以下两点：一是 "个人"，即具有身份识别性。二是 "资料"，即描述事物的符号记录，是构成信息、信息的原始材料，或是信息、信息本身。例如，《香港个人资料（隐私）条例》首先规定了资料的定义，它是指任何文件中信息的任何陈述（包括意见表达），并包括个人身份标志符。进而，个人资料是指直接或间接地与一名在

---

① 与香港设有个人资料隐私专员公署类似，澳门亦设有个人资料保护办公室，在特区行政长官的监督下独立运作，负责监察、协调对《个人资料保护法》的遵守和执行，以及订定保密制度、监察该等制度的实施。

② 除本法以外，第 16/92/M 号法律《通讯保密及隐私保护》中亦规定有 7 个罪名，包括信件或通信的侵犯罪、违反保密义务罪、保密义务的违及不合理利用罪、公务员违反保密罪、侵犯私生活罪、不法录音摄影罪、以资讯的方式侵犯罪等。这些罪名现均已被纳入《澳门刑法典》分则第二编第十章诸条中。

世的个人有关的资料，从该资料直接或间接地确定有关的个人身份是切实可行的，该资料的存在形式令与以查阅及处理均是切实可行的。台湾地区"个人资料保护法"所称之个人资料，是指自然人之姓名、出生年月日、国民身份证统一编号、护照编号、特征、指纹、婚姻、家庭、教育、职业、病历、医疗、基因、性生活、健康检查、犯罪前科、联络方式、财物状况、社会活动，以及其他得以直接或间接方式识别该个人之资料。对资料的处理则使之为简历或利用个人资料档案所为资料之记录、输入、储存、编辑、更正、复制、检索、删除、输出、连接，或内部传送。可见，"个人资料"的本质特征在于资料的"个人专属性"和"个人识别性"。

《个人资料保护法》中所称之"个人资料"，是指与某个身份已确定或身份可确定的自然人（"资料当事人"）有关的任何信息，包括声音和影像，不管其性质如何，以及是否拥有载体。所谓身份可确定的人是指直接地或间接地，尤其透过参考一个识别编号或者身体、生理、心理、经济、文化或社会方面的一个或多个特征，可以被确定身份的人。可见，本澳立法虽未对信息的种类和内容做出列举式的描述，但同样强调了该等资料的个人识别功能。此外，《个人资料保护法》中还规定了两类特殊的个人资料，一是第 7 条规定的"敏感资料"，即与世界观或政治信仰、政治社团或工会关系、宗教信仰、私人生活、种族和民族本源，以及与健康和性生活有关的个人资料，包括遗传资料。二是第 8 条规定的关于怀疑某人从事不法行为、刑事或行政违法行为，以及判处刑罚、保安处分、罚金或附加刑决定的不法行为纪录。

二　犯罪

（一）未履行资料保护的义务罪

根据《个人资料保护法》第 37 条之规定，未履行资料保护的义务罪是指在对个人资料的处理过程中，违反本法规定，未能履行对个人资料的保护义务的行为。

1. 罪状

本罪的行为对象为"个人资料"。本罪特别提出了两类特别的个人资料的保护，即敏感资料与不法行为纪录。

　　本罪的行为发生在处理个人资料的过程中。根据本法规定，"个人资料的处理"是指对有关个人资料的任何或者一系列的操作，不管该操作是否通过自动化的方法进行，如资料的收集、登记、编排、保存、改编或修改、复原、查询、使用，或者以传送、传播，或其他透过比较或互联的方式向他人通告，以及资料的封存、删除或者销毁。对个人资料的"正当"处理，需要符合以下条件：一是获得资料当事人的明确同意。二是对个人资料的处理具有必要性，当中包括执行资料当事人作为合同一方的合同，或应当事人要求执行订立合同或法律行为意思表示的预先措施；负责处理个人资料的实体须履行法定义务；为保障资料当事人的重大利益，而资料当事人在身体上或法律上无能力做出同意；负责处理个人资料的实体或被告知资料的第三人在执行一具公共利益的任务，或者在行使公共当局权力；为实现负责处理个人资料的实体或被告知资料的第三人的正当利益，只要资料当事人的利益或权利、自由和保障不优于这些正当利益。而针对第 7 条所指之敏感资料，须在资料当事人明确许可或涉及重大公共利益，或涉及当事人或他人重大利益等前提下，方得处理。针对第 8 条所指之个人资料，只有法律规定或具组织性质的规章性规定赋予特定权限的公共部门，在符合相关法定条件的前提下，方可进行集中登记。

　　按照法律规定，本罪的行为方式有以下 6 种。

　　（1）不遵守本法对通知和许可请求的规定，违反了处理个人资料的通知义务和许可义务。关于通知义务的规定，本法第 7、21 条规定，负责处理个人资料的实体或如有代表人时其代表人，应从处理开始起 8 日期限内以书面形式，将为了实现一个或多个相互关联的目的而进行的一个或一系列、全部或部分自动化处理，通知公共当局。当公共当局认为资料的处理不会对资料当事人的权利和自由构成影响，并基于快速、经济和有效的原则，并许可对特定种类资料处理简化或豁免通知。许可须在《澳门特别行政区公报》上公布，并应列明处理资料的目的、所处理的资料或种类、资料当事人或当事人的类别、可被告知资料的接收者或接收者的类别，以及资料的保存期限。当根据法律或行政法规，处理资料的唯一目的是为了维持资料的登记，而该登记是为公众信息和可供一般公众或证明有正当利益的人查询之用时，则可豁免通知。当保护资料当事人或其他人重大利益所必需，且资料当事人在身体上或法律上无能力做出同意；对与世界观或政治信仰、政治社团或工会关系、宗教信仰、私人生活、种族和民族本源以及与健康和性生活有关的个人资料，包括遗传资料等个人资料可以进行非自动化处理，但须做出通知。

关于许可义务，按第7、22条之规定，对个人资料的处理须由法律规定或具组织性质的规章性规定的明确许可关于资料当事人信用和偿付能力资料的处理、个人资料的互联，以及在与收集资料的目的不同的情况下使用个人资料时，均须公共当局许可。此外，当基于重大公共利益且资料的处理对负责处理的实体行使职责及权限所必需时，以及资料当事人对处理给予明确许可时，对该等个人资料的处理无须经公共当局的许可。此处"公共当局"即指《澳门民法典》第79条第3款所称的"为知悉关于第三人之个人资料而查阅资讯化资料库及记录，以及与资讯化资料库及记录连接，须就每一个案获得负责监察个人资讯资料之收集、贮存及使用之公共当局"。

（2）在通知或请求许可处理个人资料时，提供虚假信息，或在处理个人资料时实施了未经使其合法化的文书允许的修改。澳门《个人资料保护法》明确规定，在请求当局许可时提交的意见书或申请须包括：负责处理资料的实体的姓名和地址，以及如有代表人时其代表人的姓名和地址；处理的目的；资料当事人类别及与其有关的个人资料或资料种类的描述；可被告知资料的接收者或接收者的类别，以及告知资料的条件；当实体不是负责处理资料的实体本身处理时，承担处理资讯实体；个人资料处理中或有的互联；个人资料的保存时间；资料当事人知悉或更正与其有关的个人资料的方式和条件；拟向第三国家或地区所做的资料转移；容许初步评估为确保资料处理的安全而采取的措施是否适合的一般描述。尤其当涉及本法所称之敏感资料或与犯罪记录有关的资料时，还应包含以下强制性内容：资料库负责人和如有代表人时其代表人；所处理个人资料的种类；处理资料的目的和接收资料实体的类别；行使查阅权和更正权的方式；个人资料处理中或有的互联；拟向第三国家或地区所做的资料转移等。尤其在网络时代，法律要求在公开的网络上收集资料时，应该告知资料当事人，其个人资料在网络上的流通可能缺乏安全保障，有被未经许可的第三人看到和使用的风险，但当事人已知悉者除外。总之，若资料处理人在通知或提交许可申请时，在涉及上述要求的内容上提供虚假信息，即属不法，可构成本罪。

另外，行为人尽管在通知或申请许可的过程中未弄虚作假，但在获得许可后，不当修改该等个人资料及其处理，亦构成本罪。

（3）与收集个人资料的目的不相符，或在不符合使其合法化的文书的情况下移走或使用个人资料。与上一种行为方式类似，行为人在获得许可后，不当移走或使用相关个人资料，而该等行为与其申请许可时提交的处理目的不相符合，或者与有关授权文书所包含的目的不相符合，亦构成本罪。

（4）促使或实行个人资料的不法互联。按照法律规定，个人资料的互联是指一个资料库资料与其他一个或多个负责实体的一个或多个资料库的资料的联系，或同一负责实体的目的不同的资料库的资料联系的处理方式。对个人资料的互联亦应符合许可范围，超出通知或许可范围的互联，均属不法。尤其在现今网络社会，资料的互联借由网络技术可以很快互联并扩散，将个人资料不法互联所造成的侵害甚至难以预计。如美容机构在未经许可的情况下，将目的为享有美容服务而提交的顾客的个人资料，链接到购物网站的资料库，即属不法。

（5）在公共当局为履行本法律或其他保护个人资料法例规定的义务而订定的期间完结后，仍不履行义务者。为保护个人资料处理的正当性和安全性，本法主要针对负责处理个人资料的实体或其代表人、次合同人（受负责处理个人资料的实体的委托而处理个人资料的自然人或法人、公共实体、部门或任何其他机构）、第三人（除资料当事人、负责处理个人资料的实体、次合同人或其他直接隶属于负责处理个人资料的实体或次合同人之外的、有资格处理资料的自然人或法人、公共实体、部门或任何其他机构）和资料的接受者（被告知个人资料的自然人或法人、公共实体、部门或任何其他机构，不论其是否第三人）设定了一系列的法律义务。例如，针对"负责处理个人资料的实体"，法律要求应从处理开始起 8 日期限内以书面形式，将为了实现一个或多个相互关联的目的而进行的一个或一系列、全部或部分自动化处理，通知公共当局。此处的"8 日"为一法定期限。但此外基本未为设置明确的法定期限。公共当局为执行本法、落实相关义务，有权对相关实体或个人提出的履行义务的期限要求。

（6）在公共当局通知不得再让没有遵守本法规定者查阅之后，负责处理个人资料的实体继续让有关人士查阅其传送资料的公开网络。本罪的主观要件为故意，即明知未尽到保护个人资料的义务，希望或接纳相关不法事实发生的主观意思。

2. 处罚

构成本罪，处最高 1 年徒刑或科 120 日罚金。还可处以本法第 43 条所规定之附加刑。犯罪未遂者亦须处罚。

若行为涉及本法第 7 条规定之敏感资料，或第 8 条所指之关于怀疑某人从事不法行为、刑事或行政违法行为，以及判处刑罚、保安处分、罚金或附加刑决定的个人资料时，刑罚的上下限各加重 1 倍。

3. 犯罪竞合问题

本罪与侵入私人生活罪的竞合。《澳门刑法典》第 186 条侵入私人生活罪，是指意图侵入他人之私人生活，尤其是家庭生活或性生活之隐私，未经他人同意，截取、录音取得、记录、使用、传送或泄露谈话内容或电话通信；获取、以相机摄取、拍摄、记录或泄露他人之肖像或属隐私之对象或空间之图像；偷窥在私人地方之人，或窃听其说话；或泄露关于他人之私人生活或严重疾病之事实。构成侵犯私人生活罪者，处最高 2 年徒刑，或科最高 240 日罚金。实际上，侵入私人生活罪中所提及之犯罪客体，包括他人之谈话内容或电话通信、肖像或他人属隐私之对象或空间之图像，以及他人之私人生活或严重疾病之事实等，均可纳入个人资料范畴。未经许可而实施有关取得、记录、使用、传送、泄露等行为，亦符合本条罪名中关于不当处理个人资料的罪状，因此两罪之间存在交叉的法条竞合关系。出现竞合时，应按照重法优于轻法的原则认定。

本罪与以资讯方法做侵入罪的竞合。《澳门刑法典》第 187 条规定之"以资讯方法作侵入罪"，是指设立、保存或使用可识别个人身份，且是关于政治信仰、宗教信仰、世界观之信仰、私人生活或民族本源等方面之资料之自动资料库者，处最高 2 年徒刑，或科最高 240 日罚金。按照《个人资料保护法》的敏感资料的界定，该罪的犯罪客体为个人的敏感资料。与本罪同样形成交叉的法条竞合关系。出现竞合时，应当按照重法优于轻法的原则认定。

本罪与使用虚假证明罪的竞合。《澳门刑法典》第 250 条规定之"使用虚假证明罪"，是指使用虚假之证明或证明书，目的为欺骗公共当局、损害他人利益，或为自己或他人获得不正当利益者，处最高 1 年徒刑，或科最高 120 日罚金。本罪的第二种行为方式，即在通知或请求许可处理个人资料时，提供虚假信息的行为，若其目的在于欺骗当局、损害他人利益，或为自己或他人不当牟利，亦符合使用虚假证明罪的罪状。因此，两罪之间亦

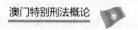

存在吸收的法条竞合关系，应当按照本罪来认定。

（二）不当查阅个人资料罪

根据《个人资料保护法》第38条之规定，不当查阅个人资料罪是指未经适当的许可，透过任何方法查阅被禁止查阅的个人资料的行为。

1. 罪状

本罪的客观要件是未经许可查阅被禁止查阅的个人资料。对个人资料的查阅权是个人资料当事人的固有权利，而在符合法定条件的情况下，当局和其他机构、个人也可以查阅个人资料。本法规定，当处理与安全、预防犯罪或刑事侦查有关的个人资料时，查阅权通过在该情形下有权限的当局行使；为确保言论和信息自由、出版自由、新闻工作者的职业独立和保密规定的实施，查阅权亦通过公共当局行使；而涉及个人健康资料，包括遗传资料的查阅权，则可由资料当事人选择的医生行使。所谓适当许可，首先应指个人资料当事人的许可，即个人资料所有者在任何自由、特定且在知悉的情况下做出的同意的意思表示，该表示表明当事人同意对其个人资料的查阅。此外，针对法律所指之特定个人资料，须经当局许可方为适当。总之，除当事人外，个人资料的查阅须经适当许可方得实施，未经适当许可而查询的行为当属不法。

此外，法律还规定，若不当查询还存在以下随附要素，则处以加重法定刑。

（1）透过违反技术安全规则查阅资料；

（2）使行为人或第三人知悉个人资料。可见，本罪的基本罪状是行为犯，犯罪的既遂不需要行为人查询而知悉相关个人资料的内容，透过不法查询而知悉或使得第三人知悉相关之个人资料，是本罪的加重结果；

（3）给予行为人或第三人财产利益。若查阅行为为不法查阅人或第三人带来财产利益，亦属本罪的加重罪状。

本罪的主观要件为故意，即行为人明知其查阅个人资料的行为未经适当许可，而希望或接纳该等不法事实发生的主观意思。

2. 处罚与程序

构成本罪的，处最高1年徒刑或科120日罚金。加重罪状的刑罚的上下限各加重1倍。还可并处本法第43条规定之附加刑。本罪的犯罪未遂者亦须处罚。

符合本罪基本罪状的行为，非经告诉不得进行刑事程序。

（三）对个人资料的不当更改或毁坏罪

根据《个人资料保护法》第 39 条之规定，对个人资料的不法更改或毁坏罪是指未经适当许可删除、毁坏、损坏、消除或修改个人资料，使资料不能使用或影响其用途的行为。

本罪的客观行为方式包括删除、毁坏、损害、消除或修改个人资料，而这种更改或毁坏行为须使得相关之个人资料不能使用，或其用途受到影响。保护个人资料的完整、真实是保护个人资料的固有要求，未经适当许可，更改或毁坏个人资料的行为，具有不法性，应以刑罚处罚。

本罪的主观要件包括故意或过失。

故意构成本罪的，如在犯罪竞合的情况下不能科处更重刑罚，则处最高 2 年徒刑或科 240 日罚金。如引致的损害特别严重，刑罚上下限各加重 1 倍。过失构成本罪的，处最高 1 年徒刑或科 120 日罚金。无论故意或过失，构成本罪的还可并处本法第 43 条规定之附加刑。

本罪的犯罪未遂者亦须处罚。

《澳门刑法典》第 248 条规定之"损坏或取去文件或技术注记罪"，是指意图造成他人或本地区有所损失，又或意图为自己或他人获得不正当利益，而将不得处分、不得单独处分，或将他人得依法要求交付或出示之文件或技术注记，加以毁灭、损坏、隐藏、取去或留置，又或使之失去效用或消失者，处最高 3 年徒刑或科罚金。此处的文件并不排除以个人资料为内容的，因此"损坏文件罪"与本罪（故意的心态下）之间存在交叉的法条竞合关系。当发生竞合时，应适用重法。

（四）加重违令罪

根据《个人资料保护法》第 40 条之规定，行为人被通知后仍不中断、停止或封存个人资料的处理，或有其他违反通知责任的行为，构成加重违令罪。

前文述及，根据《澳门刑法典》第 312 条之规定，违令罪是指不服从由有权限之当局或公务员依规则通知及发出之应当服从之正当命令或命令状的行为。本法中的加重违令罪是指行为人因不法处理个人资料而收到公共当局的通知及发出的有关命令状之后，拒不服从或拒不执行有关通知或命令状的行为。

1. 罪状

本罪的行为方式包括以下 4 种。

一是行为人被通知后,仍不中断、停止或封存个人资料的处理。其指公共当局就行为人处理相关个人资料的行为发出通知或命令状,要求行为人中断、停止或封存个人资料的处理,而行为人仍继续对该等个人资料进行处理。

二是行为人被通知后,无合理理由拒绝对公共当局提出的具体要求给予合作。按照法律规定,行为人被通知或收到有关命令状后,可以就通知或命令状的要求提出拒绝理由,若当局认为理由合理,行为人可以不履行相关要求,若无合理理由,拒绝履行当局提出的具体要求,即可构成本罪。

三是行为人被通知后,没有进行删除、全部或部分销毁个人资料。其指当局就行为人处理个人资料的行为,发出通知或命令状,要求行为人删除、全部或部分销毁相关之个人资料,而行为人仍保留或部分保留该等个人资料的行为。

四是行为人被通知后,对保存期完结后的有关个人资料仍不予销毁的行为。根据本法第 5 条之规定,以可识别资料当事人身份的方式保存的个人资料,仅在为实现收集或之后处理资料的目的所需时间内为合法,保存期(可经当局许可延长)完结,行为人在收到当局的通知或命令状后,仍未销毁有关个人资料的行为,即构成加重违令罪。

本罪的主观要件为故意。即明知通知或命令状的相关要求,而希望或接纳拒不服从的心理态度。

2. 处罚

根据《澳门刑法典》第 312 条之规定,构成加重违令罪,刑罚最高为 2 年徒刑或科 240 日罚金。还可并处本法第 43 条规定之附加刑。本罪的犯罪未遂亦须处罚。

(五)违反保密义务罪

根据《个人资料保护法》第 41 条之规定,违反保密义务罪是指负有对个人资料保密义务的人违反保密义务的行为。

1. 罪状

本罪的犯罪主体是负有职业保密义务者。行为要件是指该等义务人在没有合理理由和未经适当同意的情况下，披露或传播全部或部分个人资料。

所谓披露，是指使得个人资料为人所知；所谓传播，是指将相关个人资料为不特定的多数人所知悉。根据法律规定，所谓"职业保密义务者"，是指负责处理个人资料的实体和在履行职务过程中知悉所处理个人资料的所有人士，对其负责处理的个人资料负有保密义务，即使相应职务终止亦然。例如，《选民登记法》第 6 条规定，行政暨公职局应对选民登记资料库设置能阻止未经许可的人查阅、复制、下载、更改、破坏或增添资料，以及能对不当查阅资料进行侦测的安全系统。亦即对相关资料负有保密义务。此外，为公共当局从事顾问或咨询工作的公务员、服务人员或技术员均负有相同的职业保密义务。所谓合理理由和适当同意，前文已有类似阐述。

法律还规定了本罪的加重罪状如下。

(1) 行为人是《澳门刑法典》所规定的公务员或等同公务员。根据《澳门刑法典》第 336 条之规定，公务员包括公共行政工作人员或其他公法人之工作人员；为其他公共权力服务之工作人员；在收取报酬或无偿下，因己意或因有义务，而不论是临时或暂时从事、参与从事或协助从事属公共行政职能或审判职能之活动之人。等同于公务员者包括总督及政务司、立法会议员、咨询会委员、法院及检察院之司法官、反贪污暨反行政违法性高级专员及市政机关据位人、本地区官方董事及政府代表、公营企业、公共资本企业、公共资本占多数出资额之企业，以及公共事业之特许企业、公共财产之特许企业，或以专营制度经营业务之公司等。行政管理机关、监察机关或其他性质之机关之据位人，以及该等企业或公司之工作人员。

(2) 行为人意图取得任何财产利益或其他不法利益。行为人违反保密义务，是为取得财产性利益或者其他不法利益，此时按加重法定刑处罚。

(3) 对他人的名声、名誉、别人对他人的观感或私人生活的隐私造成危害者。若因行为人违反保密义务，而对个人资料当事人或他人的名声、名誉造成危害者，或者导致个人资料当事人以外的其他人对个人资料当事人或他人的观感或者其私人生活造成危害者。

可见，本罪的基本罪状为行为犯，只要实施不法的披露或传播行为，即成立既遂。出现危害相关人员声誉等为本罪的加重罪状，按加重法定刑予以处罚。

本罪的主观要件包括故意或过失。

2. 法条竞合

（1）本罪与违反保密罪的关系。《澳门刑法典》第189条规定之违反保密罪，是指未经同意，泄露因自己之身份、工作、受雇、职业或技艺而知悉之他人秘密者，处最高1年徒刑，或科最高240日罚金。此处的秘密应当包括作为个人隐私而不为人知悉的个人资料，此处知悉他人秘密者应当包括本法所指之对个人资料负有保密义务的人，因此两罪之间存在法条竞合关系。发生竞合时，按照重罪处罚。本罪处最高2年徒刑或科240日罚金。加重情节下，刑罚上下限各加重一半。还可并处本法第43条规定之附加刑。较违反保密罪处刑更重。

（2）本罪与不当利用秘密罪的竞合。《澳门刑法典》第190条规定之不当利用秘密罪，所指未经同意，利用因自己之身份、工作、受雇、职业或技艺而知悉之有关他人之商业、工业、职业或艺术等活动之秘密，而造成他人或本地区有所损失者，处最高1年徒刑，或科最高240日罚金。本罪的披露、传播亦可纳入某种"利用"的方式，而若因此牟利或造成相关人员名声、私生活方面的损害，更作为加重罪状，因此两罪之间存在法条竞合关系，发生竞合的时候，按较重的罪，即本罪处罚。

（3）本罪与公务员违反保密罪的竞合。《澳门刑法典》第348条规定之公务员违反保密罪，是指公务员意图为自己或他人获得利益，或明知会造成公共利益或第三人有所损失，在未经须获之许可下，泄露在担任职务时所知悉之秘密，或泄露因获信任而被告知之秘密，又或泄露因其担任之官职之便而知悉之秘密者，处最高3年徒刑或科罚金。此罪为特殊主体的犯罪，与前述刑法典第186条规定之违反保密罪之间存在包容的法条竞合关系。亦与本罪的第一种加重罪状之间形成法条竞合关系，发生竞合时，按重罪处罚。本罪加重法定刑的最高刑亦为3年徒刑，但本罪还可并处有关附加刑，因此发生竞合时，应使用本罪处罚。

3. 处罚与程序

在法条竞合的情况下，若按特别法不科处更重刑罚，则处最高2年徒刑或科240日罚金。加重情节下，刑罚上下限各加重一半，即最高3年徒刑或科360日罚金。过失构成本罪的，处最高6个月徒刑或科120日罚金。无论故意或过失构成本罪，均可并处本法第43条规定之附加刑。本罪的犯罪未遂者亦须处罚。

此外，法律规定，本罪非属加重情节者，非经告诉不得进行刑事程序。

三　相关刑事制度

（一）　附加刑

《个人资料保护法》第 43 条规定，根据该章第二节和第三节科处罚金或刑罚时，可一并科处以下附加刑。

（1）临时或确定性禁止处理、封存、删除、全部或部分销毁资料；

（2）公开有罪判决；

（3）由公共当局对负责处理个人资料的实体提出警告或公开且谴责。

（二）　有罪判决的公布

本法第 44 条对有罪判决的公布规定如下。

（1）有罪判决的公布是透过中文和葡文发行量较大的定期刊物为之，以及在适当地方和不少于 30 日的期限内透过张贴告示为之，有关费用由被判罚者负担。

（2）该公布以摘录为之，其中载有违法行为、科处的处罚和行为人的身份。

第十二章
公共安全领域的附属刑法

第一节　第 2/2004 号法律《传染病防治法》的附属刑法

2004 年，在中国内地及其他地区非典型肺炎疫情严重的背景下，澳门立法会制定并颁布了第 2/2004 号法律《传染病防治法》。本法规定了防止传染病的各类制度及措施，包括保障公共卫生、预防接种、疫情监察等制度，以及行政长官在紧急情况下有权下令实施的特别措施等，旨在通过贯彻预防优先、妥善医疗的防治结合原则，有效地预防、控制和治疗传染病，保障公共卫生。此后，又于 2013 年经第 8/2013 号法律修订了本法附件的传染病表。

一　义务规定

1. 特别义务

本法第 17 条规定，感染、怀疑感染传染病的人或有受到传染病感染危险的人，负有下列义务：提供有关其健康状况的必要资料，又或指出其曾到过的地方或曾接触的人；遵守为防止传染病的发生或传播而采取的各项措施；不做出任何可能导致传染病传播的行为。

2. 保密义务

公共或私人医疗机构负责人、医生及其他工作人员，对在执行职务时所知悉的内容负有保密义务，违反保密义务者承担纪律或行政责任，且不排除可能承担的民事或刑事责任。但下列 3 种情况除外：

（1）有关资料的披露为保护病人的家庭成员及与病人共同生活的其他人的生命及健康所必需的；

（2）法定必须向公共当局披露有关资料的；

（3）虽无法定义务，但为保障公共利益应向卫生当局披露有关资料的。

二 犯罪

（一）违反防疫措施罪

本法第 30 条规定，违反本法有关防疫措施之规定者，构成违反防疫措施罪。本法为防止传染病的危害，就各类情形授予当局采取有关防止措施的权利。该等措施均为防止传染病所必需，拒绝遵守的行为当属不法。

1. 罪状及处罚

本罪的行为方式有以下三种。

一是拒绝填写本法所指的特定申报书者，或为逃避本法律所定措施，申报虚假资料者，又或拒绝接受本法所指的医学检查的行为。本法第 10 条规定，为防止传染病的传播，必要时，卫生局可要求进入澳门特别行政区的人申报其健康状况。出现对公共卫生构成危险的情况时，按卫生局的指引，主管实体尚可要求上述所指之人填写涉及传染病的性质及病征的特定申报书，或者接受有关传染病的医学检查。本罪的主观要件为故意。

实施前述行为而构成本罪的，如按其他法律规定不科处更重刑罚，处最高 6 个月徒刑，或科最高 60 日罚金。

二是不遵守卫生当局根据本法规定采取的防治措施的行为。根据本法第 14 条所规定的控制措施，对感染、怀疑感染传染病的人或有受到传染病感染危险的人，卫生当局可要求其在指定的时间及地点接受医学观察或医学检查以防止传染病的传播。

不遵守该等措施而构成本罪的，如按其他法律规定不科处更重刑罚，处最高 6 个月徒刑，或科最高 60 日罚金。

第 14 条还规定，对感染、怀疑感染传染病的人或有受到传染病感染危险的人，卫生当局还可限制其进行某种活动或从事某种职业，又或为其进行某种活动或从事某种职业设定条件，或者按本法规定进行强制隔离。

不遵守该等措施而构成本罪的，处最高 1 年徒刑，或科最高 120 日罚金。

三是不遵守行政长官下令采取的特备措施。本法第 25 条规定，在紧急情况下，行政长官可下令采取特别措施，其中包括限制可能导致传染病传播的有人群聚集的社交、文化、康乐或体育等活动的举行，以及限制特定场地的在场人数；将有受到传染病感染危险的在特定地方的人或特定群体的人隔离，限制其活动或为其活动设定条件；限制或禁止出入特定区域或场所；限制或禁止特定区域的交通；限制或禁止导致或可能导致传染病发生或传播的某类行业的经营或某类场所的运作；限制或禁止导致或可能导致传染病发生或传播的某类动物的拥有或饲养，又或将其宰杀及妥善处理尸体；限制或禁止导致或可能导致传染病发生或传播的某类财物或产品的售卖、使用，又或将其销毁。

行为人不遵守上述措施的行为，而构成本罪的，如按其他法律规定不科处更重刑罚，处最高 2 年徒刑，或科最高 240 日罚金。

2. 法条竞合

本罪中所规定的行为方式与《澳门刑法典》中的违令罪存在法条竞合，本罪为特殊法。

(二) 散布流言引起恐慌罪

本法第 31 条规定，在行政长官下令采取的特别措施的执行期间，任何人意图令居民受惊或不安，传播与传染病有关的流言而引起恐慌者，构成散布流言引起恐慌罪。

本罪的客观前提为行政长官根据本法第 25 条之规定而采取有关特别措施的执行期间。其行为方式为传播与传染病有关而其明知属虚假的讯息。本罪的主观要件为故意，明知讯息为虚假，但意图令居民受惊或不安而有意为之。构成本罪的，处最高 1 年徒刑，或科最高 120 日罚金。

在认定本罪时，需要注意罪与非罪的区分。本罪中所指讯息必须致使居民的正常生活受影响，如果并未造成负面影响，则行为人所言虽虚，但不至入罪而承担刑事责任。

第二节　第 3/2007 号法律《道路交通法》的附属刑法

一　概述

自 1976 年颁布《澳门组织章程》而开启澳门本地立法以来，澳葡政府曾颁布各类法令，以规范澳门道路交通的车辆行驶、停泊、驾照等道路交通管理，包括第 39672 号法令、第 29/91/M 号法令及有关路政章程，但这些法令均不涉及有关刑事责任的内容。1993 年澳葡政府颁布第 16/93/M 号法令核准《道路法典》，前述法令被废止。在《道路法典》中除规定车辆通行、驾驶资格及车辆注册等道路交通制度外，专章规定了附属刑法。随着回归后澳门经济，尤其是旅游业的迅猛发展，澳门道路交通状况发生了显著变化，交通负荷剧增，交通事故亦较以往有明显升幅，这些情况对道路交通法律提出严峻挑战，修法呼声很高。为此，澳门 2005 年开始着手修法咨询工作，力求新的法律通过严惩交通肇事行为，提高公众遵守交通规则的意识，以配合澳门现时及未来发展对道路交通安全的要求。嗣后，第 3/2007 号法律《道路交通法》于 2007 年 10 月 1 日正式生效。新的法典仍以之前的《澳门道路法典》为基础，主要修订处包括禁止驾驶时使用流动电话，提高违例泊车的罚款金额，取得电单车驾照未满 1 年者不得载客，将考取驾照资格的年龄提至 18 岁等。在附属刑法部分，对既有罪名及其罪状描述做了一定调整，并删除了原《道路法典》第 63 条所规定的不履行提供救援的义务罪①。此外，《道路交通法》将醉酒驾驶的行为入罪。

《道路交通法》第六章"责任"的第三节"各种犯罪"及第四节"各种轻微违反"为本法之附属刑法。此外，关于交通安全领域的犯罪，《澳门刑法典》分则以专章"妨害交通安全罪"规定的罪名有"劫持航空器、船舶或火车又或使之偏离路线罪""妨害运输安全罪""危险驾驶交通工具罪""妨害道路运输安全罪""危险驾驶道路上之车辆罪"及"向交通工具投射

---

① 这是因为《澳门刑法典》第 194 条的帮助之不作为罪已包含了该罪罪状。而 1993 年制定《道路法典》之时，现行《澳门刑法典》尚未生效，现在则已无保留必要。

物体罪"等。

本法所指道路，包括公共道路及等同公共道路的道路。所谓公共道路，即属澳门特别行政区的公产或私产且开放予公众陆上通行的道路；所谓等同公共道路的道路，即开放予公众陆上通行的私人道路。本法所指车辆，包括汽车、轻型汽车、重型汽车、轻型四轮摩托车、重型四轮摩托车、工业机器车、挂车、半挂车、牵引车、铰接车、脚踏车以及机动脚踏车。

二　犯罪

（一）遗弃受害人罪

据《道路交通法》第 88 条之规定，导致交通事故发生后，遗弃交通事故受害人的，构成遗弃受害人罪。

1. 罪状

本罪的构成要件行为为遗弃交通事故受害人。客观前提是导致交通事故发生之后，行为客体为交通事故的受害人。

关于对"遗弃"的理解，大陆法系学理上一般有 3 种认识。最广义的遗弃包括广义的"遗弃"和"不予保护"，后者指无论有无义务者的放任不管。此理解过于空泛。广义的遗弃则指将需扶助者置于不受保护的状态。此种意义上的遗弃在行为方式上包括作为和不作为两种，被对应称作"移置"和"弃置"两种（如中国台湾）①，或称"移置"和"抛弃"（如日本，应有翻译原因）②。总之，前者有积极的行为，即将需扶助者转移至其他场所，后者则是单纯的不作为，指将需扶助者遗留在原地，不顾而去。最狭义的遗弃则指其中的"弃置"或"抛弃"。与此相对应，《澳门刑法典》第 135 条的"弃置或遗弃罪"中，其要件行为亦包括"弃置"和"遗弃"两种。所谓"弃置"，即"将他人弃置于某处，使之陷于独力不能自救之状况"，显然，弃置伴随空间上的移动；所谓"遗弃"，即"遗弃因年龄、身体缺陷或疾病致不能自救之人，而行为人系对其负有保护、看管或扶助义务者"，未提及积极的移动以造成场所上的变化。可见，澳门刑法中的

---

① 曾淑瑜编《图解知识六法——刑法分则编》（修订二版），新学林出版股份有限公司，2011，第 513 页。
② 〔日〕山口厚：《刑法各论》（第二版），王昭武译，中国人民大学出版社，2011，第 37 页。

"弃置"和"遗弃"可对应于前述"移置"和"弃置"（"抛弃"）①，而"遗弃"即为狭义之遗弃。不过，文字上刚好与前述之中国台湾或日本刑法的用词相反，即澳门刑法中所称之"弃置"是包含积极行为的，对需救助者的位置有场所上的移动而使之不受保护，如将需救助者带到深山后离去；而澳门刑法中所称之"遗弃"则指单纯的不作为，即将需扶助者遗留在原地而使之不受保护，如对有义务的需救助者不闻不问。

总之，在澳门法律语境中，"弃置"为积极行为，"遗弃"为单纯不作为。对本罪要件行为"遗弃"的理解不应脱离《澳门刑法典》的原则性用语及其语义。既然在刑法典中已区别了弃置和遗弃，则本罪中的遗弃应与之保持内涵的一致，采前述之第三种狭义上的理解，即行为人在交通肇事后，将被害人遗留在原地，不顾而去，而不应包括弃置的积极行为。不作为构成犯罪的前提乃行为人负有作为义务，即防止发生某种被禁止的损害结果的义务。行为人在造成交通事故后，负有救治、扶助事故被害人的法律义务，不顾而去的行为当属不法。

关于本罪的罪过，综观本条，针对不同罪过形态规定了3种法定刑幅度②。除基本法定刑外，本条第2款提到，行为人"确定受害人如被遗弃可能会产生的结果，但仍接受或漠视该等结果"而遗弃受害人，科处与不作为犯的故意犯罪相应的刑罚（关于"不作为犯的故意犯罪"后文详述），此处法条描述的是虽非希望而明确预见结果的间接故意（必然故意）；第3款则规定，行为若是由行为人的过失导致，则科处最高1年徒刑或最高120日罚金。可见，本罪的主观罪过形态包括故意和过失。其中，由于第2款较重处罚针对的是间接故意（必然故意），则基本法定刑所针对的基本罪过形态（本条第1款）应为或然故意，即预见到遗弃行为使受害人遭受损害的风险，而接纳该等风险的发生。至于过失，应包括有认识的过失和无认识的过失。如造成交通事故后，应当发现而因疏忽未能发现受害人，然后离去。本罪的罪过形态应不包括直接故意。

---

① 澳门大学赵国强教授亦持此观点。参见赵国强《澳门刑法各论》（上），澳门基金会、社会科学文献出版社，2013，第56页。

② 根据《澳门刑法典》第13条之规定及澳门学说，从意识因素和意志因素上讲，一般将故意区分为三种类型，"明知"而"希望"的为直接故意，虽非"希望"但"可以预见结果"的为间接故意或必然故意，"可以预见风险"而"接纳"该风险的为或然故意。参见Manuel Leal-Henriques《澳门刑法培训教程》（第二版），卢映霞译，澳门法律及司法培训中心，2011，第84～85页。

2. 认定与处罚

（1）本罪的既遂形态。由于《澳门刑法典》中对弃置和遗弃的区分在于弃置为作为，遗弃为不作为，而本罪的要件行为为遗弃罪中的遗弃，即狭义的遗弃，当属不作为犯。此外，由本条第 2 款规定，即在间接故意下，实施本罪要件行为的，科处与不作为犯的故意犯罪相应的刑罚，亦可确定本罪为不作为犯。

遗弃罪究竟是危险犯还是结果犯？《澳门刑法典》第 9 条规定，如一法定罪状包含一定结果在内，则事实不仅包括可适当产生该结果之作为，亦包括可适当防止该结果发生之不作为，但法律另有意图者，不在此限。以不作为实现一结果，仅于不作为者在法律上负有必须亲身防止该结果发生之义务时，方予处罚。但这并不意味着不作为犯都是结果犯。此处"结果"应理解为广义的犯罪结果，包括狭义的实害结果和危险状态。弃置罪和遗弃罪的一个共同的客观要素是"使他人有生命危险"，可见，该两罪均为具体危险犯。但就本罪的罪状描述来看，基本罪状中并不包含对危险状态的描述，应可确定本罪为抽象危险犯。

（2）对本条第 2 款的理解，以及本罪与遗弃罪、严重伤害身体完整性罪、杀人罪的区分。如前所述，按本条第 2 款之规定，如行为人主观上为间接故意，则应"科处与不作为犯的故意犯罪相应的刑罚"。此处该"不作为犯的故意犯罪"为何罪？有观点认为，遗弃交通事故受害人，造成受害人死亡的，应认定杀人罪的既遂；没有造成受害人死亡的，不宜按杀人罪未遂，而应按遗弃罪论处[①]。亦有观点认为，本条第 2 款所指"故意犯罪"就是杀人罪[②]。在此，首先需要厘清《澳门刑法典》中遗弃罪的构成要件。遗弃罪的客观要件包括使他人有生命危险；遗弃因年龄、身体缺陷或疾病致不能自救之人，而行为人系对其负有保护、看管或扶助义务者（被害人之直系血亲尊亲属、直系血亲卑亲属、收养被害人之人或被害人收养之人要加重处罚）。加重结果则包括引致身体完整性受严重伤害；致人死亡。主观要件为故意，但行为人对遗弃引致加重结果的主观心态是故意还是过失，

---

① 赵国强：《澳门刑法各论》（上），澳门基金会、社会科学文献出版社，2013，第 67 页。但此处赵教授将结果仅区分为死亡与未死亡，而未提及严重伤害身体完整性的结果。

② 赵国强主编《澳门特别刑法》，澳门大学法学院，2004，第 324 页。该书所援引的法律为当时有效的《澳门道路法典》第 62 条之规定，但该条除罪名外，罪状仍得保留，即《道路交通法》本条。

法律亦未明示。按照大陆法系刑法典及学说一般立场，若对加重结果抱有过失，则按遗弃罪的结果加重犯加重处罚；若对加重结果抱有故意，则按杀人罪或伤害罪处罚。如日本学者认为，遗弃致死的行为是否应认定为杀人罪要结合主观要素和客观要素综合判断，一方面要看行为人主观上是否认识到死亡的高度可能性；另一方面要看客观上是否存在与积极杀人行为同等相当的实行行为性[①]。台湾学者认为，就遗弃致死，行为人在主观上对加重结果无须认识，只需在客观上具有认识可能性即可[②]。同样，澳门学者亦认为，在遗弃罪中，对于加重结果，行为人的主观心态只能是过失，而非故意，如果是故意，即使是间接故意，亦应认定为严重伤害身体完整性罪或杀人罪，直至加重杀人罪[③]。由此，本罪与遗弃罪的相同之处在于要件行为均为遗弃，区别则在于本罪的主体为交通事故的制造者，而遗弃罪的行为人为对被遗弃者负有保护、看管或扶助义务的人。本罪为抽象危险犯，不包含具体危险状态及加重结果。本罪的主观罪过包括故意和过失，而遗弃罪的基本罪过为故意，对加重结果则为过失[④]。可见两罪之间存在交叉竞合关系。

综上所述，本条第 2 款所指"故意犯罪"并不仅限于杀人罪，还应包括遗弃罪、严重伤害身体完整性罪等。具体来说，行为人在对危害结果抱有间接故意的罪过下，若其遗弃行为致使他人受到严重伤害或死亡，则按严重伤害身体完整性罪或杀人罪的法定刑幅处罚；若未造成伤亡结果，则按遗弃罪的基本法定刑幅处罚。当然，若行为人主观罪过为直接故意，则按其有无伤亡结果，直接认定为遗弃罪（无结果时）、严重伤害身体完整性罪或杀人罪。

本罪的基本法定刑为最高 3 年徒刑；过失构成本罪的，处最高 1 年徒刑或最高 120 日罚金。由于本罪罪状中并不包含具体的危险状态及加重结果，

---

① 〔日〕前田雅英：《日本刑法各论》，董璠舆译，五南图书出版公司，2000，第 72 ~ 73 页。

② 曾淑瑜编《图解知识六法——刑法分则编》（修订二版），新学林出版股份有限公司，2011，第 516 页。

③ 赵国强：《澳门刑法各论》（上），澳门基金会、社会科学文献出版社，2013，第 65 页。此外，根据《澳门刑法典》的规定，遗弃引致被害人身体完整性受严重伤害的，法定刑幅为 2 ~ 8 年徒刑，致人死亡的，处 5 ~ 15 年徒刑。与之相比，严重伤害身体完整性的法定刑幅在 2 ~ 10 年，杀人罪的基本法定刑幅 10 ~ 20 年。赵国强认为，正因为存在这种刑幅差距，可以断定遗弃致死的主观罪过只能是过失。

④ 需要注意的是，在澳门的司法判决中，弃置或遗弃致死罪的主观要素被认为可以是故意。参见后文终审法院第 20/2010 号判决。

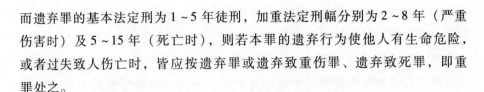

而遗弃罪的基本法定刑为 1~5 年徒刑，加重法定刑幅分别为 2~8 年（严重伤害时）及 5~15 年（死亡时），则若本罪的遗弃行为使他人有生命危险，或者过失致人伤亡时，皆应按遗弃罪或遗弃致重伤罪、遗弃致死罪，即重罪处之。

（3）本罪与弃置罪的区分。《澳门刑法典》第 135 条第 1 款 a 项规定之弃置罪的客观要件包括：使他人有生命危险；将他人弃置于某处而使之陷于独力不能自救之状况。本罪与弃置罪之间并无竞合关系。本罪为不作为犯，而后者则为作为犯。因此，若行为人在造成交通事故后，将事故受害人搬离现场，使之陷入不能自救的危险状况，则其行为并不构成本罪，而应构成弃置罪；若对危害结果出于故意，则出现伤亡结果时，亦可构成严重危害身体完整性罪或杀人罪。

（4）本罪与帮助之不作为罪的区分。《澳门刑法典》第 194 条规定之帮助之不作为罪，是指在发生使他人生命、身体完整性或自由有危险之严重紧急状况，尤其该状况系由于祸事、意外、公共灾难或公共危险之情况而造成时，不提供不论系亲身作为或促成救援而排除危险之必需帮助者，处最高 1 年徒刑，或科最高 120 日罚金。如所指情况系由应当提供帮助而不提供之人所造成，该不作为者处最高 2 年徒刑，或科最高 240 日罚金。可见，两罪皆为不作为犯。但犯罪主体不同，本罪的犯罪主体为交通事故肇事人，其对被害人当然地负有救助的义务。而帮助之不作为罪的犯罪主体可以是造成被害人身处危险境地而负有法定救助义务的人（第 2 款），也可以是对被害人并不负有保护、看管或救助义务的人。因此，从犯罪主体的范围上说，遗弃罪的主体包含本罪的主体，而帮助之不作为罪的犯罪主体又包含了遗弃罪的主体。可见，本罪与帮助之不作为罪亦存在竞合关系。后者法定刑幅相对较低，发生竞合时，应按重法和特殊法，即本罪处之。

（5）本罪与危险驾驶道路上之车辆罪的区分。《澳门刑法典》第 279 条所规定之危险驾驶道路上之车辆罪，是指在不具备安全驾驶的条件下，或者在明显违反道路交通规则的情况下，故意或过失地于公共道路或等同之道路上驾驶车辆，因而对他人生命造成危险、对他人身体完整性造成严重危险，或对属巨额之他人财产造成危险的行为。其中，所谓不具备安全驾驶之条件，是指驾驶者处于醉酒状态下，或受酒精、麻醉品、精神科物质或具相类效力之产品影响，又或因身体或精神缺陷或过度疲劳。若行为人导致交通事故的驾驶行为符合该罪罪状，然后遗弃事故受害人，则应构成危险驾驶道路上之车辆罪和本罪，两罪并罚。

3. 判决解读

由上述可知，本罪与弃置或遗弃罪、帮助之不作为罪、故意伤害身体完整性罪、杀人罪之间的关系较为复杂，现以澳门一宗案件为例，分析澳门终审法院的有关司法见解①。需要说明的是，尽管本案涉及的是弃置致死罪，但由于其加重条款为弃置罪和遗弃罪共享，判决对弃置致死的司法见解应亦及于澳门法院对遗弃致死罪的立场，进而对于本罪的理解和把握均有重要关联。案情如下。

2007 年某日，被告甲、乙及丙向被害人丁借出款项，供后者赌博用；借款条件是每次可借 1 万元至 2 万元，每 10 日将就每 1 万元借款收取 1000 元利息。被害人丁同意并要求上述被告向其借出 2 万港元。被害人丁输光上述借款之后，一直未向被告甲及乙归还欠款。2008 年 3 月，被告甲决定伙同乙及丙向被害人丁追讨债务，并决定倘丁未能偿债，就会伙同乙及丙一起殴打丁以示教训。2008 年 3 月 2 日晚，被害人丁登上被告甲的私家车。在车上，被告甲一直追问被害人丁何时还钱，被害人丁声称无能力偿债时，被告乙及丙对被害人丁进行持续性殴打。后被告甲将汽车停在九澳附近（澳门路环岛上较为偏僻的区域），亲手及指令被告乙及丙继续对被害人丁进行殴打，直至被害人丁倒地、晕倒并失去知觉。之后，在被告甲的指使下，乙及丙合力将被害人丁抬起，搬移到附近一间空置石屋内近门口位置，并在将屋门掩上后，乘坐被告甲的私家车一同离开现场，并于当日经关闸边境站离澳。第二日，被害人丁的家人因丁事先留言而报案。3 月 6 日，司法警察将甲拘捕，但随即又将其释放。3 月 8 日，被告甲要求被告乙及丙返澳，以便一同前往上述空置石屋查看被害人丁的情况。被告甲、乙及丙看到，石屋内被害人丁仍然躺在原处没有反应，于是立即离开现场，并随即于当天一同经关闸边境站返回内地。2008 年 3 月 16 日 10 时左右，被害人丁被发现并送医院抢救，直至同日 19 时被宣告死亡。经法医检验，证实被害人丁被送院时生命体征微弱，其死亡是因头部右侧颞区的撞击造成大脑挫伤以及硬膜下血肿。

就上述事实及解剖鉴定报告的结论，初级法院认定，在客观行为上，"三被告共同使用拳脚对被害人的头部及身体各处拳打脚踢，直至被害人倒

---

① 后文相关内容参见澳门终审法院第 20/2010 号判决中文版，http：//www.court.gov.mo。

地、晕倒并失去知觉"及"三被告上述行为直接必然地导致被害人头部受伤且失去知觉及自救能力"。在主观要素上，三被告"是在自由、自愿及有意识的情况下做出上述行为的"。三被告"明知不可共同合意、合力将被害人丁殴打，意图造成被害人丁身体完整性受到严重伤害"，"明知不可共同合意、合力将被彼等殴打至重伤昏迷不能自救的被害人丁弃置于人烟罕至之地长达 14 天，最终令被害人丁因延医失救而死亡"。三被告均"清楚知道彼等之上述行为是法律所禁止及处罚的"。2009 年 12 月 9 日，初级法院合议庭裁定被告构成一项为赌博之高利贷罪，一项严重伤害身体完整性罪，以及一项弃置致死罪，数罪并罚。

初级法院做出判决后，被告向中级法院上诉，败诉后更上诉至终审法院。就判决中认定的弃置致死罪，其上诉意见认为，当日殴打被害人之后，被告将被害人留在该处地方，而其后于 3 月 8 日，他们亦未将被害人从该处迁移到不同的地点。弃置罪必须要由行为人做出空间上的迁移，而其所做出的迁移导致增加被害人陷于独力不能自救之状况的风险。因此，被告所为事实不符合弃置致死罪的要件（法定刑幅为 5 ~ 15 年徒刑），而应成立《澳门刑法典》第 194 条第 1 款及第 2 款所规定和处罚的求助之不作为罪（法定刑幅为最高 2 年徒刑或科处最高 240 日罚金）①。

终审法院认为，上诉人与另外两名人士将严重受伤的被害人弃置在一处地方，被害人不能从该处出走，亦不能求救。他们明显地将被害人置于有生命危险之境地，而被害人最终因上诉人与另两人所实施的行为而死亡。即使如上诉人所辩称的那样认为"弃置"要求对被害人进行空间上的迁移，这一点也存在于法院所认定的事实当中。因此，行为构成弃置致死罪。如果说此处终审法院只是肯定行为人实施的行为中包含了对被害人进行空间上的迁移，而并未肯定"弃置"要求对被害人进行空间上的迁移，那么，当论及弃置罪与帮助之不作为罪之间的关系。终审法院直接阐明，弃置罪的行为要求一个作为，就是将他人弃置于某处，使之陷于独力不能自救之状况，而使其有生命危险，而帮助之不作为罪并不存在于这个行为要素，因后者为不作为罪。

终审法院的判决与中级法院及初级法院的立场一致，其阐明以下见解：

---

① 中文版判决中的罪名为求助之不作为罪，《澳门刑法典》中为"帮助之不作为"。

（1）相对于遗弃，弃置属积极的行为，包含对行为客体做空间上的迁移①。而此迁移并非仅限于发生在被害人已处于需救助状态之后。本案中，被告在殴打过程中将被害人转移到偏僻的九澳附近，继续殴打后离开，即属空间上的转移。其后在察看时虽未再度转移被害人，但之前行为已包含对被害人空间上的迁移。

（2）弃置致死的主观心态可以是故意。易言之，在故意的心态下，并非按照杀人罪，而仍按弃置或遗弃致死罪认定。本案中，被告的行为既非构成伤害身体完整性致死罪，亦非构成杀人罪，而是以伤害行为和弃置行为分别构成严重伤害身体完整性罪和弃置致死罪，两罪并罚。被害人死亡的结果归因于弃置行为而非伤害行为。由于加重结果的条款为针对弃置和遗弃共享，可以推知，法院的立场包括认为遗弃致死的主观心态亦可是故意。

综上，由于法院认为弃置致死的主观心态可以是明知的故意，因此并未将本案各被告实施的行为认定为杀人罪或伤害身体完整性致死罪。实际上，本案各被告在实施暴力殴打行为后，特意将被害人留置偏僻的石屋内，且多日之后再次去石屋查看时，亦未采取任何措施，足以说明各被告对于被害人死亡的结果在主观上存在必然故意，应当认定杀人罪。

毋庸讳言，澳门立法及司法本属大陆法系传统，但在实践中，其立法技术薄弱所带来的文本瑕疵及司法判决中的见解往往与大陆法系一般的通说立场相左，这是澳门法律研究者得不时面对的问题。

（二）逃避责任罪

《道路交通法》第 89 条规定，牵涉交通事故者故意以不法方法逃避民事或刑事责任的，构成逃避责任罪。

1. 罪状与处罚

本罪的行为主体为牵涉交通事故的人。行为要件为以其可采用的法定方法以外的其他方法使自己免于承担民事或刑事责任。造成交通事故，理应承担法律所规定的民事责任或刑事责任，以不法方法逃避责任承担的行为当属不法。

本罪的主观要件为故意，即明知行为不法，目的在于逃避责任的心理

---

① 不过中文版判决中有一处将"遗弃"和"弃置"混用，或为翻译原因。

态度。

构成本罪的，科处最高 1 年徒刑或最高 120 日罚金。

2. **认定**

（1）本罪的既遂形态。本罪的既遂形态行为犯，意图逃避交通事故肇事责任的行为一旦实施，即构成本罪的既遂，而非以得逞为既遂标准。并且，一旦涉嫌本罪，行为人的意图当然是不能实现的。这亦是本罪应有之义。

（2）本罪与遗弃受害人罪的区分。本罪的不法性在于逃避法律责任的追究，而遗弃被害人往往是肇事人逃避责任的表现之一。反言之，即使行为人并未遗弃被害人，或者无被害人可被遗弃，只要其在肇事后，通过客观行为表现其意图逃避责任的追究，即可构成本罪。

3. **判决解读**

以澳门法院审理的一宗交通肇事后逃避责任案件为例①。2007 年某日晚，被害人 B 驾车行驶并进入某禁止超车路段，B 突然听到后方传来一撞击声，同时感到车震动，接着看见被告 A 驾驶轻型汽车从 B 驾驶之轻型汽车的右边超车，然后快速离去。于是 B 立即驾车追截，同时致电报警及向接报人员表示将于外港码头等候交通警员到来。B 继续追赶至与 A 的汽车并排行驶时，将车门玻璃放下，告知 A 曾发生碰撞及已报警处理，此时，A 即响应会做出赔偿及要求 B 不要报警解决，并表示尾随 B 的车辆行驶。但之后 A 在跟随行驶时寻机离去。上述碰撞，导致被害人 B 的轻型汽车的右后尾灯及右侧尾花损，维修费澳门币 4000 元。

澳门初级法院认定，被告 A 为交通事故之肇事者，在自由、有意识的情况下，意图以其可采用之法定方法以外之方法，故意逃避可能引致之民事或刑事责任，且其知悉其行为为法律所禁止。判处 A 以直接正犯及既遂形式构成"责任之逃避罪"②，判处 120 日罚金并中止嫌犯驾驶执照效力为期 9 个月③。判决后，上诉人上诉至中级法院，败诉后再上诉至终审法院。主要上诉理由包括上诉人并无逃避责任的意图，在意外发生后已向被害人

---

① 以下内容参见终审法院第 899/2010 号判决。

② 《道路交通法》于 2007 年 10 月 1 日生效，本案援引的法律为行为时（2007 年 9 月 8 日）有效的《道路法典》第 64 条所规定的"责任之逃避罪"。该罪与《道路交通法》中的"逃避责任罪"仅罪名表述不同，罪状与法定刑皆相同。

③ 参见初级法院第 CR4－09－0424－PCS 号判决。

表示愿意做出赔偿，并且上诉人逃避责任的行为属于不可能的未遂。终审法院维持了初审法院的判决。终审法院认为，首先，上诉人在发生碰撞后没有实时停车处理事故，反而在不做任何表示的情况下驾车超越被害人并驶离现场；其次，上诉人被被害人驾车追截后要求不要报警甚至表示愿意赔偿，但亦未给受害人留下任何联系方式，且最终未尾随被害人的车辆至约定处理地点，反而在被害人（应警察要求）左转由友谊大桥往外港码头方向行驶时选择直驶往黑沙环方向，事后亦未在合理时间折返寻找被害人或联系警察，此等情状均表露其逃避责任的主观意图。至于本罪的"不能未遂"，终审法院认为《澳门刑法典》第 22 条对犯罪未遂的规定与本案罪名并无关系。责任之逃避罪（即现行逃避责任罪）为行为犯，只要行为人做出意图逃避责任的行为即构成既遂，逃避责任罪的既遂并不取决于行为人希望达到的结果是否发生。

（三）醉酒驾驶罪、受麻醉品或精神科物质影响下驾驶罪

根据《道路交通法》第 91 条之规定，醉酒驾驶车辆，或在受麻醉品或精神科物质的影响下驾驶车辆的行为，构成醉酒驾驶或受麻醉品或精神科物质影响下驾驶罪。本条实际上包含两个罪名，即醉酒驾驶罪和受麻醉品或精神科物质影响下驾驶罪（通常简称为毒后驾驶罪）。

1. 罪状

醉酒驾驶罪的行为要件是在醉酒状态下在公共道路上驾驶车辆。所谓醉酒，是指车辆驾驶人每公升血液中的酒精含量等于或超过 1.2 克。

毒后驾驶罪的行为要件是受麻醉品或精神科物质的影响下在公共道路上驾驶车辆。所谓毒后，是指车辆驾驶人在服食麻醉品或精神科物质后所处之状态。其服食行为须得构成犯罪。上编已述，根据第 17/2009 号法律《禁止不法生产、贩卖和吸食麻醉药品及精神药物》第 14 条之规定，不法吸食该法附件所列麻醉药品及精神药物的行为，构成不法吸食麻醉药品及精神药品罪，处最高 3 个月徒刑，或科最高 60 日罚金。本罪所指服食行为，应指构成上述罪名的服食行为。

此两罪的主观要件既可以是故意，也可以是过失。

构成本罪的，如其他法律规定无订定较重处罚，则科处最高 1 年徒刑及禁止驾驶 1~3 年。

2. 本罪与危险驾驶道路上之车辆罪的区分

《澳门刑法典》第 279 条规定之危险驾驶道路上之车辆罪，是指在醉酒状态下，或受酒精、麻醉品、精神科物质或具相类效力之产品影响，而不具备安全驾驶之条件下，于公共道路或等同之道路上驾驶车辆，因而对他人生命造成危险、对他人身体完整性造成严重危险，或对属巨额之他人财产造成危险的行为（此外，危险驾驶道路上之车辆罪还包括明显违反其他道路交通规则的情形）。可见，该罪为具体危险犯，而本罪为行为犯，不要求对他人生命的危险、对他人身体完整性的严重危险或对他人巨额财产的危险，只要行为人在醉酒或服食不法药物的状态下驾驶车辆，即构成犯罪。

（四）举办或参加未经许可的车辆体育比赛罪

根据《道路交通法》第 91 条之规定，举办或参加未经许可的车辆体育比赛罪，是指未获主管当局许可，而在公共道路上举办或参加有关车辆体育比赛的行为。

本罪的客观要件包括两种，一是未获主管当局许可，在公共道路上举办以机动车辆进行的速度赛或其他体育比赛而对他人生命构成危险、对他人身体完整性构成严重危险或对他人的巨额财产构成危险的行为。澳门每年都会举办格兰披治大赛车，其城区部分街道以其独特路况成为车手青睐的赛道。为保证公共交通的安全，法律规定，在公共道路上举办任何车辆竞赛均需获得主管当局的许可。未经许可举办该等赛事而造成法定危险的行为，当属不法。二是驾驶机动车辆参加该等不法赛事的行为。

本罪的主观要件为故意。

构成本罪的，如其他法律规定无订定较重处罚，则科处最高 3 年徒刑。

（五）加重违令罪

根据《道路交通法》第 92 条之规定，在禁止驾驶期间于公共道路上驾驶车辆的行为，构成加重违令罪。

本罪的行为方式包括两种：一是在禁止驾驶期间于公共道路上驾驶车辆，即使出示其他证明驾驶资格的文件；二是在驾驶执照或第 80 条第 1 款第 4 项所指文件被实际吊销的情况下，自处罚判决转为确定之日起计 1 年内在公共道路上驾驶机动车辆的行为，即使出示其他证明驾驶资格的文件，均以加重违令罪处罚。所谓禁止驾驶，是道路交通法中针对驾驶人所规定的一项处罚措施，构成本法中所指行政违法行为、轻微违反、犯罪者，均可受到在一定期间禁止驾驶的处罚。若在此处罚期间而在公共道路上驾驶车辆，行为即构成加重违令罪。关于证明驾驶资格的文件，根据本法规定，除澳门驾驶执照外，在澳门获承认的其他可证明驾驶资格的文件包括符合有关条件的国际驾照、外交驾照、特别驾照、学习驾照等。其中，第 80 条第 1 款第 4 项所称证明文件是指"未有对澳门特别行政区发出的驾驶执照采取互惠待遇的内地、其他国家或地区发出的驾驶执照，但其持有人须通过由公布于《澳门特别行政区公报》的行政长官批示订定的特别驾驶考试，而通过该项考试的证明文件的式样及有效期亦由有关行政长官批示订定"。在驾驶执照或该等证明文件被吊销的情况下，仍于公共道路上驾驶车辆的行为，亦构成加重违令罪。

根据《澳门刑法典》第 312 条之规定，以加重违令罪予以处罚者，刑罚最高为 2 年徒刑或科 240 日罚金。

三 轻微违反

（一） 无牌驾驶

本法第 95 条规定，不具备所需驾驶资格而在公共道路上驾驶机动车辆或工业机械车的，构成轻微违反，科处罚金澳门币 5000 ~ 2.5 万元。构成累犯的，科处最高 6 个月徒刑或罚金澳门币 1 万元至 5 万元。

（二） 受酒精影响下驾驶

本法第 96 条规定，禁止在受酒精影响下于公共道路上驾驶。所谓"受酒精影响"，是指驾驶员每公升血液中的酒精含量等于或超过 0.5 克，又或根据本法律或补充法规的规定进行测试后按医生的报告，驾驶员被视为受酒精影响。

按照法律规定，在公共道路上驾驶车辆者每公升血液中酒精含量等于或超过 0.5 克，但低于 1.2 克的，构成轻微违反。处罚如下。

驾驶者每公升血液中的酒精含量等于或超过 0.5 克，但低于 0.8 克的，科处罚金澳门币 2000 元至 1 万元。驾驶者每公升血液中的酒精含量等于或超过 0.8 克，但低于 1.2 克的，科处罚金澳门币 6000 元至 3 万元及禁止驾驶 2 ~ 6 个月。

对于累犯，如实施第二次违法行为时每公升血液中的酒精含量低于 0.8 克，科处罚金澳门币 4000 元至 2 万元及禁止驾驶 6 个月至 1 年；如实施第二次违法行为时每公升血液中的酒精含量等于或超过 0.8 克，但低于 1.2 克，科处最高 6 个月徒刑或罚金澳门币 1.2 万元至 6 万元，以及禁止驾驶 1 ~ 3 年。

对于按法院命令进行鉴定检测后，被宣告为惯常酗酒的人，科处禁止驾驶 1 ~ 3 年。此禁止驾驶期间可延续，直至驾驶员痊愈为止。

（三）举办未经许可的活动

本法第 97 条规定，未获主管当局许可，在公共道路上举办比赛或庆典，或虽获许可举办比赛或庆典，但不遵守主观当局订定的条件的，构成轻微违反。处罚如下。

以机动车辆进行速度赛或其他体育比赛的，科处罚金澳门币 3 万元至 15 万元，另按每一参赛者计加科罚金澳门币 3000 元至 1.5 万元。举办其他体育比赛或庆典的，科处罚金澳门币 3000 元至 ~ 1.5 万元，但不影响以下规定的适用。在受特别制度规范的桥梁或其引桥上举办体育比赛的，科处罚金澳门币 3 万元至 15 万元，另按每一参赛者计加科罚金澳门币 3000 元至 1.5 万元。

此外，虽获许可但不遵守主管当局订定的条件者，视情况按上述相应罚金上下限的一半科罚。累犯者，罚金上下限均提高至 2 倍。

（四）超速

根据本法第 98 条之规定，驾驶车辆超过规定的最高车速限制的，可构成轻微违反。此处车辆包括轻型摩托车、重型摩托车或轻型汽车及重型汽车。具体处罚如下。

驾驶轻型摩托车、重型摩托车或轻型汽车车速超过规定的最高车速限制 30 千米/时以下的，又或驾驶重型汽车车速超过规定的最高车速限制 20 千米/时以下的，科处罚金澳门币 600 ~ 2500 元。

驾驶轻型摩托车、重型摩托车或轻型汽车车速超过规定的最高车速限制 30 千米/时或以上的，又或驾驶重型汽车车速超过规定的最高车速限制

20 千米/时或以上的，科处罚金澳门币 2000 元至 1 万元及禁止驾驶 6 个月至 1 年。

累犯上述轻微违反的，法律规定了更重的处罚。

此外，若在受特别制度规范的桥梁或其引桥上不遵守规定的最高速度限制的，处罚较在其他道路上超速的轻微违反为重。驾驶轻型摩托车、重型摩托车或轻型汽车车速超过规定的最高速度限制 30 千米/时以下的，又或驾驶重型汽车车速超过规定的最高速度限制 20 千米/时以下的，科处罚金澳门币 2000 元至 1 万元；驾驶轻型摩托车、重型摩托车或轻型汽车车速超过规定的最高速度限制 30 千米/时或以上的，或驾驶重型汽车车速超过规定的最高速度限制 20 千米/时或以上的，科处罚金澳门币 4000 元至 2 万元及禁止驾驶 6 个月至 1 年。

累犯上款所指轻微违反的，法律规定了更重的处罚。

（五）不遵守停车义务

根据本法第 99 条之规定，驾驶员不遵守停车义务的，构成轻微违反。所谓停车义务，包括指挥交通的红灯、交会处强制停车信号以及指挥交通的人员所规定的停车义务。具体处罚如下。

不遵守指挥交通的红灯或交会处强制停车信号所规定的停车义务的，构成轻微违反，科处罚金澳门币 1000~5000 元。累犯者，科处罚金澳门币 2000 元至 1 万元及禁止驾驶 2~6 个月。

不遵守指挥交通的人员所规定的停车义务的，亦构成轻微违反，科处罚金澳门币 600~2500 元。累犯者，科处罚金澳门币 1200~5000 元及禁止驾驶 2~6 个月。

（六）逆驶

本法第 100 条规定，逆法定方向驾驶者，构成轻微违反，科处罚金澳门币 1000~5000 元，但另有规定除外。累犯者，科处罚金澳门币 2000 元至 1 万元及禁止驾驶 2~6 个月。

在受特别制度规范的桥梁或其引桥上逆法定方向驾驶者，科处罚金澳门币 6000 至 3 万元及禁止驾驶 6 个月至 1 年。累犯者，科处罚金澳门币 1.2 万元至 6 万元及禁止驾驶 1~3 年。

（七）掉头或倒车

据本法第 101 条之规定，驾驶时在不宜掉头或倒车的地点掉头或倒车的，构成轻微违反。所谓不宜掉头或倒车的地点包括桥梁、行车天桥、隧道、驼峰路、弯角或能见度不足的交会处等。具体处罚如下。

在桥梁、行车天桥或隧道掉头或倒车者，科处罚金澳门币 2500 元至 1.25 万元及禁止驾驶 2~6 个月。累犯者，科处罚金澳门币 5000 元至 2.5 万元及禁止驾驶 6 个月至 1 年。

在驼峰路、弯角或能见度不足的交会处，又或在基于能见度或其他道路条件不宜掉头或倒车的地点掉头或倒车者，科处罚金澳门币 600 ~ 2500 元。累犯者，科处罚金澳门币 1200 ~ 5000 元及禁止驾驶 2 ~ 6 个月。

（八）不让特定车辆先行

据本法第 102 条之规定，驾驶时不让特定车辆先行的，构成轻微违反。特定车辆包括优先通行车辆、警察车队、救援车辆或用于运载严重伤病者的私人车辆。具体处罚如下。

驾驶时不让优先通行车辆或警察车队先行者，科处罚金澳门币 600 ~ 2500 元。违反本法第 56 条第 5 款规定的，即遇有用于运载严重伤病者的、以适当信号尤其是以危险警示闪光信号显示正在紧急行进的私人车辆者而不让其先行的，科处罚金澳门币 600 ~ 2500 元。累犯者，科处罚金澳门币 1200 ~ 5000 元及禁止驾驶 2 ~ 6 个月。

在受特别制度规范的桥梁或其引桥上驾驶车辆时不让救援车辆或用于运载严重伤病者的私人车辆先行者，科处罚金澳门币 1000 ~ 5000 元及禁止驾驶 2 ~ 6 个月。累犯者，科处罚金澳门币 2000 元至 1 万元及禁止驾驶 6 个月至 1 年。

（九）不让行人先行

据本法第 103 条之规定，违反第 37 条规定的驾驶员遇行人时的处理办法的，构成轻微违反，科处罚金澳门币 600 ~ 2500 元。累犯者，科处罚金澳门币 1200 ~ 5000 元及禁止驾驶 2 ~ 6 个月。

（十）在人行横道超车

据本法第 104 条规定，驾驶时在有信号标明的人行横道之前或之内超车者，构成轻微违反，科处罚金澳门币 600～2500 元。累犯者，科处罚金澳门币 1200～5000 元及禁止驾驶 2～6 个月。

四 相关刑事制度

（一）违法行为的竞合

根据《道路交通法》第 84 条之规定，对违法行为的竞合，适用《澳门刑法典》第 126 条及 10 月 4 日第 52/99/M 号法令第 8 条的规定。《澳门刑法典》第 126 条规定，如一事实同时构成犯罪及轻微违反，则以犯罪处罚行为人，但不影响施以对轻微违反所规定之附加制裁。第 52/99/M 号法令第 8 条则规定，如一事实同时构成犯罪或轻微违反及行政上之违法行为，则仅以犯罪或轻微违反处罚违法者，按不影响科处对行政上之违法行为所规定之附加处罚。

（二）关于轻微违反的一般性规定

1. 责任主体

根据《道路交通法》第 85 条之规定，下列人员为轻微违反的责任主体。

（1）车辆的所有人、保留所有权的取得人、用益权人或以任何名义实际占有车辆的人，如属违反规范车辆获准在公共道路上通行的条件的规定；

（2）驾驶员，如属违反交通规则、交通信号或指挥交通的人员的命令；

（3）应考人，如在驾驶实习考试进行期间实施轻微违反。

此外，车辆的所有人、保留所有权的取得人、用益权人或以任何名义实际占有车辆的人，如能证明其车辆被驾驶员滥用，又或驾驶员于驾驶其车辆时违反其命令、指示或许可驾驶其车辆的条件，则前述所指责任终止，并应由驾驶员承担责任。

2. 累犯

根据《道路交通法》第 105 条之规定，自对上一次轻微违反实施日起计 2 年内，如违法者已就该次轻微违反自愿缴付罚金或有关处罚判决转为确定，再次实施同一轻微违反者，视为累犯，但法律另有规定除外。

3. 易科

根据《道路交通法》第 106 条之规定，本法对轻微违反所规定的罚金可按《澳门刑法典》的规定易科徒刑。

（三）驾驶时实施过失犯罪的处罚

作为对一般法例中过失犯罪处罚的补充，《道路交通法》第 93 条规定了对驾驶时实施的过失犯罪加重处罚的内容。

1. 对驾驶时实施的过失犯罪的加重处罚

本法规定，对驾驶时实施的过失犯罪，应科处一般法规定的刑罚，而其法定刑下限则改为原下限加上限的 1/3，但其他法律规定订定较重处罚除外。

驾驶本身涉及公共安全，为体现对驾驶时实施的过失犯罪的加重处罚，立法者设立了一个复杂的提高法定刑下限的计算方法，即其下限改为原下限加上限的 1/3。如某过失犯罪最高处 1 年徒刑，按刑法典总则规定，徒刑下限为 1 个月，则驾驶时构成该过失犯罪的处刑下限即为 5 个月。

现以澳门初级法院的一份判决为例说明本条款的规定[①]。2012 年某日晚，嫌犯甲在驾车过程中，因未能适当控制车速，刹车不及而撞到正使用斑马线横过马路的被害人乙。碰撞直接导致被害人乙倒地受伤且头部流血，后由路人报警求助，送医治疗。碰撞发生后，嫌犯下车后观察乙的情况，在明知乙受伤流血倒地的情况下，随即登上的士驶离现场。经临床法医学鉴定，被害人的受伤程度为普通伤害。法庭的判决认为，第一，根据《澳门刑法典》第 142 条之规定，过失伤害他人身体或健康者，处最高 2 年徒刑，或科最高 240 日罚金。同时，《道路交通法》第 93 条第 1 款规定，对驾驶时实施的过失犯罪，科处一般法规定的刑罚，而其法定刑下限则改为原下限加上限的 1/3，但其他法律规定订定较重处罚除外。则嫌犯甲以直接正犯及既遂方式构成一项过失伤害身体完整性罪，应判处 1 年 3 个月徒刑（此处，经过加重计算，过失伤害他人身体完整罪的法定刑下限为 9 个月，而非 1 个月）。第二，根据《道路交通法》第 88 条第 1 款规定，导致交通事故发

---

① 参见澳门特别行政区初级法院第 CR4 - 13 - 0140 - PCC 号判决书，http：//www.court.gov.mo。

生后遗弃交通事故受害人者，科处最高 3 年徒刑或罚金。则嫌犯甲以直接正犯及既遂方式构成一项遗弃受害人罪，应判处 9 个月徒刑。两罪竞合处罚，合共应判处 1 年 6 个月徒刑为宜。此外，还判处嫌犯禁止驾驶及附带民事赔偿。

2. 对驾驶时实施的重过失犯罪的处罚

本法规定，如驾驶时实施犯罪属重过失，则其法定刑下限改为原下限加上限的一半，但其他法律规定订定较重处罚除外。所谓重过失，是指驾驶时出现下列任一情况。

（1）醉酒驾驶或受酒精影响下驾驶；

（2）受麻醉品或精神科物质的影响下驾驶，只要其服食行为依法构成犯罪；

（3）轻型摩托车、重型摩托车或轻型汽车车速超过规定的最高车速限制 30 千米/时或以上，又或重型汽车车速超过规定的最高车速限制 20 千米/时或以上；

（4）逆法定方向驾驶；

（5）不遵守指挥交通的人员、指挥交通的红灯或交会处强制停车信号所规定的停车义务；

（6）在强制亮灯行车的情况下不亮灯行车；

（7）使用远光灯而令人目眩。

仍以上述案件为例，若嫌犯甲在酒驾时撞伤过路行人，则其所构成的过失伤害他人身体完整性罪的法定性下限须加重最高刑的一半，即为 1 年 1 个月徒刑。

（四）禁止驾驶的科处

根据《道路交通法》第 94 条之规定，因下列犯罪而被判刑者，按犯罪的严重性，科处禁止驾驶 2 个月至 3 年，但法律另有规定除外。

（1）驾驶时实施的任何犯罪；

（2）构成本法第 89 条所规定之逃避责任罪；

（3）伪造、移走或掩蔽车辆识别资料；

（4）伪造驾驶执照、其替代文件或等同文件；

（5）盗窃或抢劫车辆；

（6）窃用车辆；

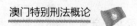

（7）任何故意犯罪，只要继续持有驾驶执照可为其持有人提供特别有利于再犯罪的机会或条件。

第三节　第5/2013号法律《食品安全法》的附属刑法

一　概述

澳门过往在食品管理上采取多部门协作分工的方式，关于食品安全的规定则散见于不同的法律、法规，包括《澳门刑法典》、第50/92/M号法令《食品标签法》、第6/96/M号法律《妨害公共卫生及经济之违法行为之法律制度》、第16/96/M号法律《酒店业和同类行业的法律制度》、第7/2003号法律《对外贸易法》、第40/2004号行政法规《卫生检疫和植物检疫》及第556/2009号行政长官批示《订定一般食品添加剂的特定名称》等。其中，涉及刑事责任的规定为《澳门刑法典》第269条规定的使供应养料之物质或医疗物质腐败罪，以及第6/96/M号法律《妨害公共卫生及经济之违法行为之法律制度》中的有关规定（当中有关食品安全犯罪的内容现已被废止，参见第一章）。

近年来，随着食品安全形势日益严峻，澳门食品安全管制领域法规及权限分散、监管交叉重叠及食品检验标准存在法律空白等问题日渐凸显。为此，通过整合现有法规，参照联合国有关指引及周边国家、地区有关食品安全立法的经验，特区政府拟定并由立法会通过了第5/2013号法律《食品安全法》，该法已于2013年10月20日生效。

作为澳门食品安全领域的基础性法例，本法既规范对食品安全事故的防控，包括设立食品安全风险监测评估机制、制定食品安全标准、明确食品安全管理的职权等；同时亦设立更为系统的处罚制度。本法共设4章，包括一般性规定、预防与控制和制裁制度等。其中，第三章"处罚制度"、第一节"刑事责任"为附属刑法，规定了生产经营有害食品罪和违令罪及与之相关的刑事制度。

本法所称之食品，是指任何供人食用的经处理或未经处理的物质，包括饮料及香口胶类产品，以及在生产、配制及处理食品过程中所使用的所有成分。可见，本法所称之"食品"是指任何供人食用的物质。另外，包括中成药在内的药物，以及按第53/94/M号法令所指在中药房内专门出售的中药材，则由其他专门法律规范，不属《食品安全法》的适用范围。本法所称之食品添加剂是指有营养价值或无营养价值的物质，其本身通常既非食品亦非食品的特有成分，但为求产生技术上或感官上的效果，在生产经营食品的过程中有意添加在食品中，与食品混合、使之在食品中出现转化物或改变食品的特征，但不包括为提高营养价值而添加在食品中的物质。本法所称之"食品"相关产品是指用于食品生产经营的设施、设备或工具，用于食品的包装材料、容器、洗洁剂及消毒剂，以及餐饮器具。

二 犯罪

（一）生产、经营有害食品罪

《食品安全法》第13条规定，违反相关食品法规，生产经营有害食品，因而对他人身体完整性造成危险的，构成生产、经营有害食品罪。

1. 罪状与处罚

本罪的行为对象为"有害食品"。根据本条第1款之规定，有害食物包括加入非食品原料或食品添加剂以外的化学物质的食品；不当使用食品添加剂的食品；使用废弃或超过保质期的食品作为原料的食品；含有致病性微生物、残留农药、残留兽药、重金属、放射性物质及其他危害人体健康物质的食品；含有病死、毒死或死因不明的动物的肉、部分及其制品的食品；含有依法须受检疫而未经检疫或检疫不合格的物质的食品；伪造、腐败或变质的食品；被除去某成分或某元素以致营养价值降低的食品。

本罪的要件行为"生产经营"是指为供公众食用而生产、加工、调配、包装、运送、进口、出口、转运、贮存、出售、供应、为出售而存有或展示，又或以任何方式交易食品的行为。内地刑法中规定的"生产、销售有毒、有害食品罪"是指在生产、销售的食品中掺入有毒、有害的非食品原料的，或者销售明知掺有有毒、有害的非食品原料的食品的行为。该罪为抽象危险犯，对人体健康造成严重危害或致人死亡时，加重处罚。其中所指之"有毒、有害食品"特指被掺入有毒、有害的非食品原料的食品。与之相比，本罪所指之"有害食品"范围更广，行为方式亦更多样。

本罪的主观要件包括故意和过失。无论是明知而接纳该等不法事实，或因疏忽而未能认识到不法事实的发生，或虽明知该等不法事实发生的可能，但接纳不法事实发生的心理态度，均可构成本罪。

故意构成本罪的，处最高 5 年徒刑，或科最高 600 日罚金；因过失构成本罪的，处最高 1 年徒刑，或科最高 120 日罚金。若发生引致他人身体完整性受伤害的加重结果，则对行为人科处的刑罚，为对该情况可科处的刑罚，而其最低及最高限度均加重 1/3。

2. 认定

（1）既遂形态。本罪的既遂形态为具体危险犯，即生产经营有害食物而对他人身体完整性造成危险，即构成本罪。发生引致他人身体完整性受伤害的结果时，加重处罚。

（2）本罪与使供应养料之物质或医疗物质腐败罪的区分。本罪与《澳门刑法典》第 269 条规定之使供应养料之物质或医疗物质腐败罪须作区分。从行为对象上看，本罪所指为前述之"有害食品"；后罪则为腐败、变质、变坏，或被伪造、减低营养价值或医疗价值的供应养料之物质及医疗物质，其中，"供应养料之物质"是指"供他人作为食用、咀嚼或饮用的物质"，由此可知，除去医疗物质，本罪所指之有害食品的范围大于后者所指腐败的供应养料之物质的范围。从行为方式上看，本罪的"生产经营"是指生产、加工、调配、包装、运送、进口、出口、转运、贮存、出售、供应、为出售而存有或展示，又或以任何方式交易食品。而后者的行为方式包括生产、制造、包装、运输、处理或与之相关的其他活动，还包括输入、隐藏、出售、为出售而展示、受寄托以供出售，或以任何方式交付予他人消费。两罪法条虽用语有所不同，但实际所指的行为方式一致。从既遂形态上看，两罪同为具体危险犯。从法定刑上看，后者处 1～8 年徒刑，其中过失构成犯罪的，最高处 5 年徒刑。总体而言，本罪与"使供应养料之物质或医疗物质腐败罪"之间存在交叉竞合的关系。考虑到本罪为新法及特殊法，发生法条竞合时，应当按本罪认定处罚①。

（3）食品及食品添加剂的安全标准问题。值得注意的是，《食品安全法》并未直接规定食品及食品添加剂的安全标准、有害物的可使用标准等，

---

① 有观点认为，应当根据对人体健康造成损伤的危险性区分两罪，《澳门刑法典》第 269 条的规定适用于危险程度较大的情况。参见 Inês Pires Marinho《〈食品安全法〉简要评述》，《澳门杂志》2014 年第 2 期。

但这些标准与法律责任，包括刑事责任的认定直接相关。自本法生效以来，配套的行政法规一直未出台。目前，相关标准仍只包括第 50/92/M 号法令《食品标签法》、第 223/2005 号行政长官批示《食品添加剂》以及第 13/2013 号行政法规《食品中兽药最高残留限量》中的有关规定。这使得本法的实际效用颇受质疑①。此外，一些现行有效的法规亦存在与《食品安全法》的规定矛盾之处。如第 50/92/M 号法令《食品标签法》规定，对出售或为出售而存有或展示标签不合法的食品，标签上的基本保存期限已经过时的食品，或在基本保存期限标示处贴上另一标贴，或以其他使消费者难以阅读或阻碍消费者阅读的方法将该期限隐藏或掩盖的食品的行为，均处以罚款。而该等行为在某些情况下可以符合生产经营有害食品罪的罪状。本书认为，按照澳门刑法对犯罪与违法行为竞合的一般原则，此时应当依据《食品安全法》的规定，处以刑罚处罚。

（二）普通违令罪

《食品安全法》第 14 条规定，拒绝让执行职务的监察人员按本法有关规定进行监察的，构成普通违令罪。

本罪的主体为食品的生产经营者。其行为要件在于拒绝让执行职务的监察人员执行监察活动。根据本法第 4 条第 3 款之规定，监察人员有权依法进入生产经营的地点及场所以及做出检查；有权要求出示或提供为执行本法律所需的文件及其他资料；要求提供样本作检测之用。拒绝监察人员依法执行职务的行为，当属不法。本罪的既遂形态为行为犯。因拒绝而致使监察人员无法执行监察活动的结果并非要件。

《澳门刑法典》第 312 条规定，构成违令罪的，处最高 1 年徒刑，或科最高 120 日罚金。

（三）加重违令罪

《食品安全法》第 14 条规定，不遵守按本法有关规定而命令采取的措施的，构成加重违令罪。

本罪的主体为食品的生产经营者。其客观行为为不遵守采取有关食品

---

① 《食品安全法难见效》，《澳门日报》2014 年 2 月 8 日，A06 版。

安全防控措施命令的行为。《食品安全法》第9条规定，在存有食品安全风险的前提下，澳门民政总署有权命令生产经营者单独或一并采取下列预防及控制措施：清洁、消毒或改善有关地点、场所、设施、设备或工具；召回食品或食品添加剂；暂时禁止或限制生产经营及使用；暂时停止场所运作；封存；保全性扣押；销毁，但以采取其他措施不能消除食品安全风险者为限；做出其他消除或减低食品安全风险的特别处理。第10条则规定，在有充分依据显示发生或可能发生重大食品安全事故的情况下，行政长官有权针对某类行业、场所、食品、食品添加剂或食品相关产品命令采取第9条所规定之防控措施。所谓重大食品安全事故，按照第3条的规定，是指对人体健康、经济活动及社会秩序造成或可能造成严重及广泛影响的食品安全事故。澳门民政总署或行政长官依法发出要求生产经营者采取相关防控措施的命令，而行为人不予执行的行为，当属不法。

《澳门刑法典》第312条规定，构成加重违令罪的，处最高2年徒刑或科240日罚金。

三 相关刑事制度

（一）附加刑

《食品安全法》第16条第1款规定，对做出生产经营有害食品罪者，无论属个人或法人，均可单独或一并科处以下附加刑。

（1）禁止从事某些职业或业务，为期1~3年；

（2）剥夺参加直接磋商或公开竞投的权利，为期1~3年；

（3）剥夺参加交易会及展销会的权利，为期1~3年；

（4）剥夺获公共实体发给津贴或优惠的权利，为期1~3年；

（5）封闭场所，为期1个月至1年；

（6）永久封闭场所。

（二）对法人科处的刑罚

《食品安全法》第15条第1款规定，如实施生产经营有害食品罪者为法人，可科处的主刑包括罚金和法院命令的解散。其中，罚金以日数订定，最高限度为600日，罚金的日额为澳门币250元至1.5万元。

除可科处前述第 16 条第 1 款所指附加刑外，对法人尚可科处公开有罪裁判的附加刑，即须以摘录方式，在澳门特别行政区一份中文报章及葡文报章内刊登该裁判，以及在从事业务的地点以公众能清楚看到的方式张贴以中葡文书写的告示公开该裁判，张贴期不少于 15 日。一切费用由被判罪者负担。

第十三章
知识产权领域的附属刑法

第一节　第43/99/M 号法令《著作权法》的附属刑法

一　概述

　　澳门早期一直采用源自葡萄牙的著作权法律制度，除加入《与贸易有关的知识产权协议》《世界版权公约》《保护文学和艺术作品伯尔尼公约》（巴黎文本）及《保护表演者、录音制品录制者和广播组织罗马公约》等国际性公约外，有关著作权制度由公布于 1972 年 1 月 8 日《政府公报》上之 1966 年 4 月 27 日第 46980 号法令所规范。1985 年 11 月 25 日，当时的立法会制定并颁布了第 4/85/M 号法律，对音像制品的定义、翻版许可及未经许可非法复制音像制品的刑事处罚做出补充性规定。其后，澳门政府又于 1998 年 5 月 4 日颁布了第 17/98/M 号法令。1996 年的《澳门刑法典》则并未规定侵犯著作权的犯罪。至临近回归前，为给予著作权更全面的法律保护，澳门政府于 1999 年 8 月 16 日颁布第 43/99/M 号法令，制定并颁布了《著作权及有关权利之制度》（以下简称《著作权法》）。本法设 6 编 223 条，就著作权的内容、归属、保护期、国际上之保护范围、使用以及侵犯著作权行为的法律责任，包括刑事责任均做出了明确规定。

回归以来，尤其随着互联网应用技术的不断发展，为使澳门的著作权法更贴近国际标准，解决由互联网技术衍生的各类著作权保护新问题，同时考虑到内地和香港分别于 2007 年和 2008 年加入了两个重要的有关著作权保护的国际公约——《世界知识产权组织版权条约》和《世界知识产权组织表演和录音制品条约》，澳门著作权法的修改再次被提出。2012 年 2 月 29 日，立法会通过第 5/2012 号法律，重新公布修订后的《著作权法》，以配合由资讯社会特征所衍生的国际保护标准。修改后的《著作权法》已于 2012 年 6 月 1 日生效。

本法今次的修改主要参考并借鉴了《世界知识产权组织版权条约》和《世界知识产权组织表演和录音制品条约》的规定以及葡萄牙著作权法的修订情况，主要体现在三方面：一是强化对专有权的保护，将保护内容延伸到电脑资料库和其他资料汇编；加强相关权利人的权利，如连接权及向公众传播的权利；对电脑程序和资料库的出租权、复制权以及表演者的财产与精神权利做出相应的规定；加强保护版权人设置的技术措施，禁止他人非法破解；对权利人管理信息的保护，增加管理权利的电子信息概念。二是平衡著作权保护与公众利益，体现在规定作品的自由使用、与电脑程序有关的自由行为以及相关权利的私人使用和自由使用等条文中。三是完善处罚制度。

新的《著作权法》共设 5 编 220 条，其中第五编"刑事违法行为及行政违法行为"第一章至第三章为本法的附属刑法，较之前亦有较大调整。设立了剽窃作品罪等罪名，将侵犯网络传播的行为、侵害技术保护措施和管理权利的电子信息的行为犯罪化；对非法获取著作权信息并作商业用途的最高刑罚亦有较大幅度提高。

二 犯罪

本法的附属刑法将侵犯著作权的犯罪分为 3 类，即针对作品本身的滥用作品、录音制品或录像制品的犯罪，针对技术保护的有关技术措施保护的犯罪，以及针对管理权利的电子信息的删除或更改的犯罪。

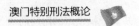

（一）滥用作品、录音制品或录像制品的犯罪

1. 剽窃作品罪

根据《著作权法》第209条之规定，将他人的作品当作自己的创作公开使用的，构成剽窃作品罪。

本罪的行为对象为他人的作品。根据《著作权法》之规定，在文学、科学或艺术领域内之原始智力创作，不论其种类、表现形式、价值、传播方式或目的为何，均属受著作权法保护之作品。任何作品只要属原创作品，即属受保护作品。所谓原创作品包括：①具有文学、新闻及科学性质之文本，以及包括电脑程序在内的其他文字作品；②专题研讨、讲课、讲演及布道；③戏剧作品及戏剧音乐作品，以及其上演；④以文字或其他方式表达之舞蹈作品及哑剧作品；⑤配词或未配词之乐曲；⑥电影、电视及录像之作品，以及其他视听作品；⑦绘图、挂毯、绘画、雕塑、陶瓷、瓷砖、雕刻、版画及建筑之作品；⑧摄影作品或以类似摄影之任何方法做成之作品；⑨构成艺术创作之实用艺术品、工业品之外观设计或模型，以及设计作品；⑩插图及地图；⑪关于建筑、地理或其他科学之设计图、草图及立体作品；⑫格言或标志，即使属广告性质亦然；⑬讽刺性之模仿及其他文学或音乐作品，即使灵感系来自其他作品之题目或主题；⑭在资料编排之准则上或在内容选择方面属原创之资讯数据库及其他汇编。此外，衍生作品及混合作品均按保护原作之方式受保护。其中，衍生作品是指将某现有之原作改动而成之作品，如整理、配器、编成戏剧、拍成电影及翻译。混合作品是指与一未经改动之现有原作之全部或部分相结合之作品。此外，本罪所指作品，既包括已发表的作品，亦包括未发表的作品。

本罪的客观行为是将他人的作品当作自己的作品进行公开使用。根据《著作权法》之规定，作者对其原创之受保护作品拥有人身权及财产权。其中，著作财产权包括使用及经营作品，以及许可第三人全部或部分使用及经营作品的权利。第三人若要使用其作品，必须经作者许可。即使经过许可，其使用亦应以许可的方式以及法律的相关规定为限。本罪客观行为方式必须是"以自己的名义"使用，主要表现为在他人的作品上署名。按照《著作权法》对作者姓名的有关规定，作者得以其全名或简名、其姓名之前缀、某一别名或任何约定之标记表明其身份。任何人均不得在其创作之作品内使用从未参与该作品创作之人之姓名，即使经该人同意亦然。可见，无论是否获得许可，均不得以自己的名义使用他人作品。本罪的"使用"还须"公开"进行，即以自己的名义使用他人作品，且使之为人所知。符合上述客观要件的行为，侵犯了作者的专属权，当属不法。

本罪的主观要件应为故意，即明知为他人之作品，而以自己名义公开使用为不法，而接纳该等不法事实的心理态度。

构成本罪的，处最高 2 年徒刑或科最高 240 日罚金。若所剽窃的属未经发表的作品，处最高 3 年徒刑或科最高 360 日罚金。

本罪为亲告罪。

2. 侵犯不发表的权利罪

根据《著作权法》第 210 条之规定，未经权利人的许可，出版或发表他人未公开的作品的，构成侵犯不发表的权利罪。

本罪所侵害的法益为发表权，作品的发表权是作者著作权的重要内容，它既包括发表作品的权利，亦包括不发表作品的权利。根据《著作权法》第 7 条之规定，作者所享有的著作权中的人身权中，首项权利即为保留作品不予发表的权利。此外，作者拥有全部或部分使用作品之专属权，当中尤其包括在法律限制范围内以任何方式直接或间接发表、出版及经营作品之权利。总之，作品完成后，是否发表而为公众所知是作者或权利人的专属权利。

本罪的客观行为指未经权利人许可，出版或发表他人未公开的作品。其中，出版是指经作者同意而做出，或作者已知悉有关行为而无提出反对的情况下，透过任何方式合法复制作品之载体及向公众提供复制品，从而能因应作品之性质合理满足公众之需求，使公众认识某作品的行为。通过其他途径合法使公众认识某作品的行为，则视为发表。该等途径包括戏剧作品或戏剧音乐作品之表演、电影作品之上映、文学作品之朗诵、音乐作品之演奏、传播或无线电广播、建筑作品之建造或并入建筑作品内之立体作品之建造，以及任何艺术品之展览等。未经许可，出版或发表他人未公开之作品，当属非法。根据《著作权法》之规定，仅作者有权自由选择，包括许可他人使用及经营作品之方式及条件。包括发表及出版作品，或通过各种方式传播作品，将作品提供予公众。在许可他人使用的情况下，权利人须以书面形式许可第三人以某种方式发表、出版或使用作品，并在有关许可内应载明许可发表、出版或使用作品之方式，以及有关发表、出版或使用作品之时间、地点及报酬方面之条件。许可并不导致移转对该作品

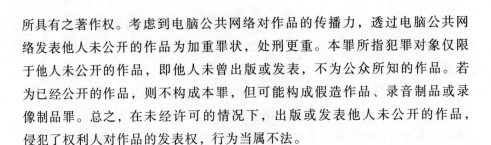

所具有之著作权。考虑到电脑公共网络对作品的传播力，透过电脑公共网络发表他人未公开的作品为加重罪状，处刑更重。本罪所指犯罪对象仅限于他人未公开的作品，即他人未曾出版或发表，不为公众所知的作品。若为已经公开的作品，则不构成本罪，但可能构成假造作品、录音制品或录像制品罪。总之，在未经许可的情况下，出版或发表他人未公开的作品，侵犯了权利人对作品的发表权，行为当属不法。

本罪的主观要件为故意，即明知为他人未公开的作品，未经许可而发表或出版的行为不法，仍接纳该等事实发生的心理态度。

构成本罪的，处最高 2 年徒刑或科最高 240 日罚金。通过电脑网络发表而构成本罪的，处最高 3 年徒刑或科最高 360 日罚金。

本罪为亲告罪。

3. 假造作品、录音制品或录像制品罪

根据《著作权法》第 211 条之规定，未经许可，为商业目的而将作品、录音制品或录像制品进行复制的，构成假造作品、录音制品或录像制品罪。

本罪的客观要件为未经专属复制权权利人的许可，为商业目的而直接或间接将作品、录音制品或录像制品的全部或其重要部分进行复制的行为。《著作权法》第 56 条规定，仅作者有权自由选择，包括许可他人复制作品。《著作权法》第 27 条规定，若许可使用作品之方式为以商业目的制造复制品，则此许可中应具备的资料包括：①许可人及被许可人之身份；②许可人之通信地址；③获许可复制之一件或多件作品之识别资料；④就有关作品指出获许可制造之复制品数量，如涉及多件作品，则应就每一作品指出获许可制造之复制品数量；⑤许可之期限。根据《著作权法》之规定，复制是指不论以何种方式，将某作品或其大部分或重要部分，永久或短期、直接或间接制作成复制品，包括将数码形式的作品储存于电子载体。若仅为暂时或偶然制作复制品，且该制作属于有关技术程序的组成部分且有关复制品本身不具有经济价值，其目的在于准许作品的合法使用，或者借中介人尤其电信经营人而准许第三者之间在网络内移转作品，则有关的制作不构成复制。鉴于法律对权利人的保护，未经许可而以商业目的复制有关作品的行为，侵犯了权利人的著作财产权，当属不法。

本罪的主观要件为故意，主观上具有商业目的，即以牟利为目的，明知行为不法而实施不法行为的心态。

前已述及，应当注意本罪与侵犯不发表的权利罪的区分。后罪发表或

出版的行为中虽一般包括复制，但其犯罪对象仅为尚未公开的作品，且主观上不限于商业目的，行为侵害的是作者对作品不予发表的权利，属著作权人身权范畴。而本罪的复制行为，未限定是否将有关作品公之于众，犯罪对象也不限于尚未公开的作品，但主观上须具有商业目的，行为侵犯的是权利人的著作财产权。因此，两罪间并不存在交叉竞合关系。构成两罪的，应予并罚。如行为人未经许可，出于商业目的，将作者未公开的作品复制后在网络上公开发表，则行为人既构成侵犯不予发表的权利罪，亦构成本罪，两罪并罚。

构成本罪的，处最高 4 年徒刑。

4. 假造复制品的交易罪

根据《著作权法》第 212 条之规定，未经许可，为商业目的交易或发行明知假造的复制品的，构成假造复制品的交易罪。

本罪的行为对象为假造的复制品，其行为方式为未经专属发行权权利人的许可，为商业目的而将作品、录音制品或录像制品的假造复制品销售、推出销售、储存、进口、出口或以任何形式发行。本罪的主观要件为故意，行为人明知或应知复制品属假造，仍为商业目的而实施不法交易行为。

构成本罪的，处最高 2 年徒刑或科最高 240 日罚金。

本罪的犯罪未遂者，须受处罚。亦即行为人未能将假造的复制品交易或发行完成，仍应以犯罪未遂，施以刑法处罚。

本罪与假造作品、录音制品或录像制品罪的区别在于，后者是对有关作品、录音录像制品的非法复制行为，而本罪则是对该等非法复制品的交易行为。若行为人既实施非法复制行为，亦为商业目的进行不法交易，则应构成假造作品、录音制品或录像制品罪与假造复制品的交易罪，两罪并罚。

5. 透过电脑网络提供受保护作品罪

根据《著作权法》第 213 条之规定，未经许可，在电脑公共网络上提供受专属权利保护的作品的，构成透过电脑网络提供受保护作品罪。

本罪的行为对象为受著作权法保护的作品。其行为方式为未经专属权利的权利人许可，在电脑公共网络上将有关作品、录音制品或录像制品提供予公众，亦即通常所称之"上载"。其中，要求上载至公共电脑网络，亦即不特定人可以通过网络取得该等作品。本罪的主观要件为故意。

构成本罪的，处最高 2 年徒刑或科最高 240 日罚金。

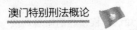

本罪为亲告罪。

（二）有关技术措施保护的犯罪

据本法第214 – A条之规定，所谓保护性技术措施，是指应用于作品、录音制品或录像制品的原件或复制品或无线电广播，又或应用于供阅读、观看、收听、复制、传播、接收、无线电广播或传送作品、演出、录音制品、录像制品或无线电广播的设备的所有技术。应用该等措施的目的在于从技术层面防止以下情形的发生：未经有权者许可，获取按本法规定受保护的作品、录音制品或录像制品；以任何方式接收无线电广播；未经许可而做出本法规保留予著作权或相关权利的权利人的涉及作品、演出、录音制品、录像制品或无线电广播的行为，以保护著作权。

以下犯罪均为针对此等保护措施而实施的侵犯著作权的行为。

1. 保护性技术措施的取消或删除罪

据本法第214 – B条之规定，为商业目的，取消或删除保护性技术措施的，构成保护性技术措施的取消或删除罪。

本罪的行为对象为签署的保护性技术措施。行为方式包括两类：一是直接取消或删除该等保护性技术措施；二是向公众推广或提供取消或删除保护性技术措施的服务。在后一种行为方式下，行为人并不直接或并非为自己的目的而取消或删除有关保护性技术措施，而是为意图不法获取受保护的作品、录音制品或录像制品的人提供取消或删除保护性技术措施的服务。这实际上是将帮助行为实行行为化。本罪的主观要件为故意，行为人抱有商业目的而实施前述不法行为。

本法规定有本罪的阻却不法性事由，即存在以下情形时，取消或删除保护性技术措施不构成犯罪：①作为实现获取或使用某作品、演出、录音制品或录像制品的权利，或接收某无线电广播的权利的必要措施；②为进行非谋利的科学研究或教育；③公共当局在诉讼程序、行政程序或刑事调查程序中行使职权而做出有关行为。此时，基于公共利益及公共当局职权的正当行使，该等行为并非不法。

构成本罪的，处最高2年徒刑或科最高240日罚金。提供取消或删除服务的，处最高1年徒刑或科最高120日罚金。

本罪为亲告罪，非经告诉不得进行刑事程序。

2. 取消或删除的工具罪

本法第 214 – C 条规定，为商业目的而不法提供取消或删除保护性技术措施的行为，构成取消或删除的工具罪。

本罪的行为对象为用于取消或删除作品、录音录像制品的保护性技术措施的工具，该等工具包括物件、设备或电脑程序，其主要用途就是在未经许可的情况下取消或删除保护性技术措施。本罪的行为方式包括制造、进口、出口、销售、发行或租赁该等取消或删除工具。本罪的主观要件为故意。

构成本罪的，处最高 2 年徒刑或科最高 240 日罚金。

行为人若制造出该等工具，并为他人提供未经许可的取消或删除保护性技术措施的服务，则同时构成保护性技术措施的取消或删除罪及本罪，两罪并罚。

（三）管理权利的电子信息的删除或更改罪

本法第 214 – F 条规定，意图侵犯著作权，而删除或更改用于管理权利的电子信息的行为，构成管理权利的电子信息的删除或更改罪。

根据本法第 214 – E 条之规定，所谓用于管理权利的电子信息，是指由权利人应用于受保护的作品、经固定的演出、录音制品或录像制品的原件或复制品或无线电广播，又或向公众传播时做介绍的一切电子形式的信息，包括任何代码或数字。该等信息主要用于识别有关作品、演出、录音制品、录像制品或无线电广播；识别有关作者、进行演绎或演出的艺术工作者、录音制品或录像制品的制作人、无线电广播机构或关于作品、经固定的演出、录音制品、录像制品或无线电广播的其他权利的权利人；识别许可使用有关作品、经固定的演出、录音制品、录像制品或无线电广播的规定。该等信息是保护作品、演出、录音录像制品的重要依据。

本罪的行为方式包括两种：一是意图侵犯或容许、便利或包庇他人侵犯本法规所定的权利，而删除或更改任何用于管理权利的电子信息；二是明知用于管理权利的电子信息已在未经有权者许可下被删除或更改，为商业目的而将涉及的作品、经固定的表演、录音制品或录像制品进行无线电广播或向公众传播，又或将该等作品、表演或制品的原件或复制品作发行、进口或提供予公众的行为。本罪的主观要件为故意。

删除或更改有关电子信息的，处最高 1 年徒刑或科最高 120 日罚金。明知电子信息已被删除或更改而为商业目的传播有关作品的，处最高 2 年徒刑或科最高 240 日罚金。

本罪为亲告罪，非经告诉，不得进行刑事程序。

三　相关刑事制度

（一）法条竞合

《著作权法》第 200 - A 条规定，如按其他法律的规定科处更重刑罚，则不适用本法规所定罪行的刑罚。亦即当本法与其他法律形成竞合时，以重法处罚。

（二）法人的责任

《著作权法》第 202 条规定，就行为人因实施本法规所指之违法行为而被判罚之罚款、赔偿及其他给付，如行为人是以法人名义及以该集体利益做出行为，则有关法人须负连带责任。单纯属事实上之社团及单纯属事实上之合伙或公司，均等同于法人。

（三）量刑

《著作权法》第 201 条规定，就本法规所指犯罪，法院在量刑时须特别考虑已流入市场的非法复制品数量、行为人从中取得的经济利益及对有关权利人造成的损害。

（四）附加刑

《著作权法》第 203 条规定，对于本法所指之犯罪，得处以下附加刑，且各附加刑罚得一并科处。不履行附加刑的，即构成《澳门刑法典》第 317 条所规定的违反判决所定之禁止罪，处最高 2 年徒刑，或科最高 240 日罚金。另据本法规定，为适用有关附加刑，在电脑公共网络上提供的电子网站等同于场所。

1. 良好行为之担保

本法第 204 条规定，良好行为之担保，即令行为人有义务按照在有罪裁判中所定之 6 个月至 2 年之期间内，将一笔为数介乎澳门币 1 万元至 300 万元之款项以交由法院支配之方式做出存放。

在法院宣布暂缓执行刑罚之情况下，一般应予科处良好行为之担保。

如行为人在定出之期间内因实施本法规所指之任一犯罪而被判罪，则保证金归澳门特别行政区所有。

2. 从事某种业务或职业之暂时禁止

《著作权法》第205条规定，在下列情况下，法院得命令暂时禁止从事某种业务或职业。

（1）犯罪行为系在明显滥用职权之情况下实施，或在从事取决于公共资格或公共当局之许可或认可之业务时实施；

（2）如违法者曾因实施本法规所指之犯罪而被处附加刑，但如先后实施之两项违法行为相隔超过5年者除外；而行为人曾因司法裁判被剥夺自由之时间并不计算在该5年期间内。

禁止之期间最短为2个月，最长则为2年。同时适用《澳门刑法典》第61条第3款及第4款之规定，即若行为人为公务员身份，则因法院之裁判而被剥夺自由之时间，不算入禁止期间内。如因同一事实已经依照《澳门刑法典》第92条之规定科处禁止从事业务之保安处分，则不再科处禁止从事职业之附加刑。第92条所指保安处分是指行为人在严重滥用从事之职业、商业或工业下，或在明显违反其从事之职业、商业或工业之固有义务下犯罪而被判刑，又或就该犯罪仅因不具可归责性而被宣告无罪，而按照行为人所做之事实及其人格，恐其将做出其他同类事实属有依据者，可科以1~5年禁止其从事有关业务。

3. 场所之暂时关闭

《著作权法》第206条规定，如行为人因犯本法规所指之罪而被判6个月以上之徒刑，则得做出暂时关闭场所之命令，关闭期最短为1个月，最长则为1年。在实施犯罪后将场所移转予他人，又或将某些与从事职业或业务有关之任何性质之权利让与他人，均不妨碍本附加刑之科处，但取得人在取得时属善意者除外。

暂时关闭场所既不构成解雇工作者之合理理由，亦不构成中止或减低支付有关报酬之依据。

4. 场所之永久关闭

根据《著作权法》第207条之规定，在下列情况下，法院有权命令永久关闭有关场所。

（1）如行为人曾实施本法规所指之犯罪而被判徒刑，且有关情况显示出过去之一次或多次判罪对有关犯罪之实施非属合适之预防方法；

（2）如行为人曾被判暂时关闭场所之附加刑；

（3）如行为人因实施本法规所指之犯罪而被判徒刑，且该犯罪造成相当庞大之损失或使数目众多之人受损。

5. 有罪裁判之公开

根据《著作权法》第 208 条之规定，如法院科处将有罪裁判公开之附加刑，则须张贴告示及刊登公告以实施此附加刑，而费用由被判者承担，且民事诉讼法内关于向不确定之人做出公示传唤之规定，经做出必要配合后可予适用。

有罪裁判之公开须以摘录裁判内容之形式为之，摘录内须载明构成违法行为之要素及所科处之制裁，以及各行为人之身份。

告示须在有关场所或从事有关业务之地方以能使公众显而易见之方式张贴，为期不少于 15 日。

第二节　第 51/99/M 号法令《规范有关电脑程序、录音制品及录像制品之商业及工业活动》的附属刑法

20 世纪 90 年代，鉴于当时澳门存在大量非法复制电脑程序、录音及录像制品（主要表现为盗版光盘）并进行交易的情况，回归前的 1998 年，澳门政府颁布第 17/98/M 号法令，以打击日益严重的盗版光盘行为。之后，为进一步预防和打击上述复制及交易行为对相关知识产权造成的侵权，又于 1999 年 9 月制定并颁布了第 51/99/M 号法令《规范有关电脑程序、录音制品及录像制品之商业及工业活动》（以下简称《电脑程序复制法》），以便建立更严格的监管机制，并对不法复制、交易行为进行惩处。

本法的附属刑法部分规定了两个轻微违反及有关的刑事制度，但未设立新的罪名[1]。

---

[1] 电脑程序现已被《著作权法》纳入其保护范围，并设立相关罪名予以刑法保护（参见本章第一节）。

一　轻微违反

（一）违法从事工业活动

《电脑程序复制法》第 36 条第 1 款规定，违法从事工业活动之轻微违反，是指在已经接到政府有权部门依照法定程序做出的废止准照的通知后，仍在已被废止准照的场所内继续或重新开始进行本法所指之工业活动的，又或虽已接到政府有权部门依照法定程序做出的处罚通知后，却仍在曾因未取得准照进行上述工业活动而被处罚的情况下，继续或重新开始上述工业活动的行为。本款所指工业活动，乃指复制品的复制工业。法律规定，任何将电脑程序、录音制品或录像制品之复制品及母本进行复制的工业活动，必须以书面方式获得许可。其中，母本是指载有已被复制之经固定声音及/或影像及/或有别于声音或影像之其他信息的光盘，并且将其置于合适的设备时能复制出复制品的物品。未获得书面许可之准照而从事有关工业活动的行为，即构成轻微违反，应处 3 个月以上 6 个月以下的徒刑。

（二）违法从事商业活动

《电脑程序复制法》第 36 条第 2 款规定，违法从事商业活动之轻微违反，是指在已经接到政府有权部门依照法定程序做出的废止准照的通知后，仍在已被废止准照的场所内继续或重新开始进行本法所指之商业活动的，又或者虽已接到政府有权部门依照法定程序做出的处罚通知后，仍在曾因未取得许可进行上述商业活动而被处罚的情况下，继续或重新开始上述商业活动的行为。关于复制品来源，法律规定，凡拥有供商业目的的电脑程序、录音或录像制品之复制品或母本的人士，必须将可证明上述物品来源的发票等与该等物品一同存放。关于复制品的商业活动场所，法律规定，场所的所有人必须取得上述复制品或母本进行交易的有效许可。因此，违反该等规定而从事有关商业活动的行为即构成轻微违反，处 1 个月以上 6 个月以下的徒刑。

作为对非法进行商业活动或工业活动的行为的处罚，本法仅处以徒刑处罚，而未科以罚金或罚款，值得商榷。

二 相关刑事制度

（一）责任人的范围

《电脑程序复制法》第 30 条规定，所有法人，即使是不当设立的法人，以及无法律人格的社团，均得因其机关之成员，以及担任行政、领导、主管或管理职务之人在执行职务时所实施之违法行为；或者其代表以其名义及为有关集体利益做出行为时所实施之违法行为而被追究法律责任。法人或等同者之责任并不排除其机关成员之个人责任，亦不排除在法人内担任行政、领导、主管或管理职务之人的个人责任，又或以法人之法定或意定代表而做出行为之人的个人责任。可见，本法对法人的处罚乃属双罚制。而对无法律人格之社团所处罚款，以社团的共同财产承担，如无共同财产或共同财产不足，以每一社团成员的财产承担。

（二）违法行为的竞合

《电脑程序复制法》第 32 条规定，如同一事实同时构成犯罪及违反本法规定的行为，则行为人以犯罪论处，但不影响按具体情况而施加的附加处罚。例如，违法复制录音制品或录像制品之复制品及母本的行为，构成本法中的违法从事工业活动之轻微违反，若亦同时构成第 5/2012 号法律《著作权法》中规定的假造作品、录音制品或录像制品罪，则按照《澳门刑法典》及本法中有关犯罪与轻微违反竞合的规定，应当成立假造作品、录音制品或录像制品罪。

第三节 第 97/99/M 号法令《工业产权法律制度》的附属刑法

工业产权被视为推动经济发展的重要因素，科学研究要动用各类人工和资源成本，只有通过工业产权制度为其提供保障，才能确保为寻求新产品及新方法而做出的投资获得适当的物质回报。从各国近代以来工业发展的经验来看，保护工业产权的法律制度对鼓励发明创造具有关键性的推动作用。

一　概述

1997 年以前，澳门工业产权法律框架内仅制定有关商标保护的法律，即 11 月 6 日第 56/95/M 号法令。其他工业产权的保护则须适用葡萄牙的《工业产权法典》（由 1 月 24 日第 16/95 号法令通过），但该法典对半导体产品拓扑图及生物技术发明均未做规范①。考虑到澳门作为世界贸易组织成员，澳门有义务就《与贸易有关的知识产权协议》内的规定建立全面保护工业产权的法律机制。澳门政府于回归前 1997 年 12 月 7 日核准公布了第 97/99/M 号法令《工业产权法律制度》（以下简称《工业产权法》），并将与之抵触的第 16/95 号法令核准公布的《工业产权法典》、第 56/95/M 号法令及第 306/95/M 号训令等法规废止。本法至 2000 年 6 月 5 日方得生效，亦即自回归之日起至本法生效前，在澳门，有关工业产权的法律只有一部第 56/95/M 号法令（即通常所称之《澳门商标法》）。本法之后曾由第 11/2001 号法律进行微调。

《工业产权法》共设 5 编，包括总则、工业产权之登记或注册、工业产权之类型、向法院之上诉、监察及处罚。其中，第五编"监察及处罚"第二章"刑事违法行为"为本法之附属刑法，针对本法所保护的各类工业产权规定了侵犯专利权或半导体产品拓扑图罪，侵犯设计或新型之专属权罪，假造、模仿及违法使用商标罪，将产品或物品出售、流通或隐藏罪，侵犯及违法使用原产地名称或地理标记罪，恶意取得之工业产权证书罪等罪名。此外还规定了若干程序法和补充适用法律的规定。

二　犯罪

（一）侵犯专利权或半导体产品拓扑图罪

《工业产权法》第 289 条规定，为获得不正当利益，未经许可，通过制造产品、运用方法或程序、进口或分销相关产品等方式侵犯专利权或半导

---

① 葡萄牙《工业产权法典》亦于 2003 年由葡萄牙第 36/2003 号法令大幅修订。

体产品拓扑图的，构成侵犯专利权或半导体产品拓扑图罪。

本罪所侵犯的对象为专利权和半导体产品拓扑图。根据《工业产权法》之规定，专利权的标的包括发明和实用专利。发明人可以就符合法定要件的发明，申请取得专利证书，成为发明的专利权人，发明的专利权属发明人或其任一名义之继受人所有。实用专利是指能赋予物品某一形状、构造、机制或配置从而增加该物品之实用性或改善该物品之利用的发明。以实用专利之名义要求保护的发明，在符合与发明相同的法定要件的前提下，可获授予专利之专属权，亦可同时或相继申请发明专利。对于专利权的保护范围，本法规定，专利授予之保护范围是由权利要求书之内容确定，说明书及附图是作解释权利要求书之用。如专利之对象与一项方法有关，则因该专利而获取之权利包括从已获专利之方法直接取得之产品。半导体产品拓扑图则指显示该产品含有之各层面之三维配置之一系列被固定或被编码之互联图像。作为创作者的智力成果且非属半导体工业领域常规设计的半导体产品拓扑图，可以通过申请获发拓扑图登记证书而成为本法的保护对象。

本罪的客观行为要件指以从事企业活动之方式，在未经工业产权之权利人同意下做出下列任一行为：一是制造属专利或半导体产品拓扑图之标的之制造品或产品；二是采用或运用属专利或半导体产品拓扑图之标的之方法或程序；三是进口或分销透过以上任一方式获得之产品。发明的专利权以及半导体产品拓扑图的专用权由发明人或相关权利人专门所有，以上述方式侵犯其权利，当属不法。

本罪的主观要件为故意，其目的在于为自己或第三人获得不正当利益，即明知侵犯他人专属权利而接纳该等不法事实发生的心理态度。

构成本罪的，处最高 2 年徒刑或科 60 ~ 120 日罚金。

（二）侵犯设计或新型之专属权罪

《工业产权法》第 290 条规定，为获得不正当利益，以企业活动的方式，未经许可复制、模仿、利用、进口或分销经注册的设计或新型的，构成侵犯设计或新型之专属权罪。

1. 罪状与处罚

本罪所侵犯的法益为设计和新型之专属权。《工业产权法》规定，设计或新型是指以某一产品本身所具备及/或其装饰所使用之线条、轮廓、色彩、形状、质地及/或材料将该产品之全部或部分外观体现出来的创作。在符合本法规定之要件的前提下，该等创作可以通过取得设计或新型之注册证书而获得法律保护，授予其权利人使用该设计或新型，以及禁止第三人在未经其本人同意下使用该设计或新型之专属权。第177条规定，此处所指之使用，包括提供、投放市场、进口、出口或使用某种蕴含或应用该设计或新型之产品，以及为上述目的而储存该产品。

本罪的客观要件指以从事企业活动之方式，在未经工业产权之权利人同意下做出下列任一行为：一是复制或模仿一项经注册之设计或新型之全部或部分特征；二是利用一项经注册之设计或新型；三是进口或分销透过以上两项所指任一方式获得之设计或新型。权利人依法注册后对设计或新型的使用享有专属权，任何未经许可的使用，均属不法。

本罪的主观要件为故意，其目的在于为自己或第三人获得不正当利益，即明知侵犯他人专属权利而接纳该等不法事实发生的心理态度。

构成本罪的，处最高2年徒刑或科60～120日罚金。

2. 本罪与侵犯著作权犯罪的法条竞合关系

按《工业产权法》第179条之规定，设计或新型之注册效力，对于由规范著作权之法例自设计或新型以任何形式被创作或确定之日起所给予之保护不构成影响。因此，本罪与《著作权法》的附属刑法中规定之犯罪存在法条竞合的情形。例如，《著作权法》第209条规定之剽窃作品罪与本罪存在交叉竞合的关系。根据《著作权法》第200－A条之规定，如按其他法律的规定科处更重刑罚，则不适用该法所定罪行的刑罚。可见在法条竞合的情况下适用重法。

（三）假造、模仿及违法使用商标罪

《工业产权法》第291条规定，为获取不正当利益，未经许可假造、复制、模仿或违法使用注册商标的行为，构成假造、模仿及违法使用商标罪。

1. 罪状与处罚

本罪所侵犯的法益为商标权。按《工业产权法》之规定，商标是指能表示形象之标记或标记之组合，尤其是词语，包括能适当区分一个企业之产品或服务与其他企业之产品或服务之人名、图形、文字、数字、影像、产品外形或包装。权利人对注册商标享有专属权，一方面，权利人有权在与权利人企业活动有关之用纸、印件、网页、广告及文件上使用商标。另

一方面，权利人有权阻止第三人在未经其同意下而在所进行之经济活动中将与注册商标相同或易混淆之标记用于与使用注册商标之产品或服务相同或相似之产品或服务上，又或由于有关标记之相同或相似、产品或服务之相似，以致有关使用使消费者在心理上产生混淆之风险，包括将标记与注册商标相联系之风险。

本罪为选择罪名，客观要件是指以从事企业活动之方式，在未经工业产权之权利人同意下做出下列任一行为。

一是全部或部分假造又或以任何方法复制一项注册商标。

二是模仿一项注册商标之全部或部分特征。《工业产权法》第 215 条规定，同时符合下列条件者，即视为全部或部分复制或仿制注册商标：①注册商标享有优先权；②两者均用以标明相同或相似之产品或服务；③图样、名称、图形或读音与注册商标相近，并容易使消费者产生误解或混淆，或具有使人与先前注册之商标相联系之风险，以致消费者只有在细心审查或对比后方可区分。此外，使用构成他人先前注册商标部分之虚拟名称，或以相应颜色、文字排列、奖章及嘉奖而仅使用上述商标之产品之包装或外层之外部设计，以致文盲者不能将之与其他由拥有被正当使用之商标之人所采用之颜色、文字排列、奖章及嘉奖相区分，均构成部分复制或仿制商标。

三是使用假造或模仿之商标。法律虽未严格限定，但此处商标应指注册商标。行为人虽未直接复制或模仿他人之注册商标，但不法使用以前两种方式假造或模仿的商标，其行为亦属不法。

四是使用假造或模仿已在澳门申请注册之驰名商标。《工业产权法》并未对驰名商标及其注册做出明确规范，只在第 214 条"拒绝商标注册之理由"中提及驰名商标，并在相关语境中替换使用"在澳门享有盛誉之商标"。

五是使用体现与在澳门享有盛誉并已在澳门申请注册之先前商标之商标，又或与该先前商标相同或相似的商标，即使用于类似或不同的产品或服务，只要使用是为了从先前商标之识别性或声誉中取得不当利益，又或使用会令先前商标之识别性或声誉受损，其行为皆属不法。

六是在其产品、服务、营业场所或企业上使用一项属于他人之注册商标。

本罪的主观要件为故意，其目的在于为自己或第三人获得不正当利益，即明知侵犯他人商标权而接纳该等不法事实发生的心理态度。

构成本罪的，处最高 3 年徒刑或科 90～180 日罚金。

2. 认定

关于本罪的第四种行为方式，即使用假造或模仿已在澳门申请注册之驰名商标。本法除未明确界定驰名商标外，此处"申请注册"亦易产生歧义，它是指已经注册完毕，还是正处于申请注册的程序中呢？对比前述第三种行为方式，注册商标当然包括注册驰名商标，若此处指已经注册的驰名商标，则显然造成立法上的重复，且本罪仅同一法定刑，未见对侵犯驰名商标行为的更重处罚，则此处宜理解为处于申请注册程序中的驰名商标更合乎逻辑，也体现了对驰名商标的额外保护。

关于第五种行为方式，即使用体现与在澳门享有盛誉并已在澳门申请注册之先前商标之商标的行为。所谓"在澳门享有盛誉的商标"和"驰名商标"的不同之处究竟何在？如何确定"享有盛誉"？此处立法同样含混不清，需要法律进一步明确界定。

关于第六种行为方式，在其产品、服务、营业场所或企业上使用一项属于他人之注册商标。从法律语言的逻辑上看，此种行为方式要么自己复制他人之注册商标，要么使用经他人非法复制的注册商标，亦即其往往包含第一种行为方式，也必然被包含在第二种行为方式中。在此单列一项，恐是立法者强调对他人已注册之商标的违法使用，以区别于假造行为或模仿行为。

3. 本罪与有关行政违法行为的区分

根据本法第 301 条之规定，不法商标之使用的行政违法行为是指，以从事企业活动之方式，将不适或被拒绝注册的标记用于其商标上；或者使用具有关于产品之来源或性质之虚假标记之商标；或者出售或摆放出售具有禁用商标之产品或物品的行为。该等行政违法行为侵害了商标注册制度，而非直接侵害到商标权利人的商标权。

（四）将产品或物品出售、流通或隐藏罪

《工业产权法》第 292 条规定，以第 289～291 条（即前述侵犯专利权或半导体产品拓扑图罪，侵犯设计或新型之专属权罪，假造、模仿及违法使用商标罪）所指之任一方式并在该等条文所指之情况下，故意将假造之产品出售、流通或隐藏的行为，构成将产品或物品出售、流通或隐藏罪。

本罪为前述三罪的衍生罪名。其犯罪客体为以前述三罪的方式侵犯相关专属权而假造的产品。主观要件为故意，即行为人本身虽未直接以前述三罪的行为方式侵犯专属权，但明知该等产品不法，仍予以出售、流通或隐藏。此等行为同样是对相关工业产权的侵犯，当属不法。如果行为人主观上并不明知，即不知所出售的产品为仿造他人注册商标的产品，则不构成本罪。

构成本罪的，处最高 6 个月徒刑或科 30 ~ 90 日罚金。

（五）侵犯及违法使用原产地名称或地理标记罪

根据《工业产权法》第 293 条之规定，为获取不正当利益，未经授权而复制、仿制或违法使用原产地名称或地理标记的行为，构成侵犯及违法使用原产地名称或地理标记罪。

本罪侵犯的法益为经申领证明书而享有的对原产地名称或地理标记的权利。《工业产权法》第 254 条规定，可以通过申领原产地名称证书而受本法保护的原产地名称包括用以表示或识别某一产品来源的某个区域、地方、国家或地区之名称，以及地理或非地理上之某些传统名称，因该区域、地方、国家或地区的地理条件，包括自然因素及人之因素的独特性，有关产品必须在限定之地理区域内生产、加工及制作。可以通过申领地理标记证书而受本法保护的地理标记包括用以标示或识别某一产品的某个区域、地方的名称，或在例外情况下，某国家或地区的名称。该产品之声誉、特定质量或其他特征均得以该地理出处为渊源，且产品必须在限定之地理区域内生产及/或加工及/或制作。经登记的原产地名称及地理标记，在有关区域内成为居民或以认证方式设立营业场所者的共有财产，经登记权利人适当许可后，在上述区域内均可无所区分供该等人使用。同时，《工业产权法》第 259 条规定了经原产地名称或地理标记之登记所获得的权利有权阻止他人的不法侵权行为，包括任何构成不正当竞争行为的使用，未经登记权利人许可的使用，或者在使用上述原产地名称或地理标记之组成词语时加上矫正之词等行为。

由前述可知，登记人对其所登记的名称或标记作为词组本身并无独占权，登记仅表明其产品来源地在形式上的真实性，尤其用于防止针对独特产地产品的不正当竞争行为。因此，本罪所侵犯的法益主要是澳门的原产地登记制度，其次也包括对公平竞争的市场秩序的侵害。

本罪的客观要件指以从事企业活动之方式而实施的以下行为：一是复制或模仿一项受保护之原产地名称或地理标记之全部或部分；二是在无权使用某原产地名称或地理标记下，将复制或模仿该原产地名称或地理标记而成之标记用于其产品上，即使指明产品之真正来源，或即使使用经翻译之原产地名称或地理标记又或在该名称或标记旁加上"类别""种类""方法""模仿""媲美""高于"之词语或其他相似之词语亦然。

本罪的主观要件为故意，其目的在于为自己或第三人获得不正当利益，即明知违法使用原产地名称或地理标记，而接纳该等不法事实发生的心理态度。

构成本罪的，处最高 2 年徒刑或科 60~120 日罚金。

需要注意的是，《工业产权法》第 300 条规定的侵犯对名称及标志之权利的行政违法行为，针对的是营业场所的名称及标志，而非本罪所指之原产地名称或地理标志。

（六）恶意取得工业产权证书罪

《工业产权法》第 294 条规定，非工业产权人恶意为自己或第三人取得工业产权证书的，构成恶意取得工业产权证书罪。

据《工业产权法》第 6 条之规定，本法所指之工业产权均须以相应证书作为证明，因此证书是工业产权人享有相关专属权利的唯一凭证。不享有相关工业产权的人，为着自己或第三人的不正当利益，恶意取得产权证书的行为，既侵害了澳门工业产权登记制度，也侵犯了相关权利人的工业产权，当属不法。本罪的主观要件为故意。

构成本罪的，处最高 6 个月徒刑或科 60~90 日罚金。此外，在因实施轻微违反而做出判处之裁判中时，法院须依职权撤销有关工业产权证书，或者应合法拥有该工业产权凭证人之请求，命令将该证书移转予该人。

三　相关刑事制度

（一）监察与扣押

《工业产权法》第 295 条规定，刑事警察机关须依职权采取适当之监察及防范性之措施，而不论侦查是否展开。如对被保全扣押之物件进行鉴定检查对于确定该物件是否由该物件之权利人或获许可制造或销售之人制造或销售属必要者，则司法当局须命令进行鉴定检查。

（二）刑事诉讼中的辅助人

《澳门刑事诉讼法典》第 57 条规定，被害人、自诉人以及特定情形下被害人的近亲属、法定代理人等有权成为刑事诉讼中的辅助人。此外，特别法亦有权界定辅助人。根据《工业产权法》第 297 条之规定，除获刑事诉讼法赋予有关权利之人外，依法成立之企业团体以及消费者委员会及依法成立之消费者团体亦得成为因实施本法规所指之犯罪而提起之诉讼程序中之辅助人。

（三）准用及补充法律

本法第 298 条规定，对本章所指之犯罪适用 7 月 15 日第 6/96/M 号法律《妨害公共卫生及经济之违法行为之法律制度》第 2~6 条、第 9~16 条及第 18 条规定，内容包括以他人名义的行为、法人的责任、对犯罪未遂的处罚、量刑的确定、徒刑的代替、对法人适用的主刑、附加刑以及法院的强制命令等。该等规定均在上编单行刑法部分有关第 6/96/M 号法律的内容中详述，此处不再赘述。

此外，本法亦可补充适用《澳门刑法典》及《澳门刑事诉讼法典》的有关规定。

第十四章
经济领域的附属刑法

第一节　第 6/2011 号法律《关于移转不动产的
特别印花税》的附属刑法

一　概述

　　作为一个微型自由经济体，澳门的税收制度以税制简单、税种少、税率低为基本特征。规范税收制度的法律主要包括《职业税》《印花税》《物业转移税以及继承及赠与税法典》《消费税规章》《旅游税》《机动车辆税》《营业税》《固定资产重置与摊折之税务规则》《都市物业税》《车辆使用牌照税》《所得补充税》及若干税务补充法例。近年来，澳门政府实行退还职业税的政策，可见，作为政府财政收入主要来源的并非居民纳税，而是专营税，尤其是博彩专营税①。在低税政策下，税法一般仅设置对行政违法行为的处罚，基本上不设立偷逃税款的罪名，

---

①　对博彩专营税的征收并非通过法律予以规定，而是按照专营批给合同中的相关条款进行征收。

但并不排除实施与纳税相关的行为可能构成一般法例中的犯罪①。

尽管如此,随着澳门经济的急速增长,在特定经济领域,税收作为调控手段的功能又凸显出来。近年来,澳门楼市泡沫激增,为打击房地产投机行为,抑制快速增长的澳门楼价,减低澳门楼市的泡沫化现象,立法者决定采用印花税作为调控手段之一,亦在当中规定有关行为的刑事责任。

2011 年,澳门立法会制定了第 6/2011 号法律《关于移转不动产的特别印花税》(以下简称《特别印花税法》),特别设立移转本地已建成、兴建中或正在规划兴建的居住、商业、写字楼或机动车辆停泊用途(即通称之"车位")的不动产或其权利而须缴纳的特别印花税。法律生效后,尽管在抑制楼价方面取得一定成效,但当局认为仍有检讨空间,2012 年,立法会通过第 15/2012 号法律,以修改补足《特别印花税法》的有关条文,进一步扩大缴纳特别印花税的范围,并增加额外印花税下现有物业持有期的税率。《特别印花税法》虽未设立新的罪名,但明确规定了适用《澳门刑法典》一般法例中的 3 个罪名。

二 犯罪

《特别印花税法》第 13 条规定,伪造本法律所指文件、文书或行为,特别是修改有关日期者,适用《澳门刑法典》第 244 ~ 246 条的规定,即伪造文件罪、伪造具特备价值之文件罪、公务员所实施之伪造罪。

(一) 伪造文件罪

根据《澳门刑法典》第 244 条之规定,伪造文件罪是指意图达到不法目的而伪造本法所指文件、文书的行为。

根据本法第 2 条之规定,本罪的行为客体为用作取得不动产或其权利的文件、文书。针对该等文件的伪造行为包括以下 3 种方式。

(1) 制造虚假文件,伪造或更改文件,又或滥用他人之签名以制作虚

---

① 以第 15/77/M 号法律《营业税章程》(经第 12/85/M 号法令修订)为例,该法第 37 条规定,经营者未提交 M/1 格式申报书而营业,科处 200 元至 10 万元之罚款。第 40 条规定,纳税人在其提交之 M/1 申报书上故意申报虚假资料或遗漏任何对其业务作分类起重要作用之事实,则科处 200 元至 10 万元之罚款,但不影响对其做出倘有之刑事追诉。亦即当中虚假资料的行为可构成《澳门刑法典》规定的作虚假之当事人陈述或声明。

假文件；

（2）使法律上之重要事实，不实登载于文件上；

（3）使用由他人制造、伪造或更改之以上两项所指之文件。

本罪的主观要件为故意，即意图造成他人或本地区的损失，或意图为自己或他人获得不当利益，而希望或接纳不法事实发生的心态。

构成本罪的，处最高 3 年徒刑或科处罚金。本罪的犯罪未遂者亦得处罚。

（二）伪造具特别价值之文件罪

根据《澳门刑法典》第 245 条之规定，伪造具特别价值之文件罪，是指意图达到不法目的，而伪造具特别价值之文件的行为。

本罪的行为对象为公文书或具同等效力之文件、身份证明文件、识别须登记之动产之根本文件、密封遗嘱、邮政汇票、汇票、支票，或可背书移转之其他商业文件，又或系任何不属第 257 条所指之等同于货币的债券的其他债权证券。其行为方式与伪造文件罪相同。从行为对象的范围及法定刑的上下限看，本罪是伪造文件罪的特殊法和重法。

构成本罪的，处 1～5 年徒刑。

（三）公务员所实施之伪造罪

根据《澳门刑法典》第 246 条之规定，公务员在其实施职务时实施伪造文件、伪造具特备价值之文件或其他伪造行为，即构成公务员所实施之伪造罪。

本罪的犯罪主体为《澳门刑法典》第 336 条所规定的公务员。其行为方式包括两类：一是公务员在执行职务过程中，实施前述之伪造文件或伪造具特别价值之文件的行为。二是公务员在执行职务的过程中，在法律赋予公信之文件中略去不提该文件所拟证明或认证之事实；或者不遵守法定手续，将行为或文件加插于官方之函件登记册、记录或簿册内。

本罪的主观要件为故意，即公务员意图造成他人或本地区有所损失，又或意图为自己或他人获得不正当利益，希望或接纳不法事实发生的心态。

根据犯罪主体的范围、行为方式的种类以及法定刑的上下限，本罪与伪造罪、伪造具特别价值之文件罪之间存在交叉竞合关系，发生竞合时，应当适用本罪名。

构成本罪的，处 1～5 年徒刑。

第二节　第10/2012号法律《规范进入娱乐场和在场内工作及博彩的条件》的附属刑法

澳门博彩业的迅猛发展在为本地带来巨额财政收入的同时，不仅带来产业形式单一、就业单一等问题，亦对本地人口质素及青少年的教育成长产生不可忽视的影响。为此，澳门立法会于2012年制定并颁布了第10/2012号法律《规范进入娱乐场和在场内工作及博彩的条件》，制定一系列禁止性规定，旨在规范进入娱乐场和在场内进行幸运博彩的条件；提高青少年接触娱乐场及博彩的年龄门槛，禁止未满21岁的人在娱乐场内从事职业活动；及规范被禁止博彩的人的投注金额及其赢取的彩金或其他幸运博彩收益的价值的归属。

针对违反本法的禁止性规定，本法第三章"处罚制度"中设有普通违令罪。

一　禁止性规定

（一）进入娱乐场的禁止性规定

本法第2条规定，禁止下列者进入娱乐场：

（1）未满21岁的人；

（2）经确定的司法裁判宣告的禁治产人或准禁治产人；

（3）明显精神失常的人；

（4）公共行政工作人员，包括公务法人的工作人员，以及保安部队及保安部门的人员，但经行政长官许可者除外，且不影响第5条规定的适用；

（5）明显处于醉酒状态或受毒品作用影响的人；

（6）携带武器、爆炸装置或爆炸物的人；

（7）携带主要用于录像或录音，又或除录像、录音外并无其他重要用途的仪器的人，但经有关承批公司许可者除外。

上述人员不得直接或借他人在娱乐场内进行任何幸运博彩，禁止范围包括所有经娱乐场入口方能进入的地方。

此外，为配合戒除赌瘾人士的需要，本法第 6 条还规定了有关应请求而禁止进入娱乐场的制度，即任何人自行提出或确认由其配偶、尊亲属、卑亲属或二等旁系血亲所提出的禁止其进入娱乐场申请时，博彩监察协调局局长可禁止其进入全部或部分娱乐场，为期最长 2 年。被针对人可随时请求废止上款规定的禁止措施，但有关废止自提出请求之日起计满 30 日后方产生效力。禁止措施于逾期或被废止后，得在被针对人提出或确认新申请时，延续有关期限。

（二）在娱乐场工作的禁止性规定

本法第 3 条规定，禁止年龄未满 21 岁的人于娱乐场内以自雇或受雇的形式从事职业活动，但法律另有规定者除外。如未满 21 岁的人因具备专业技术而可提供必要的协助，博彩监察协调局局长可按个别情况许可其于特定娱乐场内以自雇或受雇的形式从事职业活动。

（三）在娱乐场内博彩的特别禁止

本法第 4 条规定，以下的人可自由进入娱乐场，但不得直接或借他人于娱乐场进行任何幸运博彩。

（1）行政长官；

（2）政府主要官员；

（3）行政会委员；

（4）承批公司或管理公司的机关成员及其陪同的被邀请的人，但以相关批给所包括的娱乐场为限。承批公司的工作人员不得直接或借他人于其雇主所经营的娱乐场进行幸运博彩。

此外，本法第 5 条规定，以下的人可为执行职务而进入娱乐场，但不得直接或借他人进行任何幸运博彩。

（1）法院司法官及检察院司法官，以及司法辅助人员；

（2）廉政公署公务人员；

（3）审计署公务人员；

（4）博彩监察协调局公务人员；

（5）保安部队及保安部门人员；

（6）海关公务人员；

（7）澳门金融管理局公务人员；

（8）获行政长官按个别情况给予许可的其他公务人员。

（四）驱逐出娱乐场

本法第9条规定，除违反本法律的禁止规定者外，做出以下行为的人亦应被驱逐出娱乐场，且不影响刑事诉讼法的适用。

（1）在违反禁止进场的司法裁判或行政决定的情况下进入娱乐场。

（2）本法规定的任一实体要求出示身份证明时拒绝出示。本法第10条规定，有权要求娱乐场的客人出示身份证明和驱逐娱乐场客人离场的实体包括治安警察局、司法警察局、博彩监察协调局的督察及有关主管人员，以及娱乐场的管理层人员。

（3）在法定期限结束前进入被驱逐出的娱乐场。

（4）违反幸运博彩规则。

（5）构成滋扰。

（6）未经承批公司许可在娱乐场内出售或意图出售任何财产或服务，又或进行任何财产或服务交易。

（7）做出阻碍娱乐场的良好运作或妨碍其他客人的行为或表现。

由博彩监察协调局局长决定是否提起处罚程序，以及倘提起处罚程序是否采取本法第16条所规定的防范性措施，即在处罚程序期间禁止其进入娱乐场。

二 普通违令罪

本法第12条规定，不服从驱逐令或有关禁止进入娱乐场司法裁判或行政决定的行为，构成普通违令罪。

本罪的行为方式包括两类：一是不服从治安警察局或司法警察局人员发出或确认的驱逐令的行为。二是被适当地通知禁止进入娱乐场的司法裁判或行政决定，但不服从有关司法裁判或行政决定的行为。需要注意的是，前述可知，本法中可以将客人驱离娱乐场的实体及人员除治安警察局及司法警察局人员之外，还有博彩监察协调局的督察及有关主管人员，以及娱乐场的管理层人员，但仅不服从治安警察局及司法警察局发出的驱逐令的行为，可构成本罪。

根据《澳门刑法典》第312条之规定，不服从由有权限之当局或公务员依规则通知及发出之应当服从之正当命令或命令状者，处最高 1 年徒刑，或科最高 120 日罚金。

第三节　金融贸易法律中的附属刑法

一　第 32/93/M 号法令《金融体系法律制度》的附属刑法

澳门地方虽然小，但由于其特有的博彩产业，其金融领域的活动也相对复杂，金融犯罪活动亦特别值得关注。

目前在澳门，金融活动的监管机构为澳门金融管理局（AMCM）。较为基础性的规范性法律为第 32/93/M 号法令《澳门地区金融体系法律制度》。本法对金融机构、信用机构及其主要活动设定了基本法律框架。为保护正常的金融秩序法益，其中的附属刑法包括未经许可接受存款罪、若干轻微违反，以及相关的刑事制度。

（一）未经许可接受存款罪

本法第 121 条规定，违反本法规定，未经许可接受公众存款或其他款项的行为，构成未经许可接受存款罪。

本法的客观前提为未经根据本法规或特别法例之许可。本法对于接受存款及其他款项设定了要件及预先许可制度。本法规定，可以经营金融业务的信用机构为银行、储金局、融资租赁公司，以及包含接受公众存款业务及自负风险而批给贷款的企业。本法第 16 条规定，只有按法定条件设立并获得许可的信用机构及其人员，方可从事接受存款的业务。为此，澳门金融管理局每年均在《澳门特别行政区公报》刊登获得许可并接受监管的信用机构名单。因此，凡未经上述许可而从事接受公众存款或其他应偿还款项业务的行为，不论是否定立利息，不论是否以自己的名义实施，皆为不法。

需要注意的是，本罪的犯罪主体为自然人，并不包括法人（信用机构）。本罪的主观要件为故意。

构成本罪的，处 2 年以下徒刑。

（二）轻微违反及其程序

1. 轻微违反

本法第二章第 122 条规定，所有违反本法规之规定及载于 AMCM 通告或传阅文件内之规章性规定、干扰信用体系或歪曲货币、金融及外汇市场运作之正常条件等行为，均构成可处罚之轻微违反。其中，下列做法或行为构成特别严重之违法行为。

（1）受监管之机构从事未包括在有关所营事业内之任何业务，及从事未经许可之经营活动或特别禁止该机构进行之经营活动；

（2）任何人士或实体未经许可而从事上项所指机构之专有经营活动；

（3）伪造或不存在适当组成之会计，以及不遵守所适用之会计规定及程序，而可能影响对机构之财产及财政状况之了解；

（4）拒绝或妨碍 AMCM 之监管工作；

（5）不遵守用作确保机构之清偿能力及偿付能力、预防风险，以及保障存款人及其他债权人之具法律、规章或行政性质之规定及谨慎限额，而引致或可引致其财政结构之平衡受影响；

（6）不遵守第 82 条所指之提供资讯之义务；

（7）公司资本之缴付或有关增资与所许可者不符；

（8）违反批给贷款之法定限制及向第 65 条及第 66 条第 1 款 b、c 及 d 项所指人士批给贷款及提供担保；

（9）不遵守有关之法定限制而对信用机构及其他金融机构进行合并、分立或组织变更；

（10）在违反 AMCM 命令之情况下进行广告活动；

（11）拒绝向 AMCM 提供资讯或寄送必须送交之资料；

（12）向 AMCM 送交或出示任何虚假资讯或文件；

（13）不遵守第 40～46 条规定之公司出资之控制制度；

（14）违反第 49～51 条所载规定；

（15）不遵守在登记方面之义务；

（16）在科处某一制裁后，构成轻微违反之事实继续存在，而不当事情未能在 AMCM 所订之期限内弥补。

2. 程序性规定

（1）空间上之适用。本法第 123 条规定，不论行为人之国籍为何，本法有关违法行为的规定适用于在本地区做出之事实；或者在外地做出之事实，而该等事实之责任人为住所在本地区之信用机构、住所在外地之机构在本地区之分行，或对该等机构而言属于第124条第4款所规定的任一情况之人士。

（2）责任人。自然人或法人，即使属不当设立之法人，及无法律人格之社团，须共同或单独对本章所指之违法行为负责。法人，即使属不当设立之法人，及无法律人格之社团，对有关机关之成员及担任领导、主管或管理职务之据位人在担任职务时做出之违法行为，以及对有关代理人以集合实体之名义及利益做出之违法行为等，均应承担责任。集合实体之责任不排除在该集合实体内持有公司出资，担任领导、主管或管理职务之机关成员之个人责任，或以该集合实体之法定或意定代理进行活动人员之个人责任。

（3）刑事责任的竞合。对做出本章所指违法行为之制裁程序，不排除倘有之刑事性质之责任。

（4）制裁。在不影响科处法律规定之其他制裁之情况下，对轻微违反还可处以罚款；中止任何股东行使表决权为期1~5年；停止在任何受监管之机构担任公司职务及管理或领导职务为期6个月至5年。

连同上条所规定之制裁，可科处附加制裁；丧失用于经营活动之资本；公布制裁。着手未遂及过失须受处罚，但罚款之最高及最低限额则减半。

（5）程序之提起。对本法规所指之轻微违反，提起程序及组成卷宗属AMCM之权限。

（6）时效。科处制裁程序之时效，系自所犯违法行为之日起3年①。

二 第16/96/M号法令《酒店业及同类行业之新制度》的附属刑法

（一）概述

20世纪90年代，随着澳门经济开始起步，澳门旅游业面临着新挑战，立法者认为应对规范旅游业之法例做出修订及调整以活跃潜在市场，并向来本地区之旅游者提供良好的住宿及娱乐条件，提高酒店行业质量，使其符合国际上公认之标准。1996年，澳门政府制定并颁布了第16/96/M号法

---

① 此处法条称针对"本章"所指制裁程序，应非指不法接受存款罪的追诉时效，而仅指有关轻微违反行为的制裁时效。

令《酒店业及同类行业之新制度》，修正及调整酒店行业及同类行业之规定，重新确定控制及监察机制即证照发出制度，调整处罚制度，并加重有关卫生及安全方面之处罚。违反本法规规定者、酒店场所及同类场所执照持有人须受警告、罚款、临时封闭场所及永久封闭场所的处罚。

本法中的附属刑法规定了一个违令罪。

（二）违令罪

本法第 68 条规定，酒店及同类场所执照持有人获通知实施封闭场所者，如不在通知后 24 小时内封闭场所，则须承担违反公共当局正当命令之刑事责任。前述规定亦适用于命令永久或临时封闭场所之情况。对酒店场所科封闭场所的处罚时，应在通知处罚之日仍在酒店内之顾客结束其住宿后，方封闭场所。发出执照之实体得要求治安警察厅协助封闭及封闭场所。

《澳门刑法典》第 312 条规定，不服从由有权限之当局或公务员依规则通知及发出之应当服从之正当命令或命令状者，构成普通违令罪，处最高 1 年徒刑，或科最高 120 日罚金。

三 第 27/97/M 号法令《求取及从事保险业务之新法律制度》的附属刑法

为维护正常的保险领域的经济秩序，第 27/97/M 号法令《求取及从事保险业务之新法律制度》（以下简称《保险业务法律制度》）专门针对保险行业的活动做出规范[①]，包括保险活动之监管、协调及监察，保险业务之求取条件，从事保险业务之条件，保险人之组织变更，以及再保险制度等。本法规定，行政长官有权监管协调保险业务，具体则由澳门金融管理局实施监管。本法的附属刑法设有不法从事保险活动罪、轻微违反及有关制裁程序的规定。

（一）不法从事保险活动罪

本法第 119 条规定，违反本法的有关许可制度规定而从事保险业务的，构成不法从事保险活动罪。

---

① 保险业务属金融活动，亦受前述第 32/93/M 号法令《金融体系法律制度》的规范。

本罪的客观行为包括两类。一是以本人名义做出保险业务所固有之行为或活动。二是以所营事业非为保险业务之法人或无法律人格社团之代表或机关据位人之名义做出保险业务所固有之行为或活动。本罪的犯罪主体包括自然人和法人。根据本法之规定，在澳门从事保险业务须取得预先许可，由行政长官听取金融管理局意见后以行政批示的方式设立。保险业务的范围具有专门性，不得同时经营人寿保险和一般保险。据此，违反本法有关许可制度，非法从事保险业务的行为当属不法。

自然人构成本罪的，处最高 2 年徒刑。法人构成犯罪的，科处最高 360 日罚金。

（二）轻微违反及其处罚

1. 轻微违反

本法第 120 条规定，不遵守本法规之规定，又或不遵守金融管理局（AMCM）之通告或通知内所载之施行规则，以及影响保险业务正常运作条件或对该情况制造假象之作为或不作为，构成轻微违反。

特别严重之轻微违反包括：

（1）保险人或再保险人经营非为其所营事业范围内之业务；

（2）不当使用第 7 条所指名称；

（3）保险人使用由未经许可之保险中介人所提供之服务；

（4）在规定之情况下不做通知或无获预先之许可；

（5）公司资本之缴付、增加及减少无按获许可之规定为之；

（6）不遵守适用于记账方面之规定；

（7）拒绝或延迟向金融管理局（AMCM）提供或送交必需之资讯或资料；

（8）向金融管理局（AMCM）出示或送交虚假信息；

（9）不履行特别登记方面之义务；

（10）不遵守为未满期责任之转移所定之制度；

（11）在金融管理局（AMCM）所定期间内未设立技术准备金或未对技术准备金设立担保又或不增加拨做担保之资产；

（12）阻碍或妨碍金融管理局（AMCM）监察；

（13）经科处处罚后，构成违法行为之事实仍存在，但仅以该不当行为不在金融管理局（AMCM）所定期间内弥补之情况为限。

2. 处罚

对轻微违反，按其严重性科处罚款；中止行政管理机关或具有同等职能之其他机关6个月至5年；暂时部分或全部中止为经营保险业务而发给之许可；以及废止为经营保险业务而发给之许可。同时还可科处的附加处罚包括没收在所进行之活动上运用之资金。

由处罚批示转为确定日起之1年内，实施本法规所规定之任何违法行为视为累犯。未遂犯及过失者须受处罚，但罚款之最高及最低限度减半。

四 第7/2003号法律《对外贸易法》的附属刑法

澳门作为一个自由经济区，对外贸易是经济活动极其重要的组成部分。回归前，澳门政府颁布第66/95/M号法令，用以规范澳门对外贸易的各个经济环节。回归后，澳门对外贸易迅猛发展，2003年，立法会重新制定第7/2003号法律《对外贸易法》，对澳门对外贸易的程序、口岸、产地来源等方面做出制度性规定。同时也建立了对违反本法规定之活动的处罚制度。

（一）在许可的地点以外进行活动罪

本法第21条规定，在专门地点以外地方，以任何方式使货物运入或运离澳门特别行政区的行为，构成在许可的地点以外进行活动罪。

本罪的要件行为为在专门地点以外的地方将有关货物运入或运离澳门。所谓专门地点，根据本法第12条第1款之规定，货物的运入及运离，只能经由官方为此而指定的关口进行。在此专门指定关口之外的地方使货物进入或离开澳门的行为，违反了本法建立的对外贸易活动的监管制度，当属不法。本罪的主体包括自然人和法人。主观要件为故意。

构成本罪的，自然人处最高1年徒刑，或科最高200日罚金。法人或无法律人格社团科处最高澳门币20万元罚金。实体责任并不排除有关人士的个人责任。犯罪未遂者亦须处罚。

（二）程序性规定

有关货物及曾用于或预备用于做出第1款所指事实的物件亦须予以扣押，且在判刑的情况下，宣告归澳门特别行政区所有。

当局或执法人员目睹任何违反本法律规定的行为，应制作或命令制作实况笔录，并将之送交有权限实体。如属怀疑实施犯罪的情况，则须在最短时间内将实况笔录送交检察院。

第四节　专业资质法律中的附属刑法

一　第38/89/M号法令《从事保险中介人业务的制度》的附属刑法

回归前，澳门政府以第38/89/M号法令《从事保险中介人业务的制度》（后经第27/2001号行政法规修改），用以规范保险中介人的资质许可及从业守则。本法全文无刑事责任规定，仅界定行政违法行为及其处罚。

（一）保险中介人及其义务

保险中介是指自然人或法人与保险公司之间有关保险合同和保险业务的洽谈、签订及辅助业务。保险中介业务受澳门金融管理局监察，仅可由已获金融管理局依法许可的保险中介人从事。保险中介人是指具备本法规所定要件并借收取报酬而以投保人或一家或多家保险公司的名义和为彼等的利益从事保险中介业务的人。保险中介人分为3类，即保险代理人、保险推销员及保险经纪人，从事不同类的保险业务需要预先得到金融管理局的许可。本法明确规定保险业务的专属性，保险中介仅可由已获澳门金融管理局按本法规和其他补充规定许可作为保险中介人的自然人或法人从事。此外，保险中介人不可介入特区政府、公益法人、公有企业自治实体等实体的保险业务。

中介人的义务包括向被保险人正确和详尽地陈述保单的条款；向保险公司报告其将承保的风险的细节；在获悉所承保的风险发生可能影响保险合同及保险业务条款的改变，以及可能影响事故理赔的一切事实时，须向保险公司详细报告；不介入违反该等规范的保险合同或保险业务的签立；只得在获许可于澳门特别行政区从事业务的保险公司为澳门特别行政区居民办理保险合同或保险业务；不以其本身名义承保风险；就从事本身业务而知悉的事实，对第三者负职业保密的义务；按中介合同所定期限，向保险公司提交所有已收讫的收据的账目；不收取高于澳门金融管理局以通告形式订定的佣金；向澳门金融管理局缴纳登记费；向澳门金融管理局提供该局认为适当的一切资料，在请求许可时提交的任何资料如有更改，亦应通知澳门金融管理局。

（二）处罚①

1. 一般性处罚

本法规定，凡违反本法规和补充法例的规定以及违反载于澳门金融管理局通告内的规范性命令者，科处罚款，或暂时中止许可或废止许可。

2. 科处暂时中止许可或废止许可的行为

不履行本法所规定的义务，或实施下列违法行为且达一定的严重程度者，应科处暂时中止许可或废止许可的处罚。

（1）从事澳门特别行政区居民与未获许可的保险公司之间的保险中介业务；

（2）中介人以本身名义承担风险；

（3）申请从事保险中介业务的许可时，故意提供虚假或失实的声明；

（4）故意隐瞒可能影响保险合同或保险业务条款的事实的存在，且该等事实若为保险公司所知悉时，会导致不签立、解除或不修订保险合同或保险业务，又或在不同条款下方接受该等保险合同或保险业务；

（5）为取得个人利益而实行不正当竞争；

（6）保险经纪人从事与其公司所营事业无关的业务；

（7）篡改账目；

（8）拒绝接受稽查。

此外，对未按规定取得保险公司书面同意而签立保险合同或保险业务或理赔保险事故；在申请从事保险中介业务的许可时，故意提供虚假或失实的声明；保险经纪人从事与其公司所营事业无关的业务；篡改账目等违法行为处以 5000 元至 1 万元罚款。对未获澳门金融管理局许可而从事保险中介业务者，科澳门币 1 万元至 5 万元的罚款。

（三）简评

由上可知，本法并未设立罪名或规定刑事责任的承担，而仅列出行政

---

① 此处所列既非犯罪，亦非轻微违反，而是行政违法行为及其处罚，列入此内容仅为说明本节第三部分的立场。

违法行为及其处罚。但其中一些受处罚的违法行为已明显符合《澳门刑法典》《保险业务法律制度》或其他刑事法例中的罪状规定，而本法却对其仅处以罚款或终止许可。如篡改账目可构成《澳门刑法典》所规定之伪造文件罪；从事无关业务的行为可构成第 27/97/M 号法令《保险业务法律制度》所规定之不法从事保险活动罪；申请从事保险中介业务的许可时，故意提供虚假或失实声明的行为可构成《澳门刑法典》所规定之做虚假之当事人陈述或声明罪。凡此不一而足。因此，对本法的处罚规定应理解为本法所定制裁不影响行为人可能承担的刑事责任。

二　第 66/99/M 号法令《私人公证员通则》的附属刑法

为分担本地区 3 个公共公证机构积压之工作，私人公证员于 1991 年作为新公证机关而设立。到 1999 年，私人公证员的声誉颇受质疑。澳门政府借补充新的《公证法典》之际，制定并颁布了第 66/99/M 号法令《私人公证员通则》，以确认私人公证员的法律地位，并采用与公共公证员并行的方式规范其业务行为，同时仍保留其所具有的私人属性。

（一）私人公证员及其义务

1. 私人公证员的委任

本法规定，符合下列全部条件之律师，得获委任为私人公证员。

（1）非为实习律师；

（2）已在代表律师之机构内做出合乎规范及确定之注册；

（3）在本地区设有事务所并执业；

（4）未因做出严重损害名誉之故意犯罪而被起诉、被指定审判日期或被判罪。

私人公证员受关于律师不得兼任之制度约束。

2. 法定义务

本法规定，私人公证员负有使公证机构具有庄严性的义务。在私人公证员从事律师业务之事务所之设施内，应设置一独立空间，专门用作放置行使公证职务所需之簿册及文件之档案，即使该空间由多名私人公证员共享亦然。私人公证员还负有保密义务、公正无私的义务，在执行职务时须公正无私，尤应面对出现之利益时以自主及独立之方式行事，不做出任何会损害非为有

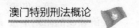

关律师事务所顾客而使用其公证机构服务之人之行为，以及不向该等人提供不适当之协助。此外，私人公证员不应做出不正当竞争之行为。

（二）刑事责任

1. 公务员的职务犯罪

本法第 16 条规定，私人公证员就其执行职务时做出之行为，负有一如公务员就其执行职务时做出之行为所应负之刑事责任。《澳门刑法典》中有多个由公务员构成的犯罪，其中还专章规定有公务员执行职务时的犯罪，如受贿罪、公务上之侵占罪、滥用权力罪等。私人公证员虽不属《澳门刑法典》第 336 条所规定的"公务员"的范围，但本条意指当私人公证员实施该等由公务员实施的符合罪状的事实时，应承担公务员相应的刑事责任。

2. 自称私人公证员罪

本法规定，在不能合法执行职务的情况下，自称为私人公证员的，构成自称私人公证员罪。

本罪的客观前提是在不具备充分凭据下，或者在中止或终止执行有关职务后。其行为方式为以任何方式自称为私人公证员之人、使用私人公证员标志之人或援用私人公证员身份。私人公证员身份的取得须符合本法有关法定要件及许可程序，自称为私人公证员的行为当属不法。

构成本罪的，处最高 1 年徒刑，或科最高 120 日罚金，并禁止其执行公共或私人公证职务，为期最长 3 年。

本罪与《澳门刑法典》第 322 条职务之僭越罪存在法条竞合关系。职务之僭越罪，是指明示或默示自己具有公务员或公共保安部队成员之身份，而在未经许可下，执行公务员或公共保安部队之职务，或做出公务员或公共保安部队成员本身之行为；不拥有或不具备法律要求从事某一职业所需拥有或具备之某一资格或某些条件，明示或默示自己拥有或具备此资格或条件，而从事该职业；或获正式通知被撤职或停职后，继续执行公共职务。对构成职务之僭越罪的，处最高 2 年徒刑，或科最高 240 日罚金。可见本罪处刑较轻。不过，鉴于私人公证员仅在承担刑事责任时被视为公务员，较轻的处刑是合理的。

三 第 71/99/M 号法令《核数师通则》的附属刑法

第 17/78/M 号法令是澳门首部规范会计师和核数师注册的法规，随着澳门社会的变化和经济的发展，该法令已明显不足以适合核数师从事专业活动。为此，1999年，澳门政府制定并颁布了第71/99/M号法令《核数师通则》，用以规范核数师的专业活动，并制定相应的罚则，包括刑事责任的承担。

（一）概述

本法规定，按本法规定注册，从事账目复核和签发合法证明，以及负责规划、组织及执行自然人、公法人或私法人的会计，或承担执行自然人、公法人或私法人会计的责任且与这等法人共同签署税务申报书的人士称为核数师。只有登录在由注册核数师暨会计师注册委员会（CRAC）编制名单上的核数师和核数公司才能从事有关职务。

核数师应遵守一般勤勉执行职责的义务，包括对顾客的义务、对税务行政当局的义务，核数师和核数公司亦应履行的相互义务。核数师和核数公司则应共同对CRAC履行相关义务。此外，核数师应履行职业保密义务，包括不能向本地区或外地企业、公共实体或私人实体提供在从事服务中获知的任何事实资料、文件内容或其他资料，但法律强制规定提供或经有此权限的实体批准提供则除外。

（二）刑事责任

1. 职务之僭越罪

本法第105条规定，未向CRAC注册或有关注册被中止或被吊销，却擅自明确或默示已有注册或持有注册而履行本通则规定之职责的行为，构成职务之僭越罪。

《澳门刑法典》第322条职务之僭越罪，是指明示或默示自己具有公务员或公共保安部队成员之身份，而在未经许可下，执行公务员或公共保安部队之职务，或做出公务员或公共保安部队成员本身之行为；不拥有或不具备法律要求从事某一职业所需拥有或具备之某一资格或某些条件，明示或默示自己拥有或具备此资格或条件，而从事该职业；或获正式通知被撤职或停职后，继续执行公共职务。对构成职务之僭越罪的，处最高2年徒刑，或科最高240日罚金。

2. 加重违令罪

本法第106条规定，故意不执行CRAC在行使其权限时发出之指令者，构成严重违令。《澳门刑法典》第312条规定，不服从由有权限之当局或公

务员依规则通知及发出之应当服从之正当命令或命令状的，构成违令罪，而加重违令的行为最高处 2 年徒刑或科 240 日罚金。

四 第 72/99/M 号法令《会计师通则》的附属刑法

澳门政府颁布第 72/99/M 号法令《会计师通则》用以规范会计师的登记注册及职业行为。大体而言，对会计师的规范与核数师相类似。

（一）概述

本法规定，从事规划、组织及执行自然人、公法人或私法人的会计，或承担执行自然人、公法人或私法人会计的责任且与该等法人共同签署税务申报书的人士称为会计师。从事规划、组织、协调或执行自然人、公法人或私法人的会计，并与有关的公司有劳务联系性质，且与该等法人共同签署税务申报书的人士称为专业会计员。只有登录在由核数师暨会计师注册委员会编制名单上的会计师和会计公司才能从事有关职务。须签署有关公司的税务申报书之会计员，还需做专业会计员之登记。

注册会计师及专业会计员应对会计职业声誉做出贡献、凭借良知和勤恳履行其职务，避免任何有违会计职业尊严的行为；只接受可运用其具有之足够专业能力来提供的工作，并根据法律规范及专业知识以执行之。在顾客关系上，注册会计师、专业会计员及注册会计公司应凭良知和勤恳履行其职务。如没有合理和事先经 CRAC 认可的理由，注册会计师、专业会计员及注册会计公司应完成会计年度结算工作，提供税务申报书。遵守《会计师通则》的规定和遵守 CRAC 的规章、决议和指引。此外，注册会计师及专业会计员同样负有职业保密义务，不得向本地区或外地企业、公共实体或私人实体提供在从事服务中获知的任何事实资料、文件内容或其他资料。

（二）刑事责任

1. 职务之僭越罪

本法第 85 条规定，未向 CRAC 注册或有关注册被中止或被吊销，却擅自明确或默示已有注册或持有注册而履行本通则规定之职责的行为，构成职务之僭越罪。

《澳门刑法典》第 322 条职务之僭越罪，是指明示或默示自己具有公务员或公共保安部队成员之身份，而在未经许可下，执行公务员或公共保安部队之职务，或做出公务员或公共保安部队成员本身之行为；不拥有或不具备法律要求从事某一职业所需拥有或具备之某一资格或某些条件，明示或默示自己拥有或具备此资格或条件，而从事该职业；或获正式通知被撤职或停职后，继续执行公共职务。对构成职务之僭越罪的，处最高 2 年徒刑，或科最高 240 日罚金。

2. 加重违令罪

本法第 86 条规定，故意不执行 CRAC 在行使其权限时发出之指令者，构成严重违令。《澳门刑法典》第 312 条规定，不服从由有权限之当局或公务员依规则通知及发出之应当服从之正当命令或命令状的，构成违令罪，而加重违令的行为最高处 2 年徒刑或科 240 日罚金。

五 第 16/2012 号法律《房地产中介业务法》的附属刑法

（一）概述

澳门关于房地产中介业务的规范过往见于《澳门民法典》《澳门商法典》及《澳门行政程序法典》中的相关条款。鉴于澳门楼市急速升温，立法会于 2012 年制定并颁布了第 16/2012 号法律《房地产中介业务法》，以全面规范房地产交易中介人员的从业资格和业务行为。此后，澳门政府又颁布第 4/2013 号行政法规、第 60/2013 号及第 61/2013 号行政长官批示，进一步确认《房地产中介业务法》的施行细则。

本法除规定一个普通违令罪外，未设立新的罪名。

（二）普通违令罪

根据《房地产中介业务法》第 28 条之规定，有法定义务而拒绝让执行职务的房地产中介主管实体的人员进入有关场所及在其内逗留的行为，构成普通违令罪。

本罪的犯罪主体为房地产中介人及其全体雇员，包括行政管理机关成员、董事、经理或辅助人员，以及房地产经纪。根据本法规定，该等人员有接受监察的合作义务。具体而言，在具房地产中介范畴职责的主管实体的人员执行监察职务并适当表明其身份时，必须让工作人员进入须受监察的地点及商业营业场所，并在其内逗留直至完成监察工作为止；必须出示和提供所要求与从事房地产中介业务有关的文件及信息。在负有该等合作义务的前提下，拒绝让执行职务的具房地产中介范畴职责的主管实体的人员进入受监察的地点及商业营业场所及在其内逗留的行为，即构成普通违令罪。

根据《澳门刑法典》第 312 条之规定，构成普通违令罪的，处最高 1 年徒刑，或科最高 120 日罚金。

第十五章
其他领域的附属刑法

第一节　第2/96/M号法律《规范人体器官及组织之捐赠、摘取及移植》的附属刑法

一　概述

　　器官的摘取、移植等问题长期以来在澳门存在法律空白，葡萄牙的相关立法并未延伸至澳门。为填补此项空白，也为符合国际组织及国际法律文件的指引性要求，澳门立法会于1996年制定并颁布了第2/96/M号法律《规范人体器官及组织之捐赠、摘取及移植》①。此后，澳门政府制定第12/98/M号法令，以对本法所指之死后捐赠人纪录（REDA）及捐赠人个人卡之发出做出规定。除本法外，相关法律还包括第4/96/M号法律、第7/99/M号法令、第111/99/M号法令等②。

---

① 本法基本照搬葡萄牙第12/93号法律《人体器官及组织的摘取及移植》，但在死后捐赠制度及特定处分制度方面有所区别。

② 需要注意的是，第6/2008号法律《打击贩卖人口犯罪》所规定的贩卖人口罪，是指为对他人进行剥削，或为切除他人人体器官或组织而贩卖人口的行为（参见第九章第八节），据此，行为人往往亦可构成贩卖人口罪，与本法所规定之罪并罚。

本法旨在规范为诊断或移植之治疗目的而捐赠及摘取人体器官或组织之行为及有关移植手术，但不适用于抽血及输血，卵子及精子捐赠，以及受孕物及胚胎之摘取、转移及处理。本法律经必要配合后，亦适用于异种移植。本法为摘取人体器官或组织设定了一般性要求，即行为仅得在为此目的获许可的医院内，在医生负责及直接监督下并符合有关"职业规则"（leges artis）的情况下进行。同时要求行为应保证秘密性和无偿性。

本法共5章23条，其中第四章为附属刑法，设有5个罪名及有关之刑事制度，以保护生命及健康法益，维护医学伦理。

二 犯罪

（一）为摘取器官或组织之杀人罪

本法第16条规定，为了摘取器官或组织而剥夺他人生命的行为，构成为摘取器官或组织之杀人罪。

《澳门刑法典》第129条加重杀人罪规定，如死亡系在显示出行为人之特别可谴责性或恶性之情节下产生，行为人处15～25年徒刑。该条规定有8类加重情节。本法规定，对加重杀人罪所规定之刑罚适用于为从尸体中摘取器官或组织而杀人的行为，易言之，为从尸体中摘取器官或组织而杀人亦属杀人之加重情节，构成本罪的，应处15～25年徒刑。

（二）器官或组织之交易及宣传罪

根据本法第17条之规定，就人体器官或组织进行交易、与交易相关的行为，或宣传、允诺该等交易的行为，均构成器官或组织之交易及宣传罪。实际上，本条包含两个罪名，即器官或组织之交易罪和器官或组织交易之宣传罪。

1. 器官或组织之交易罪

本罪的行为方式有两类。

一是人体器官或组织的交易行为，即在本地区购买或出售他人身体器官或组织，或因取得或交付他人身体器官或组织而以任何方式支付或收取任何金额者。

构成本罪的，处至3年徒刑。

二是实施与人体器官或组织交易相关的行为，具体而言即以任何方式使他人决定就有关器官或组织要求给予金钱或支付金钱的行为，只要该事实已实行或开始，以及创立、资助、领导或代表旨在促成或从事器官及组织交易之集团的行为。

构成本罪的，处至 3 年徒刑。

2. 器官或组织交易之宣传罪

为器官或组织交易进行广告宣传的行为除其自身的不法性，还对公众造成滋扰和冒犯。香港规定就器官或组织的交易进行广告宣传将被科以港币 1 万元至 2.5 万元的现金罚款，而在新加坡、阿根廷及英联邦，该等行为则处至 1 年监禁。

本罪的行为要件是指以任何方式对前述器官或组织交易进行宣传，或允许做出交易的行为，即使该行为在本地区以外做出，亦构成犯罪。

构成本罪的，处 3 年徒刑或科 360 日罚款。

（三）捐赠之报酬罪

根据本法第 18 条之规定，违反本法有关规定，在本地区因捐赠器官或组织而收取或支付任何报酬者、偿还或接受偿还有关摘取之开支或负担的，构成捐赠之报酬罪。

本罪的设置旨在回应本法规为移植及科学目的而无偿摘取人类器官及组织的原则。本法第 4 条规定，人体器官及组织之捐赠，在任何情况均不得有报酬，且禁止交易。禁止在澳门宣传人体器官及组织之交易。禁止对捐赠人、接受人或第三人偿还因第 1 条第 1 款所指行为而实施引致或直接因该等行为而造成之任何开支或负担。相关医院得就其提供之服务收取报酬，但在计算报酬时不得对手术涉及之器官或组织给予任何价值。由此，在本地区因捐赠器官或组织而收取或支付报酬或等同报酬的行为，违反了本法对捐赠行为无偿性原则的规定，当属不法。

构成本罪的，处 1 年徒刑或科 120 日罚款。犯罪未遂者亦得处罚。

（四）不法摘取及移植罪

本法第 19 条规定，违反法律规定而施行器官或组织之摘取的行为，构成不法摘取及移植罪。

1. 罪状及处罚

本罪的行为方式及相应处罚如下。

一是违反本法有关准许的规定而实施器官或组织摘取的行为。本法第5条规定,为诊断或移植治疗目的,方准许自活体摘取可再生之物质;倘目的是为诊断或治疗,而捐赠人及接受人之间有应予重视的特别关系时,准许摘取不可再生之器官或物质以及将之捐赠。禁止未成年人或无行为能力人捐赠不可再生之物质,但有法院之许可则不在此限。如捐赠极有可能严重及长期影响捐赠人之身体完整性及健康,亦禁止捐赠。违反该等有关移植许可的规定而实施器官或组织摘取的行为,即构成本罪,处3年徒刑。

二是未依本法有关规定在负责医生直接监督下施行摘取或移植器官或组织的行为,或者在获许可之医院以外地点施行摘取或移植的行为。本法第2条规定,仅得获许可的医院内,在获许可执业之医生负责及直接监督并符合有关"职业规则"的情况下进行有关摘取或移植。违反本条规定的行为,即构成本罪,处至2年徒刑或科至240日罚款。

三是未获得本法有关规定之同意而施行摘取或移植的行为。为保护捐赠人的合法权益,本法第7条规定,捐赠人应在自由、明了情况及明确的情况,就有关捐赠及移植行为以书面文件做出明确同意。如捐赠人为未成年人,在其本人不反对下,同意是由父母做出,或当父母被停止行使亲权时则由监护人做出;当父母意见不一致时,同意须经法院许可。违反此规定,在未获法定同意的情况下实施摘取或移植的行为,即构成本罪,处3年徒刑。

2. 从犯

法律规定,故意及以任何方式在物质或精神上协助他人实行以上任一行为者,视作从犯处罚。

3. 严重胁迫行为的认定

本法规定,为着取得进行器官或组织摘取之同意而实施胁迫行为的,适用严重胁迫罪所规定之处罚。本罪所指之胁迫,即以暴力或以重大恶害相威胁等手段,强迫捐赠人做出同意表示的行为。

根据《澳门刑法典》第149条之规定,构成严重胁迫罪的,处1~5年徒刑。

（五）自尸体之摘取罪

根据本法第 20 条之规定，不按本法律之前提而从尸体摘取器官或组织的行为，构成自尸体之摘取罪。

为保障生者的利益和死者的尊严，本法第三章专章就自尸体之摘取行为做出规定，包括就捐赠人的产生、捐赠人之纪录、死亡证明、摘取之施行、施行摘取之笔录等项内容均做出详尽而严格的规定。违反本章规定而从尸体摘取器官或组织的行为，即构成本罪，处 2 年徒刑或科 240 日罚款。

三 相关刑事制度

（一）犯罪未遂

本法所设立之罪名，对犯罪未遂者一律处罚。

（二）附加刑

本法第 21 条规定，构成本法所规定之任一罪行而被判刑者，法院亦得科处下列一项或一项以上之处罚。

（1）撤除公共官职或职务；

（2）禁止从事有关职业为期不少于 1 年及不超过 5 年；

（3）封闭未按本法规定获得许可而施行摘取或移植之场所，为期不超过 2 年。

第二节 第 8/2002 号法律《居民身份证制度》金融管理局的附属刑法

一 概述

澳门回归后，按照《澳门基本法》的规定，澳门政府向澳门居民发放身份证作为身份识别的重要文件。随着身份证的电子化，对身份证的使用及管理与有关电脑系统密不可分，而针对于此的犯罪行为也日益增多。为保护居民对身份证的正常使用及当局对身份证电子系统的管理，澳门立法会于 2002 年制定并颁布了第 8/2002 号法律《居民身份证制度》，以制定特区居民身份证制度的基本原则，对身份证的发放和使用进行规范，并就侵害居民身份证的行为规定了刑事责任。

本法第 2 条规定，居民身份证是足以证明持有人的身份及其在澳门特别行政区居留的民事身份识别文件。居民身份证分为两类，一类是澳门特别行政区永久性居民身份证，此证发给澳门特别行政区永久性居民；另一类是澳门特别行政区非永久性居民身份证，此证发给澳门特别行政区非永久性居民。居民身份证由身份证明局负责发出。

由于居民身份证是确定个人身份极为重要的文件，因此本法第 5 条规定，禁止扣留他人有效的居民身份证，但有理由怀疑有关证件是伪证或持有者非合法的持证人的情况除外，属此情况，须通知有权限当局。如有需要核对持证人的身份，应在其出示居民身份证时为之，并在核对后立即将证件交还持证人。

二 犯罪

为保护居民对身份证的正常使用，与身份证有关的个人资料及当局对居民身份证的管理秩序，本法第 14 条按照法定刑幅度的不同，规定了 3 类侵害居民身份证正常使用的犯罪，但并未规定罪名。该等行为与《个人资料保护法》《打击电脑犯罪法》中若干罪名形成法条竞合。

（一）处最高 3 年徒刑或科罚金的行为

未经许可实施以下行为，处最高 3 年徒刑或科罚金。

（1）使用他人居民身份证中的密码。

（2）使用由身份证明局制备以读写载于居民身份证集成电路内资料的安全存取模块。

（3）进入身份证明局的电脑系统。此种行为与第 11/2009 号法律《打击电脑犯罪法》第 4 条规定的不当进入电脑系统罪之间存在法条竞合关系。不当进入电脑系统罪是指存有不正当意图而未经许可进入电脑系统的行为，构成该罪的，处最高 1 年徒刑，或科最高 120 日罚金。如借违反保安措施而进入整个或部分电脑系统,行为人处最高 2 年徒刑,或科最高 240 日罚金。可见,本条所指未经许可进入身份证明局电脑系统的行为为特殊法及重法,发生竞合时,应适用本法。

（二）处 1~5 年徒刑的行为

未经许可实施以下行为,处 1~5 年徒刑。

（1）干扰居民身份证集成电路的运作。

（2）窃取身份证明局电脑系统内关于居民身份证的发出、使用和内容等资料。

（3）伪造或未经许可更改由身份证明局制备以读写居民身份证集成电路内资料的安全存取模块、程序或程序界面。

（4）未经许可通过对身份证明局用于以电子方式确认居民身份证真伪及该证件持有人身份的认证系统进行密码分析,获取其保密内容。

（5）伪造或破坏身份证明局官方网站中用于以电子方式确认居民身份证真伪及该证件持有人身份的认证部分,又或干扰其运作。就干扰行为而言,本罪与第 11/2009 号法律《打击电脑犯罪法》第 8 条规定的干扰电脑系统罪存在交叉竞合关系。干扰电脑系统罪是指以任何方式严重干扰电脑系统的运作的行为。如造成财产损失属巨额,行为人处 1~5 年徒刑;如属相当巨额,行为人处 2~10 年徒刑。在加重罪状时,该罪法定刑高过本法,发生法条竞合时,应适用干扰电脑系统罪。

（三）处 2~7 年徒刑的行为

未经许可实施以下行为,处 2~7 年徒刑。

（1）破坏身份证明局的居民身份证制作系统、载有居民身份证资料库的资讯系统、卡及应用的管理系统、密码匙管理系统或用于以电子方式确认居民身份证真伪及该证持有人身份的认证系统或干扰其运作。

（2）伪造或未经许可更改身份证明局用于以电子方式确认居民身份证真伪及该证持有人身份的认证系统。

三　加重处罚

如因意图为行为人或他人获得不正当利益,或因意图造成澳门特别行政区或他人的损失而实施以上数款的犯罪，则以上数款所规定的刑罚的最低及最高限度均加重 1/2。

如伪造居民身份证集成电路的内容，则《澳门刑法典》第 245 条 "伪造具特别价值之文件" 及第 246 条 "公务员所实施之伪造" 中所规定的刑罚（处 1～5 年徒刑）的最低和最高限度均同样加重 2/1，即处 1 年 6 个月至 7 年 6 个月徒刑。

第三节　第 11/2003 号法律《财产及利益申报法律制度》的附属刑法

自 1766 年瑞典制定第一部财产申报法律以来，财产申报制度已成为现代社会保证公务人员廉洁、预防贪腐的重要制度环节。越来越多的法域都建立了财产申报的法律制度，但在立法模式和制度设定上仍有所区别。从立法模式上看，美国的《政府道德法》、中国台湾的 "公职人员财产申报法" 皆为单独立法。亦有不少法域将财产申报制度纳入反贪污贿赂立法，如新加坡的《防止贿赂法》中规定有财产申报的条款。从制度内容上看，各法域在申报主体范围、申报的内容、时间、受理申报机制、责任处分等方面各有不同。澳门对财产申报制度采用单独立法的模式，其中的附属刑法则作为刑法典有关公务员犯罪的补充。

一　概述

早在回归前的 1992 年，澳门立法会即通过第 13/92/M 号法律《政治职位权利人财产利益的声明》，规定立法会议员等有关公职人员须依法申报财产。1998 年，立法会又制定通过了第 3/98/M 号法律《收益及财产利益的声明与公众监察》，进一步将需要申报财产的人员范围扩大至所有政治职位的据位人及公共职位据位人、公共行政的公务员、服务人员及其他工作人员。该法第四部分为附属刑法，设立了 "不合理的富有表象罪"。

回归后，应时代发展的需求，澳门立法会于 2003 年 7 月通过了第 11/2003 号法律《财产及利益申报法律制度》（以下简称《财产申报法》），继续扩大财产申报主体范围。法律规定，公共职位据位人及公共行政工作人员均需进行财产申报，其中行政长官及主要官员、立法会议员、司法官员、行政会成员、办公室主任、等同副局长以上级别的官员，以及公共资本占多数出资额的企业据位人、特许企业的管理、检察机关的据位人的有关财产申报内容均公开给予公众知悉。在附属刑法方面，修改后的法律将"不合理的富有表象罪"改称为"财产来源不明罪"。

本法施行近 10 年后，为进一步落实特区打造"阳光政府"的目标，2013 年又经第 1/2013 号法律修改后重新公布。重新公布的《财产申报法》共 5 章 35 条，其中第四章"处分规定"中包含附属刑法，共设立违反取阅的程序罪等 6 个罪名及相关的刑事制度①。

二 犯罪

（一）违反取阅的程序罪

《财产申报法》第 24 条规定，利用以任何方式担任的职务或据有的职位而方便、容许或许可他人在违反法定条件及程序下取阅申报书或有关卷宗的行为，构成违反取阅的程序罪。

本罪的犯罪主体为其职务或职位与取阅申报书或有关卷宗有关的人员。其行为要件为利用其职务或职位上的便利，方便、容许或许可他人在违反法定条件及程序的情况下，取阅有关财产申报书或有关财产申报卷宗。法律规定，申报书由 4 部分组成，包括申报人个人身份资料和容许严格评估申报人及其配偶或与其有事实婚姻关系者的财产和收益，以及非财产性利益的一切资料。本法第二章就取阅申报书或有关卷宗的正当性、取阅的方式、取阅条件以及取阅的程序等内容做出了详尽的规定。如有权取阅申报书卷宗的实体包括申报人、司法当局、廉政专员、刑事警察机关及当局、具有关职责的其他公共实体以及任何具正当利益的自然人或法人。行为人利用职务之便，方便、容许或许可他人违反该等规定而取阅有关申报书和卷宗的行为，即是滥用职权，当属不法。

构成本罪的，处最高 2 年徒刑或科最高 240 日罚金。

（二）不法透露罪

《财产申报法》第 25 条规定，违反本法有关规定，在未获申报人同意

---

① 附属刑法的条文多处将行政处分与刑罚处罚混合规定，本书仅纳入有关刑罚处罚的内容。

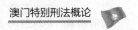

的情况下，透露申报书的有关内容，或透露与申报书内容并非一致的资料的行为，构成不法透露罪。

1. 罪状与处罚

本罪的客观前提要件为未获申报人的同意，其行为客体为申报书中第二部分及第三部分的内容。针对该等内容的透露行为包括两种。

一是违反本法第 21 条第 1 款规定的行为，即禁止在未获申报人的同意下透露申报书第二部分及第三部分的资料。其中，申报书的第二部分载明容许严格评估申报人及其配偶或与其有事实婚姻关系者于申报时属申报范围内的财产和收益资料；第三部分载明在过去 2 年基于担任公共职位而获得的直接或间接的经济利益或优惠，特别是财务上的赞助，往外地的交通及逗留的款待费用，以及从公共或私人实体所收取的财产利益。财产的申报不等于将申报书一律公开。所谓透露，即供他人知悉。本法规定，一般情况下，仅特定范围人员的申报书第四部分可以公开给公众知悉。

二是透露与申报书内容并非完全一致的资料的全部或局部的行为，亦即透露的内容与客观刊载的内容不符。

透露申报书有关内容而构成本罪的，处 6 个月至 3 年徒刑。透露内容不符而构成本罪的，处 1 个月至 2 年徒刑；如属累犯，则刑罚的上下限加倍。以上述任一行为方式构成本罪的，刑事责任并不排除对受害人做出赔偿的责任。

2. 通过出版物实施本罪的刑事责任

本罪所称之"透露"，包括透过出版物实施的方式。就此，本法规定，第 7/90/M 号法律《出版法》（参见第十一章第二节）第 32 条及第 42 条所载的有关正犯及连带责任的规则，适用于透露与客观登载的内容不符的资料的行为（即本罪的第二种行为方式）。

《出版法》第 32 条规定，透过定期刊物犯滥用出版自由罪，应负罪责者顺次为：文书或图像的著作权人，刊物社长或其代替人及负责刊登者。第 42 条规定，对违反本法律者所科的罚款或损害赔偿的支付，拥有用作违法行为的刊物所有权之企业，应负连带责任。

结合对本罪的规定，即若行为人未经许可，透过出版物透露申报书中不应透露的内容，则按照具体情形而由透露者、刊物社长或其代替人及负责刊登者顺次承担刑事责任。根据《出版法》之规定，滥用出版自由罪的法定刑为一般法例的法定刑加重其最高度的 1/3，即对行为人处 1 个月至 2

年 8 个月的徒刑。此外，刊物拥有者还需就财产处罚承担连带责任。

3. 刑事程序的规定

若本罪的犯罪主体为本法第 14 条第 6 项所指的人，即具正当利益的自然人或法人，其在未获申报人同意的情况下透露申报书第二、三部分内容的行为，未经告诉不得开展刑事程序。

（三）欠交申报书之违令罪

《财产申报法》第 26 条第 3 款规定，不遵守由终审法院院长或廉政专员发出的勒令欠交申报书者在所定期限内提交申报书的命令的行为，构成违令罪。

1. 罪状和处罚

本罪的犯罪主体为提交财产申报书义务人。法律规定，申报人自开始担任有关职务之日起 90 日内须提交申报书。申报书须亲身或按照法律规定的邮寄方式，将已填妥的申报书正本及经识别为副本的 2 份副本送交至终审法院办公室或廉政公署。未能按照该等规定提交申报书者，视为欠交申报书。针对义务人欠交申报书的行为，按其情况，可由终审法院院长或廉政公署专员勒令其在一定期限内提交申报书，该等期限一般不应超过 30 日。不遵守该等命令的行为，即构成违令罪。

根据《澳门刑法典》第 312 条之规定，处最高 1 年徒刑，或科最高 120 日罚金。

2. 阻却不法性事由

本法规定，如申报人补交申报书时就迟交一事以书面做出合理解释，终审法院院长或廉政专员可视之为在合理情况下迟交。

3. 刑事程序

法律规定，终审法院院长或廉政专员须将适当的卷宗资料送交检察院，以便开展相关的刑事程序。

（四）资料不正确罪

本法第 27 条规定，申报人故意引致申报书所载资料不正确的行为，构成资料不正确罪。

1. 罪状

本罪的犯罪主体为申报财产义务人。即本法第 1 条所规定的人员。申报财产义务人的配偶或与其有事实婚姻关系者若本身无申报义务，而仅因婚姻关系作申报的，不是本罪的犯罪主体。其违反本法有关规定的行为可能构成其他犯罪，如后文之违反配偶的合作义务罪。申报人所填写的资料不正确，主要是指申报人以隐瞒或编造事实的方式，对申报书要求填写的内容进行不实填写。资料的内容包括申报书的四部分内容。无论在那一部分故意进行不正确的填写申报，均可构成本罪。

本罪的主观要件为故意。若为不可宽恕之过错引致不正确，并不会构成犯罪，但可构成行政违法，违法者将被科相当于所担任职位 3 个月至 1 年报酬的罚款。

2. 处罚

构成本罪的，处以作虚假之当事人陈述或声明罪的法定刑。按照《澳门刑法典》第 323 条之规定，构成作虚假之当事人陈述或声明罪的，处最高 3 年徒刑或科罚金。如判处的刑罚为罚金，则金额不低于违法者所担任职位 6 个月的报酬。

3. 刑事程序

为开展针对上述违法行为的刑事程序，终审法院院长或廉政专员将资料不正确的申报书的证明书及其他认为适当的卷宗资料送交检察院。

（五）财产来源不明罪

以占有特定财物而构成犯罪的立法可以追溯至 19 世纪的《法国刑法典》，该法规定，乞丐拥有不能说明来源的财物，即可被判定有罪。至现代，此种立法尤其针对公务人员，已普遍出现在各国反贪腐的刑事立法中。为了保证公务人员的廉洁性，即使不能证明行为人存在贪腐行为，其对与收入不符且不具合法来源的财产的占有亦属不法而应受刑罚处罚。尽管罪名措辞及罪状表述各有不同，但越来越多的法域将上述情形规定为犯罪，如香港《防止贿赂条例》中的"来历不明财产的管有"以及中国内地刑法中的"巨额财产来源不明罪"。《联合国反腐败国际公约》第 20 条亦明文规定，"……各缔约国均应当考虑采取必要的立法和其它措施，将下述故意实施的行为规定为犯罪：资产非法增加，即公职人员的资产显著增加，而本人无法以合法收入作出合理解释"。澳门早期在第 14/87/M 号法律《贿赂处分制度》中将其规定为纪律处分而非犯罪。如前所述，之后在 1998 年的第 3/98/M 号法律《收益及财产利益的声明与公众监察》中规定了"不合理的富有表象罪",再至本法将罪名改称为"财产来源不明罪"。

《财产申报法》第 28 条规定,财产申报义务人本人或藉居中人所拥有的财产,异常地超过所申报的财产,且不具合法来源的情形,即构成财产来源不明罪。

1. 罪状

本罪的犯罪主体为负有财产申报义务的人或居中人。就客观要件而言,本罪并非典型的作为犯或不作为犯,而是对不法财产的拥有。该等财产的不法性在于其异常地超过所申报的财产,且申报义务人或居中人对如何和何时拥有不作具体解释或不能合理显示其合法来源。首先,行为人所拥有的财产异常地超过所申报的财产。对于何谓"异常地",法律没有以明确的数额加以描述。其次,行为人对如何和何时拥有上述财产不作具体解释或不能合理显示其合法来源。对法条中的这段文字的理解有不同意见,一种观点认为此为"异常超出"之外的另一个客观要件要素,另一种观点则认为,构成本罪,符合异常超出的情形即可,解释来源并非本罪的客观要件要素,而是阻却不法性事由①。本书认为,不能解释来源并非是与"异常超出"并列的一个客观要素,而是对"异常地"的实质性描述,即行为人对其不能做出具体解释或不能合理显示其合法来源。即不论数量多少,只要其无合法来源,即属不法。易言之,不能给出合法来源是得出"异常超出"这个结论的前提,亦是"异常地"的题中应有之义。因此,"异常超出"是本罪唯一的客观要素,提出"合理解释"可使"异常超出"不能成立,即行为不具备该当性,而非不具备违法性。

不过,本条立法仍存在明显瑕疵。本罪的基数为"所申报的财产"。易言之,本罪所指不法财产仅指超出申报财产的那部分,而法律似乎对申报财产中是否存在来源不明的情况在所不问。这完全可能引致申报人在申报时将来源不明的财产统统申报出来,如此,既不会构成资料的不正确罪,亦不会构成本罪。与之相比,中国大陆刑法中的巨额财产来源不明罪以"合法收入"作为计算基数的立法则要合理得多,亦更体现本罪的立法目的。

2. 处罚

构成本罪的,处最高 3 年徒刑或科罚金。

---

① 参见彭仲廉《财产来源不明罪的刑事诉讼保障》,《澳门廉政》2003 年 9 月。

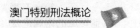

属未能解释如何拥有或解释来源的财产或受益者，可在法院的有罪判决中宣告将之扣押和归澳门特别行政区所有。

（六）不遵守配偶的合作义务罪

本法第 30 条规定，申报义务人的配偶或与其有事实婚姻关系的人，故意和不合理地不遵守法定合作义务的行为，构成不遵守配偶的合作义务罪。

本罪的犯罪主体为申报财产义务人的配偶或与其有事实婚姻关系的人，但其本身并非财产申报义务人。如果双方都是申报义务人，则其不遵守的只能是申报义务，而非合作义务。

法律规定，申报人的配偶或与其有事实婚姻关系者，有义务向申报人提供填写申报书所要求的一切资料，或自行提交申报书的第一部分及第二部分予存放实体。申报书的第一部分包括申报人的配偶或与其有事实婚姻关系者的个人身份资料；申报书的第二部分则包括容许严格评估申报人的配偶或与其有事实婚姻关系者于申报时属申报范围内的财产和收益资料。具体而言，申报人的配偶或与其有事实婚姻关系的人的合作义务即该等人士按照法律规定的申报内容、期限、方式、程序填写及提交申报书的义务。故意且不合理地违反该等义务，当属不法。

构成本罪的，处最高 2 年徒刑或科最高 240 日罚金。

三 相关刑事制度

（一）违法行为之竞合

本法第 23 条规定，本法律所定的处罚，不排除因有关事实亦构成《澳门刑法典》或其他法律所规定的任何刑事违法行为而适用其他更重的刑罚。

（二）附加刑

本法第 29 条规定，构成资料不正确罪、财产来源不明罪而被判刑者，鉴于事实的具体严重程度及其对行为人的公民品德的影响，可被禁止在最长 10 年内担任公共职位及公职。

第四节　第4/2010号法律《社会保障制度》的附属刑法

社会保障作为现代社会国民收入再分配的一种形式，一般由社会保险、社会救济、社会福利等内容构成。作为一项法律制度，"社会保障"一词可追溯至1935年美国颁布的《社会保障法》。随着福利国家、保险社会成为潮流，为缓解失业、通胀及人口老化等问题给各国经济及社会发展带来的困扰，各国、各地区的立法者对于社会保障法律制度亦愈加重视。现代社会保障法主要就社会保障资金的来源、积累、支出及其国家干预和市场调节等进行规范。

一　概述

澳门的社会保障制度由一系列法令、法律及批示组成。回归前至2010年前，相关的主要法律、法令包括第58/93/M号法令《通过社会保障制度》、第59/93/M号法令《通过社会保障基金组织法》、第25/96/M号法令《规范编制外散位工人及助理人员之社会保障状况，及在其确定终止职务时给予金钱补偿》、第8/2006号法律《公务人员公积金制度》、第7/2008号法律《劳动关系法》以及第21/2009号法律《聘用外地雇员法》等，再辅以有关批示订定该等法令、法律相关条款中的程序和金额。例如，第37/GM/97号批示用以规定第58/93/M号法令中疾病津贴及丧葬津贴的金额，第45/GM/98号批示用以修改雇主实体及工人向社会保障基金缴纳的供款金额。

回归10多年来，澳门经济发展迅猛，财政收入增长惊人，但与此同时，澳门居民的民生及社会保障质量仍须进一步提升及完善。有鉴于此，2010年8月，澳门立法会制定并颁布了第4/2010号法律《社会保障制度》，旨在为本澳居民提供更为完善的社会保障，尤其是养老保障，以改善居民的生活质量。本法生效后，前述各项法律、法令及批示被部分或全部废止或纳入本法。

《社会保障制度》共5章81条。其中第四章"处罚制度"第二节"刑事责任"为本法的附属刑法，设立了一个与社会保障制度有关的罪名，即不正当据有供款罪。

二 不正当据有供款罪

根据《社会保障制度》第 60 条之规定，雇主将雇员的供款据为己有，超过法定期间不缴纳，即构成不正当据有供款罪。

（一）罪状与处罚

本罪的犯罪主体是雇主，包括自然人和法人。本罪的行为方式是将全部或部分依法从雇员的报酬中扣除的社会保障制度供款不正当据为己有，且在法定期限届满后 60 日内不将之缴纳给社会保障基金的行为。

本法将供款制度分为强制性供款和任意性供款。第 19 条规定，属强制性制度者，由雇主全数缴纳与其有劳动关系的受益人的所有供款，并应为此目的在给付的报酬中扣除由该受益人承担的供款。对于以具期限劳动合同提供工作的情况，须在工作月份的翌月内缴纳供款。另据本法第 24 条之规定，供款义务的时效为 5 年，自应完成该义务的日期起计。不过，时效可因任何关于债务清偿或征收且为债务人知悉的行政措施的实施而中断。可见，雇主在扣除受益人承担的供款后，应当在供款义务时效内缴纳款项。如果在法定期限届满后 60 日内仍不缴纳，则构成犯罪。

本罪的主观要件应为故意，即行为人明知应为雇员供款仍不当据有的心理态度。构成犯罪的自然人，处最高 3 年徒刑，或科罚金。法人则科最高 360 日罚金。

（二）本罪与信任之滥用罪的区分

《澳门刑法典》第 199 条规定，将以不移转所有权之方式交付予自己之动产，不正当据为己有的行为，构成信任之滥用罪，处最高 3 年徒刑或科罚金。该罪与本罪均为将不属于自己之物据为己有的不作为犯罪；从行为客体看，本罪是供款，即金钱，而信任之滥用罪则是动产，包括金钱。两罪亦存在区别，本罪的犯罪主体是雇主，既可以是自然人，也可以是法人，而信任之滥用罪的犯罪主体只能是自然人。因此，两罪之间存在交叉竞合的关系，本罪为特殊法。

值得注意的是，从法定刑上看，本罪可处最高 3 年徒刑或科罚金，且为根据供款金额的不同而设置不同幅度的法定刑。信任之滥用罪的基本法定刑同为最高 3 年徒刑或科罚金,但在加重罪状下,配置了更高的法定刑,即据为己有之物属巨额者,可处最高 5 年徒刑或科最高 600 日罚金,属相当巨额者,处 1 ~ 8 年徒刑。此外,信任之滥用罪的加重罪状中特别叙明,如行为人因工作、受雇或职业之缘故,又或以监护人、保佐人或司法受寄人之身份,接收法律规定须予寄托之物,而将之据为己有者,处 1 ~ 8 年徒刑。本罪所描述的行为,即不正当据有供款的行为,完全符合此加重罪状,按信任之滥用罪,应处 1 ~ 8 年徒刑,其刑罚幅度远高于本罪。进言之,本罪作为特殊法,其所保护的法益既包括被害人的财产法益,亦包括社会保障制度建立的秩序,其行为的不法性较信任之滥用罪对财产法益的侵害更甚,却被立法者设置了轻微许多的刑罚,需要做立法上的检讨。

第五节　第 11/2013 号法律《文化遗产保护法》的附属刑法

一　概述

澳门近代独特的发展历史使其保存了大量中西文化交流的历史见证,被称作中国距离欧洲最近的地方。20 世纪后期,澳门开始重视对文化遗产的保护,回归前的 1984 年即颁布了第 56/84/M 号法令,设立保护建筑物、风景及文化财产委员会,列出古迹、建筑群及名胜名单。2005 年,联合国根据文化遗产遴选标准,将澳门历史城区列入《世界文化遗产名录》。为此,行政长官特别通过第 202/2006 号批示,就被评定属"澳门历史城区"的纪念物、具建筑艺术价值之建筑物、建筑群及地点的图示范围及有关的保护区做出保护性规定。

随着经济的迅猛发展,游客激增的旅游业和城市规划进程均对文化遗产的保护提出前所未有的挑战。2013 年,澳门立法会制定了第 11/2013 号法律《文化遗产保护法》,为在澳门保护文化遗产确立了规范性制度,废止或纳入之前有关法律、法令、批示的内容。本法所称之"文化遗产",是指作为具重要文化价值的文明或文化见证,且应特别加以维护和弘扬的财产。文化遗产具有的重要文化价值,特别是在历史、古生物学、考古、建筑、语言、文献、艺术、民族学、科学、社会、工业或技术方面，呈现纪念性、古老性、真实性、原始性、稀有性、独特性或模范性。文化遗产由物质文化遗产及非物质文化遗产组成，基于适用于澳门特别行政区的国际公约而被视为文化遗产的其他财产，亦属文化遗产。本法为保护文化遗产设立了一系列原则，包括平衡原则、机构协调原则、预防原则、规划原则、拟订清单原则、参与原则、尊重原则、推广原则、适度原则及衡平原则，确保合理分担和分配因实施文化遗产保护制度而产生的开支、负担及利益。

本法共 10 章 118 条，其中第九章"处罚制度"第一节"刑事制度"为附属刑法，规定了 4 个罪名及相关的刑事制度。

二 犯罪

（一）不法迁移罪

本法第 93 条规定，违反法律规定，迁移被评定或待评定的不动产的行为，构成不法迁移罪。

本罪的行为对象为被评定或待评定的不动产。本法规定，为依法保护具重要文化价值的不动产，须事先对其进行评定。"评定"是指为使文化遗产受法律制度保护而借以确定某动产或不动产具有重要文化价值的行政程序的最终行为。不动产的评定程序，由文化局经咨询文化遗产委员会的意见，于 12 个月内完成。评定不动产的建议须公开咨询；咨询期不得少于 30 日，以行政长官批示订定。在此期间，申请评定为文化遗产的不动产即为待评定的不动产，被评定的不动产则指已经合法程序被评定为文化遗产的不动产。所谓迁移，是指以拆除、迁离等方式，使不动产不再保留原状于原址的行为。本罪的主观要件为故意。

构成本罪的，处最高 3 年徒刑，或科最高 360 日罚金。

另据本法第 33 条之规定，除因不可抗力原因、重大的公共利益或因实质保护被评定或待评定的不动产而属必需的情形，任何被评定或待评定的不动产，不得部分或全部迁移或移离其所在地。可见。若为不可抗力原因、重大的公共利益或为实质保护有关不动产而属必需的迁移行为，非属违法，不构成本罪。

（二）不法出境罪

本法第 94 条规定，违反法律规定将被评定或待评定的动产运出境的行为，构成不法出境罪。

本罪的行为客体为被评定或待评定的动产。运出境即指以携带、运输、邮寄等方式使得该等动产离开澳门境内的行为。本法第 65 条规定，被评定或待评定的动产的暂时出境，须由监督文化范畴的司长许可，且仅可作教育、文化或科学用途。在例外情况下，行政长官经咨询文化遗产委员会的意见后，方得许可被评定或待评定的动产永久出境。违反该等规定将被评定或待评定的动产运出境的行为，当属不法。

构成本罪的，处最高 5 年徒刑，或科最高 600 日罚金。

（三）毁坏考古物或考古遗迹罪

本法第 95 条规定，毁坏考古物或考古遗迹罪是指不遵守本法律的规定而毁坏考古物或考古遗迹的行为。

1. 罪状与处罚

本罪的行为对象为考古物或考古遗迹。考古物和考古遗迹均属本法所列文物范围。毁坏即指使考古物、考古遗迹的外形、面貌发生改变或被损坏的行为。本罪的主观要件为故意。

构成本罪的，处最高 5 年徒刑，或科最高 600 日罚金。

2. 本罪与加重毁损罪的关系

《澳门刑法典》第 207 条规定，使属巨额之他人之物；公有纪念物；供公众使用之物或公益之物；性质属文化财产，且已被法律评定为文化财产之物或用作宗教崇拜或纪念已死之人之他人之物全部或部分毁灭，又或使之损坏、变形或失去效用者，构成加重毁损罪，处最高 5 年徒刑，或科最高 600 日罚金。使属相当巨额之物，经列入官方所命令做出之财产清单内之天然物或人造物，又或法律规定受官方保护之天然物或人造物，具有重要学术、艺术或历史价值且为公有或公众可接触之收藏品，又或公开或公众可接触之展览物或对科技发展或经济发展具有重大意义之物全部或部分毁灭，又或使之损坏、变形或失去效用者，处 2～10 年徒刑。

本罪的行为对象中，考古物应属受法律保护之物，且一般具有重要的历史价值。而考古遗迹是否属"财物",或"物",在本法中并无明确定义。即使如此,亦可确认本罪与加重毁损罪之间存在交叉竞合的关系。但从法定刑上看,加重毁损罪的加重刑罚为 2~10 年徒刑,远高于本罪。而本罪作为特殊法,其毁损考古物的行为不仅侵害财产法益,更侵害公众利益,不法性更强,刑罚幅度却较一般财产犯罪为轻,需要立法上的检讨。

(四) 加重违令罪

本法第 96 条规定,不遵守本法规定的有关命令的行为,可构成《澳门刑法典》所规定之加重违令罪。

本罪所指命令包括:

(1) 本法第 32 条第 6 款规定的重建命令,即对于违法工程,土地工务运输局经咨询文化局具强制性及约束力的意见后,土地工务运输局具职权责成其重建不动产,以恢复拆除前的原状。违反此重建命令可构成加重违令罪。

(2) 本法第 45 条第 5 款规定的重建或拆除命令,即对于违法进行拆除的责任人,经咨询文化局具强制性及约束力的意见后,可根据都市建筑法例之规定,按情况责成违法者重建或拆除,恢复中止时建筑物的原状或承担有关的费用。违反此重建或拆除命令,可构成加重违令罪。

(3) 本法第 46 条第 1 款规定的禁制命令,即对于违法实施的工程或工作,尤其是有迹象显示将导致被评定或待评定的不动产受损害者;或有迹象显示将导致有关不动产受损害者;或属准照被中止或不能继续进行工程的情况者,工务运输局须主动或应文化局的要求,采取行政禁制。违反此禁制命令,可构成加重违令罪。

根据《澳门刑法典》第 312 条之规定,构成加重违令罪的,处 2 年徒刑或科 240 日罚金。

三 相关刑事制度

(一) 法律的适用

本法第 92 条规定,《澳门刑法典》之规定以及本法律所载之特别规定,适用于对文化遗产实施的犯罪。

（二）法人的责任

本法第 97 条规定，如出现下列任一情况，则法人，即使属不合规范设立者，以及无法律人格的社团，须对本法所规定的犯罪负责。

（1）其机关或代表以该等实体的名义及为其利益而实施犯罪；

（2）听命于上项所指机关或代表的人以该等实体的名义及为其利益而实施犯罪，且因该机关或代表故意违反本身所负的监管或控制义务而使该犯罪得以实施。

对前述实体应科处 100～1000 日罚金。罚金的日额为澳门币 100 元至 2 万元。对无法律人格的社团科罚金，该罚金以该社团的共同财产支付；如无共同财产或共同财产不足，则以各社员的财产按连带责任方式支付。

本法的犯罪实施双罚制，即上述所指实体的责任并不排除有关行为人的个人责任。

第六节　保护国家、地区象征及军事设施法律的附属刑法

为配合《澳门基本法》《澳门回归法》《澳门驻军法》的有关规定，澳门立法会于回归前后分别制定了第 5/1999 号法律《国旗、国徽及国歌的使用及保护》、第 6/1999 号法律《区旗、区徽的使用及保护》及第 4/2004 号法律《军事设施保护法》，就在澳门特别行政区使用国旗、国徽、区旗、区徽及保护军事设施等制定规范，并就有关行为进行处罚，直至要求承担刑事责任。

一　第 5/1999 号法律《国旗、国徽及国歌的使用及保护》的附属刑法

第 5/1999 号法律《国旗、国徽及国歌的使用及保护》旨在订定使用国家象征的一般制度及其保护规则。

（一）国家象征及禁止性规定

本法所称"国旗"指中华人民共和国国旗；"国徽"指中华人民共和国国徽；"国歌"指中华人民共和国国歌，即《义勇军进行曲》。三者均为中

华人民共和国的国家象征，尊重和爱护国家象征是澳门居民的法律义务。

本法就国旗、国徽、国歌的使用做出禁止性规定。

国旗或其图案不得展示或使用于商标或广告、私人丧事活动以及行政长官限制或禁止展示或使用国旗或其图案的其他场合或场所。国徽或其图案不得展示或使用于商标或广告、日常生活的陈设布置、私人庆吊活动以及行政长官限制或禁止展示或使用国徽或其图案的其他场合或场所。不得展示或使用破损、污损、褪色、违反本法附件一至附件三规定的或因任何其他原因而被毁坏的国旗或国徽。国旗、国徽必须按照本法附件所列规格制造，展示或使用不同于本法规定尺寸的国徽，须预先取得中央人民政府的许可。国歌应依照本法附件四的正式总乐谱的准确规定进行演奏。不得修改国歌的歌词。

（二）侮辱国家象征罪

本法第 9 条规定，以言辞、动作或散布的方式，公然侮辱国家象征的行为，构成侮辱国家象征罪。

本罪的行为客体为作为国家象征的国旗、国徽和国歌。其行为方式包括两类。一是以言辞、动作、散布文书，或以其他与公众通信的工具，公然侮辱国家象征。此处要求侮辱行为的公然性，即在公开场合实施前述侮辱行为，或者虽非公共场合，但其侮辱行为令不特定多数人所知悉，包括在媒体、互联网上进行的侮辱，皆属公然侮辱。二是不尊重国家象征。具体而言，焚烧、毁损、涂划、玷污或践踏国旗或国徽，演奏国歌时蓄意不依歌谱或更改歌词，均可视为对国家象征不尊重。

构成本罪的，处最高 3 年徒刑，或科最高 360 日罚金。

在认定本罪时，须区分罪与非罪。若行为人所侮辱或不尊重的对象为国家象征的复制本，则该复制本必须与原本明显相似，且足以令公众以为是国家象征，方可构成本罪。

二 第6/1999号法律《区旗、区徽的使用及保护》的附属刑法

第 6/1999 号法律《区旗、区徽的使用及保护》旨在订定保护澳门特区区旗、区徽的基本制度。

（一）特区象征及禁止性规定

本法所称"区旗"指 1993 年 3 月 31 日中华人民共和国第八届全国人民代表大会第一次会议通过的中华人民共和国澳门特别行政区区旗；"区徽"指 1993 年 3 月 31 日中华人民共和国第八届全国人民代表大会第一次会议通过的中华人民共和国澳门特别行政区区徽。澳门特别行政区区旗、区徽是澳门特别行政区的象征，应当被尊重和爱护。

本法就区旗、区徽及其图案的使用做出禁止性规定。

区旗、区徽、区旗图案或区徽图案不得展示或使用于商标或广告或行政长官限制或禁止展示或使用区旗、区徽、区旗图案或区徽图案的其他场合或场所。不得展示或使用破损、污损、褪色、不合规格或因任何原因而被毁坏的区旗或区徽。区旗、区徽必须按照作为本法附件二所列规格制造。

（二）侮辱区旗、区徽罪

本法第 7 条规定，以言辞、动作或散布的方式，公然侮辱区旗、区徽的行为，构成侮辱区旗、区徽罪。

本罪的行为客体为作为澳门特区象征的区旗、区徽。其行为方式包括两类。一是以言辞、动作、散布文书，或以其他与公众通信的工具，公然侮辱特区象征。此处要求侮辱行为的公然性，即在公开场合实施前述侮辱行为，或者虽非公共场合，但其侮辱行为令不特定多数人所知悉，包括在媒体、互联网上进行的侮辱，皆属公然侮辱。二是不尊重特区象征。具体而言，即焚烧、毁损、涂划、玷污或践踏区旗、区徽的行为。

构成本罪的，处最高 2 年徒刑，或科最高 240 日罚金。

在认定本罪时，须区分罪与非罪。若行为人所侮辱或不尊重的对象为区旗、区徽的复制本，则该复制本必须与原本明显相似，且足以令公众以为是区旗、区徽，方可构成本罪。

三　第 4/2004 号法律《军事设施保护法》的附属刑法

葡萄牙发生康乃馨革命后，于 1975 年撤走驻澳军队，澳门的治安由 1976 年起设置的保安部队承担。《澳门基本法》并未明确规定驻军问题。回归前，1999 年 6 月 28 日第九届全国人民代表大会常务委员会第十次会议通过了《中华人民共和国澳门特别行政区驻军法》，以落实《澳门基本法》所指中央人民政府负责澳门特区防务的内容。回归后，由于《中华人民共和国澳门特别行政区驻军法》并未涉及有关军事设施的保护问题，因此澳门立法会于 2004 年通过了第 4/2004 号法律《军事设施保护法》，以制定中国人民解放军驻澳门部队（以下简称澳门驻军）的军事设施的保护制度，确保澳门驻军依法履行职责。

（一）军事设施及禁止性规定

1. 军事设施

本法所指军事设施，即供澳门驻军作军事用途的建筑、场地及设备。其特别包括楼房、仓库、弹药库及训练场；通信、输电、供水及供应燃料等军用网络；坑道、专用道路及配套桥梁；用作进行训练、操练或其他军事活动所设置的非固定设施；及相关电子设备。澳门特别行政区政府通过澳门特别行政区内部保安系统的实体与澳门驻军共同保护澳门特别行政区内的军事设施。

2. 禁止性规定及强制措施

本法就军事设施确立了一系列禁止性规定。除经澳门驻军最高指挥官或其授权的军官批准外，禁止进入和打开军事设施；禁止在军事设施销毁伪装；禁止对军事设施进行摄影、描绘、录音、录像，或进行测量及制图工作；禁止阻塞路径；禁止使用设施储存非军用物料或进行任何非军事活动；禁止干扰军用电子设备及通信网络。

为保护某些军事设施，鉴于该等设施的性质、功能及安全要求，可由澳门特别行政区政府与澳门驻军共同划定某些区域为军事禁区，并由行政法规设置。除经澳门驻军最高指挥官或其授权的军官批准外，禁止澳门驻军以外的人员或车辆进入军事禁区；禁止对军事禁区进行摄影、描绘、录音、录像，或进行测量及制图工作；禁止阻塞路径；禁止建造和设置非军事设施；禁止进行任何非军事活动。

本法第 9 条规定，对违反前述禁止性规定的行为，负责执行有关职务的澳门驻军人员可采取以下强制措施予以阻止。

（1）驱逐闯入军事设施或军事禁区的人；

（2）扣押用于实施有关违法行为的用具及其他物件，该等物件应送交有职权提起行政违法程序的实体。

（3）如情节严重，扣留违法者，并实时将之移送治安警察局处理；

（4）清除可对军事设施的安全及正常运作构成障碍的物品。

（二）犯罪

1. 抗拒罪

本法第 13 条规定，使用暴力或严重威胁手段，抗拒澳门驻军人员采取本法所定强制措施的，构成抗拒罪。

本罪的客观要件为暴力或严重威胁的手段，其所抗拒的强制措施即前述本法第 9 条所规定的，针对违反禁止性规定而由执行职责的澳门驻军人员采取的阻止措施。行为人首先违反了本法有关禁止性规定，继而抗拒驻军人员依法采用的强制措施。本罪的主观要件为故意。

构成本罪的，处最高 5 年徒刑。

构成本罪需要暴力或严重威胁的行为方式，若行为人并未采用暴力或严重威胁手段，而仅以不服从的消极方式对抗驻军人员的强制措施，如面对驱逐时倒地不起，则不构成本罪，但可构成以下所述的违令罪。

2. 违令罪

本法第 14 条规定，不服从澳门驻军人员按本法规定发出的应当服从的命令者，行为人处最高 1 年徒刑或科最高 120 日罚金。

本罪与《澳门刑法典》第 312 条违令罪之间为法条竞合关系。本罪为特殊法。

3. 毁损军事设施罪

本法第 15 条规定，毁损或威胁他人毁损军事设施的行为，构成毁损军事设施罪。

本罪的行为客体为军事设施，其行为方式包括两种：一是一般毁损行为，即使军事设施全部或部分毁灭，又或使之损坏或失去效用，即使是使之暂时失去效用；二是暴力毁损行为，即对人施以暴力，或以人的生命或身体完整性有迫在眉睫的危险相威胁，又或使之不能抗拒而毁损军事设施。

构成本罪的，行为人处 2～10 年徒刑。以暴力或严重威胁方式构成本罪的，行为人处 3～15 年徒刑；如因该事实引致他人死亡，则处 10～20 年徒刑。

《澳门刑法典》也规定有毁损罪，包括第 206 条毁损罪（处最高 3 年

徒刑或科罚金），第 207 条加重毁损罪（处最高 5 年徒刑或科最高 600 日罚金），以及第 208 条暴力毁损罪，即对人施以暴力，以人之生命或身体完整性有迫在眉睫之危险相威胁，又或使之不能抗拒，而做出毁损或加重毁损的行为。其法定刑分为三档，一般毁损的后果，处 1~8 年徒刑；加重毁损的后果，处 3~15 年徒刑；因该事实引致他人死亡，处 10~20 年徒刑。就法定刑配置对比而言，本罪的法定刑幅度是基本合理的。

图书在版编目（CIP）数据

澳门特别刑法概论/方泉著.—北京：社会科学文献出版社，2014.11
（澳门特别行政区法律丛书）
ISBN 978 - 7 - 5097 - 6584 - 5

Ⅰ.①澳…　Ⅱ.①方…　Ⅲ.①刑法 - 研究 - 澳门
Ⅳ.①D927.659.040.4

中国版本图书馆 CIP 数据核字（2014）第 228926 号

·澳门特别行政区法律丛书·

澳门特别刑法概论

著　　者 / 方　泉

出 版 人 / 谢寿光
项目统筹 / 王玉敏
责任编辑 / 董晓舒　王玉敏

出　　版 / 社会科学文献出版社·全球与地区问题出版中心(010)59367004
　　　　　　地址：北京市北三环中路甲 29 号院华龙大厦　邮编：100029
　　　　　　网址：www.ssap.com.cn
发　　行 / 市场营销中心（010）59367081　　59367090
　　　　　　读者服务中心（010）59367028
印　　装 / 北京季蜂印刷有限公司

规　　格 / 开　本：787mm × 1092mm　1/16
　　　　　　印　张：26.25　字　数：382 千字
版　　次 / 2014 年 11 月第 1 版　2014 年 11 月第 1 次印刷
书　　号 / ISBN 978 - 7 - 5097 - 6584 - 5
定　　价 / 89.00 元